i**H**uman

成
为
更
好
的
人

哈德良传 罗马的荣光

[英] 安东尼·埃弗里特 著

林振华 姜玉雪 译

ANTHONY EVERITT

HADRIAN

AND THE TRIUMPH OF ROME

GUANGXI NORMAL UNIVERSITY PRESS
广西师范大学出版社
·桂林·

HADELIANG ZHUAN
哈德良传

HADRIAN AND THE TRIUMPH OF ROME
Text Copyright © 2009 by Anthony Everitt
This translation published by arrangement of Random House,
a division of Penguin Random House LLC

著作权合同登记号桂图登字：20-2017-246 号

图书在版编目（CIP）数据

哈德良传：罗马的荣光 ／（英）安东尼·埃弗里特著；林振华，
姜玉雪译. —桂林：广西师范大学出版社，2021.4
　　书名原文：HADRIAN AND THE TRIUMPH OF ROME
　　ISBN 978-7-5598-3610-6

Ⅰ. ①哈… Ⅱ. ①安… ②林… ③姜… Ⅲ. ①哈德良（Publius
Aelius Traianus Hadrianus，76-138）—传记 Ⅳ. ①K835.467=2

中国版本图书馆 CIP 数据核字（2021）第 013654 号

广西师范大学出版社出版发行

（ 广西桂林市五里店路 9 号　邮政编码：541004 ）
　网址：http://www.bbtpress.com
出版人：黄轩庄
全国新华书店经销
深圳市精彩印联合印务有限公司印刷
（深圳市光明新区白花洞第一工业区精雅科技园　邮政编码：518108）
开本：880 mm × 1 240 mm　1/32
印张：14.5　　字数：365 千字
2021 年 4 月第 1 版　　2021 年 4 月第 1 次印刷
审图号：GS（2020）6789 号
定价：98.00 元

如发现印装质量问题，影响阅读，请与出版社发行部门联系调换。

谨以此书纪念

托尔·德·阿罗萨雷纳

目　录

前　言

　　哈德良身处一个风云激荡、惊心动魄的时代。公元 2 世纪，他成为罗马帝国主宰，堪称最成功的罗马统治者。身为久经沙场的士兵和才干非凡的管理者，他在罗马帝国鼎盛时期君临天下。

　　哈德良提出了两个能让罗马帝国长盛不衰的绝妙主张。第一，不再继续扩张帝国版图。彼时，罗马帝国疆域西起西班牙，东至土耳其，北起黑海，南至马格里布（Maghreb）*，已令他不遑统治，决定停止攻城略地。保守的他下令，凡无山川作为自然屏障，帝国边疆均修筑长墙。墙内是文明与罗马治下的和平（pax Romana），墙外则是蛮荒之地，乃至与罗马无关的一切。在德国，昔日的城墙为木制栅栏，如今早已不复存在，但在英国北部，由于树木稀少，城墙以石建造，且依然保存至今，成为最能再现罗马帝国统治的标志之一。

---

* 马格里布位于非洲西北部，阿拉伯语意为"日落之地"。（本书脚注均为译者所加。作者注释见章末"注释"。）

哈德良的第二个主张，源于他对希腊的挚爱。罗马帝国东部讲希腊语，其文化可追溯至荷马。西部则是地处地中海盆地的超级大国，拥有战无不胜的军队。经过哈德良的努力，帝国变得兼容并包，文化与军事、艺术与政权在其中平分秋色。他允许希腊人参政，还大兴土木，把雅典打造为帝国的思想之都。

正如爱德华·吉本（Edward Gibbon）在《罗马帝国衰亡史》（*History of the Decline and Fall of the Roman Empire*）中写到的（或许有点言过其实），哈德良开创了"太平盛世"[1]。其继任者安敦尼·庇护（Antoninus Pius）与马尔库斯·奥勒留（Marcus Aurelius）延续了哈德良的政策。可以说，三人力求"不战不侵而扬帝国之威。通过一次次体面的变通，他们赢得了蛮族的友谊，并努力使之相信，罗马政权并无征服之心，唯以秩序与正义之爱行事"[2]。

本书是我的第三部罗马传记，连同另外两部作品，组成了三部曲。《西塞罗传》（*Cicero*）记录了老朽的罗马共和国的衰亡，《奥古斯都传》（*Augustus*）讲述了权倾天下之人的故事，本书则描绘了一位平息侵略骚乱、建立盛世的帝王，展示了君主专制下也可实现善治。前两本书的部分人物久已作古，但本书中仍会提及，尤其是哈德良深为钦佩并大力效法的奥古斯都。

本书不光写人，亦写时——一个政权频繁更迭的动荡时代，如何重归宁静。对许多读者而言，罗马共和国的衰亡已是耳熟能详，而从尼禄（Nero）末年到哈德良掌权的时期，恐怕知之者甚少。他们可能会发现，新鲜的人物和情节，令这个时代刀光剑影，跌宕起伏，更加刺激。

哈德良绝非第一个对希腊心驰神往的皇帝。几百年来，大多数统治精英兼通拉丁语与希腊语。以诗自恋的尼禄皇帝，有着同哈德良一样的统一之心，却无统一之能。

哈德良幼年时发生了两件刻骨铭心的事。其一，巨大的"屠人场"罗马大斗兽场（Colosseum）落成，向公众开放；其二，庞贝的毁灭似乎预示了世界将如何终结。

待年近弱冠，哈德良又目睹了皇帝图密善（Domitian）对统治阶层的"大清洗"。后来，图密善遇弑，避免了一触即发的内乱。哈德良远亲，一度的监护人，后名声远扬的将军图拉真（Trajan），适时掌控大权。图拉真曾在多瑙河畔，与某凶猛的蛮族王国两次血战，年轻的哈德良受其熏陶，掌握了用兵之术。罗马图拉真纪功柱上的浮雕，便记录了这些纷繁事件。它们仿佛雕刻的新闻短片，其诉说穿越时间，堪比美国有线电视新闻网（CNN）的报道。

图拉真获胜，可灾难亦随之而来。在一场引发当时强烈共鸣的战役中，图拉真入侵了帕提亚帝国（Parthian empire，大概位于今伊拉克）。告捷之迅速，是因为帕提亚人几乎甚至根本就没有抵抗。可随后，暴动在这个东方帝国此起彼伏。身心俱疲的皇帝将指挥权交给自己以前的被监护人，并很快就在返回罗马途中驾崩。

军团拥立哈德良为新皇帝。他终于度过了漫长艰辛、险象环生的修行期，在四十岁上，成为已知世界的新主宰。现在，他渴望名垂青史，决心已定，无人可挡。他不知疲倦地巡幸，一路马不停蹄。他视察一切，改革一切——稳固边疆，操练军队，编纂法典，改善民生，振兴经济。

然而，这些泽被国家的功绩中，有一个可怕的污点。哈德良的政治生涯有一片挥之不去的阴影。犹太民族拒绝接受帝政。他们发动反抗罗马的大规模起义。结果，起义者遭遇了灭顶之灾；据估计，数千名犹太人遭处决，不计其数的百姓被迫背井离乡。为彻底从记忆中抹去这个棘手倔强的民族，哈德良给耶路撒冷重新命名，并另造新词"巴勒斯坦"取代犹地亚。所有犹太人不得进入自己的都城。直至两千年后，他们才重返家乡，恢复独立。

· · ·

哈德良是古罗马最神秘的皇帝。

为何跟他有关的史料寥寥可数？为何他功勋卓著，却鲜有庆祝？虽然他吸引了学者的关注，但适合大众读者的英文完整传记，直到 20 世纪 20 年代才出现。这种长久沉默的一个原因，就在于他性格复杂多变。哈德良是出色的管理者，他有勇有谋，能敏锐把握当时的主要政治问题。不过，他脾气暴躁，妄自尊大：一如很多才华横溢的外行，他喜欢跟内行较劲，并乐此不疲。有时，他会撩拨友人，然后毫无愧疚地将其赶走。19 世纪古典史学家西奥多·蒙森（Theodore Mommsen）就认为他"惹人生厌"，"心术不正" [3]。

危及哈德良身后名声的，还有更大的威胁，那就是哈德良与俊俏的比提尼亚少年安提诺乌斯（Antinous）的爱情悲剧，后者在尼罗河神秘溺亡。维多利亚时代以及 20 世纪早期的评论家，对这段难以启齿的同性恋情，多避而不谈。有人甚至幻想，安提诺乌斯是皇帝的非法子嗣。有私生子固然可耻，但比起这种难呼其名的爱情，还是可以接受的。

当然，最大问题还是古代文献资源匮乏，流传下来的也都残缺不全。我们听说过哈德良的自传和很多当时的史料，但只限其名而已。大部分书籍都在黑暗时代被虚荣的教会付之一炬。

因此，为哈德良立传必定是费力不讨好的差事。要写书，到底有没有足够材料？历史学家不得已为历史小说家让路。二战结束不久，法国作家尤瑟纳尔（Marguerite Yourcenar）出版了好评如潮的《哈德良回忆录》（*Memoirs of Hadrian*）。该书采用书信体，叙述者是弥留之际的皇帝，对象则是其唯一但尚未掌权的继任者——年轻的马尔库斯·奥勒留。这本诗意而忧郁的著作，不但填补了我们的知识空白，而且以娓娓道来的口吻，塑造了一个看破红尘的独裁者和生活的鉴赏家。不夸张地讲，尤瑟纳尔一度令学界难望其项背。读者普遍认为，她的哈德良最真实。

《哈德良回忆录》发表至今已五十年有余。该书无疑是大师之作，但（正如那些假古董，刚面市时人们都笃信不疑，时日一久，其真实性便大打折扣）它其实体现了 20 世纪中期法国文学界对 2 世纪罗马的态度。尤瑟纳尔的哈德良是具有异国品味的浪漫的理性主义者，是古典时代的纪德（André Gide）*。

与此同时，学术研究也取得进展。哈德良不断在帝国巡幸，每到一处，必敕建剧场、庙宇、高架渠、拱门。建筑上的铭文记录了皇帝的敕令、谕旨和各类公函，有的内容相当详细。这些素材可谓用大理石写就的第二自传。另外，考古学家也破解了大量新素材，这为文学史料增添了许多洞见。

我们不得不认为，哈德良一生的重要事件已经淹没于漫漫的历史长河，即便流传至今，也难以为后人理解（例如他继位之初爆发的不列颠尼亚起义）。不过，根据现有知识，我们足以为人立传，讲述世事。而我们的传主生平何等不同凡响！那个时代又何等精彩纷呈！我们对哈德良的幼年及青年时代所知甚少，所幸对当时的公共事件所知甚详。因而，我们至少可以说说幼年哈德良的所见所闻。同时，我也勾勒了罗马帝国的运作模式，还原了哈德良成年后即将步入的政治世界。

前人脑海中那个讨厌的性变态者，其实魅力十足。他的身上充满矛盾——暴躁亦可亲，冷酷亦好善，刻苦亦图乐，能实干亦懂审美，虽时而残忍，但总体而言，其形象丰盈有度。他是诗人，是画家，热衷与希腊有关的一切。他是**善良的尼禄**。

---

* 安德烈·纪德（1869—1951），法国作家，法国文学古典与现代的联结者，代表作有《田园交响曲》《背叛者》等。

· · ·

接下来举几个实例。我们很难确定古罗马的货币价值。当时货币的基本单位是塞斯特斯（sesterce，一种小银币），四塞斯特斯可兑换一第纳尔（denarius，另一种银币）。货物和服务的价格也与如今不同，都有各种相对价值。以经验而论，一塞斯特斯可兑换二到四美元。这里不妨举几个收入与支出的实例，帮助大家了解。公元前 1 世纪，当时众人眼中的罗马首富是马尔库斯·利基尼乌斯·克拉苏（Marcus Licinius Crassus），据说拥有资产两亿塞斯特斯。哈德良时代的一位普通富豪盖乌斯·普林尼乌斯·凯基利乌斯·塞孔杜斯（Gaius Plinius Caecilius Secundus，即常说的小普林尼），拥有资产两千万塞斯特斯。军团士兵年收入一千二百塞斯特斯。一个罗马公民若有两万塞斯特斯的年收入，可以过得很滋润；资产达四十万塞斯特斯，才称得上富裕（这是骑士阶层［eques］的基本标准）。根据庞贝古城的涂鸦，在公元 1 世纪中期，一斗小麦（远不止十四磅）售价为三塞斯特斯，一块一磅多点的面包售价不到一阿斯（as），或四分之一塞斯特斯。一阿斯可以买一杯酒、一个盘子或一盏灯，亦可支付公共浴堂的门票。最低工资（不论现金，还是现金加生活费）几乎不会低于每天四塞斯特斯。

在提到人名和地名时，我通常使用它们的拉丁拼法，除了一些广为人知的英语化名称（故我会用"Rome"而非"Roma"，"普林尼"而非"普林尼乌斯"）。有时，我会用"蛮族"（barbarian）一词，指希腊人与罗马人眼中生活在帝国以外的民族。我深知，如此消极的内涵，恐怕会以偏概全，忽略某些优异而成功的聚落。这样用，纯粹为方便起见。在此前的几部著作中，我采用了当代纪年法（即以预设的耶稣基督出生年份为基准开始纪年），而非按照罗马纪年（即从公元前 753 年罗马建城开始纪年）。公元后年份往往只提数字。*

　　罗马人名具有复杂的意义。名字的第一部分是日常交流时使用的前名（praenomen）。前名大多从常用名中选择，如盖乌斯（Gaius）、马尔库斯（Marcus）、卢基乌斯（Lucius）、普布利乌斯（Publius）、塞克斯图斯（Sextus）。长子的前名一般与父亲的一样。第二部分是族名（nomen gentilicium）。随后是别名（cognomen，或复数形式 cognomina，因为有些人的别名不止一个），起初可能用以指明人物身份或特征，譬如阿格里科拉（Agricola，意为农民）、塔西佗（Tacitus，意为安静的）；别名往往表示氏族中的某个家族，家族中的某个分支，或嫁入的另一家族。以哈德良为例。其前名为普布利乌斯，族名埃利乌斯（Aelius）之后有两个别名，一个是暗示其意大利故乡哈德里亚（Hadria）的哈德良（Hadrianus），另一个是表示"阿非利加"的拉丁词阿非尔（Afer）。其中，阿非尔可能暗指他的家族分支跟罗马行省阿非利加（Africa）有关，也可能承认，他身上流淌着迦太基的血（可能性极大）。获胜的将军很可能获赐别名，比如图拉真皇帝攻占达契亚王国（Dacian kingdom）后，就赢得尊号"达契库斯"（Dacicus），意为"达契亚的征服者"。

　　一般来说，女性的名字是其族名的阴性形式，这一规定在哈德良时代比较宽松。因此，哈德良姊不叫埃利娅（Aelia），而叫图密提娅·保琳娜（Domitia Paulina），也就是其母的名字。

　　时至今日，人们对古罗马的了解，大多通过电影或电视连续剧中的刀光剑影。它们看着的确有趣，但很难让我们称心如意。这是因为，它

---

* 为避免公元前年份与公元后年份连用时带来的不便，译文在处理公元后年份时，仍将保留"公元"二字。

们对古典的态度，掺杂了不合时宜的当代观点。例如，在我们今天看来，竞技场是对大规模施虐的莫名展示。然而，纵使观众通过欣赏获得了残忍的愉悦，但角斗士比赛的一个目的，却是让观众见证勇气，变得更加坚强或受此激励。罗马是军事化社会，果敢刚毅乃人所共求的品质（virtus）。

如果此书能让读者不但了解哈德良，而且了解他的世界，那么也就取得了成功。这就意味着化陌生为熟悉，因为若读者对那个年代的生活没有身临其境之感（有意为之也好，临时起境也好），那他对随后的历史事件及其参与者，也就不会有深刻的认识。

注 释*

[1] Gibbon, p. 36.

[2] Ibid., p. 37.

[3] Mommsen, p. 340.

★ 注释中的缩写见本书"缩写示例"。

大事年表

公元

14 年	奥古斯都驾崩；提比略（Tiberius）继位
37 年	提比略驾崩；盖乌斯（即卡利古拉［Caligula］）继位
41 年	盖乌斯遇弑；克劳狄（Claudius）继位
约 46 年	普布利乌斯·埃利乌斯·哈德良（Publius Aelius Hadrianus）出生（哈德良父）
53 年 9 月 18 日	马尔库斯·乌尔皮乌斯·图拉真（Marcus Ulpius Traianus，即图拉真）出生
54 年	克劳狄遇毒暴殂；尼禄继位
约 60 年	图拉真父出任贝提卡（Baetica）总督
66 年	犹太人起义
约 67 年	图拉真父出任驻叙利亚第十“海峡”军团（X Fretensis）副将（legatus）;受韦帕芗（Vespasian）统帅，镇压犹太人起义
68 年 6 月 9 日	尼禄自尽
69 年	“四帝之年”
69 年 7 月初	东方军团拥立韦帕芗
70 年 6 月	韦帕芗入罗马
70 年 9 月 8 日	提图斯（Titus）攻陷耶路撒冷
	巴塔维亚人（Batavian）起义遭镇压
71 年春	提图斯自东方返回
71 年 6 月	犹太人获胜
71—75 年	罗马驱逐占星师与哲学家
72 年	科马根尼（Commagene）遭吞并
	小亚美尼亚并入卡帕多恰（Cappadocia）
73 或 74 年	马萨达（Masada）要塞陷落

74 年	西班牙获批拉丁公民权（Latin Right）
约 75 年	图拉真出任罗马驻叙利亚军团宽带军事保民官（tribunus laticlavius） 哈德良姊图密提娅·保琳娜出生
75 年	赫尔维狄乌斯·普里斯库斯（Helvidius Priscus）遭逐
76 年 1 月 24 日	**普布利乌斯·埃利乌斯·哈德良·阿非尔（Publius Aelius Hadrianus Afer，即哈德良）出生**
约 77—84 年	格奈乌斯·尤利乌斯·阿格里科拉（Gnaeus Julius Agricola）出任不列颠尼亚总督
约 77 年	图拉真转任罗马驻日耳曼军团宽带军事保民官
约 78 年	图拉真迎娶庞培娅·普洛蒂娜（Pompeia Plotina）
78 年	图拉真姊婿盖乌斯·萨洛尼努斯·玛提狄乌斯·帕特鲁努斯（Gaius Saloninus Matidius Patruinus）去世；姊玛尔基娅娜（Marciana）随图拉真及普洛蒂娜同住
79 年 6 月 24 日	韦帕芗驾崩 提图斯继位
79 年 8 月 24 日	维苏威火山喷发；庞贝与赫库兰尼姆（Herculaneum）全城尽毁 罗马城大火
80 年	罗马大斗兽场题献 卡皮托利诺山朱庇特神庙毁于大火 提图斯拱门题献
81 年 9 月 13 日	提图斯驾崩 图密善继位
82 年 12 月 7 日	重建后的卡皮托利诺山朱庇特神庙题献

83 年	图密善击败卡蒂人（Chatti）
83—84 年	增加军饷
85 年	图密善出任终身监察官（censor perpetuus）
85 或 86 年	哈德良父去世；图拉真与普布利乌斯·阿基利乌斯·阿提阿努斯（P. Acilius Attianus）受任监护人
85—88 年	达契亚战争
86 年	卡皮托利诺运动会举行
	图拉真出任副执政官（praetor）
约 87 年	图拉真出任第七"合组"军团（VII Geminae）副将
89 年	卢基乌斯·安东尼乌斯·萨图尔尼努斯（L. Antonius Saturninus）叛乱
90 年 1 月	图拉真率领第七"合组"军团赴摩贡提亚库姆（Moguntiacum），镇压萨图尔尼努斯
90 年	颁布反占星师与哲学家法令
	哈德良年及弱冠，赴西班牙视察其产业
91 年	图拉真出任常任执政官（consul ordinarius）
93 年	小普林尼出任副执政官
	拜比乌斯·马萨（Baebius Massa）、赫伦尼乌斯·塞涅基奥（Herennius Senecio）、赫尔维狄乌斯·普里斯库斯、阿鲁勒努斯·鲁斯提库斯（Arnulenus Rusticus）受审
93—120 年	有人镌刻文德兰达写版（Vindolanda tablets）
94 年	哈德良开始参与公共事务：十人争讼审判团（decemvir stlitibus iudicandis）成员、罗马六骑兵队队长（sevir turmae equitum Romanorum）、拉丁节日令尹（praefectus urbi feriarum Latinarum）

95 年	意大利驱逐哲学家
	弗拉维乌斯·革利免（Flavius Clemens）遭处决
	哈德良出任驻潘诺尼亚第二"忠信"辅助军团（II Adiutrix Pia Fidelis）军事保民官
96 年 9 月 18 日	图密善遇弑
	涅尔瓦（Nerva）继位
	图拉真击败苏维汇人（Suebi）
96 年 10 月 25 日	涅尔瓦收养图拉真
	哈德良出任驻下默西亚第五"马其顿"军团（V Macedonica）军事保民官
98 年	图拉真第二次出任常任执政官（与涅尔瓦）
99 年 1 月 28 日	涅尔瓦驾崩
99 年 2 月	哈德良赴科隆尼亚（Colonia Agrippinensis），向图拉真禀报涅尔瓦死讯
	图拉真继位
99 年春	图拉真巡视多瑙河前线
	哈德良出任驻上日耳曼尼亚第二十二"忠信"初创军团（XXII Primigeniae Piae Fidelis）军事保民官
	塔西佗作《阿格里科拉传》（Agricola）、《日耳曼尼亚志》（Germania）
99 年秋	图拉真入罗马
100 年	图拉真第三次出任常任执政官
	粮补项目实施
100 年 9 月	小普林尼作《颂歌》（Panegyricus）
约 100 年	哈德良迎娶维比娅·萨比娜（Vibia Sabina）

101 年	图拉真第四次出任执政官
	哈德良出任财政官（quaestor）
	玛提狄娅（Matidia）成为皇室成员
101 年 3 月 25 日	图拉真出征第一次达契亚战争
102 年	哈德良任平民保民官（tribunus plebis）
102 年 12 月	图拉真返回罗马；获尊号"达契库斯"
	图拉真为征服达契亚举行凯旋式
103 年	图拉真第五次出任执政官
	重建马克西穆斯竞技场（Circus Maximus）
约 104 年	从苏格兰撤军
105 年	哈德良出任副执政官
105 年 6 月 4 日	图拉真出征第二次达契亚战争
	设立达契亚行省
105 年后	图拉真姊玛尔基娅娜获尊号"奥古斯塔"（Augusta）
106 年	哈德良出任驻下日耳曼尼亚第一"密涅瓦"军团（I Minervia Pia Fidelis）副将
106 年 7 月初	围攻萨尔米泽格图萨（Sarmizegetusa）
106 年 9/10 月	得克巴卢斯（Decebalus）殁
106—111 年	设阿拉伯行省
107 年	哈德良出任副执政官
	哈德良首次筹办运动会，庆祝达契亚战争胜利
	哈德良出任下潘诺尼亚行省使节副执政官（legatus Augusti pro praetore Pannoniae inferioris）
107—108 年	献给复仇者玛尔斯的纪念碑题献于阿达姆克利西（Adamklissi）
108 年	哈德良首次出任候补执政官（consul suffectus）

约 108 年	塔西佗作《历史》(*Histories*)
约 109—112 年	小普林尼出任比提尼亚-本都(Bithynia-Pontus)行省总督
约 110 年	利基尼乌斯·苏拉(Licinius Sura)逝世
112 年 1 月	图拉真第六次出任执政官;图拉真广场题献
112—113 年	哈德良出任雅典执政官(archon)
113 年	图拉真姊玛尔基娅娜薨逝;封神
113 年 10 月 27 日	图拉真离开罗马,出征帕提亚
	图拉真纪功柱竣工
114 年 1 月 7 日	图拉真入安条克(Antioch)
114 年夏	图拉真废帕尔塔马西里斯(Parthamasiris)
	图拉真获"最佳元首"(Optimus)称号
	吞并亚美尼亚、美索不达米亚、亚述
115 年	攻占泰西封(Ctesiphon)
115 年 12 月 13 日	安条克地震,图拉真死里逃生
115—117 年	犹太流民起义
116 年	东方发生反罗马大起义
117 年	哈德良出任驻叙利亚军团副将
117 年 7 月	图拉真经水路返罗马
117 年 8 月 9 日	图拉真驾崩
117 年 8 月 11 日	哈德良继位
118 年	哈德良第二次出任执政官
	处决四名执政官
118 年 7 月 9 日	哈德良入罗马
	图拉真新设行省(除亚美尼亚)均遭弃
约 118—128 年	重建万神殿(Pantheon)

119 年	哈德良第三次出任执政官
	玛提狄娅薨逝
	哈德良巡幸坎帕尼亚（Campania）
120 年	安敦尼出任执政官
约 120 年	塔西佗作《编年史》（Annals）
121—125 年	哈德良首次巡幸行省
121 年	哈德良巡幸高卢、上日耳曼尼亚、莱提亚、诺里库姆、上日耳曼尼亚
121—122 年	普洛蒂娜薨逝
122 年	哈德良巡幸下日耳曼尼亚、不列颠尼亚（在当地下令修建哈德良长墙）、高卢、塔拉哥西班牙
	第二次摩尔人起义
123 年	哈德良巡幸毛里塔尼亚(?)、阿非利加(?)、利比亚、昔兰尼、克里特岛、叙利亚、幼发拉底河（梅利泰内）、本都、比提尼亚
	可能遇见了安提诺乌斯
	巡幸亚细亚
124 年	哈德良巡幸色雷斯、亚细亚、雅典与厄琉息斯、亚该亚
125 年	哈德良巡幸亚该亚、西西里、罗马
约 126 年	普鲁塔克（Plutarch）逝世
约 127 年	意大利设四区，由执政副将管理
128 年	哈德良巡幸阿非利加、罗马、雅典
129 年	哈德良巡幸亚细亚、潘菲利亚、弗里吉亚、皮西迪亚、奇里乞亚、叙利亚、科马根尼（萨摩萨塔）、卡帕多恰、本都、叙利亚（安条克）

130 年	哈德良巡幸犹地亚（兴建埃利亚·卡皮托利纳［Aelia Capitolina］取代耶路撒冷）、阿拉伯、埃及（尼罗河之旅；安提诺乌斯溺亡；亚历山大港）
130 年 10 月 30 日	兴建安提诺奥波利斯（Antinoopolis）
131 年	哈德良巡幸叙利亚、亚细亚、雅典
131—132 年	泛希腊同盟创立
	雅典奥林波斯宙斯神庙竣工
131—133 年	巴尔·科赫巴（Bar Kokhba）带领犹太人起义
131—137 年	阿里安（Arrian）出任卡帕多恰总督
132 年	哈德良居罗马
134 年	哈德良巡幸叙利亚、犹地亚、埃及（？）、叙利亚（安条克）
	哈德良居罗马
135 年	维纳斯与罗玛神庙题献
136 年	哈德良收卢基乌斯·克奥尼乌斯·康茂德（L. Ceionius Commodus）为养子
	卢基乌斯·尤利乌斯·塞尔维阿努斯（Lucius Julius Servianus）与佩达尼乌斯·弗斯库斯（Pedanius Fuscus）殁
136 或 137 年初	萨比娜薨逝
138 年 2 月 25 日	哈德良收提图斯·奥勒留·弗尔维乌斯·安敦尼（T. Aurelius Fulvius Antoninus）为养子，安敦尼与其共同执政
138 年 7 月 10 日	哈德良驾崩
139 年	哈德良陵寝题献
140 年	马尔库斯·奥勒留首次出任执政官

161 年	安敦尼驾崩
	奥勒留继位
180 年	奥勒留驾崩；子康茂德继位

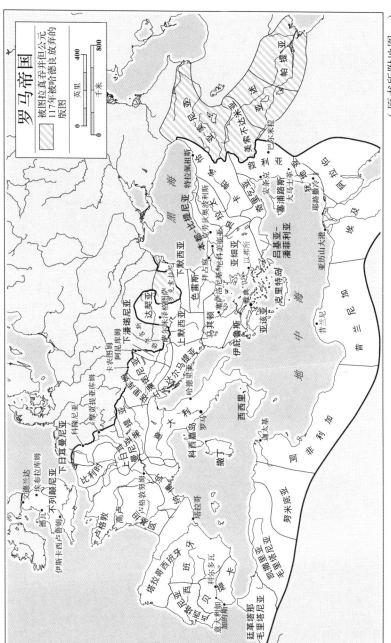

罗马帝国

被图拉真吞并但公元117年被哈德良放弃的版图

英里
千米

（原书所附地图一）

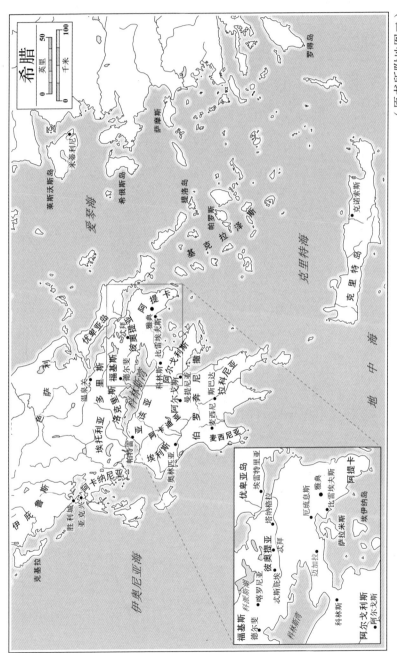

希腊

英里 0 50

千米 0 100

罗得岛

莱斯沃斯岛

米蒂利尼

希俄斯岛

爱琴海

萨摩斯岛

提洛岛

帕罗斯

纳克索斯

克里特海

阿索海

克诺索斯

雅典

彼雷埃夫斯

撒

克里特岛

阿提卡

优卑亚岛

温泉关

多里斯

萨里

福基斯

利

洛克里亚

科林斯湾

波奥提亚

地雷利亚

地中海

埃托利亚

阿卡奈

麦加拉

埃皮达鲁斯

帕尔纳索斯

帕加斯

阿卡纳尼亚

罗西翁

麦西尼

斯科利亚

斯巴达

拉科尼亚

科奇拉

奥林匹亚

伯

阿尔戈斯

曼提尼达

麦西尼亚

帕特雷

皮洛斯

伊庇鲁斯

胜利城

亚克兴角

派克托斯

克基拉

伊奥尼亚海

优卑亚岛

福基斯

科派斯湖

德尔斐

喀罗尼亚

彼奥提亚

埃雷特里亚

塔纳格拉

欧罗庇亚

狄奥庇埃

狄斯庇埃

阿提卡

饮雷埃夫斯

雅典

厄琉息斯

科林斯湾

科林斯地峡

迈加拉

萨拉米斯

埃癸纳岛

科林斯

阿尔戈斯

阿尔戈斯

（原书所附地图二）

序　幕

这里是最诗情画意的地方，也是最神秘莫测的地方。

进了村子，朝山上步行半英里，就能碰见一堵宏伟却已荒废的围墙，墙高约三十英尺。*林中空地对着一片狭长的池塘，丘壑环周，万籁俱寂。柏树随处可见、亦有圣栎、山毛榉、角树、古橄榄杂然其间。海岸松擎起高耸的华盖，仿佛凝固的绿色焰火。

21世纪逐渐幻化为2世纪，因为树林中到处散落着罗马的遗迹——破败的柱廊、坍塌的拱顶，通向高台和地道的阶梯、庞杂的水道、破烂的喷泉，仅剩残垣断壁的神庙、杂草丛生的露天剧场。

这里就是欧洲建筑奇观之一——哈德良皇帝在蒂沃利（Tivoli）的别馆（villa），其距罗马不到二十英里。文艺复兴时期，建筑师总会到此探寻古代世界的秘密；为了偷师学艺，他们剥去围墙的大理石饰面以及地板的马赛克。他们把所有目之所及的雕塑，都搬进自己设计的崭新

---

* 1英里约等于1609米。1英尺等于30.48厘米。

的宫殿。目前，已经确认的至少有二百五十尊；过去鼎盛时期，雕塑想必散见于别馆各个角落。

除了哈德良皇帝的肖像和诸神的画像，还有四十多尊人物雕塑，它们都为纪念一个人，即皇帝命中的挚爱——比提尼亚青年安提诺乌斯。他站在壁龛或基座上，俯视一切。其形象在别馆随处可见。

事实上，"别馆"之称并不准确。这里绝非单体建筑，其面积之大，堪比镇区或校园：不到三百英亩*的范围内，同类建筑超过三十五幢。数百年来，这里几经劫掠，仿佛备受醉酒士兵蹂躏的城市。即便如此，仍然有大量物品保存至今，其规模可见一斑。

哈德良皇帝施行独裁统治，不辞辛劳，即便到乡间休养，亦日理万机。他心里勾画了一个政府运作的正式枢纽，为此兴建了数量庞大的宴会厅和会客厅。不过，若我们忽略其实际用途，就会发现，此建筑群最奇妙处在于，它们（更确切地说，那些哈德良认为最有意义的部分）代表了微观的罗马世界。它们是哈德良以砖瓦隐喻的罗马帝国。

希腊的地位至关重要。这里仿建了雅典的斯多葛绘廊（Painted Porch，以其壁画、同斯多葛学派的渊源而闻名于世）；不远处还仿建了学园（Academy），也就是大师柏拉图授业传道的橄榄树林。位于色萨利（Thessaly）的坦佩谷是巫术与法术之地：太阳神阿波罗就在那儿，杀死了在德尔斐守护地心的巨蟒——黑暗地神皮同（Python），并以其著名神谕代之。而别馆的北端，便复制了这片郁郁葱葱的峡谷。

在庭院某低洼处，有一方长长的矩形池塘。池塘两侧矗立着列柱和雕塑。据说，这儿的设计灵感得自卡诺普斯（Canopus）——亚历山大港外的运河，同时也是时髦的旅游陷阱。池塘一端坐落着巨大的半穹顶

---

* 1英亩约等于4047平方米。

露天餐厅，后面筑有凉爽的喷泉和流水。池塘里潜伏着一条大理石鳄鱼；数尊埃及神祇的大理石像，慈祥地注视着皇帝的仲夏盛宴。

某古代史家写道，"为了不漏掉什么，哈德良甚至还造了地府"[1]*。所谓"地府"，当指冥界，那里的死者生不得生，逃不得逃。如今该地府的地望已不可考。别馆最不可思议的特色之一是，在皇帝及宾客消遣或议事的华屋之下，修建了包含储藏室、无窗卧房的地下网络，供仆从和奴隶生活劳作。他们就在这无人看见，无人听见，无人察见的地方，为地上满面红光的显贵提供一切必要的服务。不过，这些地下的实用空间，未必是哈德良构想的冥府。

还有另一种可能。在该皇家领地远端，可见一块建筑稀少的高地，当年哈德良及其随从便在此骑马狩猎。然而，翻过崎岖的猎场，就会发现别馆另一精妙之处——其下四条构造相同的走廊，每条长半英里，宽足以行双轮马车，其首尾相接，呈矩形或梯形状。筑造时想必动用了大量人力物力：需要切割运输的石头，多达二万六千立方码†。屋顶设置了通风口，保证光线间有射入，空气时刻流通。这些狭长昏暗走廊的外观和感观，与哈德良时代的相差无几。即便炎炎夏日，这里依然清凉舒爽。

它们宛若迷宫，因为入口只有一处，即矩形的北边。它们的建造初衷是什么？或许这里能揭示来生的秘密，或许这是举行宗教仪式的迷惘之地，生者可以在此重见古代先贤，甚至逝去的挚爱。

同样难解的，还有这块胜地的建造者。他是罗马最伟大的君主之一，

---

* 见〔古罗马〕埃利乌斯·斯巴提亚努斯等《罗马君王传》，谢品巍译，杭州：浙江大学出版社，2018 年，第 36 页。本书的《罗马君王传》引文多出自该译本（根据本书行文，部分译文略有调整）。

† 约等于 1.99 万立方米。

对于他古怪的性格，这座别馆给我们揭示的问题甚至比答案还多。要了解哈德良，免不了回顾他丰富多彩的一生。

注　释

（关于哈德良在蒂沃利别馆的完整信息可见网站上的导游手册和麦克唐纳［MacDonald］的著作。）

［1］HA Hadr 26 5.

第一章
西敌来犯

我们要讲的故事，关乎两个家族和一个孤儿。

话说一直以来，埃利乌斯家族与乌尔皮乌斯家族吵吵闹闹，分分合合。他们时而怒目相视，时而情同手足，时而共结连理，时而行同路人。他们对这个孩子的影响，终其一生。这个孩子叫普布利乌斯·埃利乌斯·哈德良·阿非尔，出生于公元 76 年 1 月 24 日。那年正值韦帕芗皇帝及其子提图斯共同出任执政官，九天后便是罗马历的二月初一 [1]。哈德良生于罗马，但他的家乡很偏僻，位于帝国边陲。

西班牙南部的安达卢西亚（Andalusia），具有得天独厚的地理优势。它地跨欧洲和非洲，海岸线连接了地中海和大西洋。然而，数百年来，它始终是欧洲最贫穷的地区。当地农工的薪水仍然在欧洲大陆垫底。

那里土壤贫瘠，山区积雪，倒是瓜达尔基维尔河（Guadalquivir River）流域有良田沃土。瓜河顺流而下，穿过千百年来冲刷而成的平坦河谷，最终汇入主流。自名城塞尔维亚向上游行数英里，便来到一个鲜为人知的小镇——桑蒂庞塞（Santiponce）。谁能想到，在小镇柏油路、公寓、路边咖啡馆之下，在七千多居民脚下，埋藏着尚未挖掘的罗马意大利加（Italica）遗址。当时这里的人口与今天相差无几，埃利乌斯家族就是这个行省僻壤的大族。小哈德良就出生于此。

在一块俯瞰桑蒂庞塞的高地，新意大利加（哈德良成年后，将其并入原来的城镇）的宏伟遗址沐浴在阳光下。广袤无垠、草木丛生的原野上，宽阔的街道纵横交错。街道两旁遮阴的柱廊已不复存在，只剩下基座。这里一度是富庶而繁忙的市中心，如今却仅有几只浅灰的蝴蝶心不在焉地飞着。干道边为公共浴堂*的地基，以及某富人邸第的黄道十二宫符号镶嵌画地板。穿过高林，可见帝国最大的圆形剧场之一，除部分顶拱掉落，其余内设均保持原样。

由于民主复苏，并且加入欧盟，如今的安达卢西亚正逐渐恢复消失已久的繁荣。从图拉真皇帝像矗立的观景台望去，蜿蜒的新高速公路，仿佛名胜古迹上的结扣；离这里不远处，另一个意大利加拔地而起（这次是"全新的"）。鳞次栉比的高楼和空旷的街道，正等待它们的第一批客人。

两千年前，这里是罗马帝国最富饶的地区。瓜达尔基维尔的拉丁名字为贝提斯（Baetis），该行省便依此被命名为贝提卡。活跃于公元 1 世纪前二十五年的大地理学家斯特拉波（Strabo），在西班牙大部分地区都匆匆而过。他觉得那些地方崎岖不平，环境险恶，"极不适宜居住"[2]。可贝提卡却不然。

图尔德塔尼亚（Turdetania，贝提卡别称，因原住民得名），

---

*　罗马有很多公共浴堂，为了显示民主、与民同乐，皇帝也经常去公共浴堂与民众共浴。

备受自然眷顾。那里物产丰富，且拥有适宜运输货物的便利设施，即便是大量的谷物和葡萄酒也不在话下；当地的橄榄油产量巨大，品质优良，足见自然之偏心。[3]

当地的橄榄油尤其供不应求。作为古代世界的基本食品，橄榄油是每个人日常饮食中不可缺少的，此外它还可用于室内照明、美容，替代肥皂，治疗疾病。罗马等大城市对橄榄油的需求相当大（年消费量可能高达五百万加仑*），贝提卡的地主时产时销，绝无积压。

我们有实物为证，即古典世界最大的垃圾堆——罗马的泰斯塔乔山（Monte Testaccio）。这座人工山高一百六十五英尺，宽一千一百码，†山体全都是由破碎的双耳陶罐组成，数量近四千五百万件。罐身往往印有盛装物名称和出口商名字。来自贝提卡的陶罐大多用来盛橄榄油。据估计，每年有十三万件陶罐（容量总计超过二百万加仑）被弃置于山上。西班牙南部最大的橄榄油生产商，就是埃利乌斯家族。

意大利加建于罗马与商业城邦迦太基的第二次长战期间。建城之初，埃利乌斯家族祖先便来到这里。迦太基地处阿非利加北海岸（今突尼斯）。借助地理优势，该国垄断西地中海贸易达数百年。

长期以来，双方恶斗不断。作为迦太基名将和史上最伟大的统帅之一，汉尼拔（Hannibal）纵横意大利全境十余年，取得一场又一场胜利。当时，西班牙南部为迦太基殖民地，二十四岁的普布利乌斯·科尔涅利乌斯·西皮奥（Publius Cornelius Scipio）在那里统领一支远征军（对抗

---

* 　1 美制加仑约等于 3.79 升。

† 　1 码等于 91.44 厘米。

汉尼拔）。经过精心策划，这位年轻的统帅在距意大利加数英里处挑起战事。尽管人数不占优，且一度因大雨遇阻，但他最终大获全胜。迦太基人丢盔弃甲，落荒而逃，而西皮奥乘胜追击，大开杀戒。五万人的军队，幸存者不过六千。

西皮奥继续挺进迦太基，最终在汉尼拔的地盘将其击败。战争结束后，获胜的将军得到嘉奖——可以在其名字后加上尊号"阿非利加努斯"（Africanus）。

军团的大批伤病员驻留西班牙，安置于新城意大利加（因意大利得名）。此举并非或不仅仅是为了打发已沦为负担的老兵。待他们康复，可令其监管当地民众，普及罗马的生活方式；一旦发生骚乱，能即刻以武力镇压。

那位埃利乌斯家族祖先，来自距意大利东海岸约十英里的哈德里亚。战争使他流离失所。他到底是否愿意永远扎根异乡，远离家园，我们不得而知。倒是他的子子孙孙，乐得堆金积玉，光宗耀祖。

此后一百五十年里，我们没有任何涉及埃利乌斯家族的消息。贝提卡日渐繁荣，吸引大量意大利移民来此寻觅商机。公元前49年，罗马内战爆发。交战双方分别是风流潇洒、不择手段、目光如炬的政治家兼将军盖乌斯·尤利乌斯·恺撒，以及当时执掌罗马共和国的贵族当权派。意大利加的多数领袖要么判断失误，要么运气不佳，选择了失败的一方。超过一万名具有意大利背景的士兵，加入罗马共和国军队。罗马军团曾经在西班牙境内两次相互对决，两次均为恺撒获胜；其中第二次战役还使他赢得整场内战。

大约此时，哈德良的天祖埃利乌斯·马鲁利努斯（Aelius Marullinus），成为家族当中第一位元老。他显然比自己的同胞要精明，因为只有得了恺撒的训谕，才可能取得晋升，这是对忠诚的褒奖。

百年之后，哈德良的父亲（也叫普布利乌斯·埃利乌斯·哈德良·阿非尔）出生。后来，他娶了加的斯（Gades）妇女图密提娅·保琳娜。加的斯位于巴勒斯坦海滨。同迦太基一样，那里由来自推罗（Tyre）与西顿（Sidon）的腓尼基人建立并殖民。图密提乌斯家族在罗马赫赫有名。其祖先的罗马公民权，想必得自族里某个名不见经传的祖先，但保琳娜的祖籍很可能在布匿（罗马人对迦太基的称呼）。夫妇俩育有两个孩子——哈德良及其姊。

很多贝提卡人成为富豪后，决定到罗马实现自己的政治抱负，埃利乌斯·哈德良即其中一员。我们对他的政治生涯知之甚少，但他显然才智过人，精明能干。大约在其子出生那年，他出任副执政官。当局想必对他十分器重，因为他才二十九或三十岁，即刚刚达到副执政官的最低年龄限制，便出任该职。身为副执政官，他时而在罗马断案，时而受命指挥军团。此后，他或许又出任行省总督（可能就在贝提卡）。

埃利乌斯家族与意大利加的另一名门乌尔皮乌斯家族关系密切。活跃于公元3世纪的史学家狄奥·卡西乌斯（Dio Cassius）曾不屑地表示，乌尔皮乌斯家族祖籍西班牙；他们连意大利人或来自意大利南部的希腊人的血统都没有，更不消说跟罗马人沾亲带故。不过，他们很可能是小镇第一批徙民，并且来自翁布里亚北部山城图德尔（Tuder，今托迪[Todi]，当时以骁勇善战著称）。

哈德良的祖父娶了乌尔皮乌斯家族的千金。这可是门当户对的婚事，因为新娘的兄长马尔库斯·乌尔皮乌斯·图拉真（从别名可知，他娶了图拉乌斯家族的女子。该家族是贝提卡的双耳陶罐生产大户）曾出任贝提卡总督，在哈德良出生时，正担任罗马最高级的行省职位叙利亚总督。他任用了自己德才兼备的儿子（跟许多罗马人一样，父子同名），也就是我们熟知的图拉真。[4]

乌尔皮乌斯家族财大气粗，而图拉真父并非第一位进入元老院的家族成员。要知道，成为元老的条件之一，是资产至少达一百万塞斯特斯。元老由皇帝亲自指定，且元老阶层（ordo senatorius）的成员资格，可以传给其男性后代。据估计，帝国上下活跃的元老家族最多只有四百个 [5]，因此像意大利加这样的地方，能诞生好几位元老，的确很幸运了。

埃利乌斯家族与乌尔皮乌斯家族没有罗马贵族出身的祖先。他们是"新来的"——统治罗马数百年的古代大家族，便用这个傲慢的字眼，称呼那些圈子外的无名政治家。他们抓住了沃土贝提卡提供的商机，现在又决定在罗马名垂青史。

哈德良出生后，情况极为不妙，因为在古代世界，每个人最难熬的时期，就是从出生到七八岁的阶段。当时，医学方兴未艾。不过有些医生还是很实在的，他们鼓励健康的生活方式，开的医嘱也行之有效；其他一些人将医学视为哲学或巫术的一个分支，还常常用奇谈怪论取代望闻。

好不容易呱呱坠地，小哈德良又不得不与命运抗争。跟其他罗马新生儿一样，他在出生后第九天才拥有前名。这种拖延表明，很多婴儿出生一周左右便夭折。最常见的绝症是胃功能紊乱——腹泻和痢疾。其中，整个幼儿期都会受到痢疾的威胁。

婴儿高死亡率的结果之一，就是上层社会的父母只在确信孩子能够存活后，才会对他们关爱有加。母亲都尽量避免母乳喂养（尽管这会促使其很快再次受孕），保琳娜也不例外。

小哈德良急需乳母喂养。事关重大，不可有闪失。索拉努斯（Soranus）的《妇产科》（*Gynaecologia*）是金科玉律。按照该书说法，乳母"年龄应该介于二十岁至四十岁之间，有过两三次生产经历，身体健康，无重大病史，体态丰腴，肌肤白皙，且双乳匀称松软，平滑无皱纹" [6]。另外，乳母还应懂得"自律"，也就是洁身自好，滴酒不沾。

保琳娜把这项重要任务交给了一个叫格尔玛娜（Germana）的妇女，想必她也恪尽职守。[7] 从名字看，她是来自欧洲东北部的奴隶。格尔玛娜的人生很成功，因为她不仅日后获得自由，而且相当长寿，其寿命甚至超过了哈德良。

对于哈德良的幼年时代，我们所知甚少。身为元老，他的父亲必须依法在罗马城内或近郊居住，除非外出公干。哈德良家在城里有住房，在距京城相当远的地方，也有一份产业。一群富有的西班牙人在提布尔（Tibur，今蒂沃利）修建或占领了很多邸第，埃利乌斯也是其中的一员。这块时髦的度假胜地，距罗马东部约十八英里，地处萨宾山（Sabine Hill）的低坡，山谷尽头是阿尼奥河（Anio，今阿涅内河［Aniene］）。小城就坐落在山谷渐变为峡谷的地方。

沿河有几处壮观的瀑布，河水环城而过，最终汇入台伯河（Tiber）。提布尔水资源丰富，气候清爽怡人。每到夏天，罗马的富豪便来此躲避京城的酷热，有时干脆就在城里或近郊整年居住。他们的邸第往往金碧辉煌。作家斯塔提乌斯（Statius）曾到访阿尼奥河畔绿树成荫的豪宅——提布尔别馆，并在别馆的花园写了一首颂词。后来，哈德良想必也到此一游，并对其赞不绝口。

> 我是否该惊叹于金光闪闪的屋梁？
> 或是每个门柱旁的摩尔柑橘树？
> 或是五彩斑斓、光华夺目的大理石？
> 或是流经每个卧房的水管网络？ [8]

接着，诗人开始描写每一件奢侈品，以及镶嵌画、象牙和金制艺术品、宝石、雕塑。

儿时的哈德良可能在这个令人神往的小城住了很久，因为他对该城的喜爱终其一生。

　　八岁以前，哈德良一直受到母亲的管教。之后，即公元 84 年左右，他受到父亲的直接监护，他的求学生活也由此拉开帷幕。至于他是跟家庭教师学习，还是上学，我们并不清楚。当时首屈一指的教育家马尔库斯·法比乌斯·昆体良努斯（Marcus Fabius Quintilianus，即昆体良）担心，典范家庭再也无法树立可靠的榜样。孩子都恃宠而骄，没规没矩（"他们是躺在垃圾堆边上成长起来的"）；他建议孩子"到风气正派的学馆享受明朗的阳光，而不是忍受私塾教育的孤独与寂寞"。[9]埃利乌斯家族很可能认真听从了他的建议。

　　初等学馆的课程通常在主广场上租用的商铺中进行（商铺前有一块像走廊一样的临街地）。每天黎明时分甚至未及破晓，学生就开始上课，一直上到下午，然后去浴堂。学馆的教学方法既生硬又乏味，强调死记硬背，而非活学活用。哈德良和他的同学先学字音，然后学字形，从 a 到 x（拉丁字母中没有 y 或 z）得倒背如流；接下来，又背诵两个或三个字母组合，最后是音节和词。此外，学馆也教授基本的数学技能，以便学生日后可以自信地讨价还价，管理财务。

　　在学馆，书师（ludi magister）手把手教哈德良习字。后来，他又布置例句，让学生用尖笔抄到蜡版上，抑或用芦杆笔蘸墨水，抄到纸莎草或纸板厚的木片上。他们使用算盘计数，并且以吟唱的方式背诵乘法口诀。

　　公元 85 或 86 年，也就是哈德良十岁左右时，发生了一件改变他人生轨迹的大事。他年届不惑的父亲意外离世。一颗冉冉升起的政坛之星，将近中天，即倏然陨落。其死因我们不得而知，也许是古代世界常见的瘟疫，那时无论穷富，一旦中招，都难逃一死。

哈德良的母亲保琳娜处境艰难，但如此遭遇并不罕见。罗马女性成婚时，大多年纪轻轻，有的甚至才年及豆蔻，即将或者刚刚步入青春期。而丈夫往往年龄大很多，一般为二十五岁甚至接近三十岁。虽然女性生产时的死亡率居高不下，但她们比配偶更有可能看着孩子长大成人。据估计，二十五岁的罗马人中，父亲仍然在世者只有三分之一，而母亲仍然在世者则将近一半。

为保障哈德良的利益，母亲或她的家庭顾问不得不深思熟虑。哈德良继承了一笔财富，因而他们一致同意，必须有男性为其成长保驾护航，并且妥善管理哈德良家在贝提卡的产业。为此，他们指定了两位意大利加市民为监护人。其中一位是骑士（属于商人或贵族阶层，地位低于高级政客或高级元老）普布利乌斯·阿基利乌斯·阿提阿努斯。

另一位是温文尔雅的大人物——乌尔皮乌斯家族成员，哈德良的舅公之子，图拉真。已知有关他的最早资料，是在他的青年时代，那时他正在父亲的军队中服役。如今，他三十二岁，[10] 向世人不断证明自己有勇有谋。他非常崇拜亚历山大大帝，期待也能战功赫赫。他身材高大，体型匀称，"仪表堂堂"，鼻子尖，嘴巴宽。[11] 他近来刚刚卸任副执政官，对执政官的最高荣耀虎视眈眈——执政官是罗马人政治生涯的顶点（除非他觊觎皇位）。

图拉真经常外出狩猎，而且是机警过人的好手。他好像还擅长登山，这种爱好在当时并不多见；他喜欢"在无人帮助或指路的条件下，攀登悬崖峭壁"[12]。他的酒瘾很大，亦喜狎年轻男子。[13] 他与妻子庞培娅·普洛蒂娜（全名为庞培娅·普洛蒂娜·克劳狄娅·福埃贝·皮索［Pompeia Plotina Claudia Phoebe Piso］）于公元 78 年成婚，婚后感情甚笃。两人的结合似乎出于精神需要。另外，他们膝下无子。

图拉真最令同辈关注和钦佩的品质，是刚直不阿。大家都知道，他从不会以权谋私，这可是治国为政的上层人物身上少有的。

· · ·

那时，除了有直接关系的人，谁都没有兴趣监护一个十岁的西班牙男孩。然而，事实证明，这次监护让埃利乌斯家族与乌尔皮乌斯家族的关系变得牢不可破，并且对罗马未来产生了不可估量的影响。

注　释

（主要资料来源：《罗马君王传》。）

［1］HA Hadr 1 3.

［2］Strabo 3 1 2.

［3］Ibid., 3 2 4.

［4］本段与下一段的内容均见于 Syme Tac, p. 603。

［5］CAH, p. 222.

［6］Gyn 2 19.

［7］见 CIL 14 3721 对她的描述。

［8］Stat Silv 1 3 35–37.

［9］Quint 1 2 7–9.

［10］据 Eutropius 8 5 2，图拉真享年六十三岁。如此算来，他生于公元　　53 年。其他文献记载的崩逝年份各有不同，但现代学者大多从欧　　特罗皮乌斯（Eutropius）说。

［11］有关图拉真的相貌，见他的塑像以及 Pliny Pan 4 7。

［12］Pliny Pan 81 1.

［13］虽然贝内特（Bennett）等传记作家提到图拉真的双性取向，但皇　　帝很可能只喜欢同性，而大多数罗马人似乎不专好同性。

第二章

世事凶险

哈德良的两位监护人事务繁多，没有太多时间跟踪哈德良的进步。不过，他们跟保琳娜一样，对哈德良寄予厚望。十二岁左右，哈德良升入了中等学馆。该学馆在罗马即便不是首屈一指，也是赫赫有名，其语法书师（grammaticus，该拉丁词语兼指中等学馆书师和语法家）乃大名鼎鼎的昆图斯·特伦提乌斯·斯考鲁斯（Quintus Terentius Scaurus）。[1]此人著有语法手册一部，拼写练习、介词用法等书若干，亦是学术推理大师。

语病是有教养的罗马人时常津津乐道的话题，而我们这位聪明的贝提卡年轻学子已然是其中的佼佼者；虽属臆测，却有几分道理，因为哈德良成年后便以语言专家自居。他写过两卷有关语法的《对话录》（*Sermones*，已散佚，甚憾），并且跟其师展开过学术辩论。斯考鲁斯仍然在世且硬朗时，哈德良便质疑他对"obiter"（顺带）[2]一词的解释。为此，哈德良旁征博引，甚至还有奥古斯都致提比略的信札——在信中皇帝批评继子不该回避运用该词。当然，哈德良添油加醋了，奥古斯都皇帝纯粹是门外汉。

不过可以肯定的是，年轻时的哈德良聪明睿智，争强好胜，处处想要超过行家里手，是个永远都长不大的孩子。此乃哈德良之本真也。

上学，或者更确切地讲，去语法书师的地盘，便进入了危机四伏的成人世界。有钱的家长对此心知肚明，因而会指派一名伴读（paedogogus），亦即信任有加的奴隶，监督子女在家的举止，陪伴他们上学。尤其迫切的是，被监护人即将弱冠，免不了吸引街上成年男性的目光。女孩很少在公共场合抛头露脸，且经常接受家庭教育，因此男孩遇到的危险比女孩遇到的更多。难以启齿的相遇司空见惯，只要行贿钱给到位，便能让伴读变成蝶使蜂媒。只需一两份礼物，就能让好奇的孩子上钩。

正是为了让孩子远离这种威胁，诗人贺拉斯的父亲不肯托人送儿子上学。

> ……他保护了我的童贞
>
> （这对培养好品性至关重要），让我
>
> 不仅远离肮脏的行为，也远离肮脏的非难。[3]

不幸的是，学童拜入语法书师门下后，家长的烦恼依然没完没了。如果哈德良同辈——伟大的诗人兼讽刺作家德奇穆斯·尤尼乌斯·尤文纳利斯（Decimus Junius Juvenalis，全名不详，通常称作尤文纳尔）所言不虚，那么课堂便是初尝禁果的苟且之地。据他说，世人希望书师能代行父母之职（in loco parentis）；于是，父亲们

> 要求他在众学童中，拿出父亲的样子，

确保学童不玩下流的游戏，

不会相互之间胡作非为。

在父亲们来之前，要盯着这些男孩

手不乱动，眼不乱看，可真不是轻松的差事。[4]

隐秘的猥亵通常与公开的体罚相伴。师父往往鞭笞懒惰、叛逆或仅仅活泼好动的学生。庞贝的一幅壁画描绘了某典型场景：师父在左边怒目而立，各学生安静地端坐桌前，一个男孩用肩膀撑着某个几乎一丝不挂的罪犯。另有一人抓住他的腿。助教扬起九尾鞭，准备下手。体罚经历在学习过程中至关重要，以至于对太老不能上学的表达方式是——"把手从藤条上缩回"（manum subducere ferulae）[5]。

哈德良安顿下来后学习的课程很狭窄。当时并不重视有益于头脑与身体的七艺教育思想。教学大纲中没有数学与科学，亦无音乐与美术，唯独文学例外。体操与田径只限节假日。

其实，要学的只有文学与演说两门相关课程，以及拉丁语与希腊语两种语言。哈德良接触了两种语言的经典之作，其中最重要的当属荷马的两部史诗《伊利亚特》（Iliad）和《奥德赛》（Odyssey），这两部史诗由公元前8至前7世纪的某位或多位口传诗人创作而成。至于拉丁文学，哈德良学习了最近的杰作——"罗马唯一可与整个帝国媲美的天才"[6]马尔库斯·图利乌斯·西塞罗（Marcus Tullius Cicero）的演说词；贺拉斯；普布利乌斯·维吉利乌斯·马罗（Publius Vergilius Maro，或称维吉尔）为歌颂罗马的"永恒帝国"（imperium sine fine）而创作的伟大民族史诗《埃涅阿斯纪》（Aneid）。

斯考鲁斯及其助教虽然逢段落必讲"寓意"，但他们对文学批评其实并不上心。他们会巨细靡遗地挖掘文本，阐释其义，分析格律与句法，对于口头之言，还会考察其语调和节奏。久而久之，哈德良及其同窗学会了带着头脑和感情去朗诵。他们把句子分解为若干基本成分——主语、谓语、宾语等——加以分析，然后借助严格的问答体系阅览诗歌。

如此学习想必枯燥无味，演说课可就有意思多了。几个世纪以来，罗马贵族阶层中，但凡有意从政或欲以诉讼为业者，必定要掌握公共演讲的技能。面对广大听众，既可以自信地侃侃而谈，又可以让其心悦诚服，若想出人头地，非得有这种本事。即便到了帝国时期，官员选举大多为皇帝任免所取代，演说仍然是备受推崇的技能。

斯考鲁斯在哈德良的课堂上讲授修辞学的基本知识。学生学习用自己的话，重述罗马过去的传奇和故事。他们从诗人的作品中寻章摘句，然后由此展开论述。更复杂的任务，则是围绕想象的主题创作演说稿。或针锋相对（controversiae），即模拟法庭断案的场景，或以理服人（suasoriae），即在公共会议上一抒己见。

学生会替案例的某方辩护。当然，辩论话题跟法律并无关系，多为如何走出道德困境。这绝非偶然之举，因为学习演说对立德成人至关重要。在公元前 2 世纪，共和国公民楷模马尔库斯·波尔基乌斯·加图（Marcus Porcius Cato，人称监察官加图，老加图）曾言："演说家男子汉马尔库斯，是能说善道的好人。"[7]

不论当时情况如何，理论并非像今天这样源于实践。作为循循善诱的手段，演说术留下很多让人翘首企足的空间。辩论的话题跟日常生活的困难相距甚远，几无任何关系，且鼓励使用似是而非、求全责备的论据。为了把坏事说成好事，可以不讲道德原则。演说术游离于真实世界之外，从其成为高雅之娱乐便可见一斑。作家打磨演说稿时精益求精，然后在阶梯剧院大声朗读。遇到别出心裁处，听众会拍手叫好。于是，劝说技能逐渐浓缩为艺术品。

哈德良是否喜欢上学，我们不得而知。当代论者过于苛责，但至少有一个人认为，哈德良觉得读书岁月是"我人生中最快乐的时光"[8]。或许这有点言过其实，可哈德良头脑活跃，勤学好问，对学习肯定也一心一意。

不知何时起，他忽然痴迷希腊事物。父亲过世不久，他便醉心于希腊研究，甚至还给自己起了个外号"格莱库鲁斯"（Graeculus，意为"希腊小童"）。《罗马君王传》（*Historia Augusta*）多少暗示了这两件事的关联；他迷恋希腊，很可能因情感之需（如果父亲外出公干时，曾带他去过希腊，并向他简要介绍希腊文明的辉煌，便很有可能，而且这可能性还不小）。[9]当然，哈德良或许还受到自己监护人图拉真的新婚妻子普洛蒂娜的鼓励。[10]普洛蒂娜对哈德良疼爱有加，她自己知书达理，也喜欢希腊。

有一点倒值得注意。哈德良醉心希腊，其时间之久，世所罕见。罗马人是讲实用的民族。他们不相信想象出来的作品，除非能因此获得直接且有用的好处。罗马人能理解法律、建筑、工程等学科，因为他们讲求思维严谨，不求天马行空。

然而，要论本土思想或文化传统，他们却乏善可陈。尽管早已对希腊人的历史了如指掌，可当他们于公元前2世纪占领希腊世界，并将其纳入帝国版图时，仍为眼前的景象所深深折服。希腊城市，如雅典、安条克、以弗所（Ephesus）、亚历山大港（一切与希腊而非埃及有关的东西），以其优美、典雅、壮丽，无不令他们叹为观止。希腊的哲学与科学研究，希腊的诗歌与戏剧，都使他们钦佩不已（即便心有不甘）。很多博学多才的罗马人可以讲流利的希腊语；拉丁诗人袭用雅典的文学名著，意大利建筑师设计时，从希腊的神庙和柱廊取材。

贺拉斯有名言道：

> 希腊遭吞并后，她降服了粗鲁的入侵者，把艺术带到了土气的拉丁姆（Latium，意大利地区，京城罗马所在地）。[11]

他带着几近厌恶的口吻继续写道，原始的意大利诗歌形式"臭不可闻"，这下终于为清新而纯净的空气所取代。

哈德良钟情的希腊，不单单是大陆部分，不单单是两度击退波斯入侵者的小城邦（其中最强者，当属民主的雅典与黩武的斯巴达），不单单是苏格拉底与柏拉图，不单单是索福克勒斯（Sophocles）与亚里士多德；另外，也不单单是大希腊，即囊括大陆城邦在地中海及黑海、小亚细亚、北非、西西里、意大利南部建立的众多殖民地。

其实，"希腊"早已涵盖罗马帝国的整个东半部分。这是因为四百年前，马其顿国王亚历山大大帝打败了疆域直抵伊奥尼亚海与印度洋的波斯帝国。亚历山大大帝驾崩后，其部下将占领地分割为数个强大的独立王国，并将希腊思想、希腊与马其顿移民，当然还有希腊语，引入这些广袤的东方地区。

当地人若想事业有成，就必须归化成希腊人。正如彼得·格林（Peter Green）指出：

> 英国殖民统治时期，印度人千方百计要谋得欧洲俱乐部的会员资格。同样，他们也学会了欣赏赤身裸体，崇拜奇怪的神祇，光顾剧场；他们大行善举，以求在城里留个好名声。[12]

当然，很多亚细亚行省的希腊风只是流于形式。在罗马领主看来，他们虚头巴脑，胆小怕事，贪得无厌，一点也靠不住。他们是唯利是图的骗子；能言善辩有时固然是一种才华，可放到亚细亚人身上，却使之变得油嘴滑舌。

对思想保守的罗马人来说，还有比希腊人更具威胁的——希腊人对待宗教的方式。罗马的官方宗教并不是为了满足情感需要。因此，我们看到罗马人在家中或公共广场上，会举行一系列复杂仪式，以期保存诸神治下的和平（pax deorum），以及诸神的恩典与垂青。相反，东方异教充满神秘色彩，其仪式会带来飘飘欲仙的迷狂体验。新信徒往往要发誓保守秘密。不论在共和国还是帝国时期，国家都不相信过度的兴奋，并且始终警惕朋党（coniuratio），亦即那些共同立誓且只有成员知道的团体。异教团体常被驱离罗马，怎奈它们魅力太大，很快又卷土重来。

这种精神上的异域之风，激起哈德良深深的好感，其程度远胜罗马传统而挑剔的迷信（superstitio），且影响终生。还有两种东方舶来品不可小觑——巫术与占星术。长期以来，巫术都是违法的，但到了帝国时期，日益流行起来。时人用它达到四个目的——治愈传统医药无能为力的疾病、伤害甚至杀死敌人、点燃欲火、让战车手在比赛中成功或失败。

其中最后一个目的，见于考古所发现的一块铅制诅咒牌，两千多年后，我们依然能感受到上面散发的强烈恨意。它向邪神（daimon）乞灵，

> 自今日今时，请您折磨绿方与白方的战马。杀死它们！御车手格拉鲁斯（Glarus）、菲利克斯（Felix）、普利穆鲁斯（Primulus）、罗曼努斯（Romanus），杀死他们！撞死他们！别给他们留活路！ [13]

那时会发行咒语书。发掘于埃及干燥沙漠地区的"神奇纸莎草"，指出了释放黑暗力量所需的距离。

巫术的一个核心要诀是感同身受（sympatheia）。这允许从整个对象身上拿走一部分（pars pro toto）。于是，从理发店里拿走头发或多余指甲，就能让其原主受到诅咒。还有其他方式，而且更狠毒，那就是使用偶人，即准备蜡制娃娃替身，然后往它身上扎针，以将痛苦乃至死亡转

给本人。还有一种"偶像祝诅术"（similia similibus）甚至要求牺牲人的生命，比如以命换命，以命保国，或者自愿牺牲。不过那时，这种悲惨之举比较罕见，我们的贝提卡青年没理由相信，此事会落到自己或者自己可能爱恋的人身上。

另外，哈德良也痴迷占星术以及其他神秘的术数。解读星象全靠复杂的数学计算，故世人认为，这活儿与其说是魔咒和符咒，不如说是科学。尽管它本来并不可信，但仍被视为媲美天文的合法的探究形式。它能赋予人类神性知识，与之相比，王权恐怕也要相形见绌。

当局坚信，占星师完全可以开启未来之门；职是之故，他们对占星术令行禁止。把皇帝的星象图示人，可是谋逆大罪，因为其中很可能会透露皇帝驾崩的时间与方式。[14] 不过，这些都无法阻碍哈德良刻苦钻研，成为他自诩的行家里手。他逐渐习惯每逢元旦看一下自己的星象图，据此制定新年计划。

哈德良从不畏惧矛盾。他对希腊的热爱之情，其实是古朴而古旧的。换言之，他欣赏的，乃是希腊辉煌的过去。同时，他也抚今追昔，以崇敬之心，怀想罗马共和国当年的盛世（怎料到了公元前 1 世纪，共和国在一片血雨腥风中灰飞烟灭，"自由之邦"被迫听命于皇帝）。哈德良不太喜欢维吉尔与西塞罗等人当时的经典作品。他认为两人的风格斧凿痕迹过重，且华而不实。

他青睐更坚韧更阳刚的昆图斯·恩尼乌斯（此人活跃于公元前 3 世纪末与公元前 2 世纪早期，是汉尼拔宿敌西皮奥的密友）。恩尼乌斯著有《编年纪》（Annals）。这是一部讲述罗马的史诗，起于特洛伊陷落，特洛伊王子埃涅阿斯到达史前意大利海岸，止于当时。多年来，《编年纪》一直是学馆的必备书，虽然后来为《埃涅阿斯纪》所取代。

恩尼乌斯拥护旧价值。他的哲学言简意赅，同最好的拉丁作品一样，若以信实的文字移译，用字至少二倍于原文——"整个罗马国依靠古代的风俗与道德，也依靠名副其实的真男人"（moribus antiquis res stat Romana virisque）[15]。

　　哈德良心中的另一位英雄是老加图（恩尼乌斯跟他很熟）。老加图写过《罗马史源流》（Origines，很不幸，已佚），书中考察了意大利诸城市的兴起，并讲述了王政时代以降的罗马史（以散文的方式呼应恩尼乌斯的史诗）。他讨厌当时的贵族，认为那些人腐化堕落，自私自利，被享乐削弱了意志。在讲述布匿战争（常用来指与迦太基的战争）时，老加图拒绝点名表扬任何人，只提到一只叫"叙利亚人"的单牙作战的迦太基大象，赞其临危不惧。[16]

　　乍看之下，哈德良尊崇上述罗马作家，有违他对希腊事务的热爱。然而，表象不足为信。恩尼乌斯拥有希腊血统，且来自意大利南部，那里受希腊城邦统治，故有"大希腊"（Magna Graecia）之称。除了《编年纪》，恩尼乌斯创作过很多具有古典希腊遗风的戏剧，还亦步亦趋地模仿雅典悲剧作家欧里庇得斯（Euripides）。

　　尽管老加图重视他身上与生俱来的罗马元素，可若我们仔细考察他的作品，就会发现，他对荷马以降的希腊文学了如指掌。受希腊修辞理论启发，他发表了一本公共演说教科书，可见其对希腊名篇也驾轻就熟。

　　那么，我们的结论是什么？老加图与恩尼乌斯提供了连接两种各具特色的鼎盛时期文化的桥梁。在哈德良时代，老加图的悲观预测显然是杞人忧天。罗马可以安全地欣赏希腊的思想、想象、技艺，而不必担心大权旁落。毕竟，希腊人在军事和政治上早已失利。相比之下，驰骋沙场，骁勇善战，坚忍不拔，这是罗马人自己的基本写照；在社会层面，他们遵循风俗与法律；在公共广场，以往的共和国精英早有寻找实用对策的本事，以及合理廉洁治国的禀赋。

　　长大后，哈德良发现，即便自己骨子里仍是"希腊小童"，可为了罗马国祚，必须谨遵祖宗大法（mos maiorum），也就是先辈行事的方式。

　　公元 90 年 1 月 24 日，普布利乌斯·埃利乌斯·哈德良·阿非尔度过了自己十五岁生日。[17] 在罗马，童子通常以十五六岁为成童之年，之后数月，便会正式宣布自己成年。从这时起，他们逐渐进入生理的而非心理的成熟期。为此，他们往往会在 3 月 17 日生殖神节（Liberalia）特别庆祝一番。生殖神节是以古代意大利生殖神利伯尔（Liber，等同于酒神巴克斯）与利伯拉（Libera）命名的节日，在二者的神庙中，供奉着男女生殖器雕像。

　　哈德良从此脱下了镶边托加袍（toga praetexta，一种紫边托加，男童正装），也不必戴布拉（bulla，挂在脖子上的金牌或台状护符），换上象征成年的纯白托加袍（toga virilis）。在家他向家神祭拜；如果在罗马，亲戚、朋友、家眷会陪着他，一同前往俯瞰整个罗马广场（Forum Romanum）的卡皮托利诺山，参拜至尊至伟者朱庇特（Jupiter Optimus Maximus）的巨型神庙。他已成为正式的罗马公民，特来此向护佑这座城市的神祇致意。

　　告别童年形象后，哈德良跟其他罗马男子一样，走出了学馆。不过，他的教育并未结束。对于出身名门的年轻人，家里都寄望他们到京城"投靠"政坛高人（类似如今的见习生所做的那样），进一步提高修辞技能；同时，也接受军事训练。

　　哈德良的情况则有所不同。现在他正式成为一家之主，这给他的亲戚出了个大难题。按常理，男子成年后，其父尚健在，凡事能为少不更事的孩子做主，使其远离困扰富家子弟的诱惑。埃利乌斯一家则不得不另辟蹊径，为哈德良保驾护航。

　　或许作为权宜之计，保琳娜及两位监护人图拉真与阿提阿努斯认为，哈德良既为新主人，就应该去贝提卡的祖产视察。虽然哈德良的大部分童年时光在罗马或其近郊度过，但他早就去过贝提卡[18]，至于具体时间我们不得而知。按理说，其父出任副执政官后赴当地履职，肯定也带着家眷一同前往。眼下，哈德良要行使权利回到自己的地盘了。

保琳娜不太可能让自己涉世未深的儿子独自出行，所以她应该也与之同行。到加的斯港后，她将向哈德良介绍自己本族的亲戚。哈德良肯定也拜见了自己的叔祖；这次会面不仅出于礼貌，因为这位叔祖埃利乌斯·哈德良竟然还是占星大师。他一看哈德良的星象图，便预言其将君临天下。这样的预言可会引得杀身之祸，必须秘而不宣，唯多年以后，哈德良在自传中才袒露。

这位年轻的户主视察了位于意大利加上游数英里的地产；那里主要从事橄榄油的生产与外销，当地的双耳陶罐上印着"*port. P. A. H.*"（普布利乌斯·埃利乌斯·哈德良家仓库所有）。这并不意味着哈德良的父亲亲自经营该产业，也不意味着哈德良也如此。元老或元老之子不太会过分插手"买卖"。他有着扩大产业，但往往安排手下得力的奴隶或释奴（libertus），通过他们的商业活动来投资。管家管理产业，监督劳力，跟佃户讨价还价。

户主的职责履行完毕，哈德良继续优哉游哉。他打听了下军旅生活，但没有参军，而是加入了当地富家子弟的青年团（collegium）。这些青年（iuvenes）训练有素，大家也希望他们能乐施好善：据我们所知，阿非利加行省的一个青年团[19]，为公众捐献了一座大殿（用于审判，亦可作为议事、买卖场所）以及数座仓库。

我们相信，他们还喜欢狩猎，对此哈德良在贝提卡时已有所耳闻。[20]不过，之前他不可能对这项活动了解多少，因为就算是狩猎好手图拉真也曾提及，意大利上层社会大多认为，狩猎是奴隶和释奴的消遣或竞技场上的表演，君子不该心向往之。

哈德良可没时间恪守此道，狩猎一下子就令他如痴如狂。古时候，狩猎的目标是野兔，猎手往往在气味猎犬帮助下徒步追击，将其驱赶到猎网中。不过，到了帝国时期，视线猎犬粉墨登场。它们速度快，足以抓住猎物，故不必再使用猎网。猎手若不想受长途奔袭之苦，可骑马追逐。

还有比野兔更大更可怕的敌人，那就是野猪。在东方行省和阿非利加北部，无畏的狂热猎手还会猎捕狮子、花豹、猞猁、猎豹和熊。

对哈德良而言，狩猎还有一大魅力：即便在罗马尚未流行，但作为娱乐项目，乃至胆识训练和宗教活动，狩猎早已在希腊蔚然成风。狩猎有益健康，使人耳聪目明，延缓衰老，尤其适于作战操练。公元前5世纪曾拜师苏格拉底的雅典人色诺芬（Xenophon），就为此写过一篇经典之作，至今广为传阅。他认为，奥林波斯诸神都喜欢狩猎，也喜欢观赏体育赛事。狩猎前，虔诚的猎手会向阿波罗和他的姐姐阿耳忒弥斯（Artemis，狩猎女神，对应罗马神话中的狄安娜）祷告，祈求二位让他们满载而归，最后念一遍感恩祈祷短文。

于是，哈德良可以为自己的新嗜好，找到名正言顺的借口。他不得不如此，因为家里人开始担心他了。狩猎不仅耽误时间，而且耗资不菲。小普林尼的一个朋友曾向他抱怨自己的儿子为猎犬和马匹挥金如土。他听了平静地劝道："人非圣贤，孰能无过？"[21]

尽管都钟爱狩猎，图拉真对哈德良的态度却并不轻松自在。他的被监护人已经过为已甚，并在意大利加招致批评。哈德良对希腊的好感，或许也惹恼了十足的"罗马人"图拉真。有例为证。多年以后，图拉真曾轻蔑地把有些希腊行省，称为"这些希腊小崽子"[22]。小伙子需要敲打敲打。于是，时任西班牙北部某军团校尉（legionary commander）的图拉真，命令哈德良返回罗马。从那以后，他对哈德良视如己出（pro filio）——既为了管教，也出于关爱。

哈德良自行其是的日子结束了。他再也无法我行我素。如此境遇或许有点痛苦，所幸时间不长。公元91年，图拉真出任执政官，一时权倾朝野，并受到皇帝垂青。十六岁的哈德良发现自己处于盛事中心。此时待在罗马真让人激动万分。

注　释

（主要资料来源：《罗马君王传》；有关狩猎的部分，主要依据色诺芬与阿里安的著作。）

［1］HA Ver 2 5 指斯考鲁斯为"哈德良的语法书师"。有人认为，此处指"哈德良时代的语法书师"，但综合上下文看，应该就是说私人教师。

［2］Char 13 271.

［3］Hor Ser 1 6 82-84. 虽然贺拉斯的诗写于公元前 1 世纪，但帝国时代的儿童安全根本没有改善。

［4］Juv 7 237-241.

［5］Op. cit. 1 15.

［6］Sen Contr 1 Praef 11.

［7］Sen Contr 1 Praef 9.

［8］Pliny Ep 2 18 1. 虽然这段和后一段引文源于公元 2 世纪早期，但它们无疑反映了哈德良年轻时期的教育态度。

［9］在《罗马君王传》中，哈德良父去世后有这样的文字："而他相当痴迷于……"（imbutusque impensius Graecis studiis），其中的"而"暗示了它们之间的联系。

［10］一个有说服力的猜测见 Galimberti, pp. 21-22。

［11］Hor Ep 2 1 156-157.

［12］Green, p. 316.

［13］Sherk 168, p. 217.

［14］Ulpian, *De Officio Proconsulis* 7.

［15］Ennius 467.

［16］Pliny NH 8 11.

［17］哈德良的成年只是假设，但能令人信服地解释他当年晚些时候探
　　　访西班牙的家族产业——这是一个对于新主人来说很自然的举动。

［18］Birley 19 认为，HA Hadr 2 1 中的"重返"可能指"回到昔日的种
　　　植园"，不能说明哈德良以前去过那里。事实或许如此，但照字面
　　　理解也没有错。

［19］*L'anné epigraphique*, Paris 1888ff., 1958.

［20］以下有关狩猎的部分主要依据色诺芬与阿里安的著作。

［21］Pliny Ep 9 12 1.

［22］Ibid., 10 40 2.

第三章

青年才俊

从西班牙回来后，哈德良准备择师修辞学家（或称演说家），学习公众演说。相较于学馆书师，修辞学家收入丰厚，经常受聘在公开场合发表演讲。他们中不乏名家大师，依靠类似如今的走穴，赚取高昂的费用。

罗马的修辞学家不计其数，其中执牛耳者当属教育家昆体良。昆体良也是西班牙人，来自今纳瓦拉（Navarre）。他在罗马开办了一所极受欢迎的演说学馆，并因此获得每年十万塞斯特斯的国库拨款，堪称史无前例。昆体良效法加图，意在培养十全十美的人，而非单纯传授技能，故当局将这所学馆，视为培育负责勤勉、训练有素的统治者的摇篮。昆体良写道：

> 可真正履行公民义务者……可以谋略治国，以立法安邦，
> 以决断激浊扬清者，必演说家无疑也。[1]

身为执政官，图拉真在朝野有头有脸。他本想让哈德良拜师昆体良。

可惜公元 90 年前后，年届半百的昆体良，告老还乡，潜心著书立说。不过，几年后，他做了两个皇孙的老师。或许正因如此，图拉真才可能说服昆体良将哈德良也收入门下。

在古代的游学之旅中，很多即将成年的罗马人到希腊大陆或东方行省，花数月时间强化自己的演说技能。师从昆体良也好，师从其他修辞学家也好，在罗马学习一段时间后，哈德良很可能成了其中一员。如此一来，他想必曾到访雅典。虽然没有相关的直接证据，但我们不妨设想一下，这位希腊文明爱好者利用首次机会（至少是以成人身份），游览柏拉图学园；在宏伟的露天剧场，观赏埃斯库罗斯（Aeschylus）、索福克勒斯、欧里庇得斯的悲剧首演；拾级来到帕特农神庙（Parthenon），面对五百多年前雕塑家菲狄亚斯（Phidias）用象牙与黄金制作的城市守护神、贞女雅典娜巨像，虔心祷告。

哈德良家经常参与帝国政务与军务，故他有绝佳机会，观察并了解周遭世界。他是元老之子，注定也要成为元老。他获准旁听元老院会议。更重要的是，通过投靠政治领袖和演说家，他可以洞察治国理政的细枝末节。那位政治领袖的身份我们不得而知，但很有可能是卢基乌斯·利基尼乌斯·苏拉，此君也是西班牙人（来自塔拉哥 [Tarraco]，即今塔拉戈纳 [Tarragona] 东北部）。[2] 他跟图拉真情同手足，因此哈德良对他想必早有耳闻。

苏拉的古老星象图被偶然保存了下来，其中暗示了他的人格缺陷。不论占星师进行了何等复杂的数学计算，我们有文献可反映苏拉的公众形象；星象解读这门技能，不过是把询问者已知的东西悉数奉还。

> （出生时）星象如此排列者，将飞黄腾达，其（家世）煊赫，日后必发号施令，拥有生杀予夺之权，且富可敌国……畸重畸轻，而逍遥于法外……成就卓然……不好女色，而渔猎男色……

待新月（行至双子座）、土星（行至天秤座）、木星（行至水瓶
座）呈三角之势，亦会产生快乐与巨富（之运程），影响为国
献身献礼者。[3]

有趣的是，苏拉跟图拉真一样，据说都与男性同床共枕，这或许证明两
人之间存在不可告人的性偏好。苏拉既是精明能干的军事指挥官，也是
赫赫有名的文人。按友人马提亚尔（Martial）所言，苏拉挖掘了过时的
拉丁语——"你古色古香的文辞，唤醒了我们逝去的祖先"[4]。他很可
能鼓励哈德良阅读以前的拉丁作家，或至少肯定了哈德良对他们的钦佩
之情，由此影响了哈德良的文学趣味。

通过实地学习与观摩，哈德良逐渐懂得整个帝国如何运作。帝国居
民构成了庞大的互助金字塔。有权有势的罗马人为恩主（patronus），负
责保护罗马、意大利乃至整个地中海地区的成百上千的"门客"。

恩主会照顾门客的利益。他可能为其提供食物、金钱甚至土地；若
其陷入法律纠纷，他会出手相助。而门客也尽己所能，回报恩主，譬如
竞选时按他的意思投票，为他效犬马之劳。在罗马，门客每天早上都会
来到恩主宅邸前向其问安，然后随其一同前往广场。

门客制并不受法律约束，但当事双方几乎总是按规矩办事。恩主的
门客名单代代相传，由父及子。若有人允许手中奴隶获得自由，那么该
释奴将自动成为前任主人的门客。哈德良从父亲那里继承了大份门客名
单。到贝提卡视察时，他肯定坚持了自己对很多意大利加及其以外地区
公民的恩主身份。

任何人都可能拥有多个恩主，而任何恩主亦可能是门客。这种互惠
互利的关系贯穿社会各阶层，将罗马人同行省居民联系起来。最大的恩
主是皇帝，门客制使他能强迫别人忠心耿耿，尽力配合。在交通不便，

管辖不均，修法不易的年代，这无疑是可靠可信的沟通网络。同时，它也促进了城邦间的商品流通与货币兑换，加强了政局的稳定。

大部分人都穷困潦倒，对身边世界以外的事一无所知，一无所见。他们要么是耕作自家田地的小农，要么是耕作别家田地的劳力（往往是奴隶）。他们出产的东西，不过维持基本温饱。中型农场利润更大，农场主往往雇用管家操持业务。生活艰辛、入不敷出是常有的事。在一所意大利农场，心存感激的众劳力，为农场管家（也是奴隶）捐建墓碑，因为他"下命令时彬彬有礼"[5]。

镇上和城里普通人的生活没有什么改善。很多人要么失业，要么只是兼差。皇帝费尽周折，从埃及和西西里调来粮食，保证罗马的供应，同时小心翼翼地稳定物价。有些公民收到了救济粮，当局不时还会发物发钱。有工作者（奴隶也好，释奴也好）大多从事服务业或制造业。帝国早期的一些墓碑铭文，描绘了哈德良遇到的各色男女，他们有的漫步于罗马的街道，有的在众多快餐店中狼吞虎咽。[6]

这些铭文的对象是大户人家的秘书、贴身侍女或理发师，是天资聪颖的幸运儿。少数有胆量有运气者，会觊觎社会与政治高位。其中就包括提贝里乌斯·克劳狄乌斯·佐西穆斯（Tiberius Claudius Zosimus），这位释奴负责替神经质的皇帝图密善品尝食物。其他一些人，经不住宫廷的搏杀，则自谋生路：某经营咸鱼与摩尔酒的商人，尚在有生之年，便与自己的男女释奴一同纪念自己；制革匠卢基乌斯·凯利乌斯（Lucius Caelius）活到六十一岁高龄（那个年代，实为罕见）。女性多为乳母、裁缝、产婆等，写给她们的铭文很少。不过，有关铸剑师、锁匠、斗篷皮草商、木料大理石商、陶工、文学书师、蛮族通事、舵手、金匠、钱庄掌柜等人的记载，为我们展现了前工业社会多姿多彩的劳作图。

全国上下的钱庄归释奴所有并经营，借贷安全，期限短，通常为过桥贷款的形式。旅行者急需用钱时，写份借贷书便可。若金额巨大，富豪相互之间会协调。塞涅卡（Seneca）曾如此称赞一位可嘉者——"家庭美满，耕地富足，身居美宅，四处放贷"[7]。

日渐发达的交通网络，起初为行军与邮驿而设计，但也允许商人使用。不过，陆运速度奇慢，且价格高昂，不论远近，一趟下来，要么分文不赚，要么使大宗货物的价格大幅度上涨。海运便宜得多，可冬季时危险重重，绝无可能。

罗马的人口近六千万，他们依罗马法行事，并不关心政府运作这样的技术活。然而，对于即将从事公共管理的哈德良，把握公元 1 世纪末罗马政局刻不容缓。正所谓前事不忘，后事之师。

自公元前 753 年传说建城以降六百年间，罗马设计并运行了一套古怪却相当成功的体制——这主要是平民（plebs）与贵族之间长期斗争的结果。表面上看它讲民主，成年男性公民大会负责批准法律，并选举兼任父母官与将军的官员。从理论上讲，每个公民都能竞选公职，可实际上，唯有出身古老贵族世家者，才有机会当选（除了偶尔所谓的"新来的"）。虽然高级官员具有无限权力（imperium），但他们的任期只有一年，而元老院，一度是一个由前任与现任当选者组成的顾问委员会，随着时间推移，它也获得了无上权威。

罗马原来是君主国，但国王遭到驱逐后，转型为共和国，罗马人一致认为，不应允许任何人再掌控国家。于是，单一的政府首脑为两位执政官所取代。执政官之下，还有各种级别的高级官员，从负责看管国库的财政官，到副执政官，人数规模各有不同。不论在哪个级别，其官员均可否决本级同事的决议。另外，当公民利益与国家利益冲突时，十位"保民官"（Tribunes of the People）会捍卫公民利益。换言之，他们可以否决**任何**官员的决议。保民官的人格神圣不可侵犯；他可以召集元老院，提出议案，让公民大会表决。

　　每四到五年，还会从前任执政官中，选举两位监察官，负责监督公众品德。他们会核对罗马公民册，检查各元老的资质，驱逐品行不端者。

　　若要把事办成，需要这套复杂的核查与平衡机制中的各方通力协作。公元前 1 世纪末，以如此不便之政制治国的弊病开始显现，政局变得剑拔弩张。凯旋军团的士兵需要小块耕地，以便服役期满后，能像农民那样维持生计。自私的元老院不愿给老兵分配耕地，结果一些强势的将军以武力威胁，迫行此事。

　　这些能力出众、冷酷无情的人，让共和国沦为笑柄，他们中的最后一位便是尤利乌斯·恺撒。公元前 49 至前 31 年，他发动了一系列内战。最终，使其甥孙兼养子盖乌斯·屋大维成为罗马统治者。

　　大家都对奥古斯都（或"尊者"［Revered One］）感恩戴德，元老院同意授予他如此尊号，以表彰他的成就——平息了持续二十年的内战，但政治上的感恩很快就会烟飘云散。奥古斯都意识到，过去竞争性的联合体对政治阶层仍意义非凡。他必须想方设法，既能一言九鼎，又能"恢复共和国"。否则，他恐怕会重蹈养父的覆辙：在元老院正式会议上，恺撒命殒同胞元老刀下，史上最有名的行刺由此诞生。

　　奥古斯都迎难而上。首先，过去的共和国形式得以恢复，各贵族欲担任国家公职（包括执政官），必须像以前一样相互竞争。奥古斯都则略施小计，自称元首（princeps，即"第一公民"）*——仅仅是平等人中打头阵者。

　　其次，奥古斯都获赠大行省，其中包括现有的西班牙、高卢、叙利亚行省。这几处屯有重兵，绝非巧合，因为奥古斯都必须确保自己能行

---

*　拉丁词语"princeps"，意为"第一"，中文通常译为"第一公民"。该词来自"第一元老"（"Primus inter pares"，即"元老院的首席"），故有时也译为"元首"。本书中两种译法均有使用。

之有效地调遣军力。他任命副将或代表，代行行省管理之责。以前，由元老院任命代理总督或资深执政官，管理帝国其他行省事务。奥古斯都为自己保留了总治权（imperium maius）——如有必要，可向行省总督下达命令。

最后，奥古斯都还被赋予保民官职权（tribunicia potestas），即拥有保民官的一切权力，而不必亲任该职。保民官的人格神圣不可侵犯，体罚保民官乃大忌。

这种管理体制大获成功。虽然一些因循守旧者仍渴望"真正的"共和国，并且阳奉阴违，但它还是获得统治阶层大部分人的配合。奥古斯都的政制举措经久不衰，后来经过改良，又沿用了一百多年，至哈德良初登政坛。

原版与改良版间有一个巨大差异。根据最新研究，奥古斯都政制基于武力威慑，尽管它难以觉察。皇帝看似与众元老并无不同，实则大权在握。后来，这种似是而非逐渐消失。独裁统治得到默许。统治阶层向君主请求的，不过是不要一直揪住自己的把柄。有些皇帝网开一面，有些则没有。

越来越多的非意大利人（富有的本地名流）受邀参政。能够享受元老之利的行省家族，绝不仅仅是埃利乌斯家族与乌尔皮乌斯家族。

共和国后期，竞选上岗的公职人员往往为意大利人，可公元前1世纪40年代，恺撒尝试扩大竞选者范围。公元41至54年在位的克劳狄，是第一个出身意大利之外的皇帝。他批准了一项持久的敕令，即元老院应该吸纳"殖民地与自治市中的所有花朵"[8]。

实际上，前几任皇帝并没有认真执行该敕令，但到了1世纪下半叶，情况发生巨大变化，大批行省人获得高位。公元56年，敏感的埃及总督职位首次由希腊人担任，即著名御用占星师提贝里乌斯·克劳狄乌斯·巴尔比卢斯（Tiberius Claudius Balbillus），他曾写书记录自己在行省任职期间的见闻。哈德良出生时，元老院人员组成复杂，俨然整个帝国的缩影。据估计，约六百成员中，百分之十七出生于意大利之外。[9]官方招收来自高卢南部和西班牙南部彻底罗马化的行省男子，哈德良的父亲（当然）位列其中。最终，大部分职位的任职者仍来自意大利，但是两位希腊人当选元老，还是破天荒头一遭。

元老阶层之下为骑士阶层。在早期的罗马，骑士指在军中担任骑兵的富有公民，但如今，骑士也包括商人和乡绅。要进入骑士阶层，至少得拥有四十万塞斯特斯的资本或财产（不到元老资格最低门槛一百万塞斯特斯的一半）。骑士阶层代收国税，尽管行省各城市已开始接手这项任务。亏空部分由宫廷补缺。自奥古斯都以降，皇帝会任命释奴运作日益壮大的帝国官僚机构。这些人没有政治靠山，故别无选择，只能彻底效忠自己的雇主。或因于此，同时由于他们囤积了巨额财富，喜欢大肆挥霍，所以释奴很危险，也不受待见。最终，皇帝以骑士代之。骑士也没有或少有政治资本，可不同于释奴，他们有一大优势——拥有罗马公民权，并受人尊重。

与此同时，帝国上下的市民领袖，若愿意参与公共事务，就能获得罗马公民资格。很久很久以前，罗马人征服了意大利中部的邻邦和当地部落。他们征召受害者，邀请大势已去的一方，加入胜利的阵营。罗马会嘉奖某些人享有完整公民权，获得特权，有些则会获得部分拉丁公民权＊。

环地中海盆地的土地一度为罗马掌控，这些地方也通行相同原则。

＊ 拉丁公民权是罗马人给予被征服地区人民的一种介于完整的罗马公民和无公民权者（外来者或外乡人）之间的公民权，因最早授予拉丁人而得名。罗马公民权只授予罗马及其周边城邦，故政治地位上，拉丁公民权低于罗马公民权。

越来越多的行省人，虽没有丝毫意大利血统，也能成为罗马公民。如此一来，整个帝国就与每个人都休戚相关，即便是反对占领者权势的人，也懂得荣辱与共。那时盛行如此风气——公民权获得者，把授予其该权利的罗马要人的名字，加到自己的姓名之中。于是，某个科林斯人（可能是拉科［Laco］之子或欧律克勒斯［Eurycles］之孙），会把盖乌斯·尤利乌斯加到自己的希腊名中，暗示自己的公民权为尤利乌斯·恺撒或奥古斯都授予。盖乌斯·尤利乌斯·塞维鲁斯（Gaius Julius Severus）是中东"国王与领主的后裔"，并引以为傲，后来他成为罗马高官及亚该亚（希腊大陆）行省总督。想了解某人身份，最方便的就是看别人对其称呼。帝国上下，但凡有点地位的，都有拉丁名，这无疑是罗马一统天下的生动写照。

　　奥古斯都打败安东尼（Antony）与克利奥帕特拉（Cleopatra）后，带来了长久的罗马治下的和平，即便百年之后，仍无终结迹象。然而，我们不该因此而受到蒙蔽。罗马人骨子里尚武。自打共和国建立，他们就战事不断。如前所见，罗马政客亦兼任军事领袖。成为罗马人，意味着看重个人勇气与国家暴力。

　　按理说元老院应谴责侵略战争，但想要捏造切实可行的宣战理由并非难事。遥远的不列颠尼亚行省堪称帝国冷酷无情的鲜活范例。公元43年，不列颠尼亚遭到入侵和吞并，但一开始，只有威尔士部分地区与英格兰落入罗马人手中。随后几十年间，经过大大小小的战事，除最北端外，其他岛屿悉数沦陷。不过，爱国者普布利乌斯·科尔涅利乌斯·塔西佗（哈德良的同辈，也是罗马最伟大的史学家之一）却从敌方角度进行了分析。在为岳丈格奈乌斯·尤利乌斯·阿格里科拉（征战于不列颠尼亚）所作的传记中，塔西佗借喀里多尼亚领袖卡尔伽库斯（Calgacus）之口，发表了一篇慷慨激昂的演讲——其辞诚意切，想必反映出史学家内心的真实感受。演讲谴责了帝国构建者，即便如今读来，也仿佛身临其境：

> （罗马人，）天下鼠盗也，所及之处，靡不尽受践辱；今又欲于海上兴风作浪……尤喜蹂躏贫民，一如富人。掳掠奸屠，恰为骗贼口中之帝国。罗马人处处侵残，却称之为和平（塔西佗言之曰"ubi solitudinem faciunt, pacem appellant"）。[10]

注　释

（主要资料来源：昆体良《演说术原理》［*Institutio Oratoria*］。）

［1］Quint 1 p.10.

［2］Birley, p. 27 提出了一个有益的猜测。

［3］Greek Horo pp. 79−80.

［4］Martial 7 47 2.

［5］Sherk 173 A.

［6］Sherk 173 B to Z.

［7］Sen Ep 41 7.

［8］FIRA I 43 Col II lines 2−4.

［9］Lambert, p. 26.

［10］Tac Agric 30 4−5.

第四章

帝国危机

公元 68 年，也就是哈德良出生的前几年，尼禄皇帝大祸临头，揭开了新时代的序幕。由于行省将军倒戈，尼禄刚刚三十二岁便自我了断，紧接着，高祖奥古斯都打造的王朝寿终正寝。在大部分罗马人看来，尼禄是恶君：他弑母，屠杀元老院；有人指责他把京城焚烧殆尽（指控不实）。他对诗歌与艺术的执着已走火入魔，全然不像罗马人。先祖的美德都跑哪里去了？

不过，在喜爱希腊者中，尼禄倒因自尽而赫赫有名，多年以后，有关他的回忆依然历历在目。其传记作者盖乌斯·苏维托尼乌斯·特兰奎鲁斯（Gaius Suetonius Tranquillus）指出，"有人时常到他陵寝周围献上春夏的鲜花，还有人在罗马广场的演讲台上，摆设他身着带穗托加袍的塑像" [1]。一位知名人士见此情景评论道："即便现在，大家都希望（尼禄）仍然在世，大多数人认为他果真如此。" [2] 的确，来自希腊东部的觊觎者，偶尔会惹来小麻烦。

尼禄人气居高不下，有这样的直接原因。仅仅十七岁便穿上紫色托加袍当上皇帝的尼禄，像三十年后的哈德良一样，早就是个"希腊小童"。年少时他养成了艺术方面的兴趣，即兴作诗可谓易如反掌；音乐也是他幼时的课程，这就与众不同了。成年后，尼禄渴望成为大诗人、大音乐家、大演员。他的审美及运动趣味基本也是希腊式的。他在奥运会的故乡奥林匹亚驾驶赛车，建立了尼禄节（Neronia）——一种希腊风节日。这天，音乐家、演说家、诗人、体操运动员要为最终荣誉而拼搏。他到访过希腊，并参加音乐、文学、戏剧等竞赛。

尼禄曾言："唯有希腊人值得我倾其所有。他们才真懂得音乐。"[3]他的热情不完全出于艺术因素，还有政治考量。头两次希腊之旅期间（可能在公元 67 年），尼禄做出惊人决定——解放亚该亚行省（希腊大陆与马其顿接壤的北部）。

这位皇帝在一篇臃肿造作的演讲中宣布了这项决定（有人将此逐字记录下来，并刻到一块大理石版上）。"其他领袖，"他说道，"拥有自由的城市，唯尼禄拥有自由的行省。"[4]希腊人欢呼雀跃，他的某个批评者也不禁称赞，颁布该敕令的尼禄哪里是毒蛇，分明是欢唱的青蛙。[5]不过，这次令尼禄引以为傲的解放未能持续，后来被继位皇帝撤销了。

我们不清楚哈德良对尼禄的评价，但他学习尼禄时代历史时，想必也赞同复兴希腊文化，让伯利克里与柏拉图的后人，与他们的罗马主人平起平坐。多年以后，当他发现有机会促成此事时，便毫不犹豫地做了。

哈德良出生前，还发生了两件大事，影响了他所处的世界，并给他及其同辈带来重大影响。第一件就是尼禄政权垮塌前的军事危机，五十多年后，当他回过头来思考这段历史，就有了前车之鉴。

公元 66 年，犹地亚省爆发针对罗马的起义。

长久以来，犹太人始终是占领区民族中最棘手最难缠的，帝国当局一直对它无良计可施，时而容忍，时而镇压；有时，通过藩属王，如大希律王（Herod the Great）间接统治犹地亚省，有时则直接出手。公元 48 年的人口普查显示，全国六千万人中，约有六百九十四万四千名犹太人，这还不包括流亡巴比伦和处于波斯统治之下的人数。大约二百五十万名犹太人居住于犹地亚省内或周边。在帝国其他地区，在罗马尤其是东方行省，也居住着大量犹太人。复归埃及后定居下来的犹太人有一百万，其中大部分居住在亚历山大港市五区中的两区（亚历山大港的经济地位仅次于帝国京城，而且是希腊文化重镇）。即便仅占被统治人口的百分之十左右，这些犹太人仍足以让当局大伤脑筋。[6]

很多离散的犹太人愿意像帝国东半部的每个人一样，为希腊文化所同化，可整合过程中仍困难重重。犹太人信仰不可见的唯一上帝，不肯接受罗马主人以及讲希腊语邻邦一同信奉的众神。不过，皇帝很尊重他们宗教上的顾虑，为此偶尔免去他们为自己效忠的责任，允许其自由崇拜，还豁免其兵役。他们有权向耶路撒冷缴纳年税，以维护大希律王重金重建的圣殿，有权自铸钱币，且无需印上皇帝或其他人的头像。

然而，容忍并不等于宽容。在帝国大部分公民看来，一神论仍是一种无神论。罗马人和希腊人都有点欣赏犹太人的倔强，可依然鄙视并猜疑他们。塔西佗举例说明舆论，指出其中谎言与事实齐头并进，未加检验的偏见与目光犀利的知觉并驾齐驱。他知道摩西及其逃离埃及的故事，并一本正经地指出，那些人打算"占领一个城邦（迦南），驱逐以前的居住者"。这恐怕是最早的种族清洗。[7]

批评者往往无法说出犹太人有哪些过错。塔西佗指出的过错有，犹太人禁食猪肉，实行土葬而非火葬，避免与非犹太人有切肤之亲。他能想到的最过分的事情是，有一头驴"使他们终结了四处漂泊的日子"，于是他们给驴塑了像，放到圣所中供奉（如今我们知道，那完全是无中生有）。

其实，真正潜在的困难有两个——其一与罗马帝国统治相左，其二与希腊文化价值相左。犹太人自命上天之选，他们宗教信仰与实践的排他性，必然导致在虔诚信众中产生敌对的民族主义，这阻止或至少妨碍了他们参与罗马帝国的宏图大业。

体操馆与摔跤场（palaestra）是希腊人必不可少的象征。在那里，男子与男童均赤裸上阵（"赤裸"的希腊文是 gumnos，gymnasium 由此派生而来），自我操练。有人练习跑步、跳跃，有人练习拳击或摔跤，还有人进行双人拔河，或者到特殊场馆或封闭场地进行球类运动。希腊人对赤身裸体早习以为常，但阳峰露巅乃大忌，职是之故，他们对割礼深恶痛绝。

体操可给希腊化犹太人带来了特殊的难题。以色列人自始至终强调割礼的重要意义——那是他们与拈酸吃醋的唯一神上帝之间历史契约的见证。按史学家约瑟夫斯（Josephus）之说，早在公元前 2 世纪，希腊化犹太人便"懂得伪饰割礼的痕迹，即便他们通体赤裸，看起来也可能像希腊人。于是乎，他们背离了本国的一切习惯，开始入乡随俗"[8]。

"伪饰"割礼痕迹或许至关重要，但也困难重重。换言之，他们不得不再造出生不久便割去的包皮。这可通过外科手术实现。先用手术刀将剩余包皮环切，把阴茎皮退至根部，然后再拉回盖住龟头。术后发炎和感染的风险很高，当然也有不必手术的替代方案，但同样受罪：以重物坠于阴茎皮，久之，皮展，龟头遂裹矣。

真正的信众仍然强烈反对改革或妥协。有人如此咒骂："让养猪的混蛋都不得好死，让搬弄希腊玩意儿来教育后代的混蛋也都不得好死。"[9]保罗·约翰逊（Paul Johnson）概括了他们的立场：

> 我们不该把犹太人反对罗马统治的大起义，仅仅视为殖民地民族受宗教民族主义启示而采取的反叛行动；它更是犹太人与希腊人之间的种族与文化冲突。犹太文学中弥漫的仇外情

绪与反希主义……久久无法消散。[10]

哈德良对犹太人的态度如何，现无史实记载，但身为希腊文化的忠实拥趸，他对这个桀骜不驯的聚落肯定鄙夷不屑，毕竟帝国当中，唯有那里公开反对罗马统治，并抵制希腊思想的普遍魅力。

耶路撒冷是个不可思议的地方。那时，它的面积比现在的老城要大，人口大约十万。[11]耶路撒冷坐落于两个小山顶上，高处矗立着献给唯一真神的圣殿，殿墙为光亮的白色大理石，远远看去，旅行者常常将其误以为白雪皑皑的峰顶。[12]圣殿中，金银饰物在阳光下耀眼夺目，晴空万里时，观者欲观之而不得。

巨大的拱顶使圣殿更加气势恢宏。圣殿四周院落呈矩形，占地三十五英亩，周长一英里，其中排列着狭长的希腊式双柱柱廊。圣殿中央屹立着一座带角塔的巨型建筑，唯犹太人方可进入。建筑物中有一个女性专用的院子，拾级穿过拱门，可达男性专用的区域，他们就在那儿见证大祭坛上的献祭。圣殿上方是一座壮丽的城堡主楼式建筑，高一百英尺。其正面有巨大的入口。金色的大门裹着用蓝、红、紫线绣成的巴比伦亚麻帷幔。

圣殿内便是圣所（Holy Place）。这个宽阔的房间存有三件美丽的艺术品——一支七叉灯架、一张桌子、一个香坛。七盏灯代表七星；桌上十二条面包，代表黄道十二宫与一年十二个月；祭坛上十三味香料，喻示万物属神，万物献神。同外部入口一样，一个狭小灰暗的内室（面积十五平方英尺*）也被帷幔以同样的方式遮挡。据约瑟夫斯说：

---

* 1平方英尺约等于 0.093 平方米。

> 那里什么都没放。那里凡人不可靠近，不可亵渎，难以
> 觉察，那就是所谓的至圣所。[13]

最早的圣殿毁于犹太人遭放逐至巴比伦的公元前6世纪，但他们重返家园后，圣殿又得以重建。奥古斯都委任希腊化藩属王大希律为犹地亚国王，大希律受命彻底重建圣殿，并且规模更大。此乃古代最伟大的建筑工程之一，直至公元60年，新圣殿才几近完工。

这时的犹地亚祸不单行，民生凋敝，穷富阶层矛盾丛生。政治观点壁垒分明，宗教派别你争我斗——其中包括在圣殿说一不二的撒都该人（Sadducees）；愿意将恺撒的东西还给恺撒的法利赛人（Pharisees）；还有苦行的艾赛尼人（Essenes），他们相信世界行将毁灭，某个激昂的救世主或弥赛亚（Messiah）＊会把以色列从暴君手中拯救出来。

犹地亚省不大，罗马仅仅指派能力有限或（充其量）三流政客，出任初级总督（或称代办 [procuratores]）。围绕凯撒利亚城（Caesarea）公民地位问题，各方发生了争执，进而演变为骚乱。当局重拳出击，欲恢复秩序，结果适得其反。在5月或6月，年轻的守殿官（职位仅次于大祭司）劝说当局终止当时定期向皇帝安康献祭。于是，意见相左的两派大动干戈。希望避免与罗马交战的领袖均遭杀害。反对派占领了全城和圣殿，一小支卫戍部队惨遭屠戮。

邻省叙利亚的总督听闻起义消息，决定出兵干预，遂组织数量可观的军队，开赴耶路撒冷。可几次小规模交手后，他发现自己没有资源攻

＊　弥赛亚是圣经词语，与希腊语词"基督"同义，在希伯来语中最初的意思是"受膏者"，指上帝所选中的人，具有特殊的权力。

取这座高墙林立、有如铜墙铁壁的城市，于是下令撤军。反叛军袭击了他的纵队，故撤退几乎成了溃败。

自从巴比伦首次陷落以来，犹地亚终于成为自由的城邦。

在罗马，尼禄如坐针毡。犹地亚起义亟待镇压，可应该派谁去完成这项任务？他害怕自己的将军和行省总督。他们指挥的军团越多，军功越显赫，尼禄就越怀疑他们觊觎自己的皇位。

最终，尼禄找到了重夺犹地亚的合适人选——提图斯·弗拉维乌斯·韦帕芗（Titus Flavius Vespasianus）。此人资历深厚。最重要的是，他已经五十八岁，小有成就的事业几近尾声。他家境贫寒，就算打了胜仗，也没有任何政治威胁。

公元 67 年 6 月左右，韦帕芗在托勒密（Ptolemais，今阿科［Acre 或 Akko］）统帅三支军团。其中一支由英俊勇武的二十八岁青年——其子提图斯指挥。另一支由马尔库斯·乌尔皮乌斯·图拉真（图拉真父，二十年后，子图拉真成为哈德良监护人）率领。彼时，小图拉真大约十四岁，或许也随父出征。

韦帕芗南下向耶路撒冷进发，一路稳扎稳打，不放过任何一个城池和要地。此时发生的一起战事或许可以解释，为何西班牙的乌尔皮乌斯氏族在纷繁复杂的罗马政坛如鱼得水。[14] 图拉真父受命带领一千骑兵和两千步兵，攻打大型要塞之城雅法（Japha）。该城凭地势之优，本就易守难攻，近来又加建了两圈围墙。

图拉真父很走运，城内有些居民外出应战，罗马人将其迎头痛击。叛军撤退至第一重围场，图拉真父的军团士兵乘胜追击，紧跟着入城。为防止城池进一步失手，内部围场的卫士关闭大门，结果不仅挡住了罗马人，连他们自己人也欲入不得。大批绝望的人群猛拍城门，呼唤哨兵的名字，恳求他们让自己进去。这些人乱作一团，谁都没能逃出罗马人的屠杀。据约瑟夫斯说，遭朋友抛弃后，他们甚至连反抗的心思都没了。

图拉真父预感雅法很快就会陷落，但他没有一鼓作气，而是鸣金收兵。他致信韦帕芗，让他派儿子来完成最后一击。提图斯携援军赶到，雅法不久就成为囊中之物。图拉真父有勇有谋，无怪乎他的表现得到韦帕芗父子的赏识。

犹地亚激战正酣，又发生了第二件大事，让战事因此中断。这件塑造哈德良时代的大事就是令举国不得安宁的动乱。新内战爆发了，整个帝国的稳定岌岌可危。

公元 68 年，尼禄最恐惧的事出现了。当部分行省总督揭竿而起时，崩溃的不仅是他本人，而且也是整个王朝。如果他出兵，或许有几分胜算。可恶果早就使他焦躁万分，他也只得自食其果。遭元老院驱逐，且众叛亲离后，尼禄落荒而逃。自尽是他最好的出路，虽然追随者举目可见，但他实在没有勇气对自己下手。他不停地念叨："世界正在失去多么伟大的艺术家！"[15] 有人不得不帮助他把匕首刺入喉咙。

奥古斯都之后的四位皇帝都跟他有血亲关系，故从某种意义上说，均有资格继承皇位。可眼下，恺撒世家（domus Caesarum）已日薄西山，堪当大任者寡，拥兵自重者多。其后一年半时间里，相继有三人问鼎皇位，可最终都成了短命皇帝。罗马军团自相残杀。在犹地亚，韦帕芗眼见局势恶化，遂决定自立为王。向他效忠的部队攻占了罗马，在位的皇帝命丧黄泉。

没人向韦帕芗——这第四位也是最后一位觊觎者挑战，于是令大家欣慰的事出现了，和平重新降临。罗马世界遭遇重创，但我们也不必夸大其词。好在风暴短暂；亚平宁山脉的农夫，尼罗河上的船夫，阿提卡的渔夫都没有受到太大影响。生活照旧。然而，造成的损失依然惨重，很多人失去了性命；帝国京城火光冲天，鲜血流进了它的神圣之地。

帝国体系的奠基家族已荡然无存。显然，必须想方设法制定某些手段，既能确保皇位顺利更替，又能确保找到合格的继承人选。罗马已经产生了太多专横的暴君。当下一场危机到来，而另一个皇朝不久便土崩瓦解时，哈德良尚属年轻。他和其他同辈将期待那时的决策者能够避免重蹈覆辙。

与此同时，犹地亚的起义也亟待镇压。公元 70 年，韦帕芗赶赴罗马建立弗拉维政权前，将四支军团的指挥权交给了提图斯，听其差遣的还有藩属王提供的勤务兵和分遣队，总共三四万人。[16] 另外，他还指派了一个由久经考验的将军与政客组成的顾问团（consilium），其中很可能有图拉真的父亲，此时后者已被免除校尉的日常职务。此举十分明智，因为提图斯骁勇善战，但有时不够细心。

暴动发生四年后，一个值得自豪的独立城邦出现了。犹地亚当局打造了自己的纯银主币和青铜辅币（曾为考古学家所发掘）：有一种银制谢克尔（shekel），上面印有三个石榴和文字"耶路撒冷圣地"，反面则印着圣杯和铭文"以色列二年谢克尔"。[17] 国泰民安的其他标志包括，公共管理巨细靡遗，比如继续保留法庭，由政府出资安葬穷人。

不过，激进分子之间的争斗仍然持续，各反对派控制了耶路撒冷的不同地区。面对再次杀回的罗马人，他们组成了互不信任的联盟，虽存芥蒂，但还是奋勇机智地抗击。提图斯前去打探防御情况时，跟城墙靠得太近，结果对方突然袭击，差点将其生擒。

他回到营地，仍心有余悸，满脑子都想着摆在他面前的艰难险阻。耶路撒冷看似坚不可摧。老城（所谓的上城和下城）的城墙立于陡峭的悬崖顶端，东部俯瞰峡谷：圣殿高耸，俨然城堡，而且由巨大的四塔楼要塞守护。要塞为大希律王所建，名曰安东尼亚（Antonia），以纪念他的朋友马克·安东尼。

　　城邑的防御工事最薄弱的地方是第三堵城墙，那里地处郊外，提图斯便计划将此处作为率先攻击的目标。罗马人让投石兵打掩护，以投石车对付城墙上的侍卫，同时用攻城槌，花了两个星期打出一个缺口。叛军集合起来反攻，但罗马人还是一点点扭转局势。

　　最后，提图斯不得不面对终极考验——如何拿下安东尼亚。叛军在提图斯的攻城塔下挖了条隧道，引燃坑柱和其他可燃物，随即撤退。于是，攻城塔就在熊熊烈火中倾覆。

　　此后，发生了一件意想不到的事。由于挖掘地道，安东尼亚突然也倒塌了。由于叛军奋力抵抗，罗马人在火光四溅的圣殿中寸步难行。最终，有个士兵把一根燃烧的木棒，从镀金窗户扔到圣殿中央。圣殿里的圣物遭到洗劫，此后圣所及空旷的至圣所也在火势中毁于一旦。

　　提图斯摧毁了圣殿里的一切，还令士兵血洗全城。塔西佗估计，死亡的犹太人达六十万，这个数字看起来很高，但可以肯定，死伤者数目巨大。提图斯拿走了至圣所入口的帷幔，将其挂到自己的宫殿中。

　　为强调圣殿已不复存在，也不会再重建，各地犹太人原来缴纳的圣殿保养费，为人头税所取代，以犹太税（fiscus Judaicus）的形式上缴给罗马。

　　战事结束后，当局论功行赏。图拉真父担任校尉及将军顾问团成员期间，表现优异，堪称楷模；耶路撒冷陷落时或此后不久，他成为贵绅（patrician）。对于来自西班牙行省的外地人，这样的荣誉足以光宗耀祖。贵绅是罗马最古老的贵族阶级——世代相袭，祖上都是王政时代元老院初创时的成员。迁授贵绅阶层表明备受皇帝垂青。

　　犹地亚省的抵抗没有很快结束。狂热者一度死守沙漠里的马萨达要塞，但罗马军团长期围困后，其中的犹太人选择了集体自杀。相关细节不详，无论如何，战争结束了。

• • •

亲历者争相讲述自己的故事。在罗马，当局于通往广场的圣道（Via Sacra）尽头修建了一座纪念拱门，时至今日，拱门依旧高耸。上面的献词写道："按其父的指挥、计划和占卜，（提图斯）降服了犹太民族，并摧毁了耶路撒冷城；在他之前，不管哪个将军、国王、民族，都不曾完成甚至不敢尝试这项伟业。"[18]

在帝国的犹太聚落，灾难所及，难以想象。正如《巴比伦塔木德》（Babylonian Talmud）*记载：

> 第一圣殿为什么被毁灭？因为三罪过——拜偶像，犯奸淫，乱杀戮。可研习《托拉》的一代，谨遵戒律，与人为善，为什么他们的第二圣殿也被毁灭？因为无名的恨。可见，无名的恨跟三罪过——拜偶像，犯奸淫，乱杀戮——一样深重。[19]

犹太人服从上帝，可像约伯（Job）一样，依旧受到惩罚。凡人不得其解，或许是因为他们的美德远不足以平息其他民族的强烈恨意。

注　释

（主要资料来源：见苏维托尼乌斯所著尼禄、韦帕芗、提图斯、图密善传记；

---

* 《巴比伦塔木德》成书于公元 2—6 世纪，为犹太教有关律法条例、传统习俗、祭祀礼仪的论著和注疏的汇集。对犹太教而言，这是仅次于圣经的典籍。目前存在两个版本的《塔木德》，《耶路撒冷塔木德》和《巴比伦塔木德》，一般认为后一个更权威。

亦见约瑟夫斯的著作，及《塔木德》。)

［1］Suet Nero 57 1.

［2］Dio Chrys 21 *On Beauty* 10.

［3］Ibid., 22 3.

［4］Sherk 71.

［5］Plut Mor *Delays of God's Vengeance* 567F.

［6］有关人口统计信息，见 CAH, pp. 813−814。

［7］此处描述见 Tac His 5 2−8。

［8］Jos AJ 12 5 1.

［9］Mishnah Sota 49B.

［10］Johnson, pp. 112, 133.

［11］Levine, p. 342.

［12］Jos BJ 5 6 233. 有关该城与圣殿的描写，见 Jos BJ 5 136–138 247。

［13］Jos BJ 6 282.

［14］Jos BJ 3 31 289−306.

［15］Suet Nero 49 1.

［16］Goldsworthy, p. 337.

［17］Naor, p. 55.

［18］Sherk 83 (ILS 264).

［19］Yoma 9b.

第五章

改朝换代

韦帕芗继承了家族的吝啬之名，不过这很可能是紧急状况使然。他喜欢以常人自居，好讲荤段子。他打算开征公厕税（罗马人以尿液漂白衣物，对洗衣房而言，尿液当然多多益善，故公厕大有利可图），却遭到其子提图斯的反对。据说，皇帝回应道，铜臭可不臭（pecunia non olet）[1]。

朝野之中，弗拉维氏族的势力再次崛起。依塔西佗所言，韦帕芗称帝后，成了家族中第一个腾达的。在日耳曼和不列颠，四帝之年*频发的叛乱被高效镇压。尼禄穷奢极欲，内战损耗严重，国库因此入不敷出，但眼下增加税赋，调节部分商品供需后，巨大赤字得以遏制。

皇帝及皇子提图斯·弗拉维乌斯·韦帕芗和后来继位的提图斯·弗

---

* 尼禄自杀后，罗马帝国陷入混乱，公元 69 年这一年先后经历了四位皇帝，分别是伽尔巴、奥托、维特里乌斯、韦帕芗，故被称为"四帝之年"。

拉维乌斯·图密善努斯（即图密善），想方设法与帝国以前的第一家族，尤其是尼禄一刀两断。

韦帕芗重修与统治阶层的合作关系。为此，他任用可靠负责的官员治理行省、统率千军。毕竟，皇帝再能干，也无法凭一己之力管理整个帝国，这一点不言自明。不过，尚有一历史顽疾难除——元老院仍存在反对派，或者部分批评者。

假设有个人清风高节，颖悟绝伦。若他看到自己的孩子溺水，自然会尽己所能相救。若他已尽全力，仍然失败，就会心无悲痛或愧疚地接受现实。幸福不该如此大打折扣。

对我们多数人而言，这个场景既令人生厌，又不切实际，可仅此一例，便能使我们管窥斯多葛派之堂奥（长久以来，罗马上层社会笃信该哲学传统）。斯多葛派创始人为基蒂翁的芝诺（Zeno of Citium）。公元前4世纪，芝诺在雅典的绘廊（ποικίλη στοά）讲学，其学说因此得名。绘廊是集市（Agora）北边的一排有顶列柱，里面的木制镶板画着雅典历史上的重要事件。此地很适合作讲学之用。

斯多葛派认为，宇宙由受神之气息感召的物质组成。这种创造之火（或温暖的气）叫作"言"（希腊语为 λόγος，或称"逻各斯"［logos］，该词我们从基督教的《约翰福音》得知。是书可能作于这一年代，此时哈德良尚年纪轻轻）。"逻各斯"将宇宙塑造成有理性有目的的整体，人类个体的灵魂构成了其中的一小部分。

若想生活称心如意，幸福常在，人的生活必须符合该能量与秩序的原则。人生的普通愿望——健康、财富、友谊、家庭——具有真正的价值，但它们谨遵不会犯错的"逻各斯"的规定。看似不幸的事，以天地之眼观之，则并非如此，人必须愉悦地去接受。故那位失去孩子的父亲，可以保持非人的冷静。宇宙自有其缘由，理性对此一无所知。

那时，斯多葛派的代表是哲学家爱比克泰德（Epictetus）。他生于公元 55 年前后，是尼禄释奴埃帕弗罗狄图斯（Epaphroditus，此人帮助恩主尼禄自杀）的奴隶，从小跛足。从某种意义上说，他可能被转手给了新主人，因为他的名字在希腊语中意为"得到"。他何时或者如何获得自由，我们不得而知；也许在尤利乌斯-克劳狄王朝终结后，剧烈动荡之下，埃帕弗罗狄图斯将其释放。

爱比克泰德有一句名言，"忍耐并克制"（ἀνέχου καί ἀπέχου）。在他的一篇讲演中，他谈到了如何泰然自若地接受处决。

> 这就是……的意思：使人们从欲求和回避的桎梏中解放出来，免遭偶然性的影响。我肯定会死。如果是马上死，那我就去死；如果是过一会儿，我就先吃午饭，因为吃午饭的时间已经到了；然后我在指定的时间去死。以怎样的态度？就如一个人归还原本属于别人的东西那样。[2]*

爱比克泰德在罗马讲授哲学。跟苏格拉底一样，他从不著书立说，好在一个学生逐字记录了他的讲话 [3]，这才使其思想流传下来。他的生活相当简朴，对己对人无欲无求。爱比克泰德认为，儿童只是尚未成型的人，但游戏时的率真深深打动了他，是故，他喜欢跪下来，双手撑地，以儿童的口吻与之交流。

公元前 1 世纪末，奥古斯都以高效的独裁政体，取代了喧嚣争执的

---

* 译文引自〔古罗马〕爱比克泰德《哲学谈话录》，吴欲波、郝富强、黄聪聪译，北京：中国社会科学出版社，2004 年，第 5 页。

半民主共和国。此后，少数元老刻意远离政府，抨击时政。当时的皇帝从来搞不清，他们是不是忠诚的反对派。有些人始终渴望共和国复辟，但绝大多数头脑清醒，他们知道，重返过去无异于痴人说梦。他们期盼，有一位见多识广的明君可以施行仁政。

这些持异见者被称为斯多葛派反对者，因为他们的主要策略（拒绝与不称职的政府合作，甘愿忍受国家的惩罚）都可以找到哲学依据。他们清楚自己终将失败，却仍面不改色，我行我素，并坚守斯多葛主义。

政见相同的家族往往相互联姻，后代会继承老一辈的遗志。女性的作用举足轻重，有时甚至比她们的丈夫更勇敢，更关键。这方面的代表之一便是奥卢斯·凯基那·派图斯（Aulus Caecina Paetus）之妻阿里娅（Arria）。公元 42 年，派图斯支持伊利里库姆（Illyricum，亚得里亚海远海的行省，大约位于今阿尔巴尼亚与克罗地亚）行省总督所发起的反克劳狄皇帝起义，但起义中途夭折。

皇帝放话，希望派图斯自行了断（另一种文明的处决方式，适用于出身名门或血统高贵者）。不过，临刑前，派图斯退缩了。他似乎无法践行这种充满尊严的罗马仪式。[4] 阿里娅从丈夫手中夺过利刃，随即刺向自己。她说道，"派图斯，一点也不**疼**"（Paete, non dolet）[5]，说完便把刀还给了丈夫。不久，夫妇俩就身亡了。后来，阿里娅的遗言成了无私之勇的代名词。

虽然韦帕芗与弗拉维氏族许诺要励精图治，可斯多葛派反对者依然不依不饶。赫尔维狄乌斯·普里斯库斯是个材优干济却固执己见的元老，他反对以取悦韦帕芗为目的的种种做法。赫尔维狄乌斯坚持以韦帕芗称帝前的名字呼之，演讲时还攻击他的人格和他的职位。

爱比克泰德回忆起了一场难忘的对话。韦帕芗让赫尔维狄乌斯别插手某次元老院会议。赫尔维狄乌斯回答道：

"我成为元老可不是你说了算，只要我还是元老，就必须参加元老院会议。"

"说得好！你可以参加，但管住你的嘴。"

"你不问我的意见，我**就**闭嘴。"

"（你是资深元老）朕有义务询问你的意见。"

"那我也有义务回答，告诉你我的意见。"

"但如果你敢说一个字，朕定杀无赦。"

"好吧，但我可不是什么神仙。你管你的，我管我的。"[6]

这段对话是不是一字不落的转述，我们不得而知，但它集中体现了斯多葛派反对者的力量与弱点——勇敢却影响甚微，喜责难，又不愿颠覆。从某种程度上说，他们给帝国观念带来真正的难以化解的威胁。他们时常遭到迫害，可凭着友谊、家系或作为立命之本的严苛的生活哲学，他们依旧是政治精英的必备成员。清除他们，很可能会令皇帝倚赖的合作者渐行渐远。

罗马帝国治理体系的一大痼疾就是继位问题。根据宪政理论，皇帝仅仅是共和国的高级官员，故未来难以揣测。不过，韦帕芗坚信，有两个精明能干的儿子，自己的血脉足以保证治理的延续。

一开始，他的算计确有成效。公元79年，皇帝罹患腹泻，卧床不起。即便他预感自己无法康复，仍不失幽默风趣。他自信地期待，元老院按照惯例，在自己驾崩后，投票给自己封神。为此，他直言："天啊，朕好像正变成神！"[7]他继续履行职责，接见使节。他的医生看不下去了，可韦帕芗回答道："皇帝就该站着死。"[8]这则故事还有另一版本：当他突遭腹泻重袭，几近晕厥时，说出了上面那句话。他挣扎着站起来，尔后在众人的搀扶中晏驾。

那年，哈德良尚小，可他成年后，却到处宣扬，韦帕芗在宴会上为其英俊能干的儿子提图斯所毒弑。[9] 此乃无稽之谈。根据现有证据，提图斯深爱父亲，对其忠心耿耿；他在位时间不长，沿袭了韦帕芗的政令。

韦帕芗驾崩后近两个月的 8 月 24 日，坎帕尼亚的维苏威火山爆发，赫库兰尼姆与庞贝遭火山灰埋没。

该事件影响深远，哈德良早年很可能对此有所提及。据说，火山灰飘散至阿非利加、叙利亚和埃及。在罗马，空气中亦弥漫着灰烬，一连几天，遮天蔽日。狄奥·卡西乌斯写道："大家都不知道，也无法想象发生了什么，但目击者相信，整个世界都天翻地覆了，太阳没入地球，地球被抬到空中。"[10] 小普林尼当时就在坎帕尼亚。他也信誓旦旦地表示："整个世界都随我一同灭亡，我也随它一同灭亡。"[11]

不久，真相水落石出，可对末日来临的恐惧，加深了千年来的焦虑。它时时警醒世人，人类受到难以驾驭之力量摆布，单靠理性可无法应对。

公元 81 年，为庆祝大斗兽场以及一些豪华公共浴堂落成，提图斯给民众广施恩惠，未料没多久，他便出现发热症状，进而病逝。图密善不费吹灰之力，便继承了提图斯的衣钵。据文学史料记载，图密善生性孤僻而多疑。在他儿时，父亲与兄长大部分时间都在为尼禄效力，及至他十几岁，两人已不大参与东方的公务。他似乎凡事都我行我素，在没有日常关爱和至亲关照中成长。

图密善不喜交朋结友，据说有时甚至为此装疯卖傻。他喜欢独自待在罗马郊外阿尔班山（Alban Hill）上的大别馆里。苏维托尼乌斯曾写道：

> 在其统治初期，每天他都习惯于深居简出，除了捕捉苍

蝇，并用铁笔刺杀它们之外，他什么事都不做。因此，当有人问道，是否有谁同皇帝在内宫时，维比乌斯·克里斯普斯（Vibius Crispus）一针见血地答道："连**苍蝇**都没有。"[12]*

图密善而立之年当政。事实证明，他是个称职的管理者，能认真履行自己的审判职责。由于与元老院关系疏远（相关文献也反映了元老院的反感之情），他在元老当中口碑不佳。是故，面对反对他的意见时，我们必须仔细甄别。不过，反感情绪足以说明问题，毕竟皇帝无法让从政者听命于己，这本身就是重大失败。

跟尼禄一样，图密善明显无法胜任目前的职位；乖戾的性格并没有激发他的自信。虽然在父亲执政时，他就已经担任公职，但他毫无机会到沙场历练。

有人发现，他看似颐指气使，独断专行，实则外强中干。他很喜欢别人奉承他是"我们的上帝我们的神"（Dominus et deus noster）。奥古斯都创立的帝制，要求人人必须以虚为实——帝制乃以往罗马共和国之转世，皇帝不过是众平等者中的第一公民。图密善可没有耐心操持此事，由于缺乏政治魅力（civilitas），他还得罪了元老。

有证据表明，行省总督采取了合理的施政措施，他们往往因循前朝皇帝的先例。可图密善会亲自干涉，其中最显而易见的，不是对司法或效率的特别关切，而是吹毛求疵的口吻。

图密善说教式执政风格，集中体现于重新推行《尤利安律》（Julian Laws），以期"挥舞贞洁的霹雳"[13]。这位皇帝试图实施奥古斯都当年

---

* 译文引自〔古罗马〕苏维托尼乌斯《罗马十二帝王传》，张竹明、王乃新、蒋平等译，北京：商务印书馆，2000年，第326页。

鼓励婚姻、保护家庭的法规，以及惩治男风的《斯卡提尼亚法》(Scantinian law)。

身为终身监察官，图密善以监督公共道德为己任。他一丝不苟地履行职责。他两次抵制维斯塔贞女（Vestal Virgins），指控她们败坏伦常（incestum）。六位维斯塔贞女是罗马宗教体系中仅有的女祭司，主要任务是看守罗马的永恒之火或具有象征意义的灶台。如果火种人为熄灭，那么城市的福祉与繁荣就危在旦夕。

维斯塔贞女从贵族阶层的女童中选拔，任期三十年，受大祭司（pontifex maximus）保护。贞女一生可尽享荣华富贵和巨大声望，不过也得谨慎小心。若有人发现贞女与男性苟合，那她就会遭遇恐怖的下场——被活埋。图密善执政之初，半数贞女被发现败坏伦常，但图密善网开一面，允许她们自行决定死刑方式。

多年后，已经被免除上述指控的资深贞女科尔涅利娅（Cornelia）再次遭到控告。[14] 图密善审讯了她。虽然科尔涅利娅坚称自己清白无辜，可皇帝仍然判其有罪。身为大祭司，图密善陪她一同来到城内的一块高地——"罪恶之地"（Campus Sceleratus）。那里早已准备好一间狭小的地下密室，里面有一张长榻、一盏灯、一张摆着食物的桌子。

科尔涅利娅顺梯下到小地下室时，裙子被勾住了，站在身边的图密善彬彬有礼地伸出手。不过，她自己拉拉裙子，厌恶地推开皇帝的手臂。她小心俯身坐到长榻上，其间始终保持端庄。梯子被拉了上去，巷道也填满了土。于是，科尔涅利娅孑然一身等待死亡，要么最终因窒息而丧命，要么用毒酒或刺刀快速地自我了断。

这件事令舆论大哗。某前任副执政官经人劝告，后来才坦白与贞女苟合之事，但很多人并不相信她有罪。

图密善倒是毫不介意拿自己的私生活说事。[15] 据狄奥记载，"图密善不仅四体不勤，胆小如鼠，而且荒淫无度，喜好跟女性和男童翻云覆雨"。[16] 显然，他喜欢把交媾说成是希腊语的"床笫角力"[17]。

图密善大部分时间都在罗马之外带兵征战，这无疑让元老院十分欣慰。跟弗拉维氏族的其他人一样，他也认识到，军事胜利有助于政权稳固。他打败了卡蒂人（莱茵河中段以北的日耳曼部落），永久地占领陶努斯（Taunus）地区，并且拔掉劲敌，从而巩固了防线。他给这块新领土筑立了界墙（limes），也就是一连串碉堡和要塞，以此表明帝国的疆域，同时展示罗马捍卫它的坚定决心。

图密善借旗开得胜造势，早在领土彻底平定前数年便如此。不过，他收买军心，靠的是增加三分之一军饷（这可是奥古斯都时代以来首次加薪），以及发放三加仑价格不菲的施舍（congiaria）*或一次性赏金。这样的皇帝，军队里谁人不喜，谁人不爱。

莱茵河前线几近安定，多瑙河则不然。多瑙河北部是特兰西瓦尼亚盆地（Transylvanian basin），周围环绕着崎岖的喀尔巴阡山脉（Carpathian Mountains）。那里是达契亚人的家。这个来自小亚细亚西北部的民族富甲一方，兵强马壮。他们控制着丰富的矿产，尤其是金和银，以此同毗邻的凯尔特人、日耳曼人，以及黑海沿岸的希腊城市通商往来。

公元前 1 世纪初，布雷比斯塔（Burebista）首次将四散的达契亚人整合，建立了统一王国，并同相邻部落建立了同盟关系。一个强国冉冉升起，假以时日，必危及罗马的霸主地位。尤利乌斯·恺撒觉察到危险，在公元前 44 年遇弑前，他一直计划远征达契亚。天佑罗马。当年，布雷比斯塔驾崩，威胁不复存在。

---

* Congiaria 是 congiarium 的复数形式，指一种容量为一加仑（约 3.79 升）的罐子，亦指一定量的食品，作为给城市贫民或士兵的礼物（施舍）。

不过，百年之后出现了一位精力充沛、才华横溢的新国王——得克巴卢斯。此人"精于战法，亦深谙出兵之道"[18]。他野心勃勃地要重建达契亚帝国。新国王深知，罗马肯定不会让咄咄逼人的强国再次在其边陲出现。于是，他决定先下手为强。公元 84 年，一伙人跨过多瑙河，入侵默西亚行省（今塞尔维亚、保加利亚、罗马尼亚），干掉了总督。

图密善立即采取行动。他前往默西亚，策划军事反击。不过，他没有亲自领兵，而是安全地待在后方的一个城镇里。他将指挥权交给了曾帮助韦帕芗称帝的禁卫军长官（praetorian prefect）科尔涅利乌斯·弗斯库斯（Cornelius Fuscus）。尤文纳尔在一篇讽刺文中，将其称为阿谀奉承的恺撒死党（amici Caesaris）；这个资质平平的好战分子，

> 在大理石别馆闲逛时也惦记着打仗，
>
> 他的胆子注定成为达契亚秃鹫的盛宴。[19]

尤文纳尔写下上述诗句时，战争早就以罗马军队在达契亚的第二次惨败告终，弗斯库斯也已去世，看来他并不是神机妙算。

皇帝眼下面临重大危机。统治阶级希望皇帝推行帝国扩张政策，但是如果出现放弃领土，军团遭毁灭，或者与敌方达成折中的和平协议的情况，他们就会对皇帝失去信心。为对付得克巴卢斯，皇帝从帝国其他地方调遣军队，组建了一支新军（兵力有六个军团之巨）。某军团受命从不列颠尼亚前往多瑙河，结果帝国在不列颠尼亚版图扩张的成功战役不得不就此停止。位于苏格兰因什图蒂尔（Inchtutil）的新要塞遭到放弃。

这次，罗马人取得重大胜利。得克巴卢斯担心，罗马人会长驱直入，向都城萨尔米泽格图萨进发。由于兵力不足，他设了一计，就像麦克白在邓斯纳恩（Dunsinane）遭到的戏耍。他令人砍树，然后为其披上军装，让对方觉得自己的势力比实际大得多。

　　事实证明，该计策全无必要。图密善的心思（还有他的军团）都转移到相邻的潘诺尼亚行省，那里的日耳曼部落掀起了大叛乱，亟待平定。为避免两线作战，皇帝同意与达契亚人议和。得克巴卢斯获得每年约八百万塞斯特斯的补助。[20] 另外，皇帝还答应提供工程兵及投石兵，帮助得克卢斯建立防御工事。[21] 此举可谓一着险棋。

　　皇帝回到罗马后举行了胜利庆典。不过，知情者满是嘲笑，有传言说庆典上的战利品其实都来自帝国的家具店。[22] 盛宴的餐桌上回荡着不怀好意的笑声。

　　带着攀龙附凤者坚韧的乐观精神，乌尔皮乌斯家族并未因皇帝的种种怪行而错愕不止。他们仍然是王朝忠心耿耿的捍卫者。正如图拉真父对韦帕芗死心塌地，他有才干的儿子图拉真也受提图斯与图密善的提携。年轻时，图拉真大部分时间都受命出任宽带军事保民官——每个军团配六名军事保民官，负责向校尉（或称"副将"）报告。高级保民官被称为"宽带"（broad-banded）。此乃效仿元老托加袍上的红带 *，而宽带往往是政治生涯伊始便位居元老之列的年轻人。

　　图拉真人高马大，孔武有力，很适合从军。他常年驻守东方的日耳曼前线，赢得手下官兵的尊敬和厚爱。公元 86 年，他出任副执政官，遂与哈德良父共事。第二年，三十一岁的他首次获得军团指挥权。他受命担任"第七"合组军团副将。这个组建不到二十年的军团，主要在西班牙招募新兵，可以肯定，招募对象几乎都是南部贝提卡的罗马化公民。军团驻扎莱希奥（Legio），位于阿斯图里亚（Asturia）与坎塔布里亚（Cantabria）山脚下的高原；那里是如今的莱昂（León），军营轮廓

---

* 保民官的军装上有一条"披肩"，从肩上垂下来，与元老托加上的类似，故此得名。

至今仍依稀可见。西班牙西北部的这个地区，直至公元前 1 世纪方为罗马人所占领，这也是整个半岛最晚的占领区，罗马人需要监视这些坚韧而顽强的登山者。不过，图拉真的主要任务是为该矿产区的黄金外运保驾护航。

这份工作并无多少挑战——管理穷乡僻壤而已，却是军中晋升的好途径。尔后，命运为图拉真提供了意想不到的机会，使其成为事件主角，乃至皇帝身边的大红人。

有消息说，公元 89 年 1 月 1 日，上日耳曼尼亚行省总督卢基乌斯·安东尼乌斯·萨图尔尼努斯揭竿而起，发动叛乱。当图拉真得知这一消息后，毫不犹豫地带头还击。应皇帝之命，他立即率军从高卢长途跋涉至上日耳曼尼亚，讨伐并击败叛军。

1 月 12 日，皇帝自己离开罗马，前往相同地点。其实，谁都不需要去。萨图尔尼努斯寄望某日耳曼部落出兵相助，最终对方变了卦，另一位同僚下日耳曼尼亚总督足以包抄，将其一网打尽。1 月 25 日，叛乱结束——几乎是胎死腹中。

身为阴谋理论家，图密善有言："号令天下可谓费力不讨好，因为统治者发现阴谋时，没人相信，除非他们被弑，大家才恍然大悟。"[23]他坚信，这场叛乱亦如此，便要求彻查，不过目前看来，此事乃萨图尔尼努斯一人所为。

公元 91 年，图拉真获得军旅生涯最高嘉奖。[24]他受命出任常任执政官——这份殊荣弗拉维氏族很少会颁给皇室之外的人：每年初，两位常任执政官开始履职，当年便以他们的名字命名；他们的职位高于数周或数月之后替补他们的候补执政官。

由于文献匮乏，我们无法知道图拉真担任执政官后几年的详细活动情况，但这并不妨碍我们推测一番。罗马帝国的行省中，有十一位总督由皇帝直接任命（其余由元老院负责），前任执政官有望当选。身为曾经的两名常任执政官中资历浅者，图拉真或许发现日耳曼尼亚行省适合自己。过了几年，他很可能前往军事威胁极大的某个行省，比如潘诺尼亚，那里罗马正艰难地抗衡强大的日耳曼部落苏维汇人。

哈德良青少年时期处于弗拉维氏族的统治之下，及至成年时，他应该早已对那个时代的历史烂熟于心。哈德良的监护人正平步青云，这使他能接近权力中心，即便他资历尚浅，还不够深谋远虑。的确，与多疑而焦虑的统治者相伴，任何人都可能因深谋远虑而性命不保。我们的这位旁观者虽涉世未深，但头脑灵活，对两个结论已经了然于心。

其一，帝国体系的顺畅运转，依靠的是其首脑与元老院管理阶层保持相当和谐的关系。试想，若没有做出痛苦调整的最终需要，那猜疑的气氛会持续多久？其二，废除了以往的军事扩张政策（不管是有所选择，还是必然如此）的皇帝非常果决。在奥古斯都当政时，罗马帝国的桂冠诗人维吉尔，就已歌颂过"永恒帝国"。百年之后，他仍然指引世人，走向一个无边无界的帝国。

注　释

（主要资料来源：苏维托尼乌斯，狄奥·卡西乌斯，小普林尼。）

［1］见 Dio 65 14 5。

［2］Epict 1 1 31–32.

［3］这些文字记录见阿里安整理记录的《爱比克泰德谈话录》（*The Discourses of Epictetus*）。

［4］见 Shakespeare, A & C 4 15 92。

〔5〕Pliny Ep 3 166.

〔6〕Epict 1 2 19–21.

〔7〕Suet Vesp 23 4.

〔8〕关于此事的两个版本分别见 Suet Vesp 24 和 Dio 66 17 1–3。

〔9〕Dio 66 17 1.

〔10〕Dio 66 23 5.

〔11〕Pliny Ep 6 20 17.

〔12〕Suet Dom 3 1.

〔13〕Stat Silv 5 2 102.

〔14〕关于科尔涅利娅的判决和行刑，见 Pliny Ep 4 11 *passim*。

〔15〕在这个问题上，没有理由拒绝来源的一致性。

〔16〕Dio 67 6 3.

〔17〕Ep de Caes 11 7.

〔18〕Dio 67 6 1.

〔19〕Juv 4 111–112.

〔20〕见 Jones, p. 74。

〔21〕Dio 67 4.

〔22〕Dio 67 7 2.

〔23〕Suet Dom 21.

〔24〕关于图拉真生平，我参考了 Bennett, pp. 43–45。

第六章

寻欢作乐

公元 93 年，哈德良年届十九，到了履行公务的年龄。

像他这样拥有雄心壮志的元老之子，一般会加入二十掌（vigintivirate）。其成员肩负各种各样的职责，有的艰巨而枯燥，有的与仪式有关。最有趣的差事往往属于具有贵绅背景者；这一差事即铸币三官（tresviri monetales，对于非贵绅人士或平民，唯有拥有最大政治庇护权，才有望谋得其中之一）。三官负责钱币的设计与铸造。这个任务至关重要，因为钱币是国家自我宣传的有效而普遍的手段。显然，他们会积极配合朝廷官员。

与之相反，最艰苦的差事，则是到罗马负责街道维护、监督捕快基本职责（拘捕、行刑、收缴罚款）的两个机构任职，大家纷纷避之不及。

身为平民，哈德良未能谋得三官的差事，但至少他能免除辛劳的市政管理工作。公元 94 年，他第四次同时也是最后一次加入二十掌，担任十人争讼审判团成员。这份工作并不似想象的那般繁重。十人团主持百人庭（Centumviral Court）会议，处理遗嘱争议等非刑事类事务。

百人庭共一百八十名陪审员，通常分为最多四个独立小组，判决不同诉讼。案件的听审设在罗马主广场上的大会议厅尤利亚会堂（Basilica Julia）——在奥古斯都以及独裁制建立前，那里是政治辩论与角力的场所，可如今已沦为司法与商业聚集地。

大批民众会前来旁听庭审过程。他们对只负责主持的年轻主事判官并无兴趣，真正的焦点是讼师（advocate），控辩双方的陈词令人热血沸腾。这是广受欢迎的文化活动，全不像 17 世纪英国布道似的诉讼。某见多识广的人评价道，当他发现"人群中，一个年轻的贵绅像往常一样，扯掉束腰外衣，光穿着托加袍听了七个钟头"[1]，他就知道演说术没有作古。

身为十人团成员，哈德良有侍从听其差遣，有书记员记录诉讼过程；据说他不得不裁决时，书记员还能提供法律意见。

哈德良还担任罗马六骑兵队队长。骑士阶层以外人士，不可能出任重要公职。成为支队长是莫大荣耀。这里，我们首次有证据证明，哈德良青云直上，这很可能是因为受到朝中人（即便不是皇帝本人）的特别眷顾。我们大可猜测幕后提携者为图拉真；如前所述，图拉真此时可能担任上日耳曼尼亚或下日耳曼尼亚行省总督，但给罗马去信一封便足矣。当然，苏拉或许也能说句话。

当年，一份更特别的荣耀降临到年轻的哈德良头上。有个公元 94 年上任的执政官，是图拉真之友，亦是其父的老部下。[2] 很可能在他的要求下，哈德良出任拉丁节日令尹。拉丁节原本为拉丁姆地区交战各镇休战的神圣节日。盛大的庆典在阿尔班山举行。阿尔班山俯瞰阿尔班湖，位于罗马东南部约二十英里处，离皇帝的大别馆不远。各色重要官员和罗马的公众人物会出城，到山顶的"拉丁地区的保护神朱庇特"（Jupiter Latiaris）圣所祭供一头牛。除此之外，祭品还有羊羔、奶酪、牛奶，随后大家便长时间地载歌载舞。

令尹要留在空寂无人的城市里，代行执政官之责。不过，其责任纯粹是象征性的，故该职位往往作为奖励，授予前途不可限量的年轻人。尤利乌斯·恺撒将这一职位指派给甥孙，即年少的奥古斯都（彼时仍叫作盖乌斯·屋大维），克劳狄皇帝则指派给年轻的尼禄。哈德良没有这样的血统，但他已经是脱颖而出的前程似锦的少年。

生活不单只有职责与仪式。罗马处处是找乐子、玩刺激的机会。除了狩猎，我们对青年哈德良的业余活动所知甚少，不过他的确有大量可以仿效的榜样。

公元 1 世纪中叶，罗马据称每年有九十多个节日或假日（feriae）。每逢此时，公共事务均停止，取而代之的是五花八门的宗教仪式。不过，地中海世界还没有人了解每周七天的犹太观念，而星期六或星期日为休息日的思想，也鲜为人知，遑论周末放松。节假日期间，大家不一定会放下工具去休息，但日常事务繁重，也只有此时有机会喘口气。

节假日前后和期间穿插各种盛会（ludi）。在公元 1 世纪，一年当中便已经出现六种盛会，总时间达五十七天。这些竞技庆典最初是为了酬谢让罗马繁荣成功的神祇，其中包括纪念东方大母神（Great Mother）的春会（形式为戏剧表演），从 4 月底持续至 5 月初的放纵情欲的花会（Ludi Florales，伶人与娼妓均赤身裸体，盛会有部分在夜晚举行）。花会最后一天想必让哈德良喜出望外，因为狩猎活动在罗马最好的跑道马克西穆斯竞技场举行，那里宏伟的大理石看台可容纳近二十五万名观众，但如今已不复存在，只剩下杂草和尘土。

到了秋天，便举行最盛大的庆典罗马会（Ludi Romani）与平民会（Ludi Plebei）。庆典节目以并不广受欢迎的戏剧表演为主；心怀不满的观众遂高呼，"我们要看斗熊！"或者"我们要看拳击！"[3]

帝制时期，喜剧与悲剧不再流行，取而代之的是哑剧——由一个演员（pantomimus，往往为男性舞者）在复杂的故事中分饰多角。表演时，长笛和鲁特琴（有时是整支乐队）伴奏，还有一个歌手或歌队。故事情节取自史实、神话，或根据希腊著名悲剧改编。舞者的曲目相当广泛，甚至包括柏拉图的对话。谁不想花钱目睹舞者一言不发地诠释这位哲学家的理式论呢？

据说，哑剧有"滋阴补阳"（sexual immorality）之效，故受到上层阶级的追捧与资助。卡利古拉皇帝宠幸的人中，就有一位哑剧演员[4]，而尼禄更是亲自上阵[5]。哈德良时代，有个古怪的老贵妇叫温米狄娅·夸德拉提拉（Ummidia Quadratilla），她在家中蓄着一个哑剧团，每逢百无聊赖之时，便观看他们跳舞。[6]她的孙子盖乌斯·温米狄乌斯·夸德拉图斯（Gaius Ummidius Quadratus）亦与其同住。一本正经的他对祖母的做法不以为然，从来不看这个哑剧团的演出。

我们不要把哑剧与谐剧（mime）混为一谈。谐剧更粗俗，场面也热闹得多。它涵盖广泛的表演样式——台词（一般为散文，但有时也使用韵句）穿插音乐和杂技。演出剧名读起来很像如今的小报标题——《亡命天涯的百万富翁》（Millionaire on the Run）、《有巢难回的情人》（The Locked-Out Lover）、《从暴穷到暴富》（From Rags to Riches）。

有时，死刑犯也会参演，并被迫在演出时遭受真实的酷刑。阿普列乌斯（Apuleius）在作于公元2世纪的流浪汉小说《变形记》（Metamorphoses）中[7]，描绘了一个打算表演极其独特的剧目的典型行省剧团。作为全剧高潮，女凶手要"嫁给"一头驴，并与之交媾。这头驴其实是男主人公卢基乌斯——中了邪恶女巫的魔法而变形的青年。

卢基乌斯被拉到当地剧场，暖场演出的时候，他正在入口外吃草。这时，新舞台布景出现了。闪耀着印度龟甲光芒的床上，摆着羽毛垫，并铺了华丽的真丝床单。见此景，化作驴子的卢基乌斯害怕了。他预感，那个女人可能会以某种方式给绑到自己身上，一旦交媾完成（或者假定完成），就会有人把野兽带来，将她杀掉。卢基乌斯怀疑，果真如此，自己没准也小命难保。于是，他趁人不备，拔腿就跑。

阿普列乌斯的故事是虚构的，预想的暴行并未发生。不过，类似场景在罗马倒真的出现过，但不是驴，而是牛。这一次是重演了帕西法尔（Pasiphaë）的故事——帕西法尔为克里特岛国王米诺斯的妻子，爱上一头公牛后，与之交媾，生下牛头人身的怪物米诺陶（Minotaur）。马提亚尔对此事抱以赞许之情。[8]

盛会期间，有几天会安排极受社会各阶层欢迎的竞技项目——战车比赛。车手与战车分为红、白、绿、蓝四队或四团体。罗马有大量机构雇用采购、训师、医生、兽医、马夫、食马，并且由车队长（dominus）掌控。每个团体都吸引了狂热甚至暴力的拥趸。

在罗马，主要赛道有两个——位于帕拉丁山（Palatine Hill）下的马克西穆斯竞技场和位于战神原（Campus Martius，城北的一大块地，起初用于军事训练，现在则修建了很多公共建筑）的弗拉米尼乌斯小竞技场（Circus Flaminius）。战车通常由四匹马牵拉，但有时也多达十匹；新手一般驾驶双马战车。车手在十二个出发槽整装待发，随着一声令下，各自驰骋于笔直的长赛道。他们身手敏捷，惊险地绕着三个折返柱往返七圈。马克西穆斯竞技场的赛道长近四分之一英里，比赛用时约十五分钟。

车手的人气极高。很多车手以奴隶身份出道，后来用奖金赎得自由。他们的收入丰厚：最成功的一位是来自卢西塔尼亚（Lusitania）的西班牙人阿普勒乌斯·狄奥克勒斯（Appuleius Diocles），他自称"明星车手"，并为车队服务了二十四年之久。在此期间，他参加了四千多场比赛，取胜近一千五百场，累计奖金达三千五百八十六万又三千一百二十塞斯特斯，尽管其中有一部分用于团队管理，但他还是跻身古罗马顶级富豪行列。[9]

当然，能媲美狄奥克勒斯者毕竟寥寥可数。二十二岁的优迪克（Eutyches）[10] 显然并不胜任这份差事。他年纪轻轻便撒手人寰。他的墓碑上动情地写道，

> 此墓安葬着一位车坛新秀的骸骨……
> 我有足够勇气驾驶驷马战车，
> 可始终在双马车队原地踏步……
> 旅行者，请你在我的墓前摆几束花。
> ——也许你是我生前的拥趸。

战车比赛只限职业选手，上层阶级的年轻人不得参加并驾驶自己的战车。一些声名狼藉的皇帝可能鼓励破例之举。不出所料，尼禄允许骑士阶层与元老阶层的男男女女，以舞台演员或角斗士、战车手的身份参加盛会。到了狄奥·卡西乌斯所处的时代，观众可以坐下来，看着罗马望族的成员站在其下方的"竞技场或舞台，做一些别人表演但他们看都不会看的事情"[11]。

弗拉维氏族的皇帝当政后，就不再对此放任自流。无论如何，哈德良我行我素的日子结束了，即便他带着几分嫉妒，观看竞技场上的惊心动魄，但其精力如今放到了如何一步步攀爬政治阶梯。他很喜欢这些消遣，可从此以后，他再没有偏离自己的勃勃雄心。

公元 94 年，哈德良终于可以欣赏图密善最奢华的创举——卡皮托利诺运动会。这个八年前开创的盛会，旨在纪念重建卡皮托利诺山上至尊至伟者朱庇特的大神庙，每四年举行一次。它们仿照希腊的模式，可见尼禄的希腊化思想显然并未作古。该盛会引发了罗马老派道德论者的反对，他们的惊讶在于，城市最圣洁的区域及其神圣的监管者，竟然受

到非罗马仪式玷污。哈德良倒不这样想。不管他如何看待弗拉维氏族的政权，至少这些盛会必将取悦一个比希腊人更了解希腊人的青年。

一切都极尽宏大之能事。跟如今的奥运会一样，巨额资金用于特别设计的建筑。战神原的体育场可容纳近一万五千名观众（其拱廊不久就成了柳巷花街），供体育赛事之用。不远处的戏台（Odeum）则用于音乐演出。几个世纪以来，这些都是城里最受欢迎的场所（在彻底毁坏之前）。

竞技项目包括赛车、体操、田径（甚至还有女子竞走），还有诗歌、音乐、歌唱、演说。盛会由皇帝亲自主持，他身着希腊式紫色托加袍，头戴金色皇冠，俨然朱庇特的模样，身边带着妻子朱诺和女儿密涅瓦。盛会举办的头一年，就有五十二名参赛者竞逐希腊诗歌奖。

竞争非常激烈，盛会很快就风靡帝国全境。它们传递了强烈的讯号——朝廷相当重视希腊文化。对此，哈德良亦深以为然，后来他也积极地回应。

依现代人之见，罗马文化中最可耻的，要数角斗士表演。竞技场上的决斗又名"犒赏"（munera，"munus"字面意为"服务"、"恩惠"或"礼物"），跟盛会毫无关系。奴隶、罪犯，以及少数志愿者，为高赏金的场面而相互厮杀。

这种嗜血的活动起源不详，但根据现有文献，它源于名人葬礼上的祭祀性格斗。共和国时代末期，即哈德良当政前一个世纪，西塞罗等罗马有识之士认为该活动粗俗而枯燥，可也承认，看着双方都欲置对手于死地能训练胆量。[12]

角斗士表演费用高昂，连皇帝也不得不限制每年的表演天数。在罗马，表演通常于3月和12月举行，有时皇帝还会为庆祝特殊事件而另择日期。参加皇家表演的角斗士可达数千名，但其他推广者手下不能多于一百二十对。小型角斗士团队会到各行省巡演。

角斗士身穿各种盔甲，有的重装上阵，有的（比如色雷斯人）则佩戴轻盾，手持弯刀。最独特的角斗士是网载角斗士（retiarius）——仅穿长袍式束腰外衣（tunic），身披一网，手执三叉戟和匕首。

根据最近一项精巧的统计，帝国上下总共有四百处角斗场。[13] 每个角斗场每年平均有两个演出季，参加的都是人数约三十名的队伍，每队对决两次。这就意味着总共有一万两千名角斗士。每年丧命者可能为四千，每场表演死亡率高达六分之一。新角斗士通过征募加入队伍，每年为一万六千人。

在公众看来，角斗士非常性感；他们是阳刚之气的集大成者，死亡更为他们平添了十足的魅力。尤文纳尔描写了一位上流妇女对"她的塞尔吉乌斯（Sergius）"一往情深。此君

> 一条臂膀尽废，这预示
>
> 他很快会退役。畸形毁了他的外形——
>
> 一块头盔伤疤，鼻子上一个大粉瘤，一只眼睛
>
> 不停地流泪。可那又如何？
>
> 他是角斗士。这足以让任何人成为美男子阿多尼斯。[14]

罗马人喜欢动物，尤其喜欢看动物死于刀下。为此，即便困难重重，他们也会捕捉大象、熊、鳄鱼、鸵鸟、花豹，甚至北极熊和海豹（尼禄的又一项创举），然后运到罗马，训练它们表演特技，或者互相打斗。大象跟人一样聪明，故特别受欢迎：老普林尼声称，有只野兽由于没有学会某特技而挨打，有人发现到了晚上，它仍然在反复练习。[15]

除了角斗士，犒赏演出往往还包括一到三个表演——武装者斗野兽，野兽互搏，手无寸铁的死刑犯面对饥肠辘辘的食肉动物。第一种表演类

似旷野狩猎，故像哈德良这样的猎人可能感兴趣。马提亚尔以细致入微的笔法，描绘了一只怀孕母野猪的死亡；一个野兽格斗者（bestiarius）伤其腹部，待其死后，一只猪仔从腹中流到竞技场。[16]

朝廷极重视犒赏演出与盛会，不惜为此花费重金。选举人手中的权力逐渐减少，但皇帝知道，自己的威望多少有京城内部与周边的支持者维系。国家的粮食补贴与免费的公共娱乐，可以确保民众忠心耿耿。尤文纳尔在诗歌中敏锐地指出这一点。他发现，公民失去了投票权，甚至连投票的欲望也荡然无存。

> 想当年，他们靠平民表决选举
>
> 将军、国家元首、副将；可现在
>
> 他们不得不节衣缩食。只有两件事他们才真正关心：
>
> 面包和马戏（panem et circenses）。[17]

弗拉维氏族为保住新皇朝，不惜大兴土木，这不足为奇。自公元69年身披紫袍以来数年，韦帕芗开始兴建弗拉维圆形剧场（Flavian Amphitheater），也就是我们所说的罗马大斗兽场，时至今日，它依然是罗马最震撼、最令人难忘的古迹。剧场可容纳近五万人，故特殊节日时，只有一小部分居民才能涌入。尽管公共娱乐项目均免费，可每到大型演出日，剧场总是一座难求。

剧场座位分若干等级，排列得陡峭而密匝。当全场坐满，堪称罗马社会的缩影。在最底层前排就座的是元老院成员和国家女祭司维斯塔贞女。紧随其后的是骑士阶层，接着各阶层顺次而坐，最顶层为奴隶和女性的座位。皇帝本人坐在皇室包厢或者说帝王座（pulvinar，最初为带褥垫的卧榻，四周陈列着众神像）上。

公元 80 年，大斗兽场最终落成。彼时，韦帕芗驾崩，提图斯继位。新皇帝为新剧场开张迎客，特举行大典。一连百日，奢华的决斗与狩猎悉数上演。节目没完没了，即便最狂热的嗜血者也难免心生倦意，为此不得不将日程拆成可以应付的几部分。

弗拉维剧场首次开放时，哈德良只有五岁，不太可能跟人观赏更为血腥的节目。不过，这毕竟是王朝历史上的大事。身为朝中炙手可热的乌尔皮乌斯氏族的一员，他肯定会参加皇帝主持的庆典，或者观看像赛马这样比较"安全的"节目。及至成年，他有大把机会体验五花八门的惊险场面。[18]

后来，哈德良在公共事务上还经历了一场惊险之旅。图密善即位后，心情日渐阴郁，这严重牵连了元老院中的中坚分子。凡这位年轻的西班牙皇帝认识的，或知根知底的，大都通过法庭判罚，面临流放和处决。

罗马没有公诉机关或类似现代的警力，因此司法体系有赖于负责控告某人犯罪的个体公民（private citizen）。此人被称为检举人（delator）。事情一般与之有直接关系，而他既可能亲自公诉案件，也可能委派有经验的讼师代其行事。

前面说过，上层社会的罗马人会接受数年的演说训练。很多人在年轻时以为公众利益诉讼开始自己的政治生涯，比如起诉任期末挪用公款的总督。到了共和国时代晚期，诉讼也好，庭辩也好，都大量需要像西塞罗这样才华横溢的演说家。

于是，逐渐出现一群讼师，他们定期或者说"专门"告发并起诉重案或大案要犯。这群讼师越来越多，因为皇帝发现可以借他们铲除异己。每个社会经济阶层（甚至包括奴隶）都欢迎检举，但既是讼师，又能起诉并传唤受害者的检举人，往往来自统治阶层。他们从这份差事中有利可图：如果能确定被告犯叛逆罪（maiestas），那么被告的四分之一财产归起诉人所有。图密善就靠这样的人恐吓元老院的实权人物，尤其以藐视法庭的名义，打压斯多葛派反对者。由元老组成的陪审团，一旦察觉是皇帝批准或挑起了诉讼，很可能就会定罪。

不过，检举人可不是安稳无忧的职业。如果败诉，他会遭到跟被告一样的处罚。另外，他还可能面对受害者的亲属或朋友当庭发起的报复性反诉。拜比乌斯·马萨便是其一。他是贝提卡行省总督（公元90年哈德良巡视自己产业时，他可能已经在那里履职），因腐败严重，受到当地人的指控。[19] 于是，他被传讯至罗马，面对元老院同僚。元老院委任了两名成员来领导诉讼，分别为贝提卡人赫伦尼乌斯·塞涅基奥和小普林尼。这是当时的国家大事，身为元老之子，哈德良有权列席庭审。如果我们还记得他与贝提卡的联系，以及作为大地主的切身利益，那么列席的可能性就大大增加。

讼案似乎一切顺利。马萨被判有罪，在贝提卡的损失估算期间，他的财产也遭冻结。可执政官表示反对，还悄悄解冻了其财产。此举违背了元老的决议。当塞涅基奥得知此事，便在普林尼的支持下发起诉讼，执政官很快便撤销决定。

在这紧要关头，怒不可遏的马萨以叛逆罪起诉了他的起诉者，事情由此出现了转机。普林尼在致友人信中，描述了元老院的反应，"每个人都大吃一惊"（horror omnium）。

一桩平常的腐败案突然成了对斯多葛派反对者的攻击，而首要目标便是叱咤风云的领军人物塞涅基奥。这里，我们不难察觉到图密善的暗中干涉。萨图尔尼努斯造反之后，他尚不清楚元老院里在政治上支持他的有多少人，力度有多大。一开始，他试图安抚潜在生事者，可马萨暴起葬送了这种脆弱的和谐。这位前总督继续起诉塞涅基奥，但后者对当局报以无声的抗议，并拒绝在获得财政官一职后进入元老院。言外之意，当局不配与自己合作。不出所料，在受审期间，他又更进一步，为遭韦帕芎处决的赫尔维狄乌斯·普里斯库斯立传。

后来，更多审判接踵而至，被告甚至包括贸然称颂斯多葛殉道者的阿鲁勒努斯·鲁斯提库斯。据伟大的希腊散文家兼传记作家普鲁塔克的说法，鲁斯提库斯曾旁听他在罗马的讲座。"有个士兵踱了进来，把皇帝的信交给他。四周皆静，我也停了下来，好让他读信。然而，他读都没读，甚至都没打开，直至我完成讲座，观众散尽。"[20] 不管是其沉着的性格，还是新晋为执政官，都未能让鲁斯提库斯免于一死。另一位受害者也是前任执政官——赫尔维狄乌斯之子。受父亲遭遇的警示，致仕后他基本保持低调。不幸的是，他写了一部舞台闹剧（stage farce），描写为了海伦而抛弃初恋俄诺涅（Oenone）的特洛伊王子帕里斯。图密善认为，此剧讽刺了自己与妻子图密提娅的离婚，故判处作者死刑。由此可见，我们很难说到底是偏执的君主在臆测并不存在的阴谋，还是他失去理智后的恐惧引来了阴谋。

无论如何，所有这些人都被处决，他们的部分亲属也遭到流放。

接二连三的死刑事件都与贝提卡有关，搅得居住在提布尔别馆群的罗马西班牙贵族心神不宁，大家都觉得局势逐渐失控。跟元老院的很多人一样，小普林尼是并无谋逆之心却遭处决的斯多葛信徒的朋友，同时也是帝国忠实的仆从。他如此回忆这个时期："我的身边到处电闪雷鸣，看那情形，我不禁感到自己可能遭遇同样的命运。"[21]

由于图拉真得宠，埃利乌斯家族与乌尔皮乌斯家族得以免受个人攻击，但哈德良想必对皇帝于公元 95 年所做的决定（将哲学家逐出罗马）大失所望。"哲学家"是斯多葛学派教师的代名词。斯多葛派观点深深触动了哈德良，后来他还成了爱比克泰德令人钦佩的朋友，虽然时间可能没这么早。学生时代，他很可能在罗马听过爱比克泰德的部分讲学，可爱比克泰德遭驱逐后，两人也就没有机会保持长久的联系。

当局对待言论自由的方式让爱比克泰德悲从中来。他尤为憎恨当局的诱捕行为。他现身说法（据他的朋友或他自己的经历）道：

> 在罗马，粗心大意的人会落入士兵的陷阱。比如，某个平民打扮的士兵会在你身边坐下来，大谈恺撒的不是，仿佛他对你信任有加。然后，他开始咒骂个不停，你也把心里话说出来。接着，镣系银铛，你就等着坐监吧。[22]

驱逐并不是什么意外事。其实，哲学备受尊崇，即便图密善也跟斯多葛派没有特殊的过节——（毕竟）他们接受君主制，还将君主设想为哲人王。然而，当局无法容忍的是，他们公开批评朝政，身为元老却明目张胆地置身事外。正是这些罪过导致了最近的大清洗。既然斯多葛派的从政者都已被赶尽杀绝，该轮到铲除他们的理论家了。

这并非首次驱逐异邦的有识之士；十年前，图密善就曾对他们下过逐客令。不过，罗马人喜欢一切跟希腊沾边的事物，故没多久，他们便卷土重来，有的恩主甚至还有意保护他们的哲学家门客。

占星师同样令皇帝怒不可遏。哈德良绝非唯一一个问天测运的皇帝，图密善同样如此，也因此他才极其不满占星活动。阴谋篡位者可以算定他的死期，并借此赢得支持者。皇帝还能卜算继位者的名字——这可是严重的威胁，因为那个显然比自己长寿的人肯定会继位。

众所周知，哈德良握有一个可怕的秘密。多年以前，其叔祖就根据哈德良的星象图，预测他会登上皇位。对于雄心勃勃的孩子，这当然是美妙的好事，可若他告诉别人，势必招来杀身之祸。在如此动荡的年代，哈德良保持了沉默。

皇帝的一举一动不禁让这位政坛新星有所反思。恶性循环显然已经开始。图密善越感觉自己让统治阶层失望，就越想杀一儆百；可他越杀一儆百，就越让统治阶层失望。可会有贤君打破这个僵局？执政时广谋从众是否可行？如果答案是肯定的，那么如何能顺利拨乱反正，避免再兴内战，避免重回可怕的四帝之年？

注　释

（主要资料来源：苏维托尼乌斯，狄奥·卡西乌斯，小普林尼，以及爱比克泰德。）

[1] Pliny Ep 4 16.

[2] 据 Birley, p. 30 推测，这个执政官可能是尤利乌斯·夸德拉图斯（A. Julius Quadratus）。

[3] Hor Ep 2 1 182-213.

[4] Suet Cal 36, 55, 57.

[5] Suet Nero 16, 26.

[6] Pliny Ep 7 24.

[7] 以下段落内容见 Apul Met 10 29-35。

[8] Mart Lib de Spect 6 (5).

[9] 有关阿普勒乌斯·狄奥克勒斯的生平细节及葬礼铭文，见 Sherk 167 (CIL 6 1000 48; ILS 5287)。

[10] Sherk 168 (CIL II 4314; ILS 5299).

[11] Dio 62 17 4.

[12] Cic Fam 7 1 3.

[13] Col pp. 91-94.

［14］Juv 6 106-110.

［15］Pliny NH 8 6.

［16］Mart Lib de Spect 14.

［17］Juv 10 78-81.

［18］根据 HA Hadr 19 8，哈德良即位后，经常观看角斗士表演。这个偏好很可能始于青年时期。

［19］有关马萨的判决以及结果，见 Pliny Ep 7 33。

［20］Plut Mor *Curiosity* 522d.

［21］Pliny Ep 3 11 3.

［22］Epict 4 13 5.

第七章

弗族陨落

潘诺尼亚行省是帝国境内文明设施最不尽如人意的。作为如今匈牙利的一部分，它跟其他行省盘踞了伊斯特河（Ister）的右岸。伊斯特河就是我们的多瑙河，河道宽阔，水流湍急，发源于德国的黑森林，最终汇入黑海。潘诺尼亚树木繁茂，峰峦叠嶂，城镇稀少。当地不产葡萄酒和橄榄，但有人酿啤酒。那里有种叫野甘松（saliunca）的植物闻名遐迩，其味香甜，可中和难闻的口气及"腋下刺鼻的气息"。[1]

潘诺尼亚是罗马的新疆土，罗马将其征服并纳入版图不过百年。罗马对那里并无特殊兴趣，只是亚细亚中部的部落迁徙，使人口向帝国边境西南两部移动。奥古斯都深感马其顿与希腊受到威胁，除非在两者北部建立行省，以作缓冲，以多瑙河为防线。

潘诺尼亚的居民是各个凯尔特部落，他们以好战善战著称，但也凶残狡诈。据说，他们用人的头盖骨作酒杯。不过，公元 9 年，经过一番血战，他们最终臣服于外部统治，开始采取罗马的生活方式，尔后新城市群落纷纷出现。

罗马人只在多瑙河沿岸建立了一座堡垒，而且认为不必驻防该行省，其自信程度可见一斑。这座堡垒便是阿昆库姆（Aquincum，今奥布达[Óbuda]，即旧布达[Old Buda]，位于布达佩斯）——行省四军团（至少）之一第二"忠信"辅助军团的大本营。这里起初是按传统军用模式修建的长方形营地。它地处河岸，与蛮族土地仅一河之隔，眼下正逐渐建设为坚固的城池，房屋为石制而非木制，民居则散落于城墙之外。街道铺上了砖，城里有一座小公共广场，一条水渠，以及很多水管。

哈德良的新生活就在这偏远却热闹的边陲之地开始了。完成二十掌的任期后，他已年满二十，准备迎接新挑战。出身优渥的罗马青年一度必须服役，但现在似乎也不再强求。哈德良的个人愿望我们不得而知，但像他这样生性活泼、喜欢冒险的小伙子，肯定愿意到人地生疏的环境，体验旅行的刺激，享受危险的味道。可喜欢归喜欢，他仍不得不听从监护人的意见。不管是谁的最终主意，公元95年，哈德良接受了军事保民官的任命，离开罗马前往潘诺尼亚。

前文说过，图拉真此时出任潘诺尼亚总督几乎是板上钉钉的事；他正与桀骜不驯的苏维汇的马科曼尼人（一支位于欧洲中部多瑙河尽头的日耳曼部落）交战。早年服役时，图拉真就曾出任保民官，并精习战法；按照小普林尼的说法，他非常乐于向下一辈传授战法。

> 营地里神情恍惚，短期服役中的漫步无法满足你；当年出任保民官的经历，想必能使你来则能战。对于传道授业，你已无甚可学。[2]

因此，图拉真为其被监护人谋得第二辅助军团的保民官职位，不足为奇。

罗马军事体系的上层，任人不一定唯贤，这与19世纪前的欧洲军队情况无异。跟其他地方一样，在第二辅助军团，委任状也可以买卖，政治影响比经验更有分量。军团校尉为前任副执政官，故拥有无限权力。出其上者，只有晋级资深执政官（proconsul）之列的前任执政官，实际上其顶头上司就是潘诺尼亚总督。

六名军事保民官向副将负责。哈德良是其中地位最高的宽带军事保民官。他的任期预计为一到三年。理论上讲，他是代理副将，可实际上他的职责并未明确限定。其主要任务为学习处理军团事务。其他保民官是骑士阶层（即窄带军事保民官［tribuni angusticlavi］）；他们早已服役，且年近三十或三十出头。其实，保民官就相当于如今的年轻参谋。

第二辅助军团一如其他军团，由五千一百二十名士兵组成（这并非其实力上限），分为十个大队。这种大队规模既能保持战场上的优势兵力，又不失灵活机动，能应付复杂地形，或应对敌人的战术。

军团实际是百长（centurions）**管理**制。这些百长往往通过个人能力获得晋升，尽管有门路也能得到任命。近代并无与"百长"相对应的说法；如果副将类似指挥团部（regiment）的上校，那么百长就相当于军士长（sergeant-major）和最高级别的少校（major）。一个大队有六名百长，每名百长负责指挥八十人的百夫队（century）；第一大队设五名百长。主百长（lead centurion）可能也负责各个大队（尽管现有材料尚无法确定这一点）。

五十九名百长享有巨大声望，尤其是第一大队的百长。普通人的年收入为一千四百塞斯特斯，可即便资历最浅的百长，保守估计，年俸也有一万八千塞斯特斯。[3] 至于首席百长（primus pilus），即百长的首领兼第一大队队长，战场上第一纵队（pilus）的统帅，亦为副将的重要参谋，其年俸为七万二千塞斯特斯。难怪连富有的骑士，在入伍以后，也要想方设法爬到百长的位子。

普通士兵的生活就比较艰难了。不过，军队能保证他们获得可靠的钱币收入，有规律的健康饮食，良好的诊治条件，以及众志成城的感受。当然，弊病也显而易见。入伍后，士兵必须履行二十五年的服役期（允许延期），其间不得结婚，但时间长了，寻找情妇、私下生子的大有人在。士兵往往从意大利北部、高卢南部和西班牙等地的殖民地（coloniae）或老兵聚集区征召，最好为罗马公民，可若赶上人手紧缺，会在参军后授予其公民权。

士兵全都训练有素，适应多种任务。有些是领军（principales），也就是肩负特殊且可靠任务的士兵。有些则是勤务兵（immunes），没有特别资历，但也是行家里手。他们可能曾是总督府的官员。又或者，曾在营地医院工作，或是军械士、投石兵、号手、造桥师、建筑工、铺路匠、屠夫、驯马人、医护等。一个一百二十人的骑兵队还配有斥候和信差。

以勇武著称的士兵担任步兵大队和百人团的旗手，日后还会担任军团的鹰旗手（aquilifer）。鹰旗手在战场上负责保护军团珍贵的"鹰旗"（军旗上有月桂环绕的雄鹰徽章），这是崇高但危险的荣誉。对军团而言，最大的耻辱应该就是战场上的鹰旗落入敌军手中。

士兵同时为军队、军团、大队、百人团的成员。不过，士兵生活中最重要的制度就是同帐（contubernium），即八人共用一间寝室、帐篷或营房，且集体用餐。士兵头戴铜制或铁制头盔，身穿鳞甲、锁子甲或分段式金属胸甲，手持长方形半圆柱盾牌（scutum）和重型镖枪（pilum），腰别短剑（gladius），但更可能是匕首。此外，行军时，还会携带炊具和挖掘工具，两星期的给养，三四根木桩，作为建造临时或"行军"帐篷的栅栏。算下来，一个士兵要带的东西至少重六十五磅。难怪军团士兵的昵称（出自罗马最伟大的一位将军）叫"战神的骡子"。

哈德良发现阿昆库姆是个非常繁忙的地方。除了第二辅助军团，那里还驻扎着数量相当的辅助部队。部队士兵从行省征召，不必为罗马公民。他们对于军团的作用不可小觑。如果士兵有伴侣和子女（不消说有的还有一两个奴隶），那么我们有理由认为，这是由一万五千名军人及其家属组成的团体。其他还有来自多瑙河两岸与罗马人做生意的各类商贩和服务人员，各种营地的追随者。总之，阿昆库姆成了两万人的港湾。

身为代理副将，年轻的宽带军事保民官哈德良坐享敞亮而华丽的寝所。整套房屋为其所有，居室众多，住着他从罗马家中带来的释奴和奴隶，伺候其饮食起居。只要他愿意，他就能大讲排场，不必在乎下人（gregales）的感受。不过，我们知道，哈德良并非如此。众所周知，他谦恭下士，不拘小节，凡人不论阶层品性，他均应对自如。于是，大家称他"关爱平民"[4]。跟图拉真一样，哈德良对名字也有不可思议的记忆力，尤其是对普通的军团士兵和长期服役的老兵。他的饮食也很简单，与众卒无异。[5] 他的这个名声便是从阿昆库姆鹊起的。

在上游不过一百二十英里处，总督图拉真（我推测）从行省首府卡农图姆（Carnuntum）发号施令，注视自己的被监护人，并招其来商议军事。潘诺尼亚的猎狗赫赫有名，身体健壮，能够追逐并搏杀野猪和野牛，但我们没有再听说图拉真抱怨哈德良沉湎狩猎。

据少量文献推断，哈德良应该结识了至少一位军团百长。有一个士兵的墓碑（位于阿昆库姆）上提到，他的百长叫 M. 图尔波，名字比较罕见。据信，这位百长即昆图斯·马尔基乌斯·图尔波（Quintus Marcius Turbo）；[6] 数年后，他担任了第二辅助军团副将及潘诺尼亚总督（可能是下潘诺尼亚），终至禁卫军长官。图尔波出身卑微，后成为哈德良的密友及幕僚，能有如此成就，实令人钦佩。两人初次相逢，想必就在阿昆库姆。

公元 96 年夏，哈德良的服役期结束。他在潘诺尼亚待了一年，收获颇丰。大部分军事保民官巴不得尽早回到意大利，享受舒适的城市生活和乡间别馆。哈德良则不然。他很快便接受了第二个任命，赴驻守下默西亚行省的第五"马其顿"军团，担任宽带军事保民官。此举很可能是在效仿其监护人，因为（如前所见）图拉真便担任军事保民官多年，且十分重视为此所获的精深的专业知识。

哈德良驻扎在多瑙河沿岸另一处要塞奥伊斯库斯（Oescus，位于多瑙河与奥伊斯库斯河交界处，毗邻今保加利亚普列文［Pleven］）。下默西亚行省地形狭长，临近黑海，故又名"色雷斯之滨"（ripa Thracia）。一百年前，在这里的托米斯港（Tomis），大名鼎鼎的诗人奥维德（Ovid）因触怒冷酷无情的奥古斯都，遭流放多年，并最终孤独而悲惨地离世。

不过，上下默西亚行省的真正意义在于，作为屏障，它们阻隔了虎视眈眈的达契亚王国与罗马的地中海领地——达尔马提亚（Dalmatia）、色雷斯以及古典文化的摇篮希腊。当哈德良站在奥伊斯库斯的堡垒上，远眺河对岸的森林与山川，便意识到，罗马军队迟早得渡河登岸，进入未知之地。得克巴卢斯王的受害者必须复仇。

9月底，罗马传来惊人的消息。图密善驾崩，乃为家仆所弑。由于事发宫廷密室，故未发布任何公告。各种传闻风行整个罗马世界，但哈德良及其军队同僚还是还原了事情的大致轮廓。

或许在去年，皇帝的举止变得愈发乖张。他对自己的未来焦虑不安，不停地研究自己和别人的星象图，以期算出自己死亡的确切时辰。尽管已在位十五年，他仍担心或者说感到自己不是服众的君主，于是，他头脑发了昏，开始迫害身边的人。最有名的受害者当属提图斯·弗拉维乌斯·革利免，即韦帕芗的侄儿，亦是皇帝的表亲。深受赏识的革利免于公元95年担任常任执政官，并迎娶了图密善的侄女弗拉维娅·图密提拉（Flavia Domitilla）。

身为执政官，革利免一直任职至5月1日。可不久，未经任何警告，他与妻子便遭到重罪指控。据狄奥·卡西乌斯记载，"他们被控信仰无神论，很多跟犹太人扯上关系的人都是这个罪名"。[7] 所谓"跟犹太人扯上关系"，可能指革利兔等人对犹太教动了善念。一个皇室成员居然有意外族宗教，而这外族竟是弗拉维氏族血战的对手，而这个对手已被驱离故乡，这一点应该令图密善怒不可遏。不过，"跟犹太人扯上关系"，也可能指成为基督徒，因为很多罗马人都分不清基督教与犹太教。一直有传闻，说革利兔与图密提拉都是基督教皈依者。

无论其思想性质如何，但革利兔在同辈中的名声并不好，都管他叫"卑鄙无耻的懒骨头"[8]。他遭到处决，图密提拉也被流放到潘达塔利亚（Pandataria），这是坎帕尼亚海滨不远处的一个小岛，岛上有座巨大的皇室离宫（今文托泰内［Ventotene］），不少皇帝都喜欢把自己不愿待见的亲戚流放到那里。

然而，对革利兔的指控缺乏实质依据，这让图密善身边人（他的死党、元老院的"弗拉维派"、释奴和众亲戚）十分震惊，（觉得）皇帝"仅凭捕风捉影的猜测"[9]就将其除掉。如果连皇帝的亲信都遭此毒手，那谁又能幸免于难呢？

于是，有人开始密谋暗杀计划。两个主谋分别是斯特法努斯（Stephanus）——弗拉维娅·图密提拉的代理人（或称总管），以及帕尔泰尼乌斯（Parthenius）——皇帝的侍寝（cubicularius），即燕寝总管或男侍从，可以经常见到皇帝。

他们知道，最好不要单独行动。他们并不支持反对派（当然也不是斯多葛派）。他们认为，皇帝越来越靠不住，正慢慢危及他们的个人安全与帝国制度的稳定，为了元老院和上层中弗拉维集团的利益，必须除之而后快。因此，他们小心地联络朝中大员。

其中最重要的是两位禁卫军长官，提图斯·佩特罗尼乌斯·塞孔杜斯（Titus Petronius Secundus）和诺尔巴努斯（Norbanus，这是后者在史上的唯一记载，其全名不详）。禁卫军有兵力一万，均训练有素，军饷优厚，驻守罗马城内外。他们都是帝国侍卫，权力巨大，可以清除国中异己。在帕拉丁山的皇家府邸，每次都有一队禁卫军布防，士兵携带武器，但装扮与平民无二。

久而久之，禁卫军希望在皇位更替中有所作为，尤其是未提前订立继位者，群雄争霸时。公元 41 年，卡利古拉皇帝遇刺，搜查的侍卫发现其叔父克劳狄躲在皇宫帷幕之后，于是兴高采烈地把他带回城郊营地，拥立他为卡利古拉的继位者。胆小的元老院默认了军方的决定。这下一发不可收拾。从此以后，只要有机会，禁卫军都会恣意妄为。如前所见，图密善受军方力挺，禁卫军不可能同意将其废黜，故他们保持中立至关重要。两位长官同意安抚军心。

继位者应该获得广泛支持。弗拉维氏族并无合适人选，这样就给不少人留了机会。毫无疑问，帝国边陲的行省总督均蠢蠢欲动，觊觎高位，可密谋就得人不知、鬼不觉，因此不可能大张旗鼓地盘算。于是，必须赶紧找个临时替代者，既不会开辟新朝，又能当政至办法商讨出来。密谋者相信他们已经找到了合适人选。

这人就是马尔库斯·科克乌斯·涅尔瓦（Marcus Cocceius Nerva）。他正好年岁已高，膝下无子，身体抱恙。他相貌堂堂，只是鼻子大。他的健康堪忧，习惯呕出食物，而且嗜酒如命。[10]公元 35 年，他生于法律世家，父辈为共和国时期的贵族，与帝国体系的奠基氏族尤利乌斯-克劳狄沾亲带故。他是诗人，为数不多的作品享有一定赞誉。马提亚尔写道："熟悉诗人涅尔瓦作品的人都知道，涅尔瓦是当代的提布鲁斯（Tibullus，罗马最伟大的一位抒情诗人）。"[11]尼禄被称为当时最差的诗人，故这段溢美之词显然语带双关。

涅尔瓦在尼禄治下成长，但很快就变节得干干净净，成为弗拉维氏族的忠实拥趸。他喜欢安静的生活，懂得与世无争之道。他谨小慎微，能够平衡冲突各方的利益。他两次担任常任执政官，一次与韦帕芗共事，一次与图密善共事，这表明他备受尊重。从某种意义上讲，涅尔瓦是弗拉维氏族的密友。据说，他曾引诱年轻英俊的图密善。[12] 这事似乎非但没断了他的前途，反而助其步步高升。

万事俱备，只待行动。帕尔泰尼乌斯拿走了皇帝枕下的匕首。斯特法努斯几天前就佯装受伤，手臂绑了绷带，现在里面暗藏利刃。

9 月 26 日上午，图密善在法庭审完案子后，回到寝殿，准备沐浴。正在这时，斯特法努斯声称发现阴谋，要求立即求见，遂进入宫内。当时亦有一男童在场，为小神龛上的家神拉瑞斯（Lares）像准备贡品。那位释奴说道："您的死对头革利兔并没如您所愿归西，但我知道他在哪儿，他正备兵，要与您决一死战。" [13] 说着，他呈上一份证据，趁皇帝审阅之际，刺其鼠蹊。图密善疾呼男童拔出匕首，并传召侍从；但匕首仅余刃柄，而所有宫门都被堵住了。

皇帝挣扎着起身，把斯特法努斯拉倒在地，与之搏斗。他试图抓住匕首，伤指向凶手的双眼抠去，欲夺其眼球。可能是帕尔泰尼乌斯，或他的一位手下冲入室内，替斯特法努斯解了围。最终，皇帝身中七刀，一命呜呼。随后，几个不知内幕的侍从也到达现场，未及斯特法努斯解释，便将其杀掉。

在皇宫的另一个房间里，即将继位的皇帝正焦虑不安地等着。一开始，有人误传图密善还活着。涅尔瓦听后面如死灰，几不能站立，但帕尔泰尼乌斯告诉他万事毋慌。

对于哈德良，当政王朝陨落的消息需要小心解读。形势仍不明朗。埃利乌斯与乌尔皮乌斯家族从韦帕芗、提图斯、图密善那里得了不少好处。图拉真从西班牙长途跋涉至德意志，以应对萨图尔尼努斯鲁莽的叛乱。此后，他也大张旗鼓地支持当局。但有时，这种公开力挺可能适得其反。刺杀图密善是弗拉维派的内讧，但这个事实并不意味着未来会像过去一样平安繁荣。

罗马的元老很可能暗自庆祝推翻了暴君，可第二年之后，前途就难以预料了。按常理，过渡时期的皇帝本就无法稳定施政，各路诸侯很快会寻找最终的替代者。如果说以史为鉴，那么身为军团首领的各行省总督，不久便小心打量彼此，静待时机。内战再次爆发还有多久？

远在多瑙河畔要塞的哈德良审时度势，认为罗马的舆论过于乐观。图密善备受军方拥戴，大部分军团士兵，可能还有很多百长，都对他被取而代之愤怒不已。多瑙河军的部分分队（或许在下默西亚）已经有意反叛。可没有一般将士的支持，没有人出面领导，他们，或者说罗马的禁卫军也都无计可施。眼下虽天色恬静，可一场风暴即将来临。

注　释

（主要资料来源：《罗马君王传》，狄奥·卡西乌斯，小普林尼。）

［1］Pliny NH 21 20 及 83：可能是西欧甘松香（Valeriana celtica）。

［2］Pliny Pan 15 2.

［3］关于年俸，见 Speidel *passim* 及 Table 7。

［4］HA Hadr 17 8.

［5］Pliny Pan 15 5.

［6］Birley, p. 32，但与 Syme, "The Wrong Marcius Turbo," p. 91 的观点相左。

［7］Dio 67 14 1–2.

［8］Suet Dom 15 1.

［9］Ibid., 15 1.

［10］关于涅尔瓦的长相，见 Julian Caes 311A，印有他头像的钱币。他的呕吐问题见 Dio 68 1 3，酗酒问题见 Aur Vic 13 10。

［11］Mart 8 70 7–8.

［12］Suet Dom 1 1.

［13］Phil Apoll 8 25 1. 菲洛斯特拉图斯（Philostratus）所述通常并不可靠，但这里似乎例外。

第八章
皇帝之子

友善而儒雅的涅尔瓦开局出奇地好，既能与元老院协调共事，又能平息各方怨恨。他雷厉风行，断事果决。

他上任的第一把火，是扫除前朝皇帝的一切痕迹。元老院收回了原本授予图密善父亲与兄长的封神决定，代之以除忆诅咒（damnatio memoriae）*。既然暴君已殁，这是他们能施行的最严厉的惩罚。图密善的遗体没经过什么仪式便被草草处理，由其陪侍安葬到弗拉维氏族的神庙中。作为图密善个人崇拜的象征，不计其数的雕像与拱门尽遭毁掉。为填补亏空的国库，从房产到衣物，这些帝国的财产亦遭变卖。

罗马没有可以建立警察国家的官僚机构，但图密善在这方面自有一套——揭发检举，公开审判（其实就是作秀），然后要么判处死刑，要么

---

* 除忆诅咒，又译"记录抹杀刑"，意指消除特定公众人士的功迹记录，一般由元老院通过决议做出。

流放。涅尔瓦上台后，所有面临叛逆罪审判的嫌犯都被立即释放，所有流亡者都被召回。从那以后，叛逆罪罪名得以废除，一如"以犹太之法生活"的指控。换言之，弗拉维乌斯·革利免被昭雪平反了。皇帝本人宣布，永远不会判处任何元老死刑。

这些可能必要的否决举措，进一步证实了涅尔瓦的卓识远见。他用货币作为传达旨意的普及手段。以一奥里斯（aureus，价值一百塞斯特斯的金币）为例，其正面印着新皇帝的头像，背面则印着一手拿毡帽（pileus，形似半个鸡蛋，为奴隶获释时赐予），一手持王杖的自由（Liberty）拟人像，上面刻有"公众自由"几个字。[1]

其他钱币上也印有真实或渴望的功绩，这反映出当局内心的焦虑。其中一枚寓意京城五谷丰登，凸显了涅尔瓦急于笼络平民。[2] 他们为图密善的离开而拍手称快，可也需要新皇帝实实在在地保证不会令自己忍饥挨饿。还有一枚钱币图案流露出希望而非经验——紧扣的双手下，印着口号"军队和谐"[3]。军方是否会接受图密善的亡殁仍不得而知。

没有迹象表明会回到过去的共和制。就连理想至上的"高贵罗马人"也看得出，作为政府机构，多达六百人的庞大而吵闹的议事团体——元老院百弊丛生。涅尔瓦的妙计是，把弗拉维王朝的专制政治，转化为类似君主立宪的制度。皇帝保留其至高无上的权力，但被置于法律与体制惯例的约束中。主与神（dominus et deus）的日子结束了，昔日奥古斯都创造的名词"princeps"（第一公民）再次通用。曾猛烈抨击帝国暴政的塔西佗，现在不吝溢美之词：

> 的确，事实证明了我们的逆来顺受；过去，我们无拘无束，
> 可后来我们受到极端的奴役……现在，心又回来了。一开始，
> 从这个幸福时代的第一天起，涅尔瓦就化解了一直水火不容的

两样——专制与自由。[4]

新朝的最初几周，针对普通检举人的报复性诉讼屡见不鲜。一位执政官指出，遇到凡事都要求规规矩矩的皇帝已经很糟糕了，可遇到允许任何人为所欲为的皇帝就更糟糕了。涅尔瓦深以为然，遂下令终止一切类似案件。

尽管有此禁令，小普林尼认为，没有一个元老遭到起诉实在不公。他坦言："图密善一殁，我就想到，此乃伸张正义、报仇雪恨、公之于众的绝佳机会。"[5]

可他的元老院同僚并不同意。"让我们幸存者好好地活着吧！"其中一位说道。图密善治下，太多的元老不得不委曲求全，他们觉得应该既往不咎。

涅尔瓦任命了不少弗拉维王朝支持者出任高位，并无意重提过去的"血腥奴役"[6]。谨慎的遗忘使之淡出公众视线。某次小规模晚宴上的对话，堪称时局的绝佳缩影。涅尔瓦正躺着，身边是图密善最亲密的拥趸——一个有名的检举人。对话期间，甚至还加入了更知名的检举人盲人卢基乌斯·瓦勒里乌斯·卡图卢斯·墨萨利努斯（Lucius Valerius Catullus Messalinus）。此人"失明后，残酷的秉性有增无减"[7]，既是图密善的知己，又是其谋士。

"你们说，要是他现在还活着会怎么样？"涅尔瓦问。

"他会跟我们一起吃饭"，其中一个客人冷冰冰地回答。此君为斯多葛派反对者，日前刚刚结束流亡。[8]

涅尔瓦不仅能把不共戴天的敌人拉到身边共膳，还能使他们和谐共事。他的和解政策受到普遍欢迎。皇帝志得意满地说道："朕的所作所为，无非想以后离了皇位，安安稳稳地过自己的日子。"[9]

· · ·

上层阶级或许还安于现状，禁卫军可就不依不饶了。他们勉强接受了政权更迭，但图密善的亡殁仍然令其耿耿于怀。公元 97 年秋，他们压抑已久的怒火终于爆发了。

涅尔瓦让名不见经传的卡斯佩里乌斯·埃利阿努斯（Casperius Aelianus）出任新禁卫军长官（其在前朝末期担任同一职位），与顺从的佩特罗尼乌斯·塞孔杜斯搭档。事后看来，这绝非明智之举。图密善遇弑不久，佩特罗尼乌斯便立即安抚军心。卡斯佩里乌斯支持士兵，恢复了他们十二个月前失去的领导权。禁卫军占领了皇宫，逮捕了皇帝，并将其严加看管。他们要求涅尔瓦交出杀害前朝皇帝的凶手，尤其是仍在朝中供职的佩特罗尼乌斯和释奴帕尔泰尼乌斯。[10]

尽管胆战心惊，可皇帝坚决不从，还露出脖子，向逮捕者以死相逼。后来，士兵找到了目标，准备行刑。涅尔瓦听了上吐下泻，可态度依旧。他表示，自己的皇权实拜此二人所赐，与其合谋置之死地，不如自己一死了之，免得玷污了自己的皇权。可没人听他的。佩特罗尼乌斯倒是没受任何折磨，一击毙命；帕尔泰尼乌斯则不然，勒死前被断了根塞了口。

尔后，涅尔瓦被迫在公民大会发表演说，当众感谢禁卫军，"因为他们处决了最卑鄙最可耻的败类"。卡斯佩里乌斯得偿所愿，可损失难以挽回。皇帝遭到彻彻底底的羞辱，他的权威荡然无存。

涅尔瓦的处境岌岌可危，可又能怎样呢？如果他主动退位或遭到废黜，情况只会雪上加霜。继位者还尚未指定，内乱很可能一触即发。每个人都惶恐不安地想起了公元 69 年的灾难。其实，化解之道显而易见。皇帝必须找到为各方所接受的继承人。鉴于他的年龄和健康状况，加之他行事时令人称赞的速度和果断，我们有理由猜测，涅尔瓦已经有所盘算。

当一切准备就绪，皇帝便上演了一出政治好戏。一封别着月桂的信件从潘诺尼亚送至罗马，宣告了前线的胜利——很可能是图拉真战胜了日耳曼部落。[11] 皇帝自广场沿着弯弯曲曲的道路，前往卡皮托利诺山上至尊至伟者朱庇特的神庙，将月桂献于祭坛。之后，他走出神庙，高声宣布："愿洪福降临元老院、罗马民族及朕。朕将收养马尔库斯·乌尔皮乌斯·图拉真。"[12]

照理说，收养是个人行为，不会带来任何必然的政治后果。可讯息明确无疑，殷勤的元老院以恺撒的别名嘉奖图拉真。大家尊称他为"日耳曼尼库斯"（Germanicus），因为他刚刚战胜了苏维汇人。此外，皇帝还赐予其两项至关重要的皇权：一是行省总督总治权，即向行省总督发号施令的权力；一是保民官职权，即保民官提出法律，召集元老，否决元老院决议的权力。

成为涅尔瓦养子的图拉真，被尊为马尔库斯·乌尔皮乌斯·涅尔瓦·图拉真·恺撒。涅尔瓦送给养子一枚镶钻戒指，上面刻着他摘录自荷马《伊利亚特》的一句话："愿你的箭射到亚该亚人身上，为我的泪水报仇。"[13] 预言者卡尔卡斯（Calchas）在特洛伊城外，受到希腊军队的羞辱。当他恳求弓箭神阿波罗为自己报仇时，便如此祈祷。皇帝以此暗示，希望养子亦能惩罚那些折磨自己的禁卫军士兵。

与此同时，他把图拉真从潘诺尼亚调往日耳曼，在那里图拉真其实掌管两个行省。[14] 至于原因，我们不得而知，可随后发生了未记录在案的紧急事件。这很可能是图密善没收拾的摊子——或许是莱茵河远处的日耳曼部落再次骚扰，或许是对新界墙的挑战，即帝国边境的城堡链受到攻击。

对于收养一事，大家普遍感到惊讶，但也普遍同意。小普林尼写道："所有骚乱顿时不见了踪影。"[15] 升迁似乎突如其来，但图拉真的确是理性之选。身为名门望族之子，他是第二代贵绅，已证明自己是富有才干的士兵，受到战友和长官的欢迎。

据普林尼讲，图拉真勉强接受了作为涅尔瓦同僚（与涅尔瓦共同担任执政官）的任命。"你不得不面对压力。即便如此，你也只能认命，因为你看到自己的国家危如累卵，随时有倾覆的可能。"[16]

有证据表明，一直以来，就有人私下里讨论让图拉真未来执掌大权（capax imperii）的好处。塔西佗说道，他的岳丈格奈乌斯·尤利乌斯·阿格里科拉（为占领不列颠尼亚立下大功）"预言了"图拉真的元首统治，"在我们听来，这既应该祈求，又终会发生"。[17] 这里有个问题。阿格里科拉早于公元 93 年去世，那时正值图密善大肆推行恐怖统治。这类流言相当危险，对传播者如此，对谈论的对象亦如此。图拉真很幸运，流言没有传到皇帝的耳朵里。

普林尼认为，如果不收养图拉真，则会被认为是"滥用权力的暴政"[18]。这表明，涅尔瓦的双手早就给束缚起来。后来的资料也显示，狡猾而无耻的利基尼乌斯·苏拉已策划政变。换言之，收养是夺权，不是恩赐。因此，图拉真或许并不像看上去那样退居二线。

我们不可能知道事情的每个细节，但根据我们所知，并结合政治行动不变的紧迫性，我们可以还原大概情景。在图密善王朝末期人心惶惶的日子里，反对派开始私传图拉真是潜在的元首。他是卓越的士兵。大家指望他采取比图密善更咄咄逼人的姿态，而这能取悦军中大部分人。从国内角度看，他的立场不偏不倚，很可能与元老院合作，而非对其恫吓。如果他对皇位未流露出渴望，就更让人放心了。

密谋者提出让涅尔瓦而不是图拉真当权，是因为图拉真离事件中心过于遥远，而帝国体制容不得真空，即便只是短短数日，也有爆发内战的危险。禁卫军必须知道事情的来龙去脉，才可能容忍图密善的暴毙。图拉真以安全为由，滞留在自己的行省。他可能对行刺图密善的阴谋一无所知。他必须静待下次机会，赢得皇位。为保证机不再失，利基尼乌斯·苏拉充当图拉真在罗马的秘密"代理人"（事实上，我们不清楚这一时期苏拉身在何处，可若他果真如推测那样，要照顾图拉真的利益，那么唯有在京城，他才能事半功倍）。

不考虑未知的政治健康，涅尔瓦也知道，自己已老态龙钟，而且应该思考继位之事。图拉真在罗马或朝廷里，有很多能呼风唤雨的朋友为他说话。公元 97 年的七位候补执政官中，至少五位与他或友或亲，一些还是西班牙老乡。其中一位叫提图斯·阿里乌斯·安东尼努斯（Titus Arrius Antoninus），是个坚守传统道义的富豪：涅尔瓦登基时，他祝贺元老院，祝贺罗马人民，却没祝贺皇帝，因为统治的担子太重了。[19]

当收养消息传到下默西亚那位年轻的军事保民官耳朵里，他立刻意识到，自己的生命走到了转折点。哈德良信奉占星术，深知数字的魔力（占星师的另一个称呼就是"数学家"［mathematicus］）。他清楚，到了二十一岁，自己会遇到人生第二次转折，他的命运将发生巨大变化，身体与精神都会改变，甚至可能因此惹来杀身之祸。据说，人到七岁会发生第一次转折，之后年龄每逢七的倍数也会出现（据信这个数带有特殊功效）。最大的转折点出现在六十三岁，安然无恙度过这个坎，可是不小的成就。奥古斯都一过六十四岁，便长舒了口气。（有趣的是，七年一转折的观念一直流传下来。按现代的说法，人七岁知理，而在很多国家，至今仍以二十一岁为成年。）

哈德良与罗马下一位皇帝的亲缘关系，意味着他突然之间成了至关重要的年轻人。图拉真与普洛蒂娜已结婚近二十年，可两人一直没有子嗣。如此一来，哈德良之重要不言而喻。图拉真与妻子彼此相爱，忠贞不渝，可还是到别处寻找床笫之乐。眼下，谁都看得出，子嗣的事恐怕没着落了。身为监护人，图拉真对哈德良视如己出。在公共生活中，敏感的人对此都心知肚明。

面对未来，哈德良自然喜不自胜，可他仍希望确保万无一失。我们还记得，多年以前，当他到访西班牙时，其叔祖曾有过预言；这时，他很可能找了下默西亚的某"数学家"再次求证。对方也重复了同样的美妙故事。自此以后，图拉真知道，自己即将成为风云人物。

下默西亚的军团请哈德良代其向新获赠"恺撒"别号的图拉真贺喜。这项差事正可委托军事保民官，但肯定也契合哈德良的本意——他与图拉真联合得越早，就越方便评估并提高自己的个人利益，出任朝廷要职。于是，他踏上了漫长而艰难的旅程。向上游进发，穿过多瑙河沿线人烟稀少、峰峦叠嶂的行省——上默西亚、潘诺尼亚、诺里库姆、莱提亚（今匈牙利、奥地利、瑞士），他来到并穿过了莱茵河与上日耳曼尼亚（为下日耳曼尼亚上游，故得名）。最终，在 11 月底或 12 月初，他抵达了下日耳曼尼亚首府科隆尼亚（今科隆），宽阔的莱茵河尽收眼底。公元97—98 年，图拉真选择来此过冬。

出于某种原因，图拉真并不打算把哈德良留在身边，于是将其派往临近的上日耳曼尼亚，史无前例地第三次出任军事保民官。[20] 哈德良加入了驻守摩贡提亚库姆（今美因茨［Mainz］）的第二十二初创军团（公元 39 年卡利古拉侵略不列颠未遂时创建的新军团）。这座要塞城镇位于莱茵河上游与多瑙河源头之间危险的凹角处，那里的黑森林有如楔子，钉入高卢东部。图密善的堡垒界墙横跨楔子东部宽阔的尽头，防止日耳曼人入侵。与初创军团一同留守于此的，还有驻地在阿尔根托拉特（Argentoratē，今斯特拉斯堡［Strasbourg］）的另一军团。二者随时抵御深入界墙的任何敌对势力。在这里，哈德良亲自察看了新的边防体系，并且留下了深刻印象。[21]

我们不清楚，让哈德良第三次出任军事保民官，究竟是由于哈德良的军事技能日益精进，而给他机会继续锤炼，还是由于他举止鲁莽，以此惩戒。可以肯定的是，他没给时任行省总督卢基乌斯·尤利乌斯·塞尔维利乌斯·乌尔苏斯·塞尔维阿努斯（Lucius Julius Servilius Ursus

Servianus）留下什么好感。这位总督生于公元 47 年，是罗马西班牙人的领袖，娶了哈德良的姐姐图密提娅·保琳娜。他很可能早年丧妻（据推测，他的发妻死于公元 90 年的瘟疫，狄奥认为此乃蓄意投毒所致）。他与保琳娜大概于此时成婚，那年他已四十出头，而后者年届十五。

塞尔维阿努斯想必与妻子关系亲密，可对内弟就没花心思了。两人在摩贡提亚库姆就闹过不快，塞尔维阿努斯还向图拉真抱怨过哈德良。他揭发了"哈德良四处举债又铺张浪费"[22]。图拉真听了勃然大怒，还想起哈德良在贝提卡的种种不负责任之举。[23] 他该学学自律了吧！

在边陲要塞，想铺张浪费的确不容易。不过，哈德良的狩猎瘾很大，很可能买了名贵的猎犬和马匹，亦可能靠赌博打发时间。莱茵河东部不远的阿夸伊温泉（Aquae Mattiacae），也是放松的好去处——泉水富含钙质，温度极高，最让人称道的是可恒温三日。[24] 浴堂自然少不了助性者，故洗浴又是一大笔开销。

所幸，总督与保民官之间并未僵持太久。2 月初，邮差来到摩贡提亚库姆，带来涅尔瓦暴毙的消息。皇帝对某臭名昭著的检举人怒不可遏，为此声嘶力竭，大汗淋漓，旋即高烧不退，终于 1 月 28 日驾崩，享年六十三岁——临人生大坎而终未过。

纵观其一生，涅尔瓦大多以个人利益为先，道德准则为后，但他懂得常识，深知维持帝国体制之所需。对于缺乏信念者，他能宽容待之——在图密善掌权二十年后，这一品质实难能可贵。

哈德良明白，时机已到。[25] 只要他能跋涉八十多英里，率先到科隆尼亚，将这个消息禀报图拉真，或许就能让其收回成命。于是，他立即动身。一开始，一路顺畅，可后来马车散了架。显然，车毁绝非偶然。据《罗马君王传》记载（很可能取材于哈德良已佚自传），塞尔维阿努斯早已洞察其计划，故对车子动了手脚。这位军事保民官无所畏惧，继续步行，没多久便找到了可用马匹，最终先于塞尔维阿努斯的信使抵达目的地。

正如哈德良所期望，此举令图拉真大悦，两人的关系也有了改善。

　　学徒岁月终于结束。埃利乌斯家族这位年轻人的命运，与乌尔皮乌斯家族这位四十四岁的族人牢不可破地连在了一起。西班牙移民到达了权力的巅峰。哈德良成了新皇帝最亲密的男性亲属。事已至此，无可改变。图拉真坚称，哈德良不是养子或子嗣。不过，他现在的确成了帝国中炙手可热的大人物。

注　释

（主要资料来源：狄奥·卡西乌斯，小普林尼，以及《罗马君王传》。）

[1] BMC III p. 3 16.

[2] Ibid., p. 21 115.

[3] Ibid., p. 4, 25ff.

[4] Tac Agric 2 3, 3 1.

[5] 关于此事及引文，见 Pliny Ep 9 13。

[6] Pliny Ep 9 13 16.

[7] Ibid., 4 22 5.

[8] Ibid., 4 22 4−5.

[9] Dio 68 3 1.

[10] 关于此事，见 Dio 68 3 3–4，Ep de Caes 12 7–8。

[11] 若我的推测有误，图拉真当时正掌管上或下日耳曼行省，那么这场胜利应归功于他人。可如此一来，小普林尼的 Pan 7–8 2 就显得相当蹊跷。他表示，潘诺尼亚的胜利标志着"战无不胜的统治者（即图拉真）之崛起"。这话若非指图拉真的军事胜利，那就毫无意义。

［12］Dio 68 3 4.

［13］Homer Il 1 42.

［14］关于图拉真的职位及调动，我主要参考了 Bennett, pp. 44-50。

［15］Pliny Pan 8 5.

［16］Ibid., 5 6.

［17］Tac Agric 44 5.

［18］Pliny Pan 7 6.

［19］Ep de Caes 12 3.

［20］只有一次得到了证实：见 Birley, p. 37。

［21］从哈德良后来提出的界墙原则可推知。

［22］HA Hadr 2 6.

［23］拉丁原文为"odium in eum movit"（让图拉真对哈德良产生了憎恶）。
　　　其中"movit"暗指目的。

［24］Pliny NH 31 17.

［25］哈德良长途跋涉至科隆尼亚的内容，见 HA Hadr 2 6。

第九章
"最佳元首"

图拉真发小的家庭教师曾带头阴谋造反，哈德良不幸沦为这一阴谋的牺牲品（由于文本中的一处空白，我们不清楚具体是何种问题）。尽管如此，他还是成了新皇帝的宠儿。据推测，皇帝的身边人不喜欢这位注定要建立新权力基础的新来客。

哈德良再次尝试占卜。这回他使用的是维吉尔签（Virgilianae Sortes）。在该游戏中，玩家要从维吉尔的《埃涅阿斯纪》中任选一句话；它往往能产生暗示或预示性的结果。哈德良的签出自史诗第六卷：

> 那边那个人头戴橄榄枝，手捧圣器，他是谁啊？从他的
> 头发和雪白的胡须，我认出他是努玛，他是罗马王，他出生于
> 小小的库列斯贫瘠的土地，但将被召来掌握大权，是他第一次

给罗马城奠定了合法的基础。[1]*

维吉尔的这段文字指的是罗马的先王之一努玛·蓬皮利乌斯（Numa Pompilius）。据说，他继承了伟大的罗慕路斯的王位。他一心向神，生活简朴，在位期间国泰民安，还制定了罗马城的第一部法律。

这则轶事的真实性如何几不可考。不过，这倒很符合哈德良一直以来的敏锐洞察力和毕生对法律的痴迷。它或许出自哈德良散佚的自传。虽然引文的意指鲜明，但的确跟哈德良的情况没有值得称道的联系，无法佐证其真实可靠。

哈德良重新获宠，不仅因为他从摩贡提亚库姆纵马飞驰至科隆尼亚。此外，他亦从晋升中获益：利基尼乌斯·苏拉个人对他很有好感（至于程度如何，我们不得而知），并向皇帝建言，对其予以重用。

皇帝身边有很多女性，她们自打哈德良幼年就认识他了，有可能是在图拉真成为其监护人之前，也可能是之后。哈德良与皇后普洛蒂娜是莫逆之交。他还非常喜欢萨洛尼娜·玛提狄娅（Salonina Matidia），即图拉真挚爱的姐姐乌尔皮娅·玛尔基娅娜（Ulpia Marciana）的女儿。在丈夫于公元78年去世后，玛尔基娅娜便搬来跟图拉真伉俪同住。她守寡没几年，玛提狄娅也搬了过来。这个家庭的女性相亲相爱，图拉真的福祉是她们的头等大事。

此时，普洛蒂娜大概三十五岁。[2] 她生于纳博讷省（Narbonensis，朗格多克[Languedoc]与普罗旺斯[Provence]）的奈毛苏斯（Nemausus，今尼姆[Nîmes]）。她热衷伊壁鸠鲁的思想，这从其平静而积极的性格

---

* 译文见〔古罗马〕维吉尔《埃涅阿斯纪》，杨周翰译，南京：译林出版社，1999年，第168页。

可见一斑。伊壁鸠鲁认为，神明遥不可及，并无大用。死亡是身体与灵魂的终点，故不必恐惧死后的报应。凭借善良和友情，凭借适度的饮食（虽然并无禁忌），可以过上幸福安宁的生活。

玛提狄娅三十岁上下，与第一任丈夫生了两个女儿，其中一个叫维比娅·萨比娜，年方十三，已到适婚年龄。丈夫去世后，玛提狄娅改嫁两次，又接连生了两个女儿。不幸的是，后来的两个丈夫也都先后离世。自此，玛提狄娅便没有再婚。她经常与舅父同游，显然也会给他提供治国理政的建议。

这几位女性的官方塑像有些死板和沉重，尽管玛尔基娅娜的看起来比较生动而有灵性。一般而言，钱币上的人物越逼真越好——某第纳尔银币上的玛提狄娅，长着鹰钩鼻，苹果脸，带点双下巴；某塞斯特斯上的普洛蒂娜，轮廓似鸟，脸颊同样圆圆的。

确保自己在朝中的职位后，哈德良获得目睹政坛风云变幻的绝佳机会。新皇帝展示了何为刚柔相济，而哈德良在这几个月也是收获良多。

图拉真知道，自己的权力最终还要倚赖军队。幸而，他在军中德高望重，这意味着，他赢得了军团的效忠，而不必像其他皇帝那样，在继位伊始靠嘉奖或赏赐来收买人心。元老院势力孱弱，虽说他能为所欲为，但他还是以和为贵。他的目的是稳定政局。据他说，当政之前，他做了个梦，恰好表现出其有意礼贤下士。按照狄奥的说法："图拉真梦见一个老人，身着紫边托加袍，头戴皇冠（就像画中的元老院形象），用戒指印了个印，先在他脖子左边，然后是右边。"[3]

继位后，图拉真立即亲笔致信元老院。除了一系列事情，他还许诺，"自己绝不会杀害好人，也不会剥夺好人的权利。他不仅当即立誓，而且后来又再次重申"[4]。此乃重复涅尔瓦的誓言，而所谓"好人"，言外之意，自己保证不会迫害元老。这是君主立宪制的主张，亦是法规。

　　然而，羞辱先皇者**仍**难逃一死。图拉真急召禁卫军长官卡斯佩里乌斯·埃利阿努斯及其党羽，陪自己前往日耳曼尼亚。卡斯佩里乌斯如期来到科隆尼亚，以为当今皇帝给自己派了新差，孰料却等来了身首异处，卡斯佩里乌斯及其党羽悉数覆灭。涅尔瓦的"泪水"得到了回报。皇帝选任了新长官。身为御前侍卫，皇帝身边唯此人可佩带武器。任免仪式上，图拉真将宝剑交给他，并说了如下名言："朕已将此器授予禁卫军长官，如出于公众利益之需，卿可以此违抗朕。"[5]

　　此外，图拉真还更进一步，决定彻底切断禁卫军对其雇主的钳制。此事殊为不易，而他也早有预料，但他还是找到了反制之道，即建立一支新武装"御用骑兵队"（equites singulares Augusti），专门负责保护皇帝的个人安全。骑兵队成员从巴塔维亚人中征召。这是生活在莱茵河畔及沙洲上的日耳曼部落，在罗马人的激励下，变得骁勇善战。有人相信，"Batavi"源于西日耳曼的"beter"，意思是"更好的或更优秀的人"。

　　皇帝并不急着返回罗马。他在日耳曼前线逗留了时日。或许他正筹划针对蛮族的战事？在此期间，塔西佗描写了"一段（图密善）佯装征服日耳曼尼亚的荒唐事。彼时，图密善购买奴隶，让其打扮得像战俘"[6]。罗马皇帝中，并非只有他渴望真正战胜莱茵河对岸未有驯顺的部落。不过，皇帝移驾至多瑙河前线，开展视察工作。毫无疑问，哈德良必不离皇帝左右，因为他最近刚刚亲自体验默西亚的环境。达契亚大有东山再起之势，罗马向达契亚国王得克巴卢斯缴纳巨额定期补贴，此事难以容忍。

　　继位之初便发动大规模战争为时尚早，但周密部署并不早。希腊旅行家，即演说家兼史学家"金嘴"狄翁（Dio Chrysostom），此时穿越了这一地区，并记录了某军团驻地的主要军事准备。

　　到处是刀剑、胸甲、长矛，还有数不胜数的马匹、武器

以及整装待发的军人……他们都要与为自由为故土而战的对手
一争高下。[7]

狄翁曾去过达契亚，支持其扩张。可图拉真不以为然，明察入微的人都
知道，他决定先下手为强。很可能在这次访问期间，他下令于多瑙河远
处修建要塞，开凿运河，缓解水流的急势。然而，他投身战事之前，本
土还有紧急要务亟待解决。

最终，公元 99 年 9 月或 10 月，即继位近两年后，图拉真首次回到
帝国的京城。从前线返回的路上，他的举动俨然微服私访。普通座驾征
用自国家驿政系统，皇帝的落脚处也没花什么心思，随行人员的伙食全
都一致。他步行入城。这一切均经过精心考量，收效甚佳。

元老院全体出动，在城门外恭候皇帝大驾。皇帝见了每个元老，并
一视同仁地予以吻礼。参访涅尔瓦宣布收养决定的卡皮托利诺山之后，
他穿过罗马广场，来到帕拉丁山上的双体皇家宅邸——那里一度是吃罗
马焗烤菜肴（gratin）的好去处，但现在被没收成为政务中心。

宅邸的第一部分为提比略公馆（Domus Tiberiana，提比略是罗马第
二位皇帝，该建筑的第一位主人），那里能俯瞰罗马广场，几乎使之黯
然失色。公馆曾遭遇火灾，后图密善下令大规模重建。新公馆宛如让人
辨不清方向的迷宫，凉廊、柱廊随处可见，在阳台和亭子旁更有隐藏的
绿地（现在大部分属于法尔内塞花园［Farnese Gardens］）。皇室档案便
保存于此。

提比略公馆曲屈壮丽，但也只是另一幢更加宏伟建筑的入口和附属。
该建筑受图密善之命建造，在其驾崩前数年方竣工。建筑的公共区域——
弗拉维公馆（Domus Flavia）以一系列宽敞的觐见室为主。圆柱以彩色
大理石制成，地板与墙壁为大理石饰面，拱形天花板画了壁画。宴会厅

相当开阔，足以容纳所有元老院成员。对面是花园，园中的庭院雄伟庄严，带顶柱廊环绕四周。毗邻的奥古斯都公馆（Domus Augustana，不要与山上另一处奥古斯都陋室相混）内有私人房间。公馆正下方即马克西穆斯竞技场。

图拉真与普洛蒂娜步入这座飞扬跋扈的大理石宅邸，"举手投足却依旧谦和，仿佛回到自己的私宅"。进门前，皇后转过身来宣布："本宫来此，无意多求，唯愿日后，遂心别离。"[8]她的确信守诺言，深居简出，其生活方式很少甚至根本没有招致任何批评。

虽然涅尔瓦继位之初杀掉了很多检举人，但他反对罪上加罪。图拉真则不留情面（尽管他有意放过元老院中的大佬）。在登基大典上，他没有公开处决犯人，而是代之以前所未有的大场面——将检举人游街示众。某看客写道：

> 没有什么比这更受欢迎了。看着我们脚下的检举人，被迫扭头，让我们盯着，在这个年代，还有什么比这更让人舒心畅快的。[9]

当局认为他们寡廉鲜耻，没资格被处决或战死角斗场。于是，他们被成群赶上船，拉到据信能死无全尸的海域。即便有人逃过此劫，也已经失去家园和财产。总之，不管离世者还是在世者，没人想再听说他们。"让他们滚蛋！"[10]这是最大快人心的判决。

公元100年9月1日，小普林尼出任候补执政官。他在元老院发表演说，感谢皇帝的任命。哈德良当时很可能也在场，果真如此，想必他会昏昏欲睡，因为演说者喋喋不休，赞歌唱起来没完没了。即便他错过这场表演，很快便有书弥补缺憾。普林尼在修订并大幅度扩充后，发表了这篇演说。在该版本中，《颂歌》（题名如此）若说完，要花六小时之久，足以考验脾气最好的皇帝的耐心。

　　普林尼组织了一场公开诵读会。他故意没有发放正式请柬，而只让大家有空顺便来访。他有不少时间充裕、性子又好的朋友，因为他的宅邸很阔气。公演结束后，他自豪地致信某人道：

> 天气……相当糟糕，诵读会进行了两天——大家都觉得公演要结束，却坚持让我表演第三场。[11]

宅心仁厚又有点自恋的普林尼，很欣赏"我的观众的批判意识"[12]。

　　尽管枯燥冗长，《颂歌》无疑标志着罗马帝国统治的重要转折点。普林尼吹捧得可能有些过火，可他的确是真心实意。他恰恰预言了斯多葛派反对者的没落——眼下该派已告别历史舞台。涅尔瓦与图拉真的成就在于，平息了皇帝与元老院、朝廷与政治阶层之间的纷争。

　　普林尼以下的话说出了大家的心声：

> 世易时移，我们的演说应该表明这点……不论何时，我们都不可把（图拉真）奉若神明。我们谈论的是同胞，不是僭主。他是我们的父亲，不是我们的主子。他与你我同列。[13]

"与你我同列"明显反映出元老院对公民皇帝（citizen-emperor）的渴望。

　　在小普林尼出任执政官当年，哈德良的仕途更进一步。12月初，即《颂歌》发表数月之后，他受命担任财政官（共二十名），于是顺理成章地进入元老院。他即将年满二十五岁（至公元101年1月24日），达到该职位所需的最低年龄要求（奥古斯都更改前为三十岁）。一般来说，皇帝往往会为皇亲国戚破例，但对于自己过去的被监护人，图拉真并没有给予特别的照顾。不过，哈德良有幸成为两位候补元首（candidati principis）之一，其主要职责是在元老院宣读图拉真的诏书。此外，他还负责《元老院纪事》（acta Senatūs）。

哈德良首次代表图拉真便出了洋相。据《罗马君王传》记载，当他宣读皇帝的某次致辞时，"粗俗的乡音……遭到嘲笑"[14]。这让他大受震动。于是，他立即刻苦学习拉丁语发音，最终做到了字正腔圆，脱口而出。所谓外省口音，很可能指哈德良的西班牙口音。不过，他在贝提卡的时间很短；有些学者认为，由于常年在军队任职，他从百长和其他军官那里，学会了非意大利的演说模式。[15]可哈德良在军队一共才待了四五年。所以，比较可能的情况是，他童年时受自家人以及住在罗马和提布尔的贝提卡人潜移默化的影响，而染上西班牙口音。另外，身为希腊文化的狂热追随者，他的希腊语想必比拉丁语讲得多。

眼下，哈德良已成为元老，应该获得了两项额外的荣誉，使其威望日增，并稍稍有别于同辈。这两项荣誉还令他直接接触罗马宗教仪式。对于这个骨子里向往迷狂和属灵事物的人，该仪式乏味至极，毫无魅力可言。

七人团（septemviri）出了两个空缺，亟待填补。这是罗马四大宗教团体之一的神宴团（college of epulones）。四大宗教团体中等级最高的为司祭团（pontifices），由担任大司祭的皇帝统领。该团体负责设立每年的神圣日或节日，以及工作日，并保管正史。地位次之的是鸟卜团（augures），负责通过鸟的飞行来解读神意。再次之的是十五人团（quindecemviri），负责守卫《先知神谕集》（Sibylline Books/Oracles），每逢重大危机，罗马人都会奉询里面的神谕。

处于末位的神宴团成立于公元前196年，负责在节庆和盛会期间安排公共宴席。要迎合大众的口味绝非易事，更何况此项工作具有重要的政治意味。在免费发放粮食和配有巨额补贴之外，举办宴席是锦上添花。

　　哈德良的第二个宗教职务，是奥古斯都二十一人司祭团成员（sodales Augustales）。他们负责敬奉神祇奥古斯都（后来的皇帝驾崩后，只要元老院同意为其封神，也会得到类似司祭的敬奉）。幸运的是，哈德良及其同僚其实身负要务，不必把精力花到耗时的献祭和仪式上；他们似乎代行主祭（flamines）之职。

　　哈德良的个人生活也顺风顺水。他到了娶妻的年龄。这事可得盘算盘算，毕竟罗马人很少为爱联姻。婚姻（至少在上流阶层）是资产转移的手段。富有的氏族借此与其他氏族达成双赢的联盟；无论经济还是政治交易，也可通过指派婚事来敲定。

　　当然，哈德良已丧父多年，他的监护人在其成年之前，充分行使了父权（patria potestas）。不过，罗马法律认为，刚成年者，尤其是拥有资产者，涉世未深，为防止其受骗或挥霍，他们必须继续受到监护，直至年满二十五岁。因此，图拉真与阿提阿努斯仍不离哈德良左右，不过管束比较宽松了。还有几个月哈德良就能彻底独立了。他们很可能决定，趁着自己余威尚存，该尽快为其谈一门好婚事。

　　事后看来，对哈德良影响最大的不是皇帝，而是他身边的女性（或许得到苏拉的支持）。普洛蒂娜尽己所能，为哈德良的事业保驾护航。有人说普洛蒂娜爱上了哈德良，设若如此，两人必定有过肉体关系。[16]可对于床笫之事，哈德良好男不好女，[17]而普洛蒂娜之贞洁，亦世所公认。皇后主张，这位与图拉真最亲密的男性亲属应该与乌尔皮乌斯氏族联姻。目标落到哈德良挚爱的玛提狄娅之女萨比娜身上。图拉真对哈德良始终做两手考量。这次也不例外，但他开了绿灯，也许想保证家族内部的和睦。

　　哈德良与萨比娜可能先订了婚。婚约拟好后，由两人亲自署名，如此一来，除非双方同意取消，婚约将一直受到法律保障。哈德良为萨比娜买了些礼物，还送给她一枚黄金或镀金戒指，萨比娜跟我们今天一样，将其戴到无名指上。据奥卢斯·盖利乌斯（Aulus Gellius）说，这根手指有一特殊之处——手指中有一根敏感的神经直接与内心相连。[18]

婚礼应该是在玛提狄娅与萨比娜居住的皇宫举行的，在众人的见证下，他们简单地发表誓言，彼此愿共结连理。一个私人占卜家（auspex）研究了献祭动物的内脏，确认意头可喜。随后，新郎新娘互致誓言："盖乌斯，我愿今生今世做你的盖娅。""盖娅，我愿今生今世做你的盖乌斯。"（Ubi tu Gaius, ego Gaia. Ubi tu Gaia, ego Gaius.）

晚上，萨比娜一身橘黄，戴着鲜红的面纱，哈德良抓住她，佯装绑架。然后，在亲朋好友的簇拥下，他把萨比娜带回家。送亲队伍由笛子手打头阵，持火把者紧随其后。大家唱起淫词艳曲。哈德良把萨比娜抱过新房的门槛，送到婚床上；接着揭开她的面纱，开始为其宽衣解带。至此婚庆方告结束。

在新郎看来，这是门当户对的亲事，乌尔皮乌斯家族与埃利乌斯家族想必都赞同亲上加亲。至于萨比娜，我们不知道她是否满意，但有一点可以肯定。对很多妙龄少女而言，新婚之夜落红，与成年男性不断交媾，无疑是痛苦而生厌的。幸亏哈德良品味独特，萨比娜不必为此大吃苦头，她未有身孕就表明，哈德良让她独守空房了。另一桩名存实亡的婚姻（mariage blanc）呼之欲出。

萨比娜也（或几年后将）受益于帝国日益流行的婚姻形式。过去，妻子要么完全受丈夫摆布（cum manu）；要么仍然受父亲的管束（sine manu），换言之，不必听命于丈夫。现在，妇女婚后仍普遍受限于父权。尽管这意味着名义上她们要向父亲或指定监护人负责，但实际上她们可以独立行事，对自己的财产也可自己做主。奥古斯都规定，生养三个或以上子女的女性不需要请家庭教师，从此以后，监护制度便逐渐消亡。

我们对萨比娜的品性所知甚少；从帝国境内发现的铭文看，她是个女富豪。[19] 她在罗马拥有一座公馆，根据写有大量释奴的档案可知，该房产很庞大。年纪轻轻，萨比娜便为她的本地青年资助计划（见本书第138—139页），慷慨捐献了十万塞斯特斯。

　　女性如何能洁身自好，乐在其中，并成为丈夫的挚友，普洛蒂娜堪称这方面的好榜样。不过，萨比娜没有效仿，而且从不对哈德良热情相待。哈德良亦然。古人并未说明原因，想来他们也不得其解。无论如何，哈德良与萨比娜的母亲玛提狄娅过从甚密，肯定令她难以接受。在她眼里，这是一场三人婚姻。正如多年前某王妃所言，"有点太挤了"[20]。

注　释

（主要资料来源：小普林尼和狄奥·卡西乌斯。）

［1］Virg Aen 6 808-812.

［2］这里从 Bennett, p. 24，即图拉真于公元78年迎娶普洛蒂娜。跟多数罗马少女一样，结婚时她年龄在十三至十五岁。

［3］Dio 68 5 1.

［4］Dio 68 5 2.

［5］Pliny Pan 67 8.

［6］Tac Agric 39 1.

［7］Dio Chrys 12 16-20.

［8］Dio 68 5 5.

［9］Pliny Pan 34 3-4.

［10］Ibid., 34 5.

［11］Pliny Ep 3 18 4.

［12］Ibid., 18 8.

［13］Pliny Pan 2 3-4.

［14］HA Hadr 3 1.

［15］Birley, p. 46.

［16］Dio 69 1 2.

［17］这只是推测，但所有关于哈德良生平的史料均偏向于此。在本书第 256—261 页，我还有进一步讨论。

［18］Aul Gell 10 10.

［19］Opper, p. 204.

［20］见 1995 年 11 月 21 日英国广播公司（BBC）《全景》（*Panorama*）栏目对威尔士王妃戴安娜的采访。

第十章

跨越多瑙

盘踞老巢的得克巴卢斯国王自以为胜券在握，不管怎么看，罗马人都会成为手下败将。毕竟，自己的优势太多了。

其一，当地多山，外人难以长驱直入。达契亚王国的腹地是特兰西瓦尼亚盆地；盆地大多处于多瑙河北部喀尔巴阡山的环抱之中。山地海拔从近四千英尺到八千多英尺不等，且植被极其茂密。山中生活着大量棕熊、狼和山猫，即便如今，当地的植物种类依然超过全欧总量的三分之一。

其二，达契亚人注重防御。崇山峻岭间修筑了六座大型要塞，其防御土墙正是独一无二的达契亚墙（murus Dacicus）。墙体主要为木材加固的瓦砾，外面又包裹着厚厚的砖石贴面。木制设计增加了墙体的弹性，使之可抵御攻城槌的撞击。达契亚人还修建了长方形的希腊式发射塔，上面部署的弓箭手和投射装置（这项技术拜图密善所赐），可予以侧面的火力支援。

最大的要塞当属矗立在近四千英尺高悬崖上的萨尔米泽格图萨（其

外部遗址见于罗马尼亚的奥勒什蒂耶山）。该要塞呈四边形，以巨石建造，下方为五层台地。旁边为两座圣殿，分别呈圆形和长方形，内有成排的木制圆柱，象征树林，上面挂着献给神祇的祭品。百姓在要塞外居住——另有十层台地修建了民居、工匠作坊、粮仓、货栈、渡槽、水箱和管道。路面也铺设得整整齐齐，并设有排水系统。

达契亚人拥有自己引以为豪的文明。他们的土地矿产丰富，金属加工技术首屈一指。他们同希腊世界通商，进口陶器、橄榄油、葡萄酒，或许双方还存在奴隶贸易。与邻国相比，他们的生活水平更高，思想也更富足。

在军事方面，达契亚人几无优势可言。不同于罗马军团，除了一支"长发团"（comati），达契亚缺少常规军。他们倚赖庄稼收获后征收的年税，故限制了军队战备的时间。酋长和勇士（达契亚的贵族）能靠盔甲自卫，身着布衣的平民百姓却只能以椭圆盾牌御敌。他们征战时，吹着猪头喇叭，打着自己的龙旗（draco，一种彩色的袋状风标）。他们的主要武器是勾刀（falx），一种可怕的弯刀，用于砍削而非戳刺。不难想象，达契亚人打仗时可谓声势骇人。

公元 101 年 3 月 25 日，一伙头戴怪帽的人聚集在罗马的卡皮托利诺山。他们便是古代会社谷神司祭团（fratres arvales）成员。他们的帽檐为白色，上面托着谷穗扎成的帽环，正与其身份相得益彰。该团体为罗马第二位传奇国王努玛·蓬皮利乌斯所创建，至共和时代晚期逐渐销声匿迹，但又经最尚古的皇帝奥古斯都重获新生。

司祭团共十二名成员，此时他们都是罗马最德高望重的人物。其中不乏前任执政官，有一位履职期间正逢图密善遇弑，故很可能参与了那场阴谋。他们都是身经百战的政坛老手，亦即继位皇帝涅尔瓦喜欢的座上宾。

谷神司祭团的任务是敬拜古老的丰收女神（Dea Dia，有人认为，她就是伊特鲁立亚神阿卡·拉兰提娅［Acca Larentia］，罗慕路斯的养母）。他们在 5 月的谷神节（Ambarvalia）为其庆祝。

社会各界也会献上更时髦更易理解的感恩礼。而此时，只有六名司祭出席。身为司祭，皇帝无法履行职责，并为此致歉。这是因为当天他要离开罗马，亲征达契亚。司祭团成员祝其好运。

> 哦，至尊至伟者朱庇特，我们公开恳求并祈求您大发善心，保佑皇帝平安无事，班师回朝……保佑他安然无恙，尽早回到罗马城。[1]

图拉真执政伊始极可能下定决心，解除得克巴卢斯的威胁，因为继位前，他先到访多瑙河沿岸的行省，然后才回到罗马。不过，攻打达契亚风险极高，故不难体会到司祭团祝词背后的忐忑。无论如何，过去的交锋均告失败，将帅遭难，士兵伤亡惨重或者（甚至）全军覆没。

新皇帝出征出于两个难得的原因——一个特殊，一个普通。首先，得克巴卢斯野心勃勃，有意开疆拓土，这威胁了帝国边境的稳定；其次，图拉真跟奥古斯都一样察觉到，激进的外部政策能巩固国内的专制统治。

换言之，精心策划，厉兵秣马，乃成功之要诀。图拉真钦佩古代世界的伟大征服者亚历山大大帝。虽然这位马其顿人以骁勇善战、所向披靡著称，但图拉真清楚他连战连捷的秘密。亚历山大是后勤大师；他十分重视补给线，深知军队乘胜进入敌腹必须保障后方安全。

多瑙河是连接军队与补给的重要通道。然而，有些地方水势湍急，无法通过。因此，罗马人沿河道支流挖了一条或多条可以通航的水道。如今，有人发现了这项宏图大业的遗迹。

图拉真下令横跨多瑙河，在莱德拉塔（Lederata，今贝尔格莱德东部科斯托拉茨村［Kostolac］附近）和波诺尼亚（Bononia，今保加利亚的维丁［Vidin］）两地固定船只，搭设两座临时大桥。罗马军团可以通过这些大桥，进入达契亚的崇山峻岭。

不过，为尽量做到万无一失，皇帝必须想方设法，打造可靠的水上通道。这事说来容易做来难，因为到了所谓的奥尔索瓦铁门（Iron Gates of Orsova），多瑙河就变成峭壁林立的峡谷。在峭壁的南部（或默西亚一侧），罗马人硬是打通岩石，开辟出一条长达十二英里的纤路。他们把木梁夯入水中的岩石，然后在上面铺上悬臂平板拓宽路面。军团工程师的这项壮举至今依然可见。

图拉真也为自己的成就而骄傲，公元 100 年的一块还愿铭文明确记录了这点。

凯旋将军恺撒（Imperator Caesar），封神的涅尔瓦之子，涅尔瓦·图拉真·奥古斯都·日耳曼尼库斯，大祭司，四任保民官，国父，三任执政官，开山立臂，修得此路。[2]

一年后的另一块铭文也豪迈地写道："有鉴于水势湍急之多险，（图拉真）引流改道，遂使航行多瑙，去危为安。"[3]

所有这些准备——更不消说重整并加强多瑙河北部现有的军事基地，兴建营房，增加冬季恶劣天气下港口的应对能力——耗时已久，或许长达两三年。最后，罗马人在默西亚集结了庞大的兵力（帝国三十个军团中的九个）。此外，还有几乎同等数量的辅助部队，包括骑兵（将抗击令人闻风丧胆的达契亚重装骑兵［cataphracts］）、十支弓箭团以及半开化的辛马卡利乌斯人（symmacharii）——在无法开展阵地战的崎岖之地，他们是核心兵力。

士兵从帝国各地征召而来，如西班牙人、布立吞人，还有一支强悍的摩尔骑兵队，领兵者是毛里塔尼亚（大约位于今摩洛哥）某部落酋长之子卢西乌斯·奎埃图斯（Lusius Quietus），他从北非自由的柏柏尔部落集结了自己的免冠骑兵队——他们骑马时不用马鞍和缰绳，可以边骑边用轻标枪杀敌。奎埃图斯是出类拔萃的首领，亦是臭名昭著的无赖，曾因龌龊之行遭解职，但现在因勇猛果敢而获得原谅。[4] 总而言之，部署在默西亚的士兵数量可谓史无前例。罗马人有充足兵力保卫多瑙河沿岸行省，保障补给线安全，亦有超过五万士兵冲锋陷阵。身为指挥官，图拉真行事谨慎，故必调动绝对优势兵力深入未知领地，以御潜在风险。

可以肯定，为图拉真送别的，不独谷神司祭团。妻子普洛蒂娜，整个元老院，亦为之壮行。此外，成群结队的市民也夹道相送。随皇帝出征者，包括当时最卓越的军师和最敏锐的政治智囊，如来自珀加蒙（Pergamum，今土耳其西部名城，其堡垒仿雅典卫城而建）的东方皇室后裔尤利乌斯·夸德拉图斯·巴苏斯（C. Julius Quadratus Bassus），哈德良的眼中钉、年过五十的姐夫塞尔维阿努斯，以及躲不开的利基尼乌斯·苏拉。

二十五岁的财政官年纪轻轻便成为皇帝随侍（comes Augusti）。哈德良能力出众，对默西亚和罗马前线部队了如指掌。尽管如此，他能身居高位，仍得益于跟皇帝的血缘关系。他正平步青云，但他知道，自己也可能顷刻间身败名裂。他跟苏拉关系很好，可塞尔维阿努斯处处与他针锋相对。图拉真会不时采纳两派意见。哈德良初上沙场，各方都注视着他。他必须全力以赴，为荣誉而战。他出生时取得的优势，必须凭本事保持下去。

相关战事罕见文字记载，不过都保留在了石头上。时至今日，我们仍可以到罗马"阅读"它。从斗兽场出发，顺着宽阔灰暗的帝国广场大道（viale dei Fori Imperiali），行至维托雷·埃马努埃莱纪念碑（Vittore Emmanuele monument，它的确唤起了古典世界，但更像是向塞西尔·德米尔［Cecil B. DeMille］致敬），就能看到右边的图拉真后来敕造广场之遗址。那是最后一座，同时也是最大最宏伟的帝国广场，令恺撒、奥古斯都、韦帕芗、涅尔瓦的广场黯然失色。

为皇帝主持营造的是大马士革的阿波罗多鲁斯（Apollodorus of Damascus）。此君具有深厚的设计与工程造诣，推动了建筑从使用传统方法与材料，到使用罗马混凝土（opus caementicum）的革命性转变。罗马混凝土为石灰砂浆、沙子、水、石头的混合物，于公元前 1 世纪发明，后经提炼与改善，至公元 1 世纪末，已成为应用最为广泛的建筑材料。有了这种混凝土，穹顶、拱门成了罗马司空见惯的建筑，房屋也能筑成四五层高。

新广场从恺撒广场与奥古斯都广场，向北延伸至战神原。奎里纳尔山（Quirinal Hill）被削去了大块为新广场让路。一座大拱门矗立于宽阔的矩形广场的南端（其上方是图拉真御驾战车的雕像）。与之毗邻的是一所作议事、贸易之用的会堂和一幢大神庙。两者之间耸立了一根独立的圆柱，两座图书馆列其左右，分别用于收藏拉丁文献和希腊文献。

图拉真纪功柱为该大型建筑群中唯一完整幸存的。它高约一百英尺，正如柱底一段铭文骄傲地写到的，此乃“为打造这些宏伟之作所开掘山地之高度”[5]。基座内部有一小室，用于日后存放装有皇帝与皇后骨灰的金瓮（如今空空如也）。环形阶梯绕柱而上，直至柱顶，那里一度竖立着图拉真镀金铜像，不过在文艺复兴时期，为圣彼得像所取代，并保留至今。

纪功柱外部呈石带状，约三英尺宽，六百七十英尺长，从下到上共二十三段螺线。石带上面的浮雕栩栩如生地描绘了图拉真与达契亚人的战事，很像如今的连环画。[6]古代史学家常常为自己的主角杜撰“合适的”

演说。同样，纪功柱的雕刻者有时会插入一些可能发生或应该发生而非实际发生的场景。尽管如此，浮雕内容仍大致可信。站在地上，我们很难细查纪功柱的内容，但透过图书馆顶楼的窗户，可以轻而易举地欣赏和研究。

对于古代世界的军队，冬季可谓度日如年。于是，战役往往在5月打响，那时粮草丰沛，土地坚实。理想状况下，战斗在收获之后的6月或7月开始，到秋末结束。

因此，公元101年4月，图拉真率部到达默西亚，没等多久，便发动了第一轮强攻。纪功柱记载了这段史实。远眺波涛翻滚的多瑙河，可见对岸平坦的地面上，用木栅栏围住的幢幢单层碉堡和二层角楼（那里是罗马的界墙）。在罗马一侧的一些小港口里，码头工人正将发往达契亚的补给搬到船上。士兵右肩挎着头盔，左肩挎着装备，井然有序地通过浮桥（很可能在莱德拉塔）。

在第二座桥上，一列禁卫军军旗手紧随号兵和下马的骑兵。走在部队最前面的图拉真首次踏上达契亚的疆土。显然，皇帝要身先士卒。

纪功柱的浮雕尤注重体现工程壮举。士兵平整林地，建造营房、堡垒、桥梁及公路。向未知地域的每一步挺进都要小心翼翼，谨防敌人从侧面夹击。图拉真四处走动，研究地形，审问某达契亚囚犯，向严阵以待的部队致辞。

得克巴卢斯无意与罗马人全面交锋。出于战略考虑，他退至层峦叠嶂的腹地和大本营萨尔米泽格图萨。然而，到了多年以前横扫罗马军队的塔佩（Tapae），他要么受了诱惑，要么打算以巧取胜，还是与对方兵戎相见。这次他失败了。图拉真部署到前线的辅助部队，取下阵亡的达契亚士兵首级于图拉真面前。不过，罗马人也伤亡惨重，皇帝甚至撕掉自己的衣服用作绷带。得克巴卢斯不得不仓皇而逃。

罗马人劫掠了大片土地，带走大量俘虏，其中不乏达契亚妇女，包括一个衣着华丽，抱着孩子的女人——应该就是国王的长姊。图拉真彬彬有礼，要求所有人对她们以礼相待（一如亚历山大对待波斯王的女眷）。秋天已至，罗马人回到自己冬天的住所，等待来年春天。战斗时节就这样不知不觉地结束了。图拉真夺取了一场胜利，但没有赢得战争。

在意大利，民众惴惴不安。大家都盼着前线的消息，军中有朋友的，就写信询问最新战况。小普林尼向朋友塞尔维阿努斯致函，可后者迟迟不复，急不可耐之下，小普林尼许诺，自己愿意为他支付邮资。

> 我已很久没收到你的信了……快抚慰我焦躁的心吧——我早就焦头烂额……每天提心吊胆，企盼挚友的来信，却又生怕等到噩耗。要是这算"好"，那我很好。[7]

塞尔维阿努斯是否回复，我们不得而知，但小普林尼本人没等多久便得到了消息。皇帝在前方运筹帷幄之际，塞尔维阿努斯和苏拉返回罗马。[8]由于护国有功，两人晋升"常任"执政官。哈德良陪他们一同回国。彼时，他仍担任帝国财政官，直至年底。他带来详细记载战事的御书，并在元老院当众宣读。

哈德良打了场漂亮的胜仗，虽然我们对他的所作所为知之甚少。雅典的狄俄倪索斯（Dionysus）剧场出土了一块铭文，上面记录了他最初的仕途[9]，还指出他曾两次获得军功章[10]。在罗马，特殊奖励因官员级别而异，但身为皇帝随侍，哈德良没有特殊指挥权，严格地讲，根本就没有资格指挥。由此推断，他必定赢得了一系列证明自己胆识过人的功勋：嘉奖拯救战友生命者的槲叶冠（corona civica），嘉奖率先登上敌方城墙者的壁冠（corona muralis），嘉奖率先杀入敌方阵地者的营冠（corona vallaris），嘉奖英勇突围者的草冠（corona obsidionalis）。达契亚战争为士兵提供了大量建功立业的机会。

哈德良最终升到了跟皇帝"亲密共事的位置"[11]。他在自传中写道，自己一心"跟随图拉真的习惯"，尤其是夜夜与之推杯换盏。为此，他获得了"丰厚的赏赐"[12]。显然，哈德良已学会为官之道的精髓——事必躬亲，随传随到。这不仅能使皇帝更了解自己，还能防止塞尔维阿努斯等别有用心者擅事，挑唆皇帝反感自己。

在罗马，官员再次担任公职必须等待十二个月，而哈德良结束财政官任期后，随即被任命为平民保民官，皇眷之厚可见一斑。[13]事实上，哈德良提前三周上任，因为他在 12 月 10 日履职保民官，而其他"当选"官员的任期至 12 月 31 日才结束。

军事保民官是军团里的下级军官（这一点哈德良深有感触），而十位平民保民官由来已久。共和时代早期，贵绅卷入与平民的政治斗争，该职遂应运而生。它们不得由贵绅担任，因为其职责是尽己所能，保护罗马普通人免受专制之害。

在权力如日中天的公元 1 世纪，平民保民官可以行使否决权，否决包括执政官在内的任何官员的决议，从而使国家陷入停滞。皇帝接过保民官的权力后，保民官仍有权反对元老院的判决，为受害个体发声，但其重要性已不如从前。

哈德良与埃利乌斯家族还没获得贵绅地位，故很可能指望皇帝记得他们的亲属关系。而图拉真想必认为，此举暗示日后承认自己的被监护人会成为继承人。可他毫无此意；他仍是不惑之年，继位之事，来日方长。

哈德良在自传中亦再次提到，自己得到暗示，以后会紫袍加身。《罗马君王传》中如此写道：

> 他宣布得到了自己要执掌终身保民官大权的征兆（即成
> 为皇帝），因为他遗失了厚斗篷（paenula），这是平民保民官在
> 下雨时穿的，而皇帝从来不穿。[14]

这里有误人之嫌。[15] 事实上，遇到恶劣天气，百姓也好，皇帝也罢，都身披斗篷。不过，保民官应该会穿某种制服，即哈德良所谓的那种，《罗马君王传》作者误以为它是古代的裳衣。

盘踞多瑙河的图拉真正焦急地等待援军。不列颠尼亚总督调遣了自己的私人卫队，足见形势急迫——塔佩可不是能轻而易举拿下的。军费开支相当巨大，奥古斯都以降的皇帝尽量消减补给。结果，遇到紧急情况，往往缺少后备力量。图拉真把其他战线上的可用兵力都调往默西亚。

公元 102 年，罗马人即将向得克巴卢斯的腹地进军，他们也料到，战斗会更艰难更惨烈。除了山势险峻，被逼到绝路的达契亚人必殊死抵抗。图拉真的计划是，正面强攻铁门，让奎埃图斯率摩尔人，联合第三支兵力分别从后包抄。

双方激战，伤亡无数，但图拉真的战术奏效了。狄奥·卡西乌斯写道，图拉真

> 攻占了几处关隘，缴获了不少近战武器、投石车、攻城机械，还发现了弗斯库斯（图密善之友，一心建功立业，却初战告负，败走塔佩）时代丢失的军旗。[16]

纪功柱上刻画了宏大的交战场面——在弓箭手、投石兵的掩护下，军团横扫敌军，猛攻要塞。突击部队排成龟阵（testudo），也就是把盾牌举至头顶，并肩前行，以抵挡堡垒投掷的石弹。

最终，三支部队在距得克巴卢斯老巢萨尔米泽格图萨仅二十英里的阿夸伊温泉（在今卡兰［Calan］）会师。战争结束，达契亚国王派遣高级使团求和。罗马人批准了他的请求。虽然他们注定会受到惩罚，但图拉真无意赶尽杀绝，而是选择了接受归顺。他发行的庆功币写着"战败的（victa）达契亚"，而非"被俘虏的"（capta）或"被吞并的"（acquisita）。[17]

总而言之，罗马与达契亚的和平条约取代了图密善的耻辱性协议，不过仅此而已。得克巴卢斯勉强

> 同意放下武器，交出投石车及其制造者，交出罗马逃兵，拆毁本方堡垒，从自己的占领区撤军，并且以罗马之敌为敌，以罗马之友为友。[18]

多瑙河北岸的大片土地并入了默西亚行省。虽然得克巴卢斯获准保留皇位，可这位雄心勃勃的有才之君执政后取得的一切都付诸东流了，达契亚再次沦为小国，没有了任何威胁。他能接受这个结局吗？

在罗马，趁着前线消息未到，我们尚未履职的保民官无事可做，只好欣赏和平的艺术。对此，哈德良应该并不愠怒，因为《罗马君王传》批评他"热衷于诗歌与文学"[19]。他是绘画的行家，还喜欢音乐，会唱歌，会弹弦琴（cithara）。

罗马上层人士一般都玩艺术，能写诗，懂收藏，总之生活很有品位。不过，大多数富绅不像哈德良那样，对写诗如痴如醉；再者，他们写诗不过为消遣，而非为己任。[20]根据"晋升体系"（cursus honorum），官员在罗马或行省的任期短暂，再次担任公职前还有待业期。

诗歌朗诵是精英阶层的保留项目，哈德良想必亦参加朗诵会，甚至自己有所表现。有时，这种体验令人生厌，因为业余作者渴望自己的老

相识和委托人捧场。而心不在焉无疑是失礼之行。

有些诗人，比如马提亚尔和尤文纳尔的确是行家里手，但他们并非政治名流，不得不靠卖艺为生。为了找到恩主，赢得赏钱，马提亚尔写过阿谀求容的警句（epigram）和不堪入耳的檄文；穷困潦倒的讽刺作家尤文纳尔（哈德良认识并帮助过他），往往"盛怒成诗"（facit indignatio versum）[21]。

一般来说，那些高贵的门外汉有意回避强烈的情感，而是挖掘或模仿现成体裁，如哀歌、牧歌、颂歌等。他们同意共和时代伟大的史诗诗人提图斯·卢克莱修（Titus Lucretius）的观点——"我们的母语乏善可陈"[22]；写得一手漂亮希腊文是无上光荣的事。小普林尼就称赞过德高望重的前任执政官提图斯·阿里乌斯·安东尼努斯（以其对涅尔瓦登基表示同情而名声大噪）创作的希腊警句和"拟曲"（iambic mimes）。"你一开口，荷马笔下涅斯托尔的甜言蜜语，似乎就从你嘴角流出来，蜜蜂用采来的花蜜装点你的文字……相信我，雅典人都没你这么地道。"[23]

拟曲牵扯出一个棘手的问题。作为体裁，它创于叙拉古（Syracuse）地区，成于亚历山大港，形式为具有挑逗意味的散体对话。小普林尼曾明确将阿里乌斯同著名拟曲作家赫戎达斯（Herondas）相比较。后者活跃于公元前3世纪，写过一篇流传甚广的对话——两个中产阶级妇女大谈假阳具的独特设计，言语间满是双关的荤话。

乍一看，把阿里乌斯这样的人归入此类着实有点奇怪。不过，长久以来，罗马人认为，作家的品行不该以其作品评判。有时，这可能是方便的"掩护"。正因如此，哈德良同一位与自己年龄相仿的诗人交好。此人名叫沃科尼乌斯·维克托（Voconius Victor）。沃科尼乌斯去世后，他还写了简短的碑文为朋友正名，"邪哉汝诗，纯哉汝思"（lascivus versu, mente pudicus eras）[24]。

或许如此吧。不过马提亚尔曾奚落过一个同名者，说他婚礼前夕还不忘与俊男风流快活，若得到哈德良称赞的正是此人，那不论此人的思想层次如何，其**身体**像其诗歌一样淫秽不堪。

半个世纪前，克劳狄皇帝入侵不列颠（那可不是同室操戈或对内镇压）。时隔多年，罗马皇帝再次取得对外敌的大胜，这自然令大家兴高采烈。

小普林尼的贺信堪称典型。他祈祷道，愿图拉真重振"帝国荣耀"[25]。罗马又心满意足地回归征战四方、攻城略地的老传统。

公元 102 年末，图拉真返回罗马，获得"达契库斯"尊号，并举行了凯旋式。在共和时代，但凡军功煊赫的将军都能享受这项大庆典。不过，后来的皇帝嫉妒一切军方对手（并非无凭无据），故如今它只限于皇帝。庆典从战神原开始，首先是演讲和授勋（哈德良或许在那里接受勋章）。结束后，游行队伍向城里行进，元老院打头，后面跟着地位尊贵的战俘和画有宏大战争场面的花车。图拉真乘坐镀金驷马战车紧随其后。他暂时化作神明，脸上涂成红色，俨然卡皮托利诺山上神庙里至尊至伟者朱庇特的塑像。他身披刺绣托加，里面是夹杂金线且饰有棕榈叶的紫色长袍。他的军队列队跟着。不知从何时起，士兵们就可以肆无忌惮地打趣他们的统帅，这一次应该也不例外，肯定有人取笑皇帝对美酒和男童的品位。游行至卡皮托利诺山结束，在那儿，一日之神宰杀白公牛向众神之神献祭。

皇帝举行了盛大的角斗士比赛，还下令重兴哑剧。之前，哑剧被图密善以有伤风化为由下了禁令，不过随和的涅尔瓦解了禁，可在图拉真登基后，再次遭到封杀。可眼下，图拉真改主意了——据传，因为他爱上了伶人皮拉德斯（Pylades）。

公元 103 年，哈德良没有担任公职，故我们鲜闻其活动。不过，公元 105 年，他当选了重要性仅次于执政官的副执政官。严格说来，最初几周他还达不到履职资格——必须年满三十周岁，而过了 1 月 25 日的生日，他才二十九岁。

副执政官共有十八位，主要负责保证民法与刑法的公正。哈德良出任的应该是城市副执政官，既总管司法体系，又筹划著名的阿波罗节（Ludi Apollinares）。[26] 阿波罗节始于对汉尼拔的战争，每年 7 月 6 日在马克西穆斯竞技场举行。帝国为此不惜一掷千金。图拉真为哈德良批准了大笔预算，确保庆典盛况空前。

每年，新任副执政官会颁布任期内打算实施的法令、规章、优先事务、司法解释。他往往袭用前任的成果，可能还审时度势，自己再增补一些。从某种角度讲，这是立法的便捷之道。如果某新规定广受欢迎，那么继任副执政官就会沿用；反之，则悄悄废除。

哈德良热衷法律，副执政官也当得风生水起。不难想象，他在法庭上主持公道，注重程序细节，勇于表达自学的司法观。不过，他不可能长干下去。

图拉真信不过得克巴卢斯，时刻提防其伺机反攻。多瑙河北部的军事堡垒组成了预警系统，而图拉真无所不能的建筑师阿波罗多鲁斯，在铁门东部筑了一座永固桥——以二十个毛石桥墩支撑的木制路面桥。这可是当时首屈一指的工程，对舆论产生了深远影响。

其后几年，达契亚国王开始尝试逃脱罗马人的桎梏。他重整武装，未经罗马允许，侵占了雅济吉斯人（Iazyges，罗马人安排定居在潘诺尼亚行省的游牧部落）的地盘。他还联络其他部落，寻求同盟，并再次收留罗马逃兵。他甚至找到位于罗马东线的大帝国帕提亚为自己撑腰。为了示好，得克巴卢斯给帕提亚国王呈送了一个希腊奴隶卡利德罗穆斯（Callidromus），此人一度属于某特洛伊将领，后在默西亚被俘。最后，他前往自公元 102 年便为罗马人驻防的达契亚西南部，率先向对手发兵。

图拉真闻讯惊讶不已，立即于公元 105 年 6 月赶往前线，但从这一时间可以看出，现在发动全面战争为时已晚。他新任命了一批军官，包括擢拔哈德良为副将。这意味着哈德良不得不放弃罗马的司法工作，缺席奢华的阿波罗节。按规定，城市副执政官离城不得超过十日，但罗马历史上，破例情况比比皆是，可见到了十万火急的时候，规矩也得让路。

哈德良率领的新军是第一"密涅瓦"军团（由图密善创建，名字取自他最喜爱的勇气与智慧女神密涅瓦）。一方面，这是为嘉奖他在第一次达契亚冲突中英勇奋战，另一方面也表明皇帝相信其军事才能。此前，第一军团作为援军，自上日耳曼尼亚南下，途中很可能在塔佩经历过血战。现在，他们跟其他十三支军团一样，准备好决一死战。哈德良初逢该军团，大概是数年以前在日耳曼尼亚时。

纪功柱描绘了皇帝抵达默西亚的场景。军团通过阿波罗多鲁斯的新石桥，再次跨越多瑙河。他们以要塞为掩护，稳步向前推进。达契亚人则派危险的游击队突袭应战。在其中一幅画面中，图拉真纵马疾驰，率领辅助骑兵队，打败了袭击某罗马大营地的敌人。尽管双方僵持不下，但得克巴卢斯最终还是难逃一败。

达契亚国王采用了奇怪的战术，这表明其绝望与日俱增。他听说图拉真疏于自卫。其实，皇帝此举或多或少旨在维持第一公民而非专制君主的形象，但也反映了民众对他的普遍拥戴。他允许大家能轻而易举地接近自己，也允许士兵旁听作战会议（并非讨论秘密计划的御前会议，而是由各级军官参加的简会）。得克巴卢斯劝说部分逃兵返回罗马军队，侦查是否能借机行刺皇帝。

以前，没有自杀性恐怖主义的说法，但这些潜在的刺客似乎打定主意，趁着成百上千全副武装的忠诚士兵围住皇帝时给予其致命一击。他们肯定抱着必死的决心。不过，阴谋最终败露。一名"有嫌疑的"逃兵被抓 [27]——可能以前的战友认出了他，或者预先准备时被察觉。他受到酷刑，然后招供了。

这件事最终或许皆大欢喜，却也暴露了这位健康年轻的元首掩盖已久的政治处境。若他驾崩，是没有指定者来继位的。当然，可以考虑他的那个男性亲属，虽然稚嫩，但大有可为。不过，图拉真经常避免指定哈德良继位。他尽己所能，以身作则，支持后者大展宏图，可谁都看得出，他内心里其实仍有所疑虑。

若《罗马君王传》所言不虚，那么约在此时，出现了重大转机。[28]据传，图拉真欲仿效榜样亚历山大大帝，无嗣而终。当年，这位马其顿国王弥留之际，有人询问他江山托付的对象。他的回答模棱两可："给最强者。"[29]这显然触动了图拉真。[30]只是，如此先例，实不可取，因为亚历山大驾崩后，其麾下各将领，各不相让，终致他辛辛苦苦打下的帝国分崩离析。罗马还有人传言，皇帝打算临终时致信元老院，让他们从自己推荐的人选中，择一而立。

纪功柱表明，皇帝的确清楚事态发展。他可能在争斗中败下阵来；再者，要稳定军心，也必须当机立断。与心腹商议后，图拉真最终决定将自己的部分计划昭告天下。

不管出于何种原因，他没有提名以前的被监护人兼男性至亲，而是告诉大家，若自己驾崩，潘诺尼亚总督卢基乌斯·奈拉提乌斯·普里斯库斯（Lucius Neratius Priscus）将继位。他应该当面交代过："一旦我有性命之忧，就会把这些行省交给你。"[31]这话说得蹊跷：皇帝最重要的行省均有重兵把守，要说直接掌控它们，言外之意或许是继承王位。不过，图拉真所说的"这些行省"，可能仅指多瑙河沿岸的行省，故其本意是把达契亚战争指挥权交给他。无论如何，看得出，皇帝仍未把话挑明。

选择奈拉提乌斯·普里斯库斯有点意思，因为严格说来，他不是政治人物。图拉真提名此人，实则无意认真选嗣。奈拉提乌斯能力出众，工作兢兢业业，公元 97 年出任候补执政官，尔后又官拜总督。不过，他真正热衷的是法律，从多瑙河解甲归田后，他余生一直致力于此。他后来成为知名法学家和法律顾问，为个人乃至当选官员和皇帝本人解释法律条文，分析特殊案例。他的教材、笔记、复函为后世专家大量引用。

我们不清楚，第一"密涅瓦"军团的副将，是否为自己落选而失望。众所周知，哈德良有意实现自己的帝王梦，但眼下，谁也没把它当回事。也许，哈德良事务繁忙，无暇顾及。可以肯定，他并未图谋犯上或结党力争。他仍然忠心耿耿，埋头苦干，俨然只是统治阶层的普通一员。

行刺未遂的得克巴卢斯开始盘算另一场阴谋。时任多瑙河北岸罗马副将的，是前任执政官格奈乌斯·庞培乌斯·隆吉努斯（Gnaeus Pompeius Longinus）。他曾将达契亚人赶回怪石嶙峋的老巢。得克巴卢斯向他提出无条件议和。[32] 隆吉努斯未多想，只带了一名百长及十个士兵，便前往对方营地。结果，他们一到便遭软禁，并被当众拷问图拉真的作战计划。不过，隆吉努斯守口如瓶。

得克巴卢斯派使者见图拉真，要求归还多瑙河北岸的领土，赔偿战争损失。图拉真的答复也字斟句酌，表明自己对隆吉努斯既不高看，也不轻贱。他想让人质免于一死，也避免以过高的价钱赎回。他成功了，因为达契亚国王也不知接下来如何行事，遂决定静观其变。

还是隆吉努斯勇敢地打破了僵局。他结识了得克巴卢斯的一个达契亚释奴，从其手中拿到毒药。随后，他向国王允诺会说服图拉真，还借机修书一封。他嘱咐该释奴亲自呈送。为保证信使安全，他请求皇帝厚以待之。

隆吉努斯希望，得克巴卢斯没猜透自己的心思，如此便可放松戒备。信使动身后的一天晚上，隆吉努斯服毒自尽。此乃舍己之佳例——对于罗马政坛或军界的领袖，在无望获救或康复的情况下（desperata salus），自尽堪称勇气甚至高尚之举。

拒不服输的得克巴卢斯派被俘的百长面见图拉真，承诺以隆吉努斯的遗体及其护卫队交换那名释奴。皇帝拒绝了，并表示"安葬隆吉努斯固然重要"，但释奴的安全"更关乎帝国的尊严"。[33] 如此一来，护卫队也陷入了绝境。若不考虑他们的安危，那么这项决定的确值得敬佩。显然，在皇帝看来，一名牺牲的将军比十个活着的士兵更为重要。史书并未交代他们的命运。

现在，达契亚人接受了割地的现实，不再反抗。罗马军团穿过五千三百多英尺高的火神山口（Vulcan Pass），径直前往达契亚的都城。达契亚人信心全无。纪功柱显示，达契亚朝廷官员苦劝国王求和。得克巴卢斯断然拒绝，并带着家眷和侍卫退居山中，谋划抵抗运动。与此同时，看似坚不可摧的萨尔米泽格图萨，未经一战便陷落。罗马人大肆掠夺，然后将其付之一炬。

有些贵族决定投敌。国王的一个近臣，向图拉真吐露了得克巴卢斯秘密宝藏的位置。狄奥·卡西乌斯写道：

> 得克巴卢斯令俘虏开渠，改变萨尔盖提亚河（Sargetia）河道，然后在河床上挖坑，将大量耐潮湿的金银等贵重物品埋入其中；接着，在上面堆起石头，盖好土，最后再使河道复位。他还令俘虏将自己的皇袍等类似物品藏到山洞里，待完工后，又把俘虏全部杀掉，以免走漏风声。[34]

三百年后，西哥特国王阿拉里克（Alaric）也借用了这个点子，命人将其遗体连同战利品，一起埋到意大利南部某河床下。得克巴卢斯的藏身地始终没找到，但达契亚的宝藏被挖了出来。总价值几乎难以估量——大约五十万磅黄金和一百万磅白银。[35]

那国王的下落如何？多年以后，某得意的骑兵托人刻了一块灰色大理石铭牌，记录自己漫长而光荣的军旅生涯。[36] 其中一段浮雕表现了其辉煌的瞬间。只见他纵马驰骋，胡子拉碴、头戴达契亚帽子的得克巴卢斯跪在地上，自刎用的弯刀从手中掉落。注释文字写道，该骑兵抓住了国王，而国王在被俘之前，已自我了断；骑兵提着国王首级来见图拉真（后来，首级被送到了罗马，然后给郑重地丢下哀梯 [Scalae Gemoniae]——通往卡皮托利诺山的阶梯，用于犯人行刑后的尸体之示众）。

战争结束了。罗马人获得前所未有的胜利。公元 70 年，提图斯将犹太人逐出犹地亚省；同样，图拉真也把达契亚人从其土地上赶尽杀绝。成千上万的达契亚人不得不背井离乡。有的成了皇帝庆功盛典上的角斗士，有的则沦为奴隶。殖民者鸠占鹊巢，另立都城，以皇帝的氏族名将其命名为萨尔米泽格图萨·乌尔皮亚（Sarmizegetusa Ulpia）。自公元 43 年克劳狄吞并不列颠尼亚后，达契亚成为罗马的第一个新行省。

哈德良再次脱颖而出。他在军队中如鱼得水，第一"密涅瓦"军团也表现卓著。哈德良的行事细节依然不得而知。不过，据《罗马君王传》记载："他确实以骄人的战绩而出了名。"[37]

冷落许久后，图拉真热情重燃。哈德良的成功让他喜上眉梢。为此，他特意把传自涅尔瓦的一颗钻石，赏赐给哈德良。皇帝的用意不言自明，至少对哈德良来说是如此，他又有望成为皇帝的正式继承人。这让大家想起那段脍炙人口的往事——重病缠身的奥古斯都，将印有亚历山大大帝头像的图章戒指，传给朋友马尔库斯·阿格里帕（Marcus Agrippa），以示权力的转移。不过，这两件事其实无法相提并论。宝石并非官方戒指，刚刚凯旋、身强力壮的图拉真赐予的，也不过是一份价值不菲的礼物。无论哈德良作何感想，那颗钻石象征的是皇帝的敬意，而非权力的护符。

注　释

（主要资料来源：狄奥·卡西乌斯，小普林尼，以及《罗马君王传》；图拉真纪功柱是一份重要的"文件"。）

［1］Smallwood II 1 24-37.

［2］*L'Année Épigraphique* 1973, 473.

［3］JRS 63 (1973) pp. 80-81.

［4］Dio 68 32 4-5.

［5］Smallwood 378.

［6］对图拉真纪功柱上浮雕的解释，主要参考了 Rossi, pp. 130-212。

［7］Pliny Ep 3 17 1-3. 虽然不确定，但这封信很可能是在第一次达契亚战争期间送至塞尔维阿努斯的。

［8］按常理，他们应该在罗马履行或至少开放执政官职责。他们可能在图拉真左右，但这里我从 Bennett, p. 93。

［9］Smallwood 109. 有关军功（donis militaribus）的引用，涉及哈德良的财政官经历与达契亚远征期间的随侍任命。

［10］见 Rossi, pp. 79-80。

［11］HA Hadr 3 2-3；下一个引文亦然。

［12］Ibid., 3 3.

［13］《罗马君王传》的日期有误，把任保民官的时间写作公元 105 年，晚于他任财政官的时间。相关讨论见 Birley, p. 47。

［14］HA Hadr 3 5.

［15］Birley, p. 48.

［16］Dio 68 9 3.

［17］BMC III 191, 236 及 242.

［18］Dio 68 9 5-6.

［19］HA Hadr 14 8.

［20］Pliny Ep 7 9 9.

［21］Juv 1 79.

［22］Lucr de Rerum Nat 1 139.

［23］Pliny Ep 4 3 3. 另见 Homer *Iliad* 1 249。

［24］Apul Apol 11.

［25］Pliny Ep 10 14.

［26］史料来源不详，但这肯定是推测，因为只有城市副执政官才筹办
盛会。《罗马君王传》的矛盾之处让我们无法确定他出任副执政官
的时间。我赞同 Birley, p. 47 的说法。

［27］Dio 68 11 3.

［28］此处从 Birley, p. 50ff 中的合理猜测。

［29］Arrian Alex 7 26.

［30］读者会发现，这件事上，图拉真的确有意效仿亚历山大，除了在
他弥留之际。

［31］HA Hadr 4 8. 根据它在书中的位置，这件事（若属实）发生在图
拉真的弥留之际。但事情似乎更可能发生在达契亚战争期间，因
为图拉真叫了身边的将军。如果图拉真遇刺或力不从心，普里斯
库斯可替任。

［32］隆吉努斯的故事，见 Dio 68 12 1-5。

［33］Ibid., 68 12 5.

［34］Ibid., 68 14 4-5.

［35］Sherk 118 (Joannes Lydus De Mag 2 28). 由于讹误，该书中的数字
过于夸张，但我们很容易将其改正过来。

［36］Sherk 117. 照片见 Rossi, p. 228。

［37］HA Hadr 3 6.

第十一章

相机行事

比宝石更可贵的是，皇帝决定再次擢拔哈德良。担任第一"密涅瓦"军团副将不过十二个月，他晋升为行省总督。这显然表明他在这一领域大有可为。公元106年夏，随着与得克巴卢斯作战趋于白热化，图拉真把潘诺尼亚一分为二。其中，下潘诺尼亚较小，仅部署一支军团驻守，皇帝将其交给了哈德良。正所谓无巧不成书。新行省首府是阿昆库姆，十年之前，时任军事保民官的哈德良，正在这个多瑙河畔的关隘服役。

这次任命并不值得大书特书。为此，哈德良很可能错过了大获全胜后激动人心的时刻。好在职非闲职。隔着多瑙河，下潘诺尼亚与匈牙利平原遥望。野蛮凶残的萨尔马提亚（Sarmatia）部落雅济吉斯人就住在那个平原。该部落紧邻达契亚王国西部，深惧得克巴卢斯的扩张之行，故毫不犹豫地支持图拉真入侵。据《罗马君王传》，新总督"击溃了萨尔马提亚人"[1]。事实上，萨尔马提亚人自知无望突袭得胜的罗马友人，故欲趁火打劫甚至掠夺毫无防备的达契亚领土。然而，他们的算计很快就落空了。在罗马人眼里，达契亚不再只是"手下败将"，而是"被俘获"

的"囊中之物"，容不得他人想入非非。

萨尔马提亚人问题，很可能是通过协商解决的（因为未见战事记载），无需哈德良倾力而为。据说这是他首次完全根据自己的意愿来调停（其批评者认为，此举为干涉或干预）。考古学证据显示，哈德良兴建了一座崭新的总督官邸。果真如此，那么这是他首次有机会展示对美术与建筑的热爱，为法国人所谓的"大工程"（grands projets）一掷千金。在艺术方面，哈德良是无师自通。他确信自己拥有与行家里手不相上下的设计天赋。

罗马帝制的一大创举是省级分权。身为前任副执政官（如哈德良）或执政官，以及罗马政坛的领军人物，行省总督总理行省，兼管驻军。总督身边有一位或多位代办，负责管理财政，并直接向罗马而非总督报告。其主要职责是征收税款和其他收益，将这些收入转移至罗马的国库，或皇帝的私人腰包（不难推测，有时税收全部或部分以印花纸形式征收，因为现金只在当地流通）。没了财政权，就算有总督心存不满，也无法起兵犯上。

代办有大把机会中饱私囊，但总督可以监视他们的一举一动。一直自信满满的哈德良，对此便毫不含糊。具体细节我们不得而知。不过，据《罗马君王传》记载，他"让僭越权限的代办得以收敛"[2]。人们想知道更多，但我们仅知他采用了极端的（ultra vires）冒险手段，并最终获得了成功。如果他足够明智，肯定会先将自己的计划呈报图拉真，而事实证明，皇帝对他鼎力支持。

《罗马帝王传略》（*Epitome de Caesaribus*）表示，图拉真在位期间，有些代办告假状，破坏行省的管理。

　　据说有人问某富豪，"你怎么能这么有钱？"还有人问他，"你的钱哪儿来？"亦有人提出，"把你的钱交出来"。为了保护皇帝的善名，皇后普洛蒂娜跟丈夫谈及这个现象，责怪他不该对其放任自流。普洛蒂娜频繁拿此说事，结果图拉真也开始憎恨苛捐杂税。皇帝以前管国库叫脾脏，因为脾脏一大，身体的其他部分——肌肉、四肢，就变得日益消瘦。[3]

此事发生日期不详，但若想想哈德良与皇后的亲近关系，就会发现，它正逢哈德良出任总督，普洛蒂娜有意让丈夫有个心理准备，随时应对代办对哈德良的投诉。

哈德良亦兼任第二辅助军团副将。过去出任军事保民官的经历，令他对手下了如指掌。驻边部队指挥官需要面对一个棘手的问题。除了枯燥的警卫任务，士兵几乎无事可做。指挥官要想方设法，保证部队能随时应战。为此，哈德良费了不少心思。据《罗马君王传》载，他还"严肃了军纪"[4]。

我们不清楚哈德良的任职期限，但当他闪耀罗马政坛时，很可能依旧留在阿昆库姆。公元108年，即出任总督近两年后，哈德良晋升执政官。据《罗马君王传》，这次晋升是嘉奖他在下潘诺尼亚的成功历练[5]；显然，他的干涉之举受到认可。他才三十二岁。从共和时代起，担任国家要职的最低年龄被定为四十二岁。不过，奥古斯都继位后，贵绅和出身执政官家庭者，三十一岁即可担任。

哈德良既非贵绅，又无执政官家世，故此次任命无疑是一种赞美。不过，对赐予的东西，图拉真一如既往地不置可否。哈德良担任的不是两人制的常任执政官（常任执政官任期自1月开始，以其名纪年，如"某甲与某乙出任执政官的某年"），而仅仅是在5月接任的候补执政官。

哈德良的朝中挚友、图拉真的心腹幕僚利基尼乌斯·苏拉，仍然为他美言，依《罗马君王传》载，其收效甚佳。

苏拉起势，始于涅尔瓦登基。此后，他始终是帝国呼风唤雨的人物。狄奥·卡西乌斯指出，苏拉获得了"巨大的财富与声望"，当然也树敌众多。一些人密谋破坏图拉真对他的信任，但最终无功而返。

> 苏拉与图拉真情谊深厚，信任有加，即便外界时常流传苏拉的风言风语，图拉真仍对他笃信不疑，不生恨意。相反，若有妒忌苏拉者固执己见，皇帝会不打招呼，便前往苏拉府邸赴宴。他先支开身边所有侍卫，让苏拉像医生一样给自己的眼睛涂膏，像栉工一样给自己剃须。接着，皇帝沐浴并用膳。翌日，他告诉对苏拉时出微词的友人："若苏拉有意行刺朕，昨天就动手了。"[6]

苏拉似乎比皇帝感到更加惬意。从小普林尼给他写的两封信不难看出，他喜欢替人破解难题。其中之一，便是关于科姆湖畔（Lake Comum，今科莫［Como］）普林尼别馆旁的一汪泉水。[7]该泉有个奇怪之处——某处人造洞穴的水池时满时空。在托尔诺（Torno）附近16世纪的普林尼亚纳别馆（Villa Pliniana）中，我们仍然可见到该泉。数百年来，泉水的秘密困扰了一代代智者，包括与众不同的达·芬奇和诗人雪莱。其实，这只是因大气压强变化产生的虹吸现象，但苏拉的答复未流传下来，故我们也不清楚他的解答是否正确。

哈德良出任执政官那年，从苏拉处得知，自己将为图拉真所收养。这个消息不胫而走，结果以前的批评者和政敌，包括议事会成员，都与他化敌为友。"图拉真的朋友也不再低估甚至无视他了。"[8]

这则轶事很难解释。它很可能出自哈德良的自辩书，所以我们还是审慎看待为妙。不过，皇帝没有履行自己的决定，这也是不争的事实。那么，此事乃苏拉或哈德良杜撰？不像。须知，假传圣意，非同小可，皇帝迟早会知道。若它为后人所炮制，也会遭到皇帝以前的扈从否认。

苏拉于公元 110 年前后去世，而这一传闻出现在苏拉去世前不久，这恐怕绝非巧合。或许苏拉希望在临终前，为巩固哈德良的地位尽最后一份力。众所周知，苏拉跟图拉真有相同的性偏好。根据《罗马帝王传略》，正是苏拉的"热心，保证了图拉真的皇位"[9]。换言之，苏拉为了尚在日耳曼尼亚的朋友，与涅尔瓦全力交涉，甚至（有人揣测）威逼利诱。在图拉真登基的公元 98 年，苏拉出任候补执政官，并且分别于公元 102 和 107 年，两次出任常任执政官，这可是莫大的殊荣。他在达契亚服过役，曾受命率使团面见得克巴卢斯。不过，由于达契亚国王担心自身难保，苏拉最终无功而返。图拉真自始至终对苏拉敬重有加，不但授予其国葬待遇，而且为其立了一座纪念雕像。他还将阿文提诺山（Aventine Hill）上几座富丽堂皇的新浴堂，以苏拉名字命名。这些浴堂临近苏拉府邸，甚至就在其中，使用时间超过两百年。

达契亚战争后恢复了往日的和平。哈德良以总督身份返回意大利，随后几年，没有再担任其他公职。显然，皇帝无意把治国理政的事务，分担给自己这位羽翼丰满、经验丰富的亲戚。相比之下，奥古斯都让马尔库斯·阿格里帕与提比略共事，权力不相上下；而韦帕芗则与儿子提图斯配合默契。

目前看来，哈德良没有任何失望或者不满的迹象。他仍忠心耿耿，任劳任怨。他有帝王之心，但缺乏政治历练，过去十年（成年后大部分时间）都待在边疆而非罗马。现在，他兴致勃勃地观摩图拉真如何施政。要学的还有很多。

首当其冲的就是绝对权力的界限。在古代，通信不畅；马匹是最快捷的交通工具，冬季乘船出行相当危险。就连急件也要数周才能送达。

国家的作用远不像今天这么大。经济与社会理论鲜为人知，几乎不会用于公共政策。军费在帝国预算中所占的比重最大。然而，纵有三十支军团[10]，帝国也难以在莱茵河、多瑙河，在美索不达米亚与撒哈拉沙漠，在不列颠尼亚北部丘陵要地，部署足够的兵力。罗马可以保卫边疆，但无法派驻大量治安员（犹地亚省等除外），或"占领"相关地域。

限制皇帝行动自由的另一个因素，在于帮助其理政的官僚人数不足。在共和时代，执政官或其他当选高官（magistratus）会自带家眷（一般为奴隶和释奴），助其管理公务。另外，他也让别人为自己出谋划策。奥古斯都沿用了这种模式，只是范围更大。这位皇帝及其继承人召集了很多能力不俗的释奴（一般是希腊人），通过他们总领秘书事务。其中最为重要的是主管信札的文书（ab epistulis），主管财务的司库（a rationibus），主管请愿的诉告（a libellis）。

这些人积累了巨大的权力和财富。他们只向皇帝负责。换言之，他们可以在公众视线外为所欲为，如遇丑闻，也可被掩盖掉。不出所料，他们变得臭名昭著，结果皇帝不得不雇用骑士以取而代之。

作为地位理应平等者中排名首位的，元首需要维持元老阶层以及大部分骑士的信任。有了军队和罗马民众的支持，他才能为所欲为。如果他把牌都攥在自己手里，也得需要有人愿意跟他玩。历史已经证明，如果元首与元老院不合作，就会遇到各种危机。轻则难以施政，重则遭遇暗杀或叛乱。

基于上述原因，权力中心很难影响边缘人物，亦难以一意孤行，但这并不意味着他无能为力。权力中心聚集着声誉、威望、财富和法律，图拉真以身作则，告诉世人，睿智的元首如何能不费吹灰之力便达到目标。

他对元老始终和蔼可亲，与图密善相比，可谓天壤之别。他以朋友之道相待，有时甚至亲自探望染疾的元老，有时与大家一起欢度佳节。[11]他自己也会大摆宴席，邀请元老，"无论贵贱"。狄奥·卡西乌斯写道：

> 他与众人一同狩猎，一同用膳，一同劳作，一同谋划，一
> 同玩笑。他常常允许三个人与自己同驾，或者走入百姓人家，
> 有时连侍卫都不带，然后在那里悠然自得。[12]

据说，他"更喜欢得到民众的真心爱戴，而不仅仅是尊重"，即便如此，小普林尼等人仍极尽吹捧之能事。这种随和的社交方式受民众欢迎，即使它不过是作秀。

尽管困难重重，图拉真自有办法，让帝国上下觉得他无处不在。他很少主动干涉行省活动，但四面八方的请愿书和各式各样的诉状依旧源源不断。朝廷尽可能不介入当地政治和宗教，希冀精英阶层自己管理得井井有条。然而，各类纠纷仍然此起彼伏。图拉真不得不像前任一样，应邀裁决。

他行事很少心血来潮。皇帝处于司法体系之巅。罗马法学家曾写道："皇帝之决策与民众之法律同威，盖皇帝为君主，乃因民众所举。"[13]辖地司法权依然有效，但罗马法通行全国，且具有类似如今国际法一样的效力。辖地当局和罗马公民个人均可向元首申诉，这时元首就相当于最高法院（公元 60 年，当圣保罗［Saint Paul］向犹地亚的代办波尔基乌斯·费斯图斯［Porcius Festus］表示，"我要向皇帝申诉"［Appello Caesarem］[14]，他正是在行使自己的权利）。

经验丰富的法学家肩负重担。他们需要筹备新法，为颁布的诏书提供法律解释，还要判定特殊案例。图拉真是积极的改革者。他规定，被缺席审判定罪的被告有权要求重审。[15]另外，他严禁检举人青睐的匿名指控，严禁对涉叛逆罪的奴隶施以酷刑，从而结束了图密善等皇帝为打压涉嫌异见者而炮制的作秀公审。

请愿不单涉及法律事务。有时，请愿者还请求更新当地建筑。众所

周知，图拉真不惜斥巨资改造罗马乃至各行省的城市。他相信，民众感激自己的慷慨之举，并制作了酬谢铭文。甚至连努米底亚行省某偏远的桥梁，据说都是"由（图拉真）军队出工，皇帝自己出资兴建"[16]。因此，很多建筑上都写着图拉真的昵称"壁芳"（Wallflower）。[17]

罗马历经几许沉浮，加之漫长的黑暗时代，皇室档案或佚遗，或丢弃，或损毁。好在我们还可退而求其次。感恩戴德的行省人把他们与皇帝的通信，刻到了石制或铜制纪念碑上，现代考古学家在废弃的城池遗址中找到很多。这些文献显示，历任元首的统治始终如一，官员显然会借鉴先皇的决策。即便皇帝"恶"如图密善，依然有人向其寻求指示。[18]

当年的实物原件不时重见天日。1747 年，几位农夫在皮亚琴察（Piacenza）附近的农田里，偶然挖出迄今最大的铜制古碑。这个宽四英尺六英寸、长九英尺六英寸的古碑就是著名的粮碑（tabula alimentaria）[19]。还有两块出土于意大利南部。这些古碑详细记录了由图拉真资助的庞大而昂贵的儿童福利项目。[20]项目惠及三个聚落——北部小镇维雷亚（Veleia，很久以前因山体滑坡而殒灭）、托斯卡纳（Tuscany）的部分地方，以及南部靠近贝内文托（Beneventum）的地区。

皇帝对年轻人的成长轨迹了如指掌。他颁布影响深远的法律，保护未成年人与弃婴的权利。在古代世界，遗弃新生儿的现象司空见惯；有时，他们会获救，并作为孤儿被抚养长大。图拉真宣布，他们有权继承其生身父母的遗产。遇到虐待事件，他会免除父亲对儿子的绝对权力，即父权。监护人法（他自己便亲自担任过监护人）被收紧，遗嘱人更难凭借合理的遗愿，忽视其他继承人，而将遗产留给其中某个心仪者。

粮补项目（alimenta）可能由涅尔瓦创建，但经图拉真发扬光大。正如铭文所示，这显然是一箭双雕的妙笔，同时解决了经济与社会这两方面棘手的难题。项目首先设定某指定地区的受惠人数，然后按此数量，找到需要帮助的儿童。[21] 生而自由的少男少女均可享受财政补贴——少男每月十六塞斯特斯，少女每月十二塞斯特斯（非婚生子的补贴要少一些）。国库拨出专项资金，为地主提供利率百分之五的低息贷款，以保证其农场或产业的安全。贷款利息足以抵消支出的儿童救济金。就我们所知，这些贷款永久有效。

据估计，该项目在意大利全境每年耗资三亿一千一百万塞斯特斯，相当于年军费预算的四分之三。[22] 那么，设立该项目有何目的？

据信，图密善时代以降，意大利遭遇了农业危机。大地主小普林尼曾表示，他的佃农难以支付地租，欠款越来越多。"结果，（他们）大多无意偿还债务，因为他们根本就还不起。"[23]

粮补项目肯定改变了大家的经济预期。补贴指定公民后代（均为依法持有罗马公民权的半岛自由民），打消了年轻一代对贫困的顾虑。小普林尼在自己的产业范围，也实行类似但规模小得多的项目，旨在让少男日后当兵，少女嫁人生育。皇帝想必亦有此考虑。

低息贷款可能本就用于土地投资和振兴计划。从铜碑内容看，大多数承押人为中产阶级，他们肯定希望投资自己的农场，或至少补偿务农损失（这一点倒没写明）。

那么，如此大量的资金流入意大利乡下，是否产生了可观的影响？我们不太清楚，但朝廷显然对此引以为傲，不但发行了一系列粮币，而且还发行了刻着豪言壮语"重振意大利"（Italia restituta）的钱币。[24]

针对青年帮扶和乡村振兴的这些政策听起来似曾相识。然而，它们不过实事求是地解决了特殊问题。罗马没有创建福利国家。即便如此，他们有最佳元首——宽宏大量，乐施好善，才智过人。

苏拉去世后，哈德良负责为皇帝撰写演说辞。[25] 这意味着，他经常有机会面圣，一来二去，两人的关系也越来越亲密。有人猜测，他时而还帮助皇帝批奏折。果真如此，他会发现，在那些数不胜数的奏折里，官员无论大小，都喜欢拐弯抹角，总是强调自己地区事务重要，朝廷应该多多了解，进而奏请决断。

说来也巧，图拉真与某高官的一批信札，有幸逃过了井井有条的文书、蛮族侵略者、基督教修士的毒手。黑海南岸行省比提尼亚-本都一度财政混乱，管理无序。公元 110 年，皇帝任命经验丰富的小普林尼为钦差大臣（legatus Augusti），赴当地处理政治与财务状况。普林尼给图拉真的信札现存六十一封，涉及各类领域的请示。尽管他权力广泛，又有皇帝亲旨，但仍事无巨细地向皇帝启奏。对于外出公干的官员，这不失为明智之举，可以使上级始终掌握自己的动向，避免误解或怀疑。

不过，他们仍会讨论至关重要的事情，皇帝谨慎的口气一如既往。"依朕之见，还是退让为妙，"他曾批复道，"我们不该改弦更张。"[26]图拉真坚持的基本原则是，尽量不干涉行省人的生活与习惯。正如他对涉及比提尼亚地方元老的某事件，指示道："朕以为，最稳妥之举，总是按当地法规行事。"[27]

然而，皇帝温和，非因优柔寡断，倒体现了其刚毅果决。从他对普林尼的指示便可见一斑。

罗马人对兴起不足百年的基督教所知甚少。依照圣保罗在《使徒行传》和他自己书信中的纪行，帝国东部城市存在大量基督教聚落，尤其是地处贸易要道的城市；京城亦然。一开始，基督徒鲜为人知，世人对其传教目的也多有误解。有人控诉他们为非作歹，甚至在某歪曲的圣餐典故中，说他们同类相食。

不过，皈依人数仍与日俱增。从保罗书信中的名字看，信徒来自五湖四海，出身各个阶层。众所周知，公元 1 世纪 90 年代，图密善的一个亲戚可能因皈依基督教而遭到处决，尽管那时，基督教还没有引起统治阶级的兴趣。

使徒保罗打算前往比提尼亚-本都，却由于"圣灵"反对而神秘地失败了。不过，该地后来不但出现了一个基督教聚落，而且其后几年，日益壮大，令普林尼顾虑重重。他知道，自己应该镇压这个教派，可不知该以何种名义。于是，他致函罗马，寻求批示。[28] 给基督教徒定罪仅仅出于其教徒身份吗？还是出于据称与此身份相关的罪行？如何量刑比较合适？普林尼发现，信徒为基督唱颂歌，"俨然他是神明"，并且立誓戒绝偷盗、抢掠、通奸。圣餐时，他们吃的是"普通无害的食物"。根本就没有同类相食。基督教毫无恶意，这让普林尼困惑不已。

皇帝的态度依然谨慎。他写道，不可能为此事立规矩。[29] 如果有人被证明为基督徒，那他就该受到惩罚（这里图拉真没有回答如何量刑）。可若他向罗马神祇献祭，就应该得到原谅。皇帝补充道：

> 匿名流传的小册子肯定不乏中伤之语。它们开了最恶劣的先例，与我们这个时代的精神背道而驰。

哈德良是否读过这条裁定？难说，但极有可能。事关重大，图拉真应该征询，或至少通知了自己的心腹。再者，罗马的官员肯定也明白，全国上下应贯彻皇帝的旨意，于是纷纷宣扬这条裁定。无论如何，哈德良多年后被迫为基督教定论时，肯定翻查了宫廷档案。

注 释

（主要资料来源：《罗马君王传》，狄奥·卡西乌斯和小普林尼，亦见粮碑。）

［1］ HA Hadr 3 9.

［2］ Ibid., 3 9.

［3］ Ep de Caes 42 21.

［4］ HA Hadr 3 9.

［5］ HA Hadr 3 10.

［6］ Dio 68 15 4–6.

［7］ Pliny Ep 4 30.

［8］ HA Hadr 3 10.

［9］ Epit de Caes 13 6.

［10］ 这可能是达契亚战争期间，图拉真增加了两个军团以后的兵力。

［11］ Eutropius 8 4.

［12］ Dio 68 7 3；下一个引文"更喜欢……"亦然。

［13］ Digest 1 4 1Pr.

［14］ Acts 25 11.

［15］ Digest 48 19 5.

［16］ Smallwood 98.

［17］ Amm Marc 27 3 7.

［18］ 例如，见 Pliny Ep 10 66。

［19］ 现藏于帕尔马的国立考古博物馆。

［20］ CIL 1455 及 11.1147。

［21］ CAH, vol. XI, p. 115 反对把贫困作为判定标准。然而，当时行省
的罗马公民是经过遴选的，而且出身当地的富裕阶层，但在意
大利则没有如此说道，故那里的很多公民想必家徒四壁。如果

粮补体系无法让他们的子嗣受惠，那还有什么意义？ *Epitome de Caesaribus* 12 4 表示，受选的儿童都是最需要帮助的。

［22］Bennett, p. 83.

［23］Pliny Ep 9 37.

［24］RIC II 278 no. 470.

［25］HA Hadr 3 11.

［26］Pliny Ep 10 115.

［27］Ibid., 10 113.

［28］Ibid., 10 96.

［29］Ibid., 10 97.

第十二章

远征东方

出身名门的罗马人从小就受到教育，希腊历史与文化比自己的更有价值，而初访雅典无疑是人生大事。小普林尼致信某年轻友人时表示，自己要"前往真真正正的希腊,据说文明、文学,连农业都发源于那里"[1]。

从罗马出发的旅客往往选择两条路线。他可以骑马走亚壁古道（Appian Way），再转行图拉真下令建造的新支路，至布伦狄西乌姆（Brundisium，今布林迪西［Brindisi］）乘船，穿越亚得里亚海，经过希腊海岸，最终进入科林斯湾。这条航线没有客船，但有可订位的商船——官员或庙堂要人有权征用战船——船倒是快，却并不舒服。在科林斯西部港口登陆后，还要翻山越岭，到达科林斯东部。另一条险象环生的路线是，沿意大利海岸南行，再向东穿越墨西拿海峡，绕过风力强劲的伯罗奔尼撒半岛。

不论走哪条路线，旅客最终都要到达比雷埃夫斯港（Piraeus）。该港口拥有三个不惧风雨的优质码头，东地中海最强大的舰队便一度以此为家。旅客骑行数英里进城，沿途可以发现用来连接雅典及其船只的长墙遗址。路边则竖立着历代雅典人的墓碑。

不久，一座壮丽的城市就在崇山峻岭之间冉冉升起。护卫卫城堡垒的雅典娜女神像手持长矛，头戴钢盔，雕像上下洒满了阳光。帕特农神庙的廊柱同样熠熠生辉。

六百年前品达（Pindar）的诗句可谓恰如其分：

> 啊，你闪闪发光，头戴紫冠，美歌吟唱，
>
> 著名的雅典，你是希腊的屏障，
>
> 你是诸神的堡垒。[2]

公元112年，哈德良来到雅典，并逗留了一段时间。[3] 这是他有记载以来首次到访雅典，当然（如前文所说）他年幼时，很可能曾随父亲一同前往。另外，在执政官任期结束后的空闲期，他或许也曾到过雅典。身为朝中要员，哈德良出行无疑随行者甚众。按惯例，此等官员出巡往往有妻子陪同，故爱意不深的萨比娜亦有可能在丈夫左右。

哈德良走了哪条路线我们不得而知。照理说，他应该会选择第一条，即取道布伦狄西乌姆与科林斯。沿途他不得不频繁步行，骑骡子，或者坐骡车，而且耗时长，更劳人，但避免了在风暴之中遇难的危险。哈德良可以像多数罗马游客那样，到胜利城（Nicopolis）小住。公元前31年，奥古斯都在亚克兴海战中击败安东尼与克利奥帕特拉，随后于附近兴建了这座城市。

胜利城固然景色优美，但它的另一大魅力不容小觑——哲学家爱比克泰德曾在此居住讲学。众所周知，哈德良曾与爱比克泰德相交为友，也对其赞叹不已，两人很可能早已在罗马结识。[4] 他应该不会放过这个相遇的好机会。

• • •

大约此时，一位来自比提尼亚的热心青年正随爱比克泰德学习，并且速记了大量讲稿。此君便是卢基乌斯·弗拉维乌斯·阿里阿努斯·色诺芬（Lucius Flavius Arrianus Xenophon，英语世界称其为"阿里安"），当时年龄在二十至三十岁间。他聪敏好学，其偶像是希腊作家兼冒险家色诺芬（以其名为己姓，这极其罕见）、亚历山大大帝（为其立传，影响深远）和爱比克泰德。

阿里安深为爱比克泰德的思想所折服。他意识到，这位哲学家跟苏格拉底一样述而不作，遂决定记录其讲演并公之于众，也因如此，这位哲学家的哲学才能准确地流传下来。从记录中我们不难发现一个主题——嘲讽当局，更确切地说，嘲讽皇帝。尽管不见哈德良的名字，但不少地方明显契合他的品性。[5]

有一次讨论，爱比克泰德提出，人人皆为神子。他说："就算皇帝收养你，也没人能忍受你的自负。"[6]后来，他问道："跟皇帝或者罗马国内任何大权在握者沾亲带故，能否使自己安稳过日，不受蔑视，无所畏惧？"[7]图拉真身边为数不多的身居要职的亲戚中，除了可能在下面听讲的那位，爱比克泰德还能认识谁呢？

有人抓住达契亚战事侃侃而谈，对此，这位哲学家表示不必大惊小怪。

> 有人……毫不留情地说："我根本没法在这个家伙家里吃饭。真是受不了，他天天念叨在默西亚（哈德良的行省）怎么打仗：'哥们儿，之前我讲了我是怎么爬到山顶的；好了，现在我讲讲自己是怎么陷入包围的。'"但也有人说："我要是你，就自己吃自己的，让他乐意怎么说就怎么说吧。"[8]

最后，爱比克泰德建议那些忍受不了的人："别忘了，餐厅的门始终开着。"

　　我们无法证明，哲学家打趣的时候是否想到了哈德良。不过，这些轶事所描绘的人物实在太像他的所作所为——居功自傲，喋喋不休，以为无所不知。

　　更有趣的是，一个眈视皇位的人，居然求教于一个批判帝制的思想家。爱比克泰德认为，世人过于夸大强人的"权力"。在与某位名叫马克西穆斯（Maximus）的帝国官员对话时，哲学家戳破了自大的气球。

　　马克西穆斯：我是希腊人的审判官。

　　爱比克泰德：你知道怎么做审判官吗？是什么让你知道的？

　　马克西穆斯：恺撒为我写了信任状……

　　爱比克泰德：这里还有另一个问题，那就是，你怎么成为法官的？你吻了谁的手？你曾在谁的卧房睡过？你送了礼物给谁？……

　　马克西穆斯：但是我可以想把谁投进监牢就投进监牢。

　　爱比克泰德：你对石头也可以这样做。

　　马克西穆斯：但是我可以用棍棒把我想殴打的人殴打至死。

　　爱比克泰德：就像你能对驴子所做的那样。那不是对人的管理。请你向我们指出什么是有利的，这才是将我们作为有理性的人来管理；这样我们就会跟随你；指出什么是无益的，我们就会远离它。[9]*

---

* 译文引自〔古罗马〕爱比克泰德《哲学谈话录》，吴欲波、郝富强、黄聪聪译，北京：中国社会科学出版社，2004年，第195—196页。

最后，爱比克泰德给他建议道，理想的权力掌握者应该像哲学家一样，以引导人走向理性之路为己任。

哈德良应该清楚爱比克泰德的政治观点，而且也应该听过类似讲演。他对所听到的内容是否赞同其实无关紧要；重要的是，他有机会思考治国之道，并严肃思考为什么皇帝被称为哲人王。

从比雷埃夫斯港骑行不远（也可能步行，毕竟他喜欢散步），哈德良便到达目的地。一走进城门，映入眼帘的是宽阔的雅典娜节日街道（Panathenaic Way）。街道两旁是柱廊，前面矗立着著名男女的雕像。顺道而行，可至制陶区（Kerameikos），并最终达到集市。

集市起初为三角形广场，周围栽着悬铃木，后来中间修了一条供运动员使用的跑道，将其一分为二。一年中大部分时间，集市摆满了货摊。这里是古代雅典的心脏。不过，此后罗马人来了，随之而来的还有他们对建筑的热情。他们修建了一座新市场——罗马集市，献给尤利乌斯·恺撒和奥古斯都。新市场呈大长方形，四周环绕着柱廊，与修道院回廊并无二致。在旧集市中心，阿格里帕建了一座多层的大音乐厅，顿时令其他建筑相形见绌。看似慷慨，实则傲慢，这是绝佳例证。

哈德良深知雅典久已失去其政治重要性，可它依然是充满思想活力的文化中心——20世纪上半叶的巴黎与之有几分相似。吸引哈德良的正是这一点。连民房都收罗了不计其数的艺术品。在卫城前门（Propylaea），即宏伟（且仍然美丽）的大理石城门，有一处画廊。到处可见圣所、神庙、雕像、祭坛。整个城市俨然露天的大型博物馆，庆祝着希腊文明取得的成就。

但凡有钱有门路者都不想待在大同小异的客栈和旅舍里。一位当地富商（也可能是友人或熟人）或政府官员可能会慷慨解囊提供住宿。哈

德良在雅典的招待者姓名不详，但我们不妨猜测一番。此人有可能是
盖乌斯·尤利乌斯·安条克·埃皮法涅斯·菲洛帕普斯（Gaius Julius
Antiochus Epiphanes Philopappus）。他是个无牵无挂的百万富翁，对希
腊文化、东方文化、罗马文化来者不拒。

　　他的名字大有来头："盖乌斯·尤利乌斯"说明他有罗马公民权，
但具有亚细亚血统，是科马根尼（属古代亚美尼亚，紧邻奇里乞亚东部）
末代国王安条克四世（Antiochus IV）的孙子。安条克四世是罗马藩属
国国王，富甲一方，却并非最精明的政治家。公元72年，他明智地支
持了争夺皇位的韦帕芗，提图斯围困耶路撒冷时，他亦出兵相助。可后
来才发现，他暗中勾结罗马的东方劲敌帕提亚。

　　新皇帝容不得吃里扒外，果断将其废黜。安条克只得前往斯巴达。
那里一度是与雅典争高下的强国，可如今成了僻静的旅游胜地。后来，
可能跟弗拉维政权修复了关系，他便定居罗马，与两个儿子住在一起，
广受爱戴。

　　安条克的孙子显然也很爱他，因为其别名菲洛帕普斯的意思就是
"爱祖父"。他大部分时间待在雅典，尔后成为雅典公民和贝萨区（Besa
deme）居民。身为慷慨的艺术赞助者，菲洛帕普斯会资助文化与体育
项目。他始终与朝廷高官保持联系。后来，他成为罗马元老，并于公
元109年当选候补执政官。

　　此人生活穷奢极欲，一如其名埃皮法涅斯（意为"显赫的"）所示。
他可是我们所谓的名流，除了出了名地挥霍，其实一无是处。雅典人送
其诨名"菲洛帕普斯大王"。哈德良是他的至交，萨比娜也很熟悉他的
姐姐——诗人才女巴尔比拉（Balbilla）。哈德良对他的家庭成员肯定具
有特殊兴趣，因为法术是他们的家风。他们的先辈有两位是著名占星师，
一位是提贝里乌斯·克劳狄乌斯·巴尔比卢斯（曾任埃及总督），一位
是他的父亲门德斯的特拉叙卢斯（Thrasyllus of Mendes，曾成功出任提

比略皇帝的御用占星师，这可是高危职位）。

　　哈德良并无政治、军事或私人急事，非得在危机四伏的冬季乘船出行，所以他很可能在晚春时分（5月以后）出游。到雅典后，他受到热情接待，因为雅典人几乎立即授予其公民权，而他也欣然接受；同时，他还像菲洛帕普斯一样，成为贝萨区居民。后来，雅典人还授予他最高荣誉——任命其为雅典城邦的执政官。只有屈指可数的罗马领袖获得过这项殊荣，其中包括呆头呆脑的图密善，他颁布敕令，自我任命，并缺席执政。该职位任期从夏季开始，一年为限。哈德良立即履职[10]。

　　这位新执政官工作兢兢业业，力图使公元112年的泛雅典运动会（Panathenaic Games）取得成功。毫无疑问，菲洛帕普斯也鼎力相助（我们知道他兴致勃勃，因为他曾被任命为大会策划人[agonothetes]）。运动会每四年一次，于奥林匹克周期（Olympiad）前一年的盛夏举行，旨在考验身心的极限。

　　除了体育比赛，还有诗歌比赛。参赛者要朗诵或唱出荷马史诗中的片段。音乐比赛（里拉琴独奏，长笛表演，里拉琴或长笛伴唱）则在极其古怪的建筑中举行，即为卫城附近的大剧场（Odeion）——结构呈巨大的方形，顶棚由众多立柱支撑，采用石头与木料兴建，仿效波斯万王之王薛西斯（Xerxes）的大型帐篷（公元前5世纪早期，这位国王入侵希腊失败后，不得不弃帐而逃）。

　　每年盛夏时节就上演大型盛典，向城市守护神帕拉斯·雅典娜（Pallas Athene）致敬。女祭司、女裁缝官以及四位精心挑选的女童会制作新长袍（peplos），然后将其盖到古老的雅典娜雕像上（女神像位于卫城的埃莱克泰乌姆神庙[Erechtheum]）。浩浩荡荡的游行队伍集结于狄皮隆门

（Dipylon Gate），一如埃尔金大理石雕塑*（或称帕特农大理石雕塑）所描绘的那样。战车手、马术师、音乐家、年长者、异邦居民、献祭用的三只羊和一头公牛、拿着斟酒用碗罐的少女，依次穿过集市，前往卫城，呈送长袍。神庙至圣所（cella）外墙美轮美奂的大理石显示，奥林波斯诸神欣然参加了盛典。

身为执政官，哈德良的首要职责之一，就是挑选两名副手和部分行政官，筹划来年3月的大酒神节（Great Dionysia）。该宗教节日旨在纪念迷狂的酒神兼农业与戏剧的护佑者狄俄倪索斯。节日期间，狄俄倪索斯剧场将一连三天上演戏剧。剧场位于卫城南坡，可容纳一万五千至一万七千名观众。每天有一位剧作家呈现三部根据知名传奇改编的悲剧和一部滑稽剧（即所谓的萨堤尔剧）。喜剧与颂歌合唱也会上演。

最初，剧目都是新作，但到了哈德良在任时，观众希望重现埃斯库罗斯、索福克勒斯、欧里庇得斯等大师的经典之作。评委由抽签选出，他们负责为最佳表演者（choregos）授予常春藤花环。按照职位，哈德良于观众席前排，同评委和其他要人一同就座。

若《罗马帝王传略》所言不虚，那么哈德良但凡有空，都会从执政官事务中抽身，努力提高自己的文化修养（作者有奉承之意，因为文中提及的波利克雷图斯［Polycleitus］和欧弗拉诺尔［Euphranor］都是赫赫有名的老行家）。

> 他如饥似渴地了解雅典人的追求和风俗，掌握了修辞等
> 学科技能，如演唱、奏乐、医学等。他是音乐家、几何学家、

---

* 埃尔金大理石雕塑现存大英博物馆，是古希腊帕特农神庙的部分雕刻和建筑残件，其上雕刻有雅典节期间雅典人民游行的场景。19世纪初英国外交官埃尔金（Elgin）伯爵将其从土耳其奥斯曼帝国手中买下，切割后运回英国，故称埃尔金大理石雕塑。

画家、能工青铜或大理石的雕塑家（艺术水准仅次于波利克雷图斯与欧弗拉诺尔 [11]）。的确，他是世所罕见的奇才，能出其右者寥寥可数。[12]

哈德良已三十五岁，正值人生黄金时期。他身材高大，体格非常健壮，但举止优雅，头发也精心卷起来。[13] 根据狄奥·卡西乌斯记载，他"平易近人，散发着某种魅力" [14]。

他的五官标致——鼻子挺拔，脸颊丰满，双眉颦蹙。他以警觉甚至怀疑的眼光打量着四周。奉承者说，他的眼睛"含情脉脉，明亮而犀利，目光炯炯" [15]，符合地道的希腊人和伊奥尼亚人的特征。有人不禁怀疑，哈德良可能就喜欢听这样的话（正如其敬重的奥古斯都，对**自己的**明眸引以为傲 [16]）。他有自己的抿嘴方式，即下唇微微撅起。总而言之，他给人的印象是遇事刨根问底，断决如流，洞隐烛微，有时甚至刻薄。这个自信的人常发号施令，但从不奢望别人高效执行。

哈德良的面孔有一处引人注目的特质。几个世纪以来，罗马上层人士经常把胡子刮得干干净净（发明肥皂和剃须刀以前，这可是苦差事）——当然，这是在平时，因为打仗期间，他们索性留着胡子，就像图拉真纪功柱的浮雕所描绘的那样。公元前 2 世纪初，西皮奥·阿非利加努斯（击败汉尼拔的魅力型年轻将军）确立了这个风尚。不过，下层民众不必效仿。那时，罗马跟今天一样，讲究社交吻礼。马提亚尔曾厌恶地写道："亲吻胡子拉碴的农民，就像亲吻公山羊。" [17] 共和时代后期，富有的年轻人炫耀山羊胡，以惹怒自己的长辈；西塞罗就把他们称作"男胡子"（barbatuli）[18]。不过，不留胡须的传统一直延续到帝国时期。

哈德良决定遵从自己的品位，保留胡须。《罗马君王传》指出，他这样做是想掩盖胎记 [19]，但就算如此，这也并非唯一目的。爱比克泰德对胡须也有一番见解，毫无疑问，哈德良深以为然。爱比克泰德问门生：
"还有什么比胡子更没用的吗？"[20] 随即，他便给出否定答案。他认为，
胡须是区分男女的天然标志，而且比雄鸡的鸡冠、雄狮的鬃毛更潇洒。
"所以我们应该保留神赐予的标志，不可将其除掉，不可摒弃以胡子区
分性别的方法。"[21]

　　爱比克泰德的说话对象是罗马人，而非希腊人，因为成年的希腊男
性往往把胡须修短，这也是他们明显的民族特征。我们这位雅典新执政
官，不希望打扮成身穿托加、胡须刮净的帝国主义者。我们不知道他何
时起不再刮胡须，但很可能此时已经如此[22]——这表明他会与热情欢迎
自己的城市团结一致，同时也显示自己的希腊特征。

　　在雅典的数月是哈德良生命中的一段辉煌时期。他是罗马统治集团
的一员，而且自始至终未离开这个圈子。不过，至少有一段时间，他领
导着这个自己深深敬仰的文明。他可以把自己想象为真正的希腊人，伯
利克里及诸位先贤的后裔。

　　多年和平之后，最佳元首又开始盘算战事。这一次，他头脑里的敌
人是帕提亚帝国。帕提亚人最早是伊朗东北部的游牧民族。后来，他们
打败并侵占了由亚历山大大帝的马其顿部下塞琉古（Seleucus）建立的
塞琉古帝国。在鼎盛时期，该国版图从今巴基斯坦，延伸至幼发拉底河。
由于没有文字史料，世人对它所知甚少，但可以肯定，他们管理松散，
附庸省份充分自治。公元 110 年左右，国王科斯罗伊斯（Chosroes）发
行了一枚钱币，上面将其王朝的古代奠基者，尊称为"希腊人之友"[23]。
由此可见，他无意停止、倒转或者颠覆中东的希腊化进程。

　　帕提亚贵族很是与众不同。他们似乎很少离开马背，打仗也好，用
餐也好，旅行也好，休闲也好，均如此。他们蓄着长髯，使用美容品，
头发也打理得十分精致。据普鲁塔克回忆，帕提亚指挥官"脸上涂粉，

梳着分头"，这副容易让人看走眼的女性化装扮，却曾让罗马士兵吃尽苦头。[24] 这位指挥官打仗之勇猛，他们见所未见。

虽然军事上帕提亚人雷厉风行，但他们奇怪的体制架构大大削弱了他们的力量。万王之王是他们绝对的统治者，且必须来自阿尔沙克氏族（Arsacid clan）；不过，他必须由两个议事会选举产生。一个代表贵族，其实是阿尔沙克氏及其旁支，即所有的亲属；另一个代表智者（Magi），也就是负责宗教与丧葬事务的祭司部落。这两个议事会可以在任何时候选举新王。王权更迭从来都不是一帆风顺，长子继承往往让位于兄弟继承，而被逐在外的长子又常常回来与叔父一争高下。

我们难以理解，当时图拉真为何打算远征帕提亚。在达契亚战争中，他已经展示了自己的英勇果敢，但那时是为了应对真正的军事威胁。总的来说，图拉真常以爱好和平的形象示人。

如前所述，爱比克泰德的学生阿里安是哈德良的朋友，同时也是能力出众的公职人员和历史学家。他确信，图拉真在乎帝国的尊严，但也竭尽全力避免与帕提亚交战。[25] 狄奥·卡西乌斯（尽管只是在后面的总结中）的观点恰恰相反。他明确指出，皇帝找借口发兵，其真正的动机是"渴望赢得荣耀"[26]。

鉴于史料不多，我们不可能肯定哪种观点正确，但有足够线索表明狄奥言之有理。

公元 112 年，皇帝庆祝登基十五年。1 月 1 日，他步入第六个执政官任期，并为其宏伟的新广场和教堂举行命名仪式。皇帝还发行了印有良妻普洛蒂娜和爱姊玛尔基娅娜头像的钱币。[27] 两位女性首次获得尊号"奥古斯塔"。不幸的是，玛尔基娅娜于 8 月过世；她的弟弟准备为其封神，同时晋升玛提狄娅为奥古斯塔。萨比娜现在成了女神的孙女，奥古斯塔的女儿。

为纪念图拉真的父亲，也曾发行同样类型的节庆币。图拉真父担任叙利亚总督时，因战胜帕提亚人获得一次凯旋式殊荣（ornamenta triumphalia），后来儿子为其封神。在另一种钱币上，除了图拉真自己的头像，还刻上了奇怪的文字——"愿运气护佑他平安归来"（fort[una] red[ux]）。这说明，皇帝正谋划一场帝国远征（profectio）。考虑到向上一位打败帕提亚的罗马人致敬，有人认为，这暗示战火即将重燃。当时其他钱币的图案都具有浓厚的尚武色彩——要么是战神头像，要么是皇帝骑马蹂躏手下败将，要么是军鹰或军旗。

根据《罗马君王传》记载（遗憾的是，没有写明事件的确切日期），"远征帕提亚"期间，皇帝任命哈德良为副将。[28] 狄奥指出，他"被派往叙利亚，负责帕提亚战事"[29]。这或许意味着，公元113年前后，哈德良从雅典前往与帕提亚帝国接壤的叙利亚行省，并着手组建进攻部队。如此，早在公元112年初动身去希腊之前，他很可能就已接到皇帝密令，并在停留希腊期间做了初步准备。

这些特殊的证据足以表明，皇帝早有打算，只待时机成熟。当然，长久以来，两大帝国之间关系微妙。帕提亚人经常为宫廷内斗所累，无暇谋划侵略战争。他们的政客肯定也清楚，本国的管理体制难以应付更大的疆域。不过，在一心想建功立业的罗马将军（如克拉苏、尤利乌斯·恺撒、马克·安东尼）看来，帕提亚是难啃却诱人的猎物。想来，图拉真也继承了这一传统。

寻觅已久的开战借口终于在亚美尼亚出现了。这块骨头双方争夺了百年有余。双方都认为该国已在衰落，正好有利可图。很久以前，奥古斯都曾提议进行顾全颜面的谈判，后在尼禄时期确认下来：帕提亚人提名帕提亚王储担任亚美尼亚国王，但罗马人负责确认，并在罗马举行加冕仪式。总体而言，这项折中方案确保了虽不稳定但可持续的僵局。

　　然而，这些年来，帕提亚由两位互不相让的国王分而治之＊。公元 113 年后半段，帕提亚王位争夺战的领先者科斯罗伊斯，自信地废黜了亚美尼亚国王，也就是自己的侄子，而让国王的兄长帕尔塔马西里斯取而代之。这里本没什么值得特书的地方，除了愚蠢的科斯罗伊斯没有请示图拉真，便擅自行事。这当然令罗马颜面尽失，但也没有危及帝国的基本利益。皇帝本应该效仿奥古斯都，予以理性的回应，并派遣高官（如哈德良），商议可行之策。

　　尽管如此，图拉真显然认为，谈判是最不应该的选项。舆论同样热情地支持皇帝。于是，在众人欢呼中，（根据最新资料）他率领"大军和元老"[30]，离开罗马，前往东方。至于出发日期，他很可能选择了自己为涅尔瓦所收养的日子——10 月 25 日。科斯罗伊斯闻讯大惊失色，忙派出使者，到雅典觐见图拉真。他呈送礼物，并乞求图拉真不要开战。为了尽力弥补之前的过失，这位万王之王恳请将亚美尼亚授予帕尔塔马西里斯，并授予其王冠，以示首肯。他表示，自己已经废黜亲侄，现在"夹在罗马人和帕提亚人中间，两面不讨好"[31]。

　　图拉真没有心软。他拒绝接受礼物，无论口头还是书面，都没有回应科斯罗伊斯的请求。他只是冷酷地表示："交情靠做不靠说。到了叙利亚，我行事自会掌握分寸。"[32]

　　那么，图拉真的真实动机是什么？既然话里没明言，那他心里究竟如何想的？我们恐怕只能推测，但有一件事可以肯定——他遵从由来已久的帝国扩张的科律。他仰慕亚历山大大帝，侵略帕提亚将会漂亮地回应这位马其顿国王的征服。他现在年近六十，对于年轻时的冒险梦，这

＊　公元 105 年，帕提亚国王帕科罗斯去世，他的兄弟科斯罗伊斯继位，但同一时间另一王族成员沃格吉斯也自立为王。由是帕提亚被一分为二，沃格吉斯占据东部，科斯罗伊斯占据西部。此时与图拉真治下的罗马爆发冲突和战争的是科斯罗伊斯领导的帕提亚。

可能是他实现的最后机会。

　　哈德良在当时叙利亚都府安条克（今安塔基亚［Antakya］）待命[33]，只等图拉真前来，带领他集结的军队[34]。安条克为塞琉古于公元前 4 世纪建造，东毗奥隆特斯河（Orontes），西邻西尔皮乌斯山（Silpius）。全城规划仿照亚历山大港，两条柱廊长街汇集于市中心。安条克有人口五十万左右，为帝国仅次于罗马与亚历山大港的第三大城市。

　　大约四英里外，有一座砌了围墙的公园（paradeisos），叫达夫尼（Daphne）。公园位于峡谷之中，长满了月桂和柏树，里面还有规则式园林和瀑布。一处名为卡斯塔利亚（Castalian）的泉水，据信可预测未来。很可能在这里，迷信的哈德良卜问天意，并得知自己会成为一国之君。[35]

　　达夫尼固然以宗教仪式闻名，但大家更知道，那里跟安条克一样，是寻花问柳的好去处。因为这座城市，亚细亚人给世界留下了狡猾多诈、过河拆桥、不值得信赖的刻板印象——这或许是罗马人最接近如今种族主义的地方。不过，安条克号称"东方雅典"，其富饶吸引了来自地中海区域的艺术家、哲学家、诗人、演说家，保证他们能过上奢侈而放纵的生活。尽管哈德良事务繁忙，但对于像他一样喜欢猎奇又愿意尝试的人，安条克不啻为休闲娱乐的天堂。

　　到了 12 月底，哈德良恭迎抵达安条克港口皮埃里亚的塞琉西亚（Seleucia Pieria，今萨曼达［Samandağ］附近）的图拉真。两人随即前往附近的卡西乌斯山，到上面的宙斯神庙举行宗教仪式。卡西乌斯山海拔近六千英尺，为叙利亚北部最高的地标，从上面可俯瞰塞浦路斯和奇里乞亚境内的陶鲁斯山脉（Taurus）。

　　两人向神明敬奉了大量贡品，还许诺，若罗马人在一触即发的战斗中获胜，将敬奉更多。[36]哈德良专门为此用希腊哀歌体写了一首短诗。

> 埃涅阿斯之子图拉真，向宙斯·卡西奥斯敬奉这份贡品，
>
> 前者为万民之王，后者为万神之王：
>
> 两个制作精良的杯子，以及取自大公牛的
>
> 饰有亮金的牛角，
>
> 这些都是他以前的战利品，坚忍不拔的
>
> 他用长矛把盖塔人打得落花流水。
>
> 但，是您——乌云之主——赐予他神力，
>
> 使之能光荣地赢得这场阿契美尼德之战。
>
> 这样，您见了两份战利品，心就可以温暖两次，
>
> 战利品一份来自盖塔人，一份来自阿尔沙克人。[37]

身为王族的埃涅阿斯逃离了特洛伊焦土，在意大利落地生根，其后裔创建了罗马。因此，图拉真被视为这一伟大传统的千禧世代继承人。阿契美尼德人（得名自亚历山大征服的王朝）与盖塔人实为诗歌隐语，暗指帕提亚人与达契亚人。哈德良认为，既然以前连战连捷，这一次同样志在必得。可神明会让他们心想事成吗？

注　释

（主要资料来源：狄奥·卡西乌斯，《罗马君王传》，以及爱比克泰德；有关罗马时期的雅典部分，亦见坎普［Camp］的著作。）

［1］Pliny Ep 8 24 2.

［2］Pindar Dith 76 (46).

［3］一般认为哈德良于公元112年出任雅典执政官，遂持此说。由于雅

典官员任期起讫时间均为夏天，故这可能是 111—112 年或 112—
113 年。泛雅典运动会于 112 年举行，所以哈德良很可能是 112—
113 年在雅典逗留。

［4］HA Hadr 16 10.

［5］此处受 Birley, pp. 60-61 之启发。

［6］Epict 1 3 2.

［7］Ibid., 1 9 7.

［8］Ibid., 1 25 15-16.

［9］Ibid., 3 7 30-33.

［10］*Constitution of Athens* 55 指出，执政官当选后立即履职。我认为，
公元 1 世纪的雅典人依旧保留这个传统。

［11］拉丁原文为 Euphranoras，应该就是欧弗拉诺尔。

［12］Ep de Maes 14 2.

［13］有关哈德良的相貌，见 HA Hadr 26 1-2。我还以他的塑像为依据。

［14］Dio 69 2 6^2.

［15］Script Phys Vet 2 51f (Adamantius).

［16］Suet Aug 79 2.

［17］Martial 12 59 4-5.

［18］Cic Att 1 16 11.

［19］HA Hadr 26 1.

［20］Epict 1 16 9.

［21］Ibid., 1 16 14.

［22］这一观点，见 Birley, p. 61。

［23］Smallwood 44a.

［24］Plut Crass 24 2.

［25］见 Arrian Parth frag. 33。

［26］Dio 68 17 1.

［27］BMC III p. 108 531; p. 106 525; p. 101 500; p. 112 569 ff.

［28］HA Hadr 4 1.

［29］Dio 69 1.

［30］ Malalas 11 3-4.

［31］Dio 68 17 2-3.

［32］Ibid.

［33］这一时期哈德良的活动与行踪不详。Malalas 11 3-4 中指出，他陪
　　　皇帝东巡，可能是在离开雅典之后。不过，Dio 69 1 和 HA Hadr
　　　4 1 中都有提到，哈德良先于图拉真去了叙利亚。

［34］我们不清楚哈德良的职责，但可以推测，其中应该包括为帕提亚
　　　之战集结军队。

［35］Amm Marc 22 12 8. 具体时间不详，很可能发生于哈德良短暂出任
　　　叙利亚总督的公元 117 年。

［36］Arrian Parth frag. 36.

［37］Anth Pal 6 332.

第十三章
大功告成

皇帝并不着急。他取道达夫尼风光旖旎的花园，前往安条克，并在那里度过公元113年的冬季。他的第一个目的地是借口发兵的亚美尼亚，而且不得不一直等到沿途雪化以后，才向那个遥远的高海拔王国进发。

图拉真提拔哈德良为类似如今的参谋长，主管帕提亚远征。他的矛盾心理显然也见于此次授权。眼下，哈德良是帝国的二号人物。尽管他完全有能力治国理政，但地位仍不稳固。皇帝已年过六旬，可依然无意考虑继位问题。

图拉真是头脑清醒的君主，我们该如何解释他的失职呢？也许，他拒绝承认自己年事已高，这种心态跟当年亚历山大如出一辙。不过，朝野纷争同样不容小觑。皇帝的幕僚各执己见。《罗马君王传》中有一段文字，反映出形势并不明朗：

当时，（哈德良）与昆图斯·索西乌斯·塞涅基奥（Quintus Sosius Senecio）、马尔库斯·埃米利乌斯·帕普斯（Marcus

Aemilius Papus）、奥卢斯·普拉托里乌斯·涅波斯（Aulus
Platorius Nepos）三位元老交情甚好，又同自己的前监护人普
布利乌斯·阿基利乌斯·阿提阿努斯，同利维阿努斯、图尔波
等骑士情深意切。[1]

这些都是精英当中有头有脸的人物，因为他们均是凭借自己的才能与毅
力取得如今的成就。塞涅基奥在达契亚一言九鼎，还两次出任执政官。
他德才兼备，是小普林尼（曾向其抱怨有文学素养的听众可遇不可求）
和普鲁塔克的朋友。哈德良大概在公元 101 年初入政坛时便与之结识。
帕普斯和普拉托里乌斯·涅波斯都来自西班牙，为贝提卡"大佬组织"
成员，在提布尔市内或周边拥有别馆。至于上了年纪的阿提阿努斯，我
们早已熟悉。大约三十年前，年幼的哈德良失去父亲后，他便与图拉真
一同担负抚养之责。如今，他是指挥禁卫军的长官之一，身兼稳定政权
的重任。[2] 提图斯·克劳狄乌斯·利维阿努斯（Titus Claudius Livianus）
也曾担任该职。他豢养了两个英俊帅气的双胞胎男孩，[3] 故可能对哈德
良怀着特殊兴趣。

　　图尔波我们也并不陌生。他在阿昆库姆当过百长，可能那时初次结
识年轻的哈德良，并走进其圈子。他的仕途一帆风顺，如今担任驻守米
塞努姆（Misenum，今米赛诺［Miseno］，位于那不勒斯湾西北角）的
舰队副将。狄奥·卡西乌斯如此评价他道："他做事既不娇气，又无傲气，
生活上与常人无异。"[4]（事实上，他的品性与刚刚去世的利基尼乌斯·苏
拉恰好相反。由此可见哈德良交游之广泛。）

　　对手方面，按《罗马君王传》的说法，奥卢斯·科尔涅利乌斯·帕
尔马（Aulus Cornelius Palma）和卢基乌斯·普布利利乌斯·克尔苏斯
（Lucius Publilius Celsus），"经常与哈德良作对"[5]。帕尔马是图拉真比
较年轻的朋友。帕尔马为人可靠，曾两次出任执政官，公元 105 或 106

年打败了纳巴泰阿拉伯人（Nabataean Arabs）。桀骜不驯的纳巴泰阿拉伯人是叙利亚南部边境的游牧民族，贩卖乳香和没药，并将其带入帝国境内。克尔苏斯则于公元113年第二次出任执政官，很受图拉真器重。据狄奥记载，他和另一同事获得了竖立公共雕像的殊荣。[6] 还有一些批评者躲在暗处，其中就包括他的姐夫塞尔维阿努斯。

图拉真为何不信任哈德良，我们不得而知。显然，哈德良能力出众，头脑机警，没有现存材料表明他对图拉真背信弃义。历史证明，皇亲国戚周围容易形成批评官方政策的小集团。因此，有人不免怀疑，哈德良反对帕提亚战争，可即便反对，哈德良肯定也会守口如瓶。他张罗远征事务，跟皇帝朝夕相处，真那样做，难免被人扣上谋逆或伪善的帽子。

对哈德良品性有微词者可能不乏其人。据传，哈德良虽兢兢业业，却自以为是，这不禁令同僚怒从心生。愚者可看不惯自己眼中的蠢蛋。

无论真相如何，图拉真当机立断地表示，远征之事重大，盲目咬定哈德良过失与否，容易造成双方疏远。继位问题不得不暂时搁置。

春天一到，图拉真便率军离开安条克，前往位于幼发拉底河罗马一侧小亚美尼亚的萨塔拉（Satala）。此次行程长达475英里，有些地段难以跋涉。最终，罗马人大概于5月底到达目的地。[7] 沿途中，一些藩属王和小国君主为了避免战事，纷纷遣使觐见皇帝。不过，奥斯罗伊奈（Osrhoene）国王阿布加鲁斯（Abgarus）例外。[8] 他的国家位于幼发拉底河远端不起眼的地方，是他当年从万王之王处购得。"由于既害怕图拉真，又害怕帕提亚"[9]，他送来很多贡品，捎了不少好话，可本人没有露面。

在萨塔拉，集结于图拉真手下的，除七个东方军团，还有从多瑙河沿岸行省调遣的部队（有人认为，抽走动荡地区的驻军可谓冒险之举）。部分军团甚至未满员，但图拉真可用兵力已达八个军团，另有同样数量的辅助部队，共计约八万人。

此外，图拉真还充分利用自己与日俱增的威望。他挺进亚美尼亚，但动手之前，在埃莱吉亚（Elegeia）稍作逗留，举行大典（类似英国统治印度时期的朝见会［durbar］），接见宣誓效忠的当地诸侯。其中一人进贡了一匹训练有素的马。它会匍匐在地，俨然觐见东方君主的臣子。当有人站在面前，它会弯下前腿，稽首下跪。

最值得一书的，当属帕提亚的僭位者帕尔塔马西里斯的谒见。这本该是绝佳的宣传机会，却鬼使神差地犯了大错。

帕尔塔马西里斯竟然违反礼节，姗姗来迟，[10] 让端坐于罗马军营中央的图拉真等待许久。帕尔塔马西里斯借口说，迟到是为了逃避无处不在的埃克塞达利斯（Exedares，被废黜的亚美尼亚前国王）的支持者。他把王冠摆到图拉真面前，以为皇帝能给自己加冕。[11] 士兵也都为这次"胜利"叫好。可皇帝拒行加冕礼，于是，帕尔塔马西里斯高声抗议。图拉真回答道，谁都别想把亚美尼亚拿走，并宣布其正式成为罗马行省。他允许帕尔塔马西里斯离开。

此事来得极为蹊跷。帕尔塔马西里斯一直与图拉真保持联系，很可能事前也就这次会面达成了协议。只要他接受罗马的认可与加冕权，就会被承认为亚美尼亚国王。难道中间出了岔子，致使局势失控？难道图拉真早已决定撕毁协议，耍弄帕尔塔马西里斯？根据现有说法，这似乎是混乱而非阴谋所致。当然，可以肯定，图拉真不可能突然宣布吞并亚美尼亚。这项战略决策至关重要，帕尔塔马西里斯受辱，更为此平添了几分戏剧色彩。罗马人清楚，这是大好的宣传机会。在一些应时发行的钱币上，帕提亚国王（rex Parthus）成了向图拉真乞求王位的人。[12]

不过，皇帝为何放走了帕尔塔马西里斯？那样，这位王储肯定会睚眦必报吧？的确如此。罗马人早就料到了。皇帝派一队骑兵，护送帕尔塔马西里斯及其随从上路（很可能回帕提亚）。没过多久，传来了王储暴毙的消息。显然，他试图潜逃，遂命丧黄泉——坊间一直流传着抓捕者的这一说辞。

数百年来，罗马极其重视诚信行事，视条约为圣物。可此事令最佳元首的英名毁于一旦。想必他对此也心知肚明。我们只得推测，帕尔塔马西里斯能在亚美尼亚集结强大的反抗势力，这让罗马人下定决心，宁可忍受道德拷问，也要将其除掉。

不久，亚美尼亚便失去了大片疆土。[13] 皇帝调兵遣将（包括摩尔酋长卢西乌斯·奎埃图斯，及其凶猛的骑手），到全国各地镇压抵抗运动。战斗似乎持续到冬天，因为据记载，士兵制作了雪鞋。不过，罗马人最终取得大胜，之前犹犹豫豫的当地诸侯，都决定投靠胜利一方。

其中就有阿布加鲁斯。很幸运，他有一个英俊潇洒的儿子阿尔班得斯（Arbandes）。阿尔班得斯带着金耳环，很快就引起了皇帝的注意。多亏他求情，皇帝原谅了其父先前未来谒见的失礼之举。狄奥·卡西乌斯写道，国王后来"成了图拉真的朋友，某次晚宴上，还令龙颜大悦。席间，他引荐儿子表演了某种蛮族舞蹈或其他节目"[14]。至于晚宴如何结束，没有史料记载。

要想彻底控制亚美尼亚，必须得吞并其南部的帕提亚帝国一大块区域，即美索不达米亚（今伊拉克），也就是幼发拉底河与底格里斯河之间的沃土。当然，这是来年的事。

公元 115 年，罗马人入侵帕提亚，此事非同小可，图拉真亲自带队。尽管年事已高，他仍一如既往，与士兵一同步行前进，跋山涉水。据狄奥讲，图拉真极重视操练。"有时，他甚至让斥候假传敌情，以便随时练习战术，锤炼士兵的胆量，使之无所畏惧。"[15]

战事进展顺利。卢西乌斯·奎埃图斯与图拉真，分别从东西夹击美索不达米亚（小心翼翼地绕过可爱的阿尔班得斯的奥斯罗伊奈王国），很快将其收入囊中。

到了冬季，皇帝返回安条克，并于年底向罗马发了一份捷报（laureled letter）。[16] 他很可能宣布，亚美尼亚与美索不达米亚为罗马的新行省。翌年 2 月 21 日，元老院收到消息后，热烈欢呼。尽管帕提亚帝国尚有大片土地未占领，但元老已经迫不及待为图拉真授予"帕提库斯"（Parthicus）的尊号。

与此同时，图拉真逃过一劫。1 月的某天早上，一场大地震突如其来，震源就在埃莱吉亚附近。[17] 此前，皇帝莅临吸引了大批士兵、官员、使节和游客，因此伤亡惨重。很多人困在坍塌的房屋里，"求生不得，求死不能"[18]。几天后，救援人员从废墟中救出两名幸存者——一个母亲及其小孩；那段时间，依靠她的乳汁，两人才勉强活了下来。公元 115 年的执政官之一马尔库斯·维尔吉利阿努斯·佩多（Marcus Vergilianus Pedo）不幸殒命，而图拉真侥幸跳窗逃生。

这场灾难对战争并未产生实质影响。春天一到，皇帝"迫不及待地"返回敌方土地。[19] 起初，发兵是为了平息亚美尼亚的纷争。可现在，他决定（世人不禁怀疑，他一开始就打算）颠覆帕提亚帝国。一方面，皇帝组建了足有五十支战舰的舰队。舰队沿幼发拉底河挺进帕提亚腹地。另一方面，其他兵力沿底格里斯河南行；其中有些穿越高加麦拉（Gaugamela）。当年，亚历山大即在那里，击败大流士三世（Darius III），一举统治波斯帝国，并以外族身份，成为其新的万王之王。在图拉真看来，历史即将重现。

夏天行将结束时，他抵达塞琉西亚（Seleucia）。该城位于底格里斯河远端或东岸，与帕提亚冬都泰西封遥相呼应。在这里，两条河流相距仅二十英里。罗马人把舰船从幼发拉底河，经陆地拉进底格里斯河。他们径直挺入泰西封，没遇到任何抵抗，并发现城里早已空无一人。

帕提亚人应该都闻风而逃了。罗马人在夏天抵达后，对空城并不惊诧。他们猜测，科斯罗伊斯及其宫内上下，退到了扎格罗斯山（Zagros Mountains）上清凉的夏都埃克巴塔那（Ecbatana）。不过，国王显然决定避免与罗马人兵戎相见。狄奥·卡西乌斯表示，内战使帕提亚元气大伤，无力抵御外敌。[20]

图拉真现在十分得意。他获得了"帕提库斯"的别号。新钱币上展示了战利品（钉在杆子上的敌人盾牌和武器）及两名俘虏，还刻了"占领帕提亚"（Parthia capta）。[21]他忙着细化管理事务，例如，征收运送骆驼、马匹渡过底格里斯河与幼发拉底河的运费。[22]此外，他还着手设立第三个新行省亚述。[23]

不久，他给自己放了个假。图拉真率船队顺底格里斯河南下。[24]阿里安写道：

> 其中四艘打着皇旗，为装备长木板的旗舰开道。旗舰长度接近三桨战舰（约一百三十英尺），宽度、深度与尼科麦狄亚（Nikomedia）或埃及最大型商船的近似，这样皇帝就拥有舒适的起居空间。艒柱展示着金制饰品，船帆顶部用金字刻了皇帝的名字和各种头衔。[25]

途中，皇帝依然日理万机，在旗舰上召开会议。行至底格里斯三角洲附近某岛屿时，一场风暴潮差点让他葬身河底。不过，皇帝最终抵达了波斯湾的卡拉克斯（Charax，今伊拉克的巴士拉）。他看见一艘开往印度的船，不禁感叹道："朕若再年轻几岁，定去印度看看。"[26]他肯定想起了到过次大陆的幸运儿亚历山大。

在那儿，皇帝给自己立了一尊雕像，以示所到之处（公元 659 年时该雕像仍岿然而立）。同时，他还不失时机地向罗马派发捷报。听闻帕提亚灭国，舆论惊喜欲狂。目瞪口呆的元老院投票授予其多项荣誉，包括可以随心所欲举行多次凯旋式。元老无可奈何地解释道：

> 您不停写信告诉我们，征服了哪些民族，数量之多，令我们应接不暇。有时，我们不知所措，甚至无法正确说出他们的名字。[27]

如果有什么任务大功告成，那就是这件了。

犹太人从未忘记提图斯如何将耶路撒冷夷为平地。他们散落于地中海东部，成群结队地在相邻的希腊语国家聚居。遗憾的是，他们难以与当地人和睦相处，冲突时常爆发，当然双方各有责任。

很多犹太人一直奋力反抗罗马压迫者，鄙视自己居住的异教环境。他们尤其痛恨犹太税。公元70年，提图斯血腥围剿耶路撒冷后强征此税。涅尔瓦则仅向虔诚的犹太教徒征收，但此事仍令犹太人怀恨在心。

公元115年，昔兰尼的犹太人揭竿而起。翌年，叛乱波及至拥有15万犹太居民的亚历山大港和塞浦路斯岛。导火索至今不详。或许是帕提亚人怂恿犹太人，骚扰罗马东方军团的补给线；但反罗马的民族主义也是合情合理的解释。当然，亦可能出于对弥赛亚的热望，因为利比亚的犹太领导人鲁库阿斯（Lukuas），为信众推举为王。

狄奥·卡西乌斯描绘了惨绝人寰的景象。他写道，犹太人

> 会分食同胞受害者，用其脏作皮带，用其血涂油膏，用其皮制衣物。有的人尸首分家，有的给扔到斗兽场喂猛兽，有的则被迫成为角斗士。[28]

对于这些排犹式的幻景，我们不必信以为真，但无可置疑的是，无论在乡下还是城里，百姓都人人自危，这方面我们有出土于沙漠的纸莎草文献为证。一个乡下人万念俱灰地写道："我们还有一线希望，那就是村里每个人拿起武器，抗击罪恶的犹太人——可现在事与愿违。20 号（？）那天，我们与他们交手。虽然杀了很多敌人，可还是失败了。"[29] 还有一名未尽职守的统帅（strategos）向埃及总督谢罪道："本人长期脱离岗位，致使局面混乱不堪。加之犹太人作恶多端，赫尔墨波利斯村（Hermopolis）与首府各类事务，亟待本人梳理弥补。"[30]

犹太人横冲直撞，这一点证据确凿，但他们的目的诡秘莫测。他们急于赶走罗马占领者，还是永远压制身边当地的其他族群？我们只得猜测，此次叛乱为自发而为。叛乱者没有作战计划，纯粹出于报复不公世界的满腔热血。在昔兰尼，成千上万的异族人惨遭屠戮，神庙也悉数被毁。在塞浦路斯，同样死亡者众，重镇萨拉米斯（Salamis）满目疮痍。美索不达米亚也有一个庞大的犹太聚落，图拉真疑其不忠，遂令卢西乌斯·奎埃图斯"把他们赶出"[31] 行省。奎埃图斯领旨，直接以屠杀应事。

在有勇有谋的昆图斯·马尔基乌斯·图尔波率领下，部分军团撤出美索不达米亚，以应对紧急情况，支援平民武装。经过一番努力，并痛下杀手，动荡地区终于恢复平静。在亚历山大港，罗马人不得不与对方短兵相接。事态直至公元 117 年才出现好转。离散的犹太人遭遇灭顶之灾。他们被逐出塞浦路斯（一百年后，禁令依然有效）；在埃及和昔兰尼的乡村，他们似乎销声匿迹；在亚历山大港，大部分也背井离乡。

对图拉真而言，犹太反叛本已令其颜面扫地，霉运又接踵而至。抵达巴比伦后，他得知所有被占领地区均爆发叛乱。皇帝派兵四处灭火。主要威胁有三——亚美尼亚、美索不达米亚和巴比伦尼亚（Babylonia）。亚美尼亚人找到帕尔塔马西里斯的替代者——万王之王的另一个侄子，虽然他跟罗马人交手时战死沙场，但其子继承了父志，且收效甚佳。出于军事实力考量，他向罗马指挥官提议停战，并得到应许。随后，图拉真归还亚美尼亚部分领土，换取和平。显而易见，皇帝扩张过度，没有足够兵力保留占领区。

还有一位将军战败并死在美索不达米亚，但（除了歼灭犹太人）卢西乌斯·奎埃图斯收复了省内的许多城市，包括奥斯罗伊奈都府（因为阿布加鲁斯及其子叛变了）。

最后，南部的大都府塞琉西亚（位于底格里斯河的美索不达米亚一侧）也难逃洗劫的厄运。在图拉真亲自指挥下，罗马人于泰西封城外取得大捷。不过，皇帝还是能够认清现实。至少眼下，他决定见好就收，撤离新行省，这次总算挽回了颜面。

公元 117 年，罗马人找到另一个阿尔沙克族人，名叫帕尔特马斯帕特斯（Parthemaspates），请他继承帕提亚王位。为了让其接受这个危险的职位，罗马人甚至不惜贿赂。离帕提亚冬都不远的平原上，耸立着一座高台。在那里，皇帝面对大批罗马人和帕提亚人发表演讲，极尽"浮词"[32]，描述自己取得的成就。王储向皇帝跪拜，然后皇帝亲自为其加冕。

当天发行的钱币显示，皇帝为帕尔特马斯帕特斯加冕，拟人化的帕提亚跪在他们面前。上面得意地刻着"为帕提亚人赐予国王"（rex Parthis datus）。[33] 图拉真致元老院的信中，则忠实地反映了当时情形。

> 此地广袤无垠，且与罗马相隔甚远，治理之事，谈何容易，
> 不妨派以臣服于我罗马人者，为其王。[34]

罗马人试图减少失败的损失。如果罗马想重振雄风，主宰底格里斯河，就必须收复哈特拉堡（Hatra）。此乃向东通往巴比伦之战略要地。为此，图拉真御驾亲征。哈特拉易守难攻，因为城内流有活水，而城外

不见水源只见黄沙。

　　皇帝骑在马背上，目睹攻击骑兵失败而归。虽然他脱了皇袍，但"威严的银发"暴露其身份。帕提亚弓箭手向他射击，击毙了一名护驾骑兵。天气又热又潮，时有暴雨、冰雹和天雷。士兵不管吃什么喝什么，苍蝇总会不期而至。哈特拉堡拼死抵抗。最终，图拉真耐心耗尽，打道回府。不久，他便身感不适。

　　安奇拉（Ankyra，今安卡拉）公共浴堂的墙上，曾挂着一尊青铜的图拉真半身像（保存得非常好）。其作者技艺精湛，实事求是。这尊雕像失去了以往官方肖像上傲慢、丰满的特征，代之以沟壑纵横、精疲力竭的面孔——失望至极，显而易见。总之，远征结束了。

注　释

（主要资料来源：狄奥·卡西乌斯，《罗马君王传》，以及阿里安的《帕提亚史》［Parthica］。）

［1］HA Hadr 4 2.

［2］阿提阿努斯的合作者是塞尔维乌斯·苏尔皮基乌斯·西米里斯（Servius Sulpicius Similis）。阿提阿努斯随图拉真出巡时，他驻守罗马。

［3］Martial 9 103.

［4］Dio 69 18 1.

［5］HA Hadr 4 3.

［6］Dio 68 16 2.

［7］Bennett, p. 192.

［8］Dio 68 21 1.

［9］Ibid., 68 18 1.

［10］Arrian Parth frags. 38–40.

［11］Dio 68 19 2–20 3.

［12］BMC III 103, 106.

［13］由于缺乏史料，我们无法准确判定亚美尼亚之战与帕提亚之战的时间与先后顺序。狄奥似乎将其笼统地定于公元 114 年和 115 年，我从贝内特说，以 115 年为美索不达米亚战争的时间；115 年底或 116 年初，安条克发生地震；116 年泰西封陷落。当然，这些并非定论。

［14］Dio 68 21 3.

［15］Ibid., 68 23 1–2.

［16］见 *Fasti Ostienses*，Smallwood 23。

［17］Malalas 11 275 3–8. 马拉拉斯（Malalas）的记载不甚可靠。Birley, p. 71 认为，鉴于常任执政官佩多在 12 月前早已为候补执政官替代，那么地震肯定发生于 115 年 1 月。不过，我们没必要纠结于此。马拉拉斯称佩多为执政官，是因为那年以他的名字命名。

［18］Dio 68 24 6.

［19］Ibid., 68 26 1.

［20］Ibid., 68 26 4^2.

［21］例如 BMC III 606。

［22］Fronto Princ Hist 16.

［23］关于罗马的亚述行省位置，目前尚无定论。很有可能的是，历史上著名的亚述被误认为美索不达米亚，时值南部的泰西封陷落的前一年；自那以后，美索不达米亚就被称为亚述，而前者早已用来指幼发拉底河与底格里斯河的北端。斯特拉波似乎意识到，亚

述位于我们所谓的美索不达米亚。其他学者认为，这个行省位于底格里斯河东岸。

［24］Arrian Parth frag. 67.

［25］Ibid.

［26］Dio 68 29 1.

［27］Ibid., 68 29 2.

［28］Ibid., 68 32 1－2.

［29］Sherk 129 E.

［30］Ibid., F.

［31］Euseb Ch Hist 4 2 5.

［32］Dio 68 30 3.

［33］BMC III p. 223 no. 1045.

［34］Malalas 11 274 11－13.

第十四章

四执政官

事后看来，哈德良在帕提亚战争期间全无踪影。他没有担任指挥官，尽管他应该会跟图拉真并肩作战，并且负责守卫相当漫长的补给线，尤其在有些国家不愿配合的情况下。据狄奥·卡西乌斯记载，哈德良是皇帝的随侍，"与之朝夕相处"[1]，但也仅限于此。此后，忽然之间，哈德良不但重新登场，而且占据了舞台中央。

在心灰意冷的行省都府，坏消息接踵而至。多瑙河沿岸行省相继爆发严重骚乱。此前那里的驻军被大批借调。东征正危及稳固整个帝国的纽带。图拉真委派自己的得力干将盖乌斯·尤利乌斯·夸德拉图斯·巴苏斯镇压骚乱，恢复秩序。此人功勋卓著，是加拉太人，跟过去的某个皇族沾亲带故，这个皇族像雅典的菲洛帕普斯一样，国家被吞并，划为新行省后，其家族自愿归化为罗马人。[2]巴苏斯参加过达契亚战争，对达契亚了如指掌。

彼时，巴苏斯为叙利亚总督。鉴于叛乱形势，以及几乎同时爆发的犹太人起义，当局急需能力卓著的接替者。图拉真选择了哈德良。自担任执政官以来，哈德良第一次得到心仪职位，可以一展才华。

不仅如此，皇帝还允诺任命哈德良为公元 118 年的执政官。坊间盛传普洛蒂娜利用自己的影响，为他谋得此职。据《罗马君王传》，对于黑暗的宫斗之术，哈德良绝非等闲之辈。哈德良的浪荡尽人皆知 [3]，但他仍无所顾忌地运用房中术，以确保自己的仕途。

> 外界盛传，他贿赂图拉真的释奴，培养其宠爱的男童，并在内阁任职期间，与他们大肆交媾。[4]

看起来，若皇帝现在驾崩的话，哈德良继位似乎已板上钉钉了。不出所料，这迫使哈德良的批评者开始行动。虽然细节我们不得而知，但他的政敌帕尔马和克尔苏斯，想必策划了政变，并且失势。如此一来，哈德良的地位更加稳固了。

皇帝不豫更转沉重。他打算再次发兵美索不达米亚，可眼下不得不离开前线，回到安条克。虽然古典世界对医学知识所知不多，或者（更准确地说）一无所知，狄奥·卡西乌斯还是准确描述了图拉真的症状：

> 血液每年都会降到下半身。太医发现，皇帝此时下半身充血过多。此外，他还遭遇中风，部分肢体已经瘫痪，故全身浮肿。[5]

用现代医学术语来说，图拉真出现外周性水肿，腿部血液循环不畅。[6]究其症状乃中风的病根，应该是高血压引发的充血性心力衰竭。此病或许受家庭遗传影响，但常年征战，压力巨大，精神紧张，休息不足，肯定也是诱因。显然，但凡能接触皇帝的人都看得出来，皇帝的情况不容乐观。

图拉真不以为然。他固执地认为，自己遭人下了毒。[7]果真如此，他会怀疑谁呢？若他看看此前意外驾崩的皇帝，就会发现，凶手均为身边人。他们要么是家人，要么是仆役，要么是侍卫。据说，克劳狄从妻子手中接过下了毒的蘑菇；而图密善的妻子也与外人密谋除掉丈夫。因此，图拉真疑心顿起，说明他开始不信任自己的家眷，甚至包括忠心耿耿的普洛蒂娜。

最终，皇帝决定返回罗马。如果他不幸于安条克殒命，那他将是第一位在意大利之外驾崩的皇帝，而无论图拉真还是其幕僚，都极力避免这种悲剧。皇帝的身体每况愈下。在海上航行两三天后，皇帝一行来到海盗曾经常出没的西西里海港塞利努斯（Selinus）。

图拉真的生命快要走到尽头。据说，他为元老院拟定了一份继位者名单，让**他们**从中挑选新皇帝。狄奥·卡西乌斯记录的一则轶事（日期不详），大概就发生在这个时候。图拉真宴请宾朋。席间，他让大家说出十个能独当一面的继位者。不过，皇帝停了一下，改口道："九个吧，因为我已经有一个人选了——塞尔维阿努斯。"[8]

无论真相如何，皇帝已经病入膏肓，无法继续处理公务。一场腹泻（可能在远征期间感染）最终夺去了他的生命。必须有所行动。在令尹阿提阿努斯和（我们猜测）另一位奥古斯塔即玛提狄娅的帮助和支持下，普洛蒂娜决定，在宣布皇帝驾崩之前，就选好继位者。狄奥写道：

> 家父阿普罗尼阿努斯（Apronianus）任奇里乞亚总督。他证实了整个事件，并且分析了各细节之间的联系。他特别提到，图拉真的死讯压了数日，以便哈德良的收养决定抢先公布。
>
> 图拉真致元老院的书信也见端倪，因为这些信的署名者

并非皇帝本人，而是普洛蒂娜，她以前从未代皇帝署名。[9]

还有造谣者表示，皇后的所作所为不仅如此。她找来一个骗子，在昏暗的寝殿内，顶替撒手人寰的图拉真，用疲惫沙哑的声音宣布收养哈德良。

图拉真本人是否同意哈德良继位，其实无关紧要。重要的是，这个收养决定应该尽快送往罗马。出于面子考虑，则应该尽量推迟公布皇帝的死讯。当局指示罗马造币厂，向全国发行庆祝收养的钱币。在一枚金币上，画着图拉真·奥古斯都头带月桂冠立于一侧，哈德良也头带月桂冠立于另一侧，下方刻着"图拉真之子，哈德良·恺撒"（Hadriano Traiano Caesari）字样。[10]这里，别名"奥古斯都"首次与"恺撒"分开使用，[11]前者指皇帝，后者指朝廷公开指定的继位者及后起之秀，该用法后来一直延续至罗马帝国结束。

8月9日，一直在安条克焦急等待的哈德良，接到了收养信。如果图拉真的确驾崩，那他应该也同时接到这条消息。不过，他还需要耐心等待几日。8月11日夜，哈德良欣遇吉兆。为了观赏日出，他登上卡西乌斯山（此举极具哈德良个人风格，因为大多数罗马人都太讲实效，没有闲情逸致欣赏风景）。[12]正当他准备献祭，暴风雨不期而至，一时间电闪雷鸣。闪电击中了祭品和哈德良的一名扈从，但他自己毫发未损，而且据说，还无所畏惧。这件事预示着他已做好继位准备。翌日，他接到了皇帝驾崩的官讯。这个贝提卡少年，这位"希腊小童"，最终登上权力的巅峰。他等待得太久太久。这位新皇帝此时已四十一岁。

近来，有人发现了有关塞利努斯阴谋的悲哀而奇怪的细节。文献出自一块墓碑，其主人叫马尔库斯·乌尔皮乌斯·费狄穆斯（Marcus Ulpius Phaedimus）。碑文上写道：

此碑谨（纪念）马尔库斯·乌尔皮乌斯·费狄穆斯，宫

> 廷释奴、酒侍、封神的图拉真的大内总管、护从长（chief
> lictor），主司任免与擢拔，尼盖尔（Niger）与阿普罗尼阿努斯
> 任执政官之年（即公元 117 年，此阿普罗尼阿努斯与狄奥无
> 关）8 月 12 日，逝世于塞利努斯，享年二十八岁。卡图利努
> 斯（Catullinus）与阿佩尔（Aper）任执政官之年（公元 130 年），
> 赎罪祭（piaculo）后，经司祭团批准，其遗骸得以搬迁（至罗
> 马，即墓碑出土地）。[13]

这段文字有很多值得玩味的地方，尤其是奥秘的核心。基于对图拉真品味的了解，我们推测，原本为奴的费狄穆斯，应该是仪表堂堂的美男子。他的角色至关重要，因为他能轻而易举地接近皇帝。

两个问题出现了。哈德良收到图拉真死讯当天，费狄穆斯恰好去世，此事岂不过于巧合？为何历经十二年，他的遗体才回到罗马？

如果图拉真驾崩为东征时受到了感染（加之他罹患心脏病），那么扈从费狄穆斯应该也无法幸免。不难想象（当然也仅限于此），悲痛之下，他选择了自我了断。不过，他的遗骸迟迟未归故里，这实在蹊跷。

唯一合理的解释是，此人牵扯某些流言蜚语，最好令其销声匿迹。有线索指向阿提阿努斯与普洛蒂娜。如果流言坐实，那么忠诚的费狄穆斯，肯定知之甚多，闻之甚多，必须将他灭口，以绝后患。为保护普洛蒂娜的声誉，费狄穆斯越早被除掉越好。

哈德良需要果决地行动，否则其他拥有武装的总督，也会觊觎皇位。四帝之年的往事仍历历在目。他出现在自己的军团中，那些士兵个个心无二主，宣誓效忠。哈德良特意向手下，当然也向全国的其他军队，大行赏赐。

元老院珍重批准新元首任命的宪法权利，故不得不谨慎处理。哈德

良字斟句酌，起草了一封措辞礼貌的信札，为图拉真封神。[14] 他写道，自己没有让元老院敲定继位事宜，为此深表歉意。他继而解释说，"军队迫不及待地拥我为新皇，固然有违礼法，但也是由于他们认为，国不可一日无君"。

哈德良的姿态似乎受到赞赏。几周以后的 9 月，他收到元老院的回复。他们投票，一致同意给最佳元首封神，并给予多项荣誉。至于哈德良，他们授予其"国父"（pater patriae）的尊衔。不过，哈德良婉拒了，一如奥古斯都认为，这项荣誉应该是"**赢得的**"；他决定，待日后成就一番功业，再大方接受。

为示嘉奖，他还获准举行一次凯旋式，以纪念图拉真的胜利。对此，他同样谢绝了。不过，庆功仪式不可或缺，他便以已故元首之名举行。在庆典上，他没有亲自出面主持，而是与众不同地使用雕像，将其摆到凯旋战车上。

不久，官方发行了展示恩泽绵延的钱币。一枚金币刻着图拉真向哈德良递球的图案，象征权力交替。[15] 另一枚钱币上，则刻着埃及神话中的神鸟凤凰。[16] 凤凰死前，会到柴堆上自焚；尔后，新体从灰烬中飞出，母体随即埋葬。凤凰是辞旧迎新的意象——哈德良是永恒链条中的新环。新政权早期发行的第三种钱币，重复了凤凰主题，还加了一行雄心勃勃的文字——"黄金时代"[17] 已经再次来临。

对皇太后普洛蒂娜以及哈德良的岳母玛提狄娅的嘉奖亦见于钱币。[18] 在一枚保存精良的奥里斯（现存大英博物馆）上，同时印着普洛蒂娜与玛提狄娅的半身像。由此传递的信息很明确：图拉真的女眷，将依然居于帝国事务的核心。

最引人注目的或许是这枚钱币——一面印有图拉真头像，另一面印有哈德良头像，两人均头戴月桂冠。[19] 其前所未有之处在于，哈德良留着短须。那些经常与他见面的人，已经对这项艺术创举习以为常。他深知，自己穿上百姓服装，就像希腊人，穿上铠甲，就像地地道道的士兵。哈德良继位前的皇帝，脸上的胡须总是刮得干干净净（雕像也好，钱币也好）。现在，风尚变了：帝国上下的成年男性手头都不宽裕，剃刀也成了奢侈品。

年长的阿提阿努斯奋力保护自己曾经的被监护人。他从塞利努斯去信，要其务必小心，因为居心叵测的敌人正想方设法颠覆新政权。《罗马君王传》寥寥几笔，交代了至关重要的信息：

> （阿提阿努斯）通过信件向哈德良告诫道，假如罗马令尹（昆图斯·）拜比乌斯·马克尔［（Quintus）Baebius Macer］反对他的统治，那就除掉这个人；另外，那个涉嫌篡位而流放外岛的（马尼乌斯·）拉贝利乌斯·马克西穆斯［（Manius）Laberius Maximus］，还有（盖乌斯·卡尔普尔尼乌斯·）克拉苏·弗鲁吉（·利基尼阿努斯）［（Gaius Calpurnius）Crassus Frugi（Licinianus）］，对他们也都应该这么做。[20]

拉贝利乌斯为政坛呼风唤雨的人物。他在图密善时代声名鹊起，后于图拉真时代的达契亚战争大放异彩。在多元文化交织的宫廷，他可谓稀世之才。他不仅是意大利人，而且是来自拉努维乌姆（Lanuvium，罗马附近的古城，位于阿尔班山）的地道拉丁人。他的阴谋我们不得而知，但很可能跟帕尔马与克尔苏斯脱不开干系。克拉苏遭到放逐。他的名字是个古老的贵族名，可名声不好。为此，他不得不整天担惊受怕地过日子。他似乎跟别人串谋反对涅尔瓦和图拉真。

罗马皇帝往往把失宠的亲信或亲属，发配到靠近意大利海岸的某个小岛。被驱逐出元老院后，这些与世隔绝、大势已去的俘虏，很难再回到公共生活之中。我们不知道，这两个人为何令阿提阿努斯惴惴不安。身为皇帝身边的禁卫军长官，他肯定读过有关异见者可疑行动的秘密报告。不过，他也可能过于谨慎。

拜比乌斯·马克尔的情况则截然不同。他是罗马令尹，身兼安保与理政双重职能，负责维护法律，维持治安，审理刑事案件。他博学多识，执着求真。他不仅身居高位，而且对于新政权违反宪政，试图建立权威的举动，很可能并不赞同。彼时，像他这样恪守道德律令，不会随机应变的人，当然会让阿提阿努斯心生恐惧。

哈德良另有考虑。他刚刚登基，立足未稳，不论这几位重臣有罪与否，眼下都不是处置的时机。况且他还未摸清他们的底细。于是，他否决了阿提阿努斯的请求。为表明自己的立场，哈德良再次致信元老院，信中流露出高尚的情操，

> 他发誓，不会损害公众利益，不会处决任何元老，如若食言，任凭处置。[21]

阿提阿努斯接受了皇帝的决定，至少表面上如此。克拉苏头脑一热，试图逃离流放地，这下给当局抓住把柄，最后被看守处死。看来，皇帝的诏书也靠不住。

在阿提阿努斯的陪同下，普洛蒂娜与玛提狄娅乘坐运送图拉真遗体的船只[22]，前往安条克与新皇帝碰面。哈德良亲自为她们接风洗尘（可能在塞琉西亚），并瞻仰了遗体。随后，遗体被火化，皇帝一行也乘船前往罗马。他们带着图拉真的骨灰，最终将其安放于图拉真纪功柱底部的小墓室。

秋天到了，各省使节携贺信，从全国各地前往安条克。他们都企盼

皇帝亲自复信，然后带回故乡，自豪地分刻在石头上，放到所有的大广场展示。皇帝例行公事地回复珀加蒙青年会：

> 尔差使节克劳狄乌斯·库鲁斯（Claudius Cyrus）所呈之书，朕已阅，欣闻尔为朕登基欢欣鼓舞，可知尔赤诚之心。望珍重。[23]

帝国上下纷纷举行庆典，有些可谓煞费苦心。然而在安条克，哈德良可没有心思纵情狂欢。他下令用巨石将达夫尼公园中的卡斯塔利亚泉封堵起来。[24] 他不希望别人从这神泉中，得到同样的讯息。

帝国正分崩离析。面对军力衰败又群龙无首的局势，罗马的敌人个个虎视眈眈，伺机抢掠。《罗马君王传》概括道：

> 那是因为被图拉真征服的那些民族纷纷发起了叛乱。摩尔人不断进行骚扰，萨尔马提亚人挑起了战争，布立吞人不愿忍受罗马人的统治，埃及遭到多股叛军的蹂躏，利比亚（事实上还有巴勒斯坦）则一直蠢蠢欲动。[25]

即位不过数日，哈德良不得不做出一生中最为重要，又自相矛盾的两个决定。一个出于战术考量，一个出于战略考量。此番决策并非心血来潮，必定经过深思熟虑。

罗马帝国的边境线漫长，需要大批常规军，此项开销相当惊人，而开拓新行省，就意味着派驻新军。军费是帝国最大的单笔开支。此外，人力也不能无限征用，否则无法保证正常的经济生产活动。作战技术有限，扩大的补给线维系困难，长途通信缓慢，这些都限制了中央政府可以掌控的疆土范围。罗马采取了区域自治的统治措施，期望地方精英处理行省城乡的日常事务。然而，朝廷的担子似乎有增无减。

再者，开疆拓土固然能带来好处，可此后耗费的精力令其相形见绌（至少中期看来的确如此）。与帝国毗邻的大部分土地，都是生态上的边缘和贫瘠地带，既不值得吞并，也不值得监管（帕提亚帝国与达契亚帝国除外）。有人可能会问，就算接管了人烟稀少的苏格兰，又有什么意义呢？

经历过图拉真与哈德良两朝的历史学家阿庇安（Appian）说得好：

> 罗马人宁愿谨慎地保护自己的帝国，也无意征服那些荒凉贫瘠、无利可图的蛮族部落。[26]

历代皇帝都需要考虑收支平衡，并在此基础上，组建能维持安定的最小规模的常备军。他们认为，自己无法负担机动的应急部队。（这种部队在无业时，是皇权的潜在威胁。）

如此节省造成了两大后果。其一，任何军事失败，都会造成难以弥补的国防漏洞——当公元9年莱茵河前线的三支军团遭歼灭，奥古斯都就发现了这个问题；图密善也被迫从不列颠尼亚调遣部队，应对达契亚危机。其二，对外侵略时，即便取胜，也会危及帝国的稳定。达契亚战争期间，图拉真就额外组建了新军团（总数达到三十支）。不过，为准备帕提亚远征，他仍不得不调遣潘诺尼亚驻军前往东线，多瑙河前线因此陷入危境。罗马四面八方的敌人一看远征失败，便抓住机会造反。事实上，光是维持现状，已经让军队疲于奔命。

军事与财政现状都容不得帝国继续扩张。历史上偶有识时务的皇帝。奥古斯都上台后，基本推行扩张政策，可他告诫继位者提比略，最好维持现有疆域。近来，塔西佗《编年史》重见天日（可能发表于公元115至117年之间，但也可能是之后的几年）。该书对早期帝国的研究虽粗糙，却堪称权威。作者表示，年迈的奥古斯都曾拟定了一份帝国军力表。这份文件"所有这些项目都是奥古斯都亲手定的，最后他还附上一个条款，这就是帝国的疆土今后不许再加扩充"。[27] 哈德良想必见过甚至读过塔西佗的名著。无论如何，他肯定对该政策了如指掌。[28] 第一元首 * 一直为他所仰慕，其百年之前的见解，他也毫不犹豫地铭记于心。另外，咄咄逼人的图密善，似乎也意识到无限扩张的危险。

正是在这个背景下，哈德良下令，即刻放弃先皇的三个新行省——亚美尼亚、美索不达米亚及亚述，重新规划罗马以前的边境幼发拉底河。这项敕令令朝野震动。其实，弥留之际的图拉真——曾经叱咤风云的勇士——显然也意识到，退守在所难免。哈德良废黜了图拉真拥立的傀儡国王，将其安排到奥斯罗伊奈，作为礼节性补偿（其时阿布加鲁斯及其子已被驱逐）。皇帝引用其推崇的古罗马作家监察官加图的话来解释自己的决定。公元前 167 年，罗马人历尽艰辛，终于打败马其顿人。尔后，元老院讨论如何处置他们。老加图说道："既然无法使其乖乖听话，倒不如让其远走高飞。"[29]

皇帝亦有意放弃牺牲众多罗马同胞的生命才攻占的达契亚，但手下人劝他三思而后行。达契亚人已经给赶尽杀绝，他们的土地成了罗马帝国移民的家园。把新移民再交到蛮族人手上，可绝对不行。

哈德良还决定抽身帕提亚。据我们所知，他没有颁布敕令；没有这个必要，再说这样做也过于轻率。不过，从他日后推行的和平之举，我们可以推断出一项长远的新战略——罗马将不再谋求任何形式的军事扩张 [30]。谈判将取代最后通牒。图拉真的东征成了绝唱。它表明，即便罗马暂时可以把军力扩展到疆域之外，也难以固守始终。

---

* 即奥古斯都。前文已提及，他是首位自称"第一公民"（"元首"）的皇帝。

敢于撤军，可知哈德良的清晰洞见与政治魄力，却也深深激怒了许多高官。意大利舆论早让胜利惯坏了，而且还不知道，帕提亚其实根本就没收入囊中。图拉真的失利在高层中尽人皆知，但尚武精神根深蒂固，大家难以接受"永恒帝国"时代的终结。

当时，有人总结了舆论观点。他就是普布利乌斯·安尼乌斯·弗洛鲁斯（Publius Annius Florus）。此人为诗人和修辞学家，来自北非，曾写过学生用的罗马简史（基本以李维［Livy］的著作为模板）。在该书中，他把罗马以人作比，指其亦经历成长、成熟直至终老的过程。是故，王政时代为童年，征服意大利时期为青年，共和时代则为壮年。

> 自恺撒·奥古斯都时代迄今已两百余年。其间，由于诸位皇帝碌碌无为，罗马民族似乎日渐衰老。多亏图拉真当政，罗马挥起双臂，重振雄风，仿佛回到了青年时代。[31]

如今，新一任元首正重蹈覆辙，政治精英当然怒目而视。一般来说，只要捷报频传，在外的军事扩张可以稳定政权，笼络人心。由于失利，图密善最终不得善终。那么，哈德良也将如此吗？

皇帝无暇顾及这些臆测情形。英勇善战的图尔波，成功镇压了埃及和昔兰尼的犹太叛乱。可现在，亚历山大港的希腊聚落发起暴动打压失败的犹太人。

皇帝罢免了图拉真任命的总督，转而任用更有才能和活力的昆图斯·拉米乌斯·马提亚利斯（Quintus Rammius Martialis）。拉米乌斯以果决著称。8月25日当天或之前，他便上任——彼时图拉真死讯传到安条克不过半月。[32]

哈德良可能短暂到访埃及。[33]彼时，埃及正面临巨大的经济压力。

他很快采取慷慨而周到的措施，减免佃农税负。从那以后，税金将根据当年农业收成，而非土地价值（tributum soli）。[34] 与其道听途说，不如实地考察，哈德良的性格正是如此。

到访亚历山大港挑衅意味太浓。是故，哈德良钦点以机捷智敏著称的希腊人瓦勒里乌斯·欧代蒙（Valerius Eudaemon），出任当地的代办（或称财务长官），其实就是皇帝的耳目。[35]

在埃及某地（可能是尼罗河三角洲南段的边陲小镇培琉喜阿姆［Pelusium］或赫利奥波利斯［Heliopolis］），哈德良主持审理，或者至少公开调查或听讯亚历山大港暴徒，为首者名叫保罗（Paul）。[36] 犹太代表团亦出庭。从诉讼报告，我们不难推测事情的来龙去脉。犹太叛乱失败后，许多犹太人被打入大牢，胜利的希腊人表演讽刺剧，嘲讽叛军"首领"鲁库阿斯。还有人作曲，奚落皇帝，因为他把叛乱中幸存的犹太人安顿在城市中很容易重新袭击当地人的区域。

恼怒的总督（拉米乌斯的前任）命希腊人制作自己的"谐剧君主"（opera-bouffe monarch）。遗憾的是，这种"强制"使更多希腊暴徒走上街头。某犹太目击者称，一个战败聚落遭到无端袭击。"袭击者把我们拖出牢房打伤。"指控与反指控接踵而至。对于希腊人的说辞，犹太人表示："陛下，他们说谎。"

哈德良认为，犹太人言之有理。他告诉希腊人，总督就该下令禁止携带武器，而且讽刺鲁库阿斯也该停止。同时，他建议犹太人将怒火瞄准真正的迫害者，而不是迁怒于亚历山大港的所有希腊人。这种各打五十大板的判决，让失败的叛乱者惊喜不已。

大约同时，哈德良撤换了深受图拉真宠爱的犹地亚行省总督卢西乌斯·奎埃图斯。不独如此，他还免除其摩尔骑兵队的指挥权。据《罗马君王传》载，"此人涉嫌篡位"[37]，可这位部落首领已垂垂老矣，不可能怀此野心。想来，哈德良担心，他没准会被"拥戴为新帝"。

之前，卢西乌斯受命镇压犹太叛乱，因为那里的犹太群体，已经从近五十年前罗马人的蹂躏中恢复（至少是部分）过来。他一上任便屠杀美索不达米亚的犹太人。他被撤职，离散的犹太人无不拍手称快。

哈德良获得了回报。亚历山大港的犹太人中，最初流行一些反罗马的神谕诗，这些诗后来在地中海中部口口相传。诗中，皇帝得到难得的称颂。

> 此后，另一个人
>
> 将统治江山，他头戴银盔；
>
> 有片海洋将以他的名字命名；
>
> 他是人中豪杰，
>
> 而且谨言慎行。[38]

这里所说的海洋指亚得里亚海（Adriatic Sea），故暗指哈德良。对于受苦受难的犹太人，一场叛乱之灾想不到能换来贤达圣明的君主。

10月初，皇帝离开安条克，火速北上，前往动荡的多瑙河沿岸行省。与此同时，卢西乌斯·奎埃图斯的骑兵悻悻地回到毛里塔尼亚，并发起反罗马叛乱。皇帝立即派遣刚在埃及得胜的图尔波镇压。

最大的噩耗最终传来。夸德拉图斯·巴苏斯去世了。他是阵亡还是病故，我们不得而知。自达契亚到他的故乡珀加蒙，路途漫漫。从当局给予他的待遇看，其分量非同小可。罗马人以皇室之礼待之，遗体由士兵护送，每到一个城镇，无论大小，接受民众瞻仰。其墓茔为公费出资修建。事实上，巴苏斯受到的待遇，相当于现今的国葬。

幸运的是，哈德良的朋友昆图斯·庞培乌斯·法尔科（Quintus Pompeius Falco），已执掌大省下默西亚至少两年。下默西亚起初只占据多瑙河南部窄窄的一条，但现在已包括罗克索拉尼王国（Roxolani，位于多瑙河北岸，临近达契亚）。他可以暂时稳住局势。

皇帝受不了铺天盖地的贺信，于是躲到了色雷斯或者下默西亚，在那儿与法尔科商讨计划。他决定任命可靠的盖乌斯·阿维狄乌斯·尼格利努斯（Gaius Avidius Nigrinus）。[39]公元112年哈德良到访雅典时，此君正为帝国驻亚该亚行省的使节。他二人想必私交甚好。

哈德良再次认为，为守护征服的大片土地而损耗大量财力与兵力，实在得不偿失。因此，他指示法尔科及其军团，撤出达契亚东部的罗克索拉尼（仅保留河流北部狭长的封锁线，即下潘诺尼亚）。阿波罗多鲁斯的杰作大桥也被拆除——可能是防止敌人潜在进攻的权宜之计。无论如何，如果蛮族入侵富庶的行省，那哈德良可能连已经毁誉参半的名声也不保了。拆桥之举或可堪称明智的防范行动，但亦暗示决策者缺乏胆识。

哈德良与罗克索拉尼国王达成协议，增加罗马现行的补贴（这是图拉真此前已经同意的，只要对方默认吞并，将支付其费用），给予其罗马公民权，以及（据推测）"最惠国"待遇。国王取了个罗马名字普布利乌斯·埃利乌斯·拉斯帕拉伽努斯（Publius Aelius Rasparaganus），其中，取"埃利乌斯"，旨在向恩主致意。他还向哈德良呈送了一份价值连城且深得其欢心的礼物。彼时，他送给哈德良一匹名叫波吕斯特涅斯（Borysthenes）的小马，后来哈德良对其宠爱有加。[40]马名取自流经阿拉尼人（Alani）地盘的同名河流（今第聂伯河［Dnieper］，阿拉尼与罗克索拉尼及其邻国关系密切）。这可能是哈德良首次见到爱马。

罗克索拉尼国王成了罗马人民公认的朋友。他统治的国家可谓缓冲国。从此，罗马可以远离罗克索拉尼北部腹地上桀骜不驯的蛮族。这可比力不从心地驻守，付出的代价小得多。

现在看来，哈德良的做法合情合理。然而，罗马上层大多视之为懦弱之举，誓不原谅。即便半个世纪以后，修辞学家兼皇帝的益友马尔库斯·科尔涅利乌斯·弗戎托（Marcus Cornelius Fronto）还对此愤愤不平，讥讽哈德良"鼓动朋友，稳定军心，倒是干劲十足"。军事训练时，他"让士兵做游戏，而非舞刀执干。这样的将领恐怕后无来者了吧"。[41]

嘲笑这样一位有为之士，显然有失偏颇。纵使这些冷嘲热讽意在突出后来皇帝[42]的所谓才能，但肯定也没有捕风捉影，反映了众人对哈德良新战略的不屑。

公元118年，就在这阴暗的背景下，发生了一连串蹊跷又血腥的事件。陪同两位奥古斯塔返回罗马的禁卫军长官阿提阿努斯，在元老院门前放了一份详实的检举材料，揭发有人密谋政变，并力劝元老们投票处决阴谋犯。嫌疑人共四名，且身居高位，均为前任执政官，与图拉真过从甚密。

其中两个，克尔苏斯与帕尔马，已经上了哈德良的黑名单；众所周知，两人因涉及前朝末年宫廷阴谋而失宠。他们很可能已告老还乡，住在意大利。第三个是遭解职的卢西乌斯·奎埃图斯。离开犹地亚省的职位后，他便不知所踪——可能回到故乡毛里塔尼亚。

第四个是达契亚新总督尼格利努斯。他位高权重，手握重兵，深受罗马社会的爱戴。在小普林尼的信中，他的口碑极好，不但精明强干，而且治理有方。担任保民官期间，他曾向元老院宣读

> 一份措辞讲究的重要声明。声明中，他指责法务专员假公济私；为谋取利益，不惜炮制虚假讼案，与人串通舞弊。他们大肆抢掠同胞，却大言不惭地夸耀由此获得的巨额收入。[43]

他是政治上的栋梁之材，"可靠的膀臂"，故图拉真委以棘手重任，前

往希腊，处理三百年悬而未决的德尔斐及其邻国的领土争端问题。

有趣的是，尼格利努斯跟过去的斯多葛派反对者还沾亲带故。他的叔叔有个朋友叫特拉塞亚·派图斯（Thrasea Paetus），此人是共和时期的殉道者，最有名的尼禄受害者之一。尼格利努斯憎恨哈德良，或许多多少少出于其政治理想——涅尔瓦与图拉真承诺依法治国，与元老合作，而这本就是他们的分内事。

不过，尼格利努斯的本意可能并不单纯。出任达契亚总督期间，无论临场指挥，还是运筹帷幄，他的表现似乎难以令皇帝满意。哈德良很快便免除了他的职位。取而代之的图尔波，迅速镇压了毛里塔尼亚的柏柏尔人骚乱。此外，图尔波受命暂时掌管达契亚与潘诺尼亚，显然亦有权重组撤军后的边防系统。这项任命非常大胆，因为图尔波只是骑士，严格来说，还无资格出任元老专事的职位。不过，在哈德良眼里，功劳大过阶级。

总之，这四个嫌犯的怨怒各有缘由。帕尔马与克尔苏斯的政治生涯戛然而止，尼格利努斯与卢西乌斯·奎埃图斯刚刚丢了饭碗。可就算他们全都怀恨在心，也不一定要付诸行动。有些人坚信，他们遭到陷害。仅仅百年之后，狄奥·卡西乌斯写道，他们都是受害者，"因为他们个个举足轻重，拥有巨大的财富与声望"。[44]

那么，他们到底犯了什么罪？据传有两种说法。《罗马君王传》中写到尼格利努斯等人打算在皇帝献祭时取其性命[45]，狄奥表示，时机就趁皇帝狩猎[46]。可如此一来，缺点显而易见，因为狩猎先行，祭祀（给狩猎女神狄安娜上供，若收获丰厚，还会给胜利女神上供）随后。哈德良热衷狩猎，故可以肯定，他经常与友人驰骋猎场，以解国务与帝国危机之纷扰。

现在就出现了两个问题。其一，涉嫌密谋者中，当时与皇帝随行的唯有尼格利努斯，其他人都远在数英里之外。其二，四人中的三个在意大利的家中被处决——帕尔马于塔拉奇纳（Tarracina，今泰拉奇纳［Terracina］，是古拉丁小镇，位于罗马东南部三十多英里处），克尔苏斯于拜埃（Baiae，今巴亚［Baia］，毗邻那不勒斯湾，为罗马富豪的海滨度假胜地），尼格利努斯于法文提亚（Faventia，今法恩扎［Faenza］，位于意大利北部波谷［Po Valley］，大概是其家乡）。卢西乌斯则在前往东部行省或北非途中被行刑。

果真存在刺杀哈德良的阴谋，上述资料又该作何解释？行刺失败后，尼格利努斯为何不但没有立即被捕，而且可以回家？或许刺客受雇于人（军团士兵或当地人），无法马上查出雇主身份。不过，行刺之事攸关性命，难以招募胆大且肯听话的人。再者，罗马贵族，特别是德高望重的人民公仆，很少牵扯敢于反对帝制的斯多葛派，更何况把弑君重任交给无名小卒。

情况可能如下。他们确实选择狩猎为下手时机，因为唯有此时，可以跟御用侍卫一样，携带武装，接近皇帝。尼格利努斯以及其他想法类似的党羽决定，若哈德良到色雷斯或默西亚狩猎，就在他狩猎之前或之后的仪式上，用狩猎武器将其干掉。后来，行刺最终未果，可能是尼格利努斯生病了，但更可能的是，现场安保密不透风，而刺客人手不足，即便刺杀成功，也难逃一死。最终，无事发生，无事相闻。

不久，遭解职的尼格利努斯返回意大利后退隐，阴谋大白于天下。或许某个或某几个密谋者出于某些原因不得不招供，或许有知情者为得赏金而走漏风声。亦或许，当局截获了他们的密函。须知，若他们同意按计划行事，这些主谋肯定会在哈德良登基后的几周内彼此通信。

通信被截获也并不意外，因为图拉真一度靠抽查公众邮件或抽检邮驿服务，了解"国家大事"。[47]哈德良自己也悄然组建了罗马第一个察事机构（在此之前，其他皇帝往往派密探或间谍）。设立新机构有违政治规矩。于是，他在现有粮官（frumentarii）的职责描述中，增加了一个秘密条款。粮官负责军需调配，正适合监视行省内罗马官员的一举一动。我们不清楚，新职能是否很快就安排妥当，但它的调整表明，哈德良始终有意发掘资深元老的内心想法。通过秘密监视，尼格利努斯的阴谋最终败露。这应该促使哈德良决心重用粮官。

事件的另一版本，来自日耳曼裔百长马尔库斯·卡尔文提乌斯·维亚托尔（Marcus Calventius Viator）。[48] 他的名字见于两处祭坛，一处在达契亚，一处在格拉萨（Gerasa，今约旦杰拉什［Jerash］）[49]。据前者，此人此时为尼格利努斯骑兵卫队教官；而据后者，十年后，他已高升。彼时，他掌管哈德良御用侍卫的骑兵纵队（继承自图拉真，士兵为日耳曼的巴塔维亚人）。逆臣身边的人往往无前途可言。皇帝既然重用卡尔文提乌斯，莫非嘉许其揭发上司有功？ 未必不然。

朝廷为狄安娜女神建造了一座阿拉伯祭坛，这实在匪夷所思。想来，亏得女神护佑，皇帝狩猎时才躲过一劫，故筑祭坛，献祭品，以谢神恩。

处决四人堪称政治灾难。元老院已经同意投票支持他们，但皇帝对此视若无睹。哈德良曾向元老保证，不会危及其个人安全，可现在他食言了。元老依稀感到，图密善时代又将来临。虽然远在多瑙河畔，哈德良很快也意识到大事不妙。统治阶级的不满，会重新招来斯多葛派反对者，并破坏涅尔瓦与图拉真征得大家同意而建立的政治稳定。

大约此时，历史学家塔西佗完成了《编年史》。在一段结束语中，他痛心疾首地胪列了前朝的帝国受害者，也很可能暗示，哈德良时代始于血雨腥风。"这种奴才式的忍耐以及在国内的和平环境中白白流掉大量鲜血的事实，会使人感到腻烦，会使人感到心头沉重。"[50]*

　　哈德良试图为自己开脱。他指出这是阿提阿努斯的一意孤行，处决之事绝非其本意。皇帝的抗议是否言过其实，还是确有其事？难说。四人是否打算行刺皇帝，其实无关紧要。他们与哈德良对着干，而且成为其心头之患。他们可能就是托马斯·贝克特（Thomas Becket）遇刺的翻版；亨利二世（Henry II）对这位大主教极其不满，他的骑士领会圣意后的所作所为，超出了国王的本意；同样，哈德良的护卫总管也猜出新皇帝的心思，并付诸行动。他肯定没有禀报皇帝。如此一来，皇帝向元老院解释时，就可以全身而退。

　　无论如何，哈德良眼下无法挽回局面。不过，若他能尽早稳定行省，返回罗马，对自己就越有利。

注　释

（主要资料来源：狄奥·卡西乌斯和《罗马君王传》。）

[1] Dio 69 1 1. 尽管这句引文没有指明日期，但该书另一段话提到了这
　　　个时间。

[2] Sherk 128.

[3] Aur Vic 14 9, 10.

[4] HA Hadr 4 5.

---

* 译文引自《塔西佗〈编年史〉》（下），王以铸、崔妙因译，北京：商务印书馆，1981 年，
　第 566 页。

［5］Dio 68 33 2.

［6］兹从 Bennett, p. 201 说。

［7］Dio 68 33 2.

［8］Ibid., 69 17 3. 有传略将这一轶事误放到哈德良身上。

［9］Ibid., 69 1 3.

［10］BMC III, p. 124. Galimberti, p. 19 认为，这枚钱币证明了临终之事和（或）佯装收养为无稽之谈；显然，图拉真在公元 117 年临终前便已收哈德良为养子。可即便史料对哈德良不利，也不可能编造需要大量目击者的故事。另外，狄奥所引其父之言也不无道理。不过，这枚钱币实在难解，后面我将给出比较可靠的解释。

［11］Aur Vic 13 21.

［12］Dio 69 2 1 和 HA Hadr 14 3。狄奥指出这是一段梦境，而《罗马君王传》中更为让人信服地记载了这一真实事件。这是这一事件的不同版本，而不是两个事件。

［13］Smallwood 176.

［14］HA Hadr 6 1-2.

［15］BMC III, p. 236 1.

［16］Ibid., p. 245 48 及 49。

［17］Ibid., p. 278 312.

［18］Ibid., p. 246.

［19］Ibid., p. 124.

［20］HA Hadr 5 5.

［21］Dio 69 2 4.

［22］这只是我的推测。送葬队伍完全可以经陆路至安条克，但如此就需要穿越难以跋涉的地段，且要耗时一周甚至更久。

［23］Oliver, pp. 154-156.

［24］Amm Marc 22 12 8.

［25］HA Hadr 5 2.

［26］App Civ War pref. 7.

［27］Tac Ann 1 11.

［28］HA Hadr 5 1.

［29］Ibid., 5 3.

［30］有些当代学者质疑,哈德良是否真的放弃了"永恒帝国"原则。不过,根据哈德良及其继任者的行动,结合我们掌握的资料,以及掌管如此大帝国的难度,我相信哈德良的确变换了策略。其他揣测见奥珀（Opper）论著的第二章和极富洞见的《剑桥古代史》（CAH）的第八章。

［31］Florus Ep 1 8.

［32］POxy 3781.

［33］从 Gray, pp. 25-28 说。

［34］详见 Brunt, p. 335。

［35］Marc Aur 8 25.

［36］此说见所谓保卢斯和安东尼《使徒行传》（Acts of Paulus and Antoninus）的纸莎草残卷。这些民族主义文本虚实参半,但有可能解释他们赖以为据的现实。文中所述的事件很可能发生在当时的埃及,当然也可能是后来在其他地方发生的。罗马无欲处理犹太人叛乱的后事。

［37］HA Hadr 5 8.

［38］Or Syb 5 65-69. 引文出自《先知神谕集》。该书收录了希腊六步格诗,数百年间（可能纂于公元前2世纪至公元6世纪）,几经增删。《先知神谕集》曾藏于罗马共和国,但公元前83年的大火将其付之一炬。从现存史料可以看出,犹太人与基督徒都对罗马帝国心怀敌意。

［39］这很有可能。据在萨尔米泽格图萨发现的一块铭文，尼格利努斯当过达契亚总督（Smallwood 192），但时间不详。更多讨论见Birley, p. 86。

［40］据 Birley, p. 86 推测。当然，黑海沿岸的藩属国也可能进贡其他物品。

［41］Fronto Princ Hist 10.

［42］即与马尔库斯·奥勒留共治的皇帝卢基乌斯·维鲁斯。见Galimberti, p. 99。

［43］Pliny Ep 5 13 6.

［44］Dio 69 2 5.

［45］HA Hadr 7 1.

［46］Dio 69 2 5.

［47］Aur Vic 13 5-6.

［48］Speidel pp. 47-48.（说"日耳曼裔"，是因为那个达契亚祭坛为献给凯尔特神祇的；护卫中经常有日耳曼裔新兵。）

［49］Smallwood 192 及 332。

［50］Tac Ann 16 16.

第十五章

罗马之路

哈德良站在多瑙河畔，检阅部队。为显示自己的巴塔维亚御用骑兵队训练有素，他令士兵全副武装地游过多瑙河。其实，这只是雕虫小技，因为军队早有集体泅渡的传统。

巴塔维亚人素以骁勇善战著称。塔西佗曾如此评价道："他们像武器装备一样，专为战争而生。"[1] 骑兵队中的巴塔维亚人约一百名。不出所料，北方的蛮族部落对他们望而生畏。

多瑙河附近出土了一块署名索拉努斯的墓碑。碑文以优美的拉丁韵文，描写了这些骑兵的赫赫战功。

> 我曾是潘诺尼亚海滩上的名士之一……
>
> 我们能横渡多瑙河宽阔的河面，
>
> 哈德良明鉴，而且全身上下穿着盔甲。[2]

这并不是此人的唯一技能。他还是弓箭手，能以箭劈箭，即先把一支箭射到空中，再用另一支箭将其劈成两半。这可是罗宾汉（Robin Hood）引以为傲的绝活。

> 没有哪个罗马人或蛮族人能打败我……
> 要破我记录还待来日。[3]

这些文字的真实作者，我们不得而知。但哈德良喜欢用希腊或拉丁格律夸耀自己的生平，作者没准就是他。

哈德良的批评者往往安然无事地住着城里的宅子，或者舒舒服服地待在乡间别馆。因此，不论他们作何批评，哈德良都能理解并关爱士兵，而且他也喜欢军旅生活。

到公元 118 年 6 月，多瑙河前线已重新规划，敌对部落（如匈牙利大平原上的雅济吉斯人）得到了安抚。有个叫马斯托尔（Mastor）的雅济吉斯战俘，决心向皇帝卖命。[4] 此人"身强力壮又胆大"，狩猎功夫十分了得。带着得自多瑙河北部蛮夷之地的爱马波吕斯特涅斯和马夫，皇帝整装妥当，开始享受前所未有的惊险的狩猎之旅。他跟马斯托尔的关系越来越近，后来一直将其留在身边侍奉。

亲哈德良的新总督纷纷走马上任。于是，法尔科着手处理不列颠尼亚北部的骚乱，并卓有成效。帕提亚人重获图拉真吞并的领土后，也偃旗息鼓。叛乱的战火终于熄灭。

皇帝确信，帕提亚远征失败及图拉真驾崩引发的军事危机结束了，遂于 6 月筹划前往罗马的漫长旅行。

皇帝进京，特别是首次进京的日子，定在了 7 月 9 日。这注定是热闹的大事。哈德良很可能从潘诺尼亚出发，经陆路抵意大利北部，顺海岸线而下至亚里米伦（Ariminum），再翻越亚平宁山脉，到达弗拉米尼亚大道（via Flaminia）。

临近罗马城时，皇帝接见了众要员。执政官和其他官员，携手持束棒的仪仗队出城接驾。随行者还包括全体元老，他们身着纯白带红条纹的托加，同时还有骑士阶层的领袖。皇帝的门客（尤其是元老的幼子和有志公共事业的骑士）也参加了接驾。令尹及其他帝国官员也一同出席。

这条路已改造为直通战神原的长街。皇帝骑马经过奥古斯都陵寝。现在，那里面已经没有空位，以后他不得不另找安息之地。再远一点就是罗马雕塑的杰作——和平祭坛（Ara Pacis），尽管它的灵感源自雅典帕特农神庙外的浮雕。祭坛四壁刻着奥古斯都皇帝及其家族向神献祭的场景。修建它是为了庆祝帝国赐予其子民的和平与繁荣。

再往前走，右侧一大片开阔区域为万神殿遗址。万神殿是奥古斯都的得力干将马尔库斯·维普萨尼乌斯·阿格里帕九十年前兴建的。不过，公元 80 年，它毁于一场火灾。哈德良有心日后重建。

穿过一座旧拱门——泉门（Porta Fontinalis），就到了长街尽头。长街左侧屹立着罗马的心脏卡皮托利诺山，右侧是用达契亚战利品兴建的大型建筑群图拉真广场和集市，两者构成一条走廊。不远处便是小一点的尤利乌斯·恺撒广场和奥古斯都广场。

皇帝一行来到城市以前的中心罗马广场，然后拾级而上，前往位于卡皮托利诺山顶的至尊至伟者朱庇特的巨型神庙。在那里，皇帝举行祭礼，感谢神祇让自己平安抵达罗马，荣登皇位。

同日，古老的谷神司祭团也来到卡皮托利诺山，欢庆"凯旋将军恺撒·图拉真·哈德良·奥古斯都驾到"。仪式想必冗长而复杂。他们向朱庇特祭了一头阉牛，向"守护罗马民族"的"胜利女神"密涅瓦、让城市之火永不熄灭的维斯塔女神分别祭了一头奶牛，向战神祭了一头公牛。元首亦肩负祭司之职，但往往因故缺席。这一次，哈德良决定打破惯例。他希望让大家满意，与大家打成一片。

　　哈德良的任务是重张乾纲。可能在皇帝回城次日，执政官便召集众元老。他们肯定个个忐忑不安，因为他们都跟四前任执政官之死脱不了干系。很多人依然清晰记得，不久之前，图密善在除掉斯多葛派理想主义者时，要挟元老积极配合。

　　哈德良极其在乎舆论对其举止的评价。在他看来，图密善的教训是，要想活下来并壮大，就不应滥用暴力，失去民心。哈德良的统治始于暴力，如果想避免悲惨的结局，务必要经营爱好和平、有法必依的形象。

　　皇帝像被告抗辩一样，向元老院陈词。他发誓，自己没有下令处决四名前任执政官（后来，他在自传中再次否认）[5]。他还坚称，未经元老院同意，自己绝不会处决任何元老。[6]此举其实效仿了图拉真与涅尔瓦。皇帝的誓言大受欢迎，但并没有什么意义，因为历史表明，看见元首愤怒了，元老院总会遂其心意。哈德良的听众显然不计较他的过失，但肯定注意到强烈的善意。时间将证明皇帝是否言出必行。（翌年，皇帝发行新币，有点厚着脸皮地夸耀自己慈悲为怀——钱币上"仁慈"拟人化为在祭坛献祭的女性。[7]）

　　没人相信皇帝能说到做到，直至他开始处理真正的罪犯——年迈的阿提阿努斯。《罗马君王传》的记载颇为蹊跷。据说，凶残的哈德良想除掉自己以前的监护人，因为他"无法容忍其势力"，可自己刽子手的臭名在外，只好作罢。[8]两人之间似乎爆发争执，不难想象，元首勃然大怒，但也仅此而已。

　　禁卫军长官并没有明确的任职期限。然而，皇帝若将他们解职，则又担心禁卫军会生事，历代皇帝都对此犹疑不定。经人力劝，阿提阿努斯同意辞去禁卫军长官职务。他仅以骑士身份，获得荣誉执政官（ornamenta consularia）头衔（有名无实的虚职）。他不得参加元老院会议，但公共宴会上可以与前任执政官同席，也可同时身穿执政官的紫红边托加袍。总之，阿提阿努斯大势已去。

　　阿提阿努斯的同僚长官同样年事已高，请求去职。如此一来，皇帝就缺少经验丰富、值得信赖的干将，因此他拒绝了对方的辞呈。那么谁能替代阿提阿努斯呢？才能兼备的图尔波可谓明智之选。不到一年时间里，他的足迹遍及全国——从帕提亚、埃及、毛里塔尼亚，到潘诺尼亚、达契亚。他现在身居骑士阶层梦寐以求的高位。

　　哈德良采取了一系列改革，提升威望。其中最激动人心的，当属免除公民个人拖欠国库（fiscus or aerarium publicum）和私库（fiscus privatus，狄奥·卡西乌斯的说法）的所有债务。免除时限为过去十五年。

　　为表明所言不虚，当局还现身说法。在图拉真广场上，当局把所有相关税票搜集起来，公开烧毁，以示木已成舟。（哈德良或许受奥古斯都启发。据苏维托尼乌斯记载，公元前 36 年，奥古斯都"烧毁了拖欠国库的所有旧债券，那些都是敲诈勒索的源头"[9]。）

　　舆论欢欣鼓舞，民众还在焚烧点竖立了一座纪念碑。碑文流传至今。上面赞扬哈德良

　　　　免除拖欠国库的九亿塞斯特斯债务。其善举不仅打消现世子民之顾虑，亦泽被后世。真可谓皇帝中前无古人，独一无二者。[10]

一处浮雕展示了禁卫军携国库档案蜡版进入广场的情形。[11] 当局还发行新币，广布新政。钱币上，仪仗队当着三名纳税人，烧毁了成堆的借据。[12]

　　此外，公务邮驿（cursus publicus）的成本让意大利各地官署头痛不已。[13] 凡驿使所到之处，他们不但要提供马匹、车辆，而且要负担其住宿的开销。哈德良当政后，这部分成本由国库承担。

皇帝免除了意大利本土和行省的"桂冠金"（crown gold）[14]。这笔钱是上供给新皇帝的（名为自愿，实则强制），用以制作凯旋式等皇家大典时佩戴的金环（仿照月桂环）。

在哈德良回京城以前，帝国已为在罗马居住的公民发放了三奥里斯（即价值七十五塞斯特斯的金币 *）的赏金。尽管如此，他仍为他们提供全部或部分粮食补贴。[15]

意大利的乡村同样受到新皇帝的恩泽。粮补项目乃图拉真之意，为纪念养父，哈德良增加了国家财政拨款。

对心怀不满的元老阶层，也必须施以好处。按现行规定，有意担任最高级别官员者，其财产必须至少达一百万塞斯特斯。有时，元老会遇到财政困难。现在，只要有意者能证明自己无过而贫，哈德良就能为其提供补贴。

担任公职开销不菲，因为执政官或副执政官要应对大量必要开支（如仪仗队的薪俸），民众也期望其能展示恩主式的慷慨。对于很多生活拮据的官员，皇帝直接以钱相赠——其实，就是负担他们的俸禄。

公元前 43 年，青年屋大维（在获得"奥古斯都"尊号之前）与马克·安东尼开创了放逐先河。从那以后，每逢入不敷出，统治者往往借政治或刑事罪名，佯装除掉异己，实则没收其土地及财富。有鉴于此，处理四前任执政官事件时，哈德良决定小心行事，免得授人以柄。他颁布敕令，宣布罪犯的财产不归个人，而是充入国库。他希望借此表明，皇帝不会从死刑犯那里谋得任何私利。

尤文纳尔曾说过一个隐晦的口号——"面包和马戏"[16]。哈德良践

---

* 此处似有误。自奥古斯都起，1 奥里斯价值 100 塞斯特斯（本书第 88 页也采用这种换算方式）或 25 第纳尔，故 3 奥里斯应价值 300 塞斯特斯或 75 第纳尔。

行了前半部分，即发放钞票和食物。现在到了以血为乐的时候。公元 119 年 1 月 24 日是皇帝的四十三岁生日。为了庆生，皇帝下令举行一连六天的角斗士比赛。其间，大量野兽遭到屠杀，包括一百头雄狮与一百头雌狮。现场还给观众投掷了不计其数的小木球，上面写着各种礼品的名称（比如美食、服装、金银首饰、马、牛、奴隶），待比赛结束后兑换。

此后，皇帝还进行一系列改革，收效显著，且稳定了新政权。就连上层阶级也没有怨言，无人提出异见，更无人拒绝合作。尽管登基伊始局势动荡，但哈德良展现出良好的治军治国才能。眼下，国泰民安，元老院心悦诚服。处理完棘手事务后，皇帝可以开始制定长期的谋略。

哈德良很有主见，看不得别人慢条斯理，但又能巧妙地激励别人。他从图拉真那里深得治国真传。不过，给他影响最大的，莫过于奥古斯都。

据谷神司祭团记载，公元 118 年 2 月，皇帝来信提议司祭团某人选。人名就"写在盖有奥古斯都头像封印的蜡版上"[17]。哈德良的图章戒指就印着第一元首的头像。他以这种简单优雅的方式，向帝国民众表现对先皇的感激之情。后来，他还请求众元老，允许其在元老院中高挂装饰盾（最好为银制），以致敬奥古斯都。[18]

称帝第十年，哈德良向世人宣布，自己为奥古斯都转世。他发行了大额银币四德拉克马（tetradrachm，价值十二塞斯特斯）。[19] 钱币一面印有奥古斯都头像，另一面印有他手持谷穗的形象，取繁荣之义，同时刻着"国父哈德良·奥古斯都重生"（Hadrianus Augustus Pater Patriae Renatus）。

哈德良选择了骑士、传记作家苏维托尼乌斯为文书，负责皇帝的信札，故后者可谓朝中要人。此君为小普林尼的门徒和朋友，十年前曾为语法学家、修辞学家、诗人、历史学家等文坛名流作小传，即《名士辑录》（De Viribus Illustribus），因此名声大噪。

彼时，苏维托尼乌斯正写作《罗马十二帝王传》（*De Vita Caesarum*）。为奥古斯都立传时，他提到奥古斯都儿时取过一个不同寻常的别名"图里努斯"（Thurinus）。此名暗指意大利南部城市图里（Thurii），即其父的故乡和带兵取胜的地方。

> 据我手头可靠的证据，他曾取名图里努斯。我有过一尊青铜小像，那是他儿时的样子。上面刻有铁字母拼成的这个名字，不过由于年代久远，已模糊不清。我把这尊小像献给皇帝（哈德良）。皇帝把它和其他家神像一起，放到寝殿珍藏起来。[20]

先皇究竟有什么令哈德良如此看重？肯定不独日常习惯。奥古斯都生活克勤克俭，而且尽己所能，避免张扬自己的超群地位。苏维托尼乌斯的记载，几乎得到《罗马君王传》的佐证。关于奥古斯都，苏维托尼乌斯说道：

> 每逢元老院会议日，奥古斯都总是让元老坐着，自己主动与之寒暄，不用提醒，就能叫出所有人的名字；离开元老院时，他仍让元老坐着，自己与之话别。他跟很多人有社会往来，谁过生日时，都会到场祝贺。[21]

对于哈德良，《罗马君王传》写道：

> 皇帝经常会与副执政官和执政官一起办公；他出席朋友的宴会；如果有人生病，他会一天探望他们两到三次，即使有人仅是骑士甚至释奴身份：他会用安慰温暖他们的心，用慧语给他们提供建议，还会一直邀请这些人前来参加自己举办的私

宴。总之，他做的每一件事都如凡民一般。[22]

奥古斯都与哈德良都努力成为"平民元首"（civiles principes，亦即"彬彬有礼的独裁者"）。

　　安抚上层阶级还不足够，取悦罗马城民众同样重要。观看盛会时，若皇帝在包厢里心不在焉，埋头批阅奏折，观众就会火冒三丈。若皇帝举止傲慢，他们也会心有不满。奥古斯都每次出席盛会，总是全神贯注于角斗士表演、野兽猎杀以及其他血腥的场景。哈德良亦有样学样。

　　不过，有一次，他的失礼之举几乎铸成大错。[23]观众大声渴求某种赏赐，可他并无此意。他让传令官命全场噤声。这可是图密善的专制作风。机敏的传令官仅仅举起手，不发一言。喧嚣声戛然而止。接着，他高声道："正合圣意。"皇帝并未动怒，因为他意识到自己失言，传令官没有原话照传，恰恰为他挽回了民心。

　　奥古斯都深知，掌权不一定非要**摆出**掌权的样子，太高调可能会适得其反。公元前1世纪20年代权威巩固后，他连续八年出任执政官。那时，这一职位不再像共和时代拥有实权，但仍然是莫大荣誉。对皇帝而言，牢牢把持既惹人反感，也毫无必要。再者，部分元老有志成为常任执政官，渴望以自己及同僚的名字"纪年"，而奥古斯都此举会打击其积极性。因此，从公元前23年起，元首差不多放弃了执政官之职，剩余的时间只又出任了两届。

　　相反，弗拉维氏族贪得无厌：韦帕芗当政十年，九次出任执政官，提图斯出任了八次，图密善出任了创纪录的十七次。图拉真比较克制，一生出任过六次。哈德良严格效仿奥古斯都——每次执政官任命获批，他便主动谢绝。公元119年，他第三次也是最后一次出任执政官。

　　帝国地域广袤，如何让政令高效地通行，乃新皇帝必须解决的难题。这方面，哈德良认为，奥古斯都同样有可取之处。第一元首认为，通信过于缓慢，而且下属不甚可靠，不宜踞京城而治国；唯一可行的方式，就是亲自视察。多年以来，奥古斯都经常巡幸各行省，检查工作，化解纷争，监督管理，解决问题。他的挚友和同僚阿格里帕亦如此。只是后来上了年纪，加之信赖的男性亲属羽翼丰满，奥古斯都才不再巡幸。

哈德良效仿奥古斯都，这显然表明，他有意依法治国，而他以古代先贤为榜样，也反映其有志坚守传统的罗马价值（romanitas）。他的帝王功业正建立在这些基础上。

跟第一元首一样，哈德良治国时，也借鉴了古代美德之范式。奥古斯都喜欢自视为新罗慕路斯，自视复兴后的罗马的第二位奠基者。他尚不满二十岁便首次担任执政官。就职仪式上，有十二只秃鹫从他头顶掠过，一如公元前 753 年建城之初的景象。

哈德良步奥古斯都的后尘，把自己比作罗慕路斯的（传奇）继位者——爱好和平的努玛·蓬皮利乌斯。他一定记得，维吉尔对努玛帝业的预言。[24] 努玛以虔诚著称，据说他创建了罗马的宗教制度，以及与此相关的宗教与世俗的历法。

历史学家兼皇帝之友弗洛鲁斯，曾如此概括努玛：

> 总而言之，他引导一个凶残的民族，以虔诚与公义，统治他们用暴力与不公强掠来的帝国。[25]

这应该也是哈德良自己的政治座右铭，因为他奉行不侵略策略，且励精图治。

普鲁塔克为哈德良作传时曾提到，努玛信奉希腊神秘主义者兼数学家毕达哥拉斯。然而，在历史上，这根本不可能。要知道，毕达哥拉斯出生时，努玛已经过世百年有余。不过，努玛受希腊哲学尤其是精神层面的影响，这种说法肯定吸引了哈德良。据奥勒留·维克托（Aurelius

作为统治者，图密善有才，但人缘不好，而且飞扬跋扈。元老院讨厌他，而他也以牙还牙，恐吓众元老。（卡皮托利诺博物馆）

为臣子时，涅尔瓦极尽阿谀奉承之能事，不讲原则，也不以为耻；但为皇帝后，他最大的功绩，是调和了帝制支持者及元老院中反帝制者之间的关系。（罗马，浴场宫）

胜利的指挥官图拉真。罗马人就喜欢如此想象他们的皇帝——战无不胜,执掌"永恒帝国"。(德国,克桑滕)

　　身着将领军袍、充满活力的中年哈德良。他是第一个留着希腊式胡须的罗马皇帝，引得后人纷纷效仿。（大英博物馆）

青年哈德良半身像，但作于哈德良朝末期。安提诺乌斯自我牺牲后，哈德良可能如此想象重生的自己。（在位于蒂沃利的别馆中被发现）

根据后来的研究，老年哈德良应该是这个样子——幻想破灭，病入膏肓。（克里特，干尼亚考古博物馆）

安敦尼·庇护继承哈德良的皇位，并延续了他的政策。跟哈德良不同，安敦尼既无参军履历，又不出巡。他在位期间，寰宇之内无战事，堪称罗马帝国史上最和平的时期。（马德里，圣费尔南多皇家美术学院）

图拉真纪功柱

图拉真纪功柱建于图拉真广场遗址，高九十八英尺。它以连环画的形式，讲述了罗马在达契亚的胜利。最终，柱顶是神气的皇帝裸像，但后来为圣彼得像所取代。

纪功柱上的这两个场景展示了达契亚战争伊始的情形。在下方的场景中，一队禁卫军士兵扛着战旗，通过浮桥，跨过多瑙河。他们跟着图拉真，踏上敌人的土地。图拉真前是号兵和下马的骑兵。在上面的场景中，士兵建造了以桥连通行营的堡垒。

哈德良长墙

　　哈德良敕造的长墙达七十三英里，横跨不列颠北部。它起于东岸的南希尔兹（South Shields），止于西部的雷文格拉斯（Ravenglass），是罗马最伟大的工程奇迹之一。图中所示为诺森伯兰（Northumberland）斯蒂尔·里格（Steel Rigg）附近的八十里堡之一。

哈德良别馆

　　这个模型展现了蒂沃利附近哈德良别馆的宏大规模。照片右侧有一条路环绕前景中长长的柱廊露台，并通往别馆的正门建筑。路的上方有一水域，名为卡诺普斯，那里经常举办夏季宴会。再往上，也就是正右侧的建筑群，即所谓的学园，皇后萨比娜可能就在那儿会客。安提诺乌斯神庙是在该模型制作后才发现的。它应该位于入口道路旁的绿地，靠近别馆。(哈德良别馆)

别馆中央为哈德良的世外桃源遗址——壕沟将一座小巧的环形建筑同外界隔绝开来，正可谓闹中取静。

哈德良别馆的卡诺普斯池塘——以埃及亚历山大港外的运河兼旅游胜地命名。图片所示为巨大而开阔的宴会场所。狭长的池塘四周矗立着各种人像，海兽雕塑从水中一跃而出。画面远端为巨大的半穹顶水景，四周为宴会用半圆形石制长榻。皇帝可以从那里俯瞰宾客。

比省少年

安提诺乌斯是个脸庞微胖的少年。哈德良在比提尼亚首次邂逅他时，他便是这个模样。皇帝一下就爱上了他。(大英博物馆)

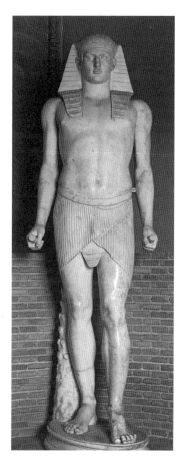

安提诺乌斯在埃及殒命。哈德良将其封神，并安葬于蒂沃利别馆入口处的神庙。神庙中立有安提诺乌斯的塑像，包括这尊法老式塑像。法老在世时象征天神荷鲁斯，死后则是冥府之神奥西里斯的化身。(梵蒂冈博物馆)

　　安提诺乌斯是古典世界所创作的最后一种具有男性之美的雕塑——英俊潇洒，郁郁寡欢，娴静端庄。这里，安提诺乌斯头戴常春藤和葡萄藤，为狄俄倪索斯与奥西里斯的化身。（梵蒂冈博物馆）

哈德良的男孩

哈德良收养了卢基乌斯·克奥尼乌斯·康茂德，指定其继位，还重新起名卢基乌斯·埃利乌斯·恺撒。批评家不留情面地指出，他能中选，乃归功于相貌，而非执政能力。不幸的是，他重病缠身，很可能罹患肺结核。没多久，他便撒手人寰，打乱了皇帝的选嗣计划。

年轻的马尔库斯·安尼乌斯·维鲁斯——一个稳重而尽职的少年，痴迷于哲学。哈德良很喜欢他，还因其品行端正，而称他作"至真者"。埃利乌斯·恺撒去世后，哈德良指定安敦尼·庇护为皇嗣，马尔库斯为再下一任继位者。维鲁斯执政时，改名为马尔库斯·奥勒留。（卡皮托利诺博物馆）

哈德良生命中的女性

某塞斯特斯上的图拉真之妻庞培娅·普洛蒂娜。她对哈德良垂爱有加，帮助其顺利登上皇位。

银币第纳尔上的萨洛尼娜·玛提狄娅。她是图拉真的外甥女，也是哈德良之妻萨比娜的母亲。哈德良很尊重她。她薨逝时，哈德良悲痛不已。

哈德良与发妻维比娅·萨比娜毫无共同语言，只有相互厌恶。哈德良更喜欢岳母玛提狄娅。不过，他仍然与皇后相敬如宾，经常让其陪自己巡幸。（哈德良别馆）

卢基乌斯·尤利乌斯·乌尔苏斯·塞尔维阿努斯。从这尊塑像看得出，他是个强硬而冷酷的罗马人。在达契亚战争中，他立下赫赫战功。他娶了哈德良姊保琳娜，但对内弟说三道四。（斯特拉特菲尔德塞伊保全信托）

哈德良陵寝

  哈德良陵寝为特大圆柱体与立方体结合的建筑，屋顶建有花园和大型的驷马战车。皇帝崩逝时，陵寝尚未完工。该陵寝与奥古斯都陵寝外形相似，但体积更大。它不光为哈德良设计，而且还是其后继位者的安息之所。在中世纪，陵寝被改造成了堡垒，后成为教宗宅邸。陵寝现名圣天使堡（Castel Sant'Angelo）。哈德良还建造了哈德良桥（Ponus Aelius），今仅供行人使用。

　　万神殿最初是奥古斯都的朋友兼同僚阿格里帕委托建造，后哈德良彻底重建。它是古罗马建筑中保存最好的，至今仍作为基督教堂使用。

Victor）记载，"哈德良开始遵照希腊人或努玛·蓬皮利乌斯的做法，深入改造宗教仪式、律法、学馆、书师等，甚至还创建了一所名为雅典艺园（Athenaeum）的美术学馆"[26]。雅典艺园的位置仍不得而知，但学馆建筑为剧场（或圆形剧场），用于阅读和演说训练。由此可见，皇帝有心资助文化。[27]

公元 119 年 12 月，哈德良遭遇了一次沉重的打击。他深爱的岳母，亦即图拉真的外甥女玛提狄娅不幸早逝，享年五十一岁。他随即将其封神，并发行钱币，昭告天下。一枚产自罗马的第纳尔印着玛提狄娅的半身像[28]，她头戴三重冕，底下刻着铭文"封神的奥古斯塔·玛提狄娅"；背面，一个戴着面纱的妇女，在祭坛上上香（这个拟人化形象，象征皇帝的虔诚［pietas Augusta］，即"皇帝的责任感和亲情感"）。

玛提狄娅得到厚葬，并且正式封神。完成那些"无穷无尽的娱乐活动"[29]后，皇帝向民众赏赐香料，以示纪念。谷神司祭团记录了这一慷慨之举——司祭团的仆役每人得到两磅香膏和五十磅乳香作为礼物。[30]

皇帝亲致悼词。这篇悼词被刻成铭文流传下来，虽然残缺不全，但仍然可读。[31]皇帝称玛提狄娅为"挚爱的岳母"，仿佛逝者就是自己的母亲；他还表示，对于玛提狄娅离世，自己悲痛万分，不能自已。

> 自其舅父（图拉真）担任元首，她便不离其左右，处处相伴，时时相随，事事尽女儿的本分，先皇所到，必见她的身影……（她）与丈夫伉俪情深，夫殁，她正值富美盛年，毅然独居，于母尽心尽力，于女宽容大度，于亲戚亦倾诚。温文尔雅，乐于助人，从不忍劳师动众。

通过哀婉的言辞，我们或许能感到，他隐隐约约地在嘲讽"我的萨比娜"

（悼词中他即如此称呼）像个被宠坏的孩子。但不管怎样，皇帝始终与感情寡淡的妻子保持良好的正式关系。在玛提狄娅逝世后，或许现在应该晋升她为奥古斯塔了。

　　帕拉丁山上，万籁俱寂，井然有序，富丽堂皇，可当哈德良下山，来到天下第一大城熙来攘往的腹地，他会看到什么？他眼中的罗马是什么样的？幸运的是，我们可借某个人的视角一探究竟。这人目光犀利，吹毛求疵，为我们传达了他艰辛（并不舒适）生活中的所见、所闻、所感。他就是尤文纳尔，写过十六首辛辣的讽刺诗，描绘谴责那些时髦的或显赫的同胞，揭下他们的面具。

　　我们对他生活的了解，大多从其诗歌推测而来。他生于公元 55 年前后，父亲为富有的释奴。在讽刺文中，尤文纳尔自称穷门客，挣扎于破产边缘，对家财万贯的恩主点头哈腰。

　　公元 117 年以后，尤其是哈德良登基后，他的境遇得到大大改善。这并非巧合。他曾写过某皇帝的好话。

> 对艺术的所有希望，对写作的一切冲动，都寄托于皇帝。
>
> 在这艰难的时代，唯独他显然尊重可怜的缪斯，
>
> 因为他允许享有盛名的诗人租用
>
> 城外的浴堂或城内的烘房……
>
> 但没人以后必须从事有失身份的劳作……
>
> 所以啊年轻人：帝国领袖的爱好
>
> 正鞭策着你们，尽己所能，展现你们的才能。[32]

尤文纳尔难得嘴下留情，这似乎也得到了回报。他获得一笔抚恤金（当然为御赐），以及提布尔一块不大但足够己用的农庄（毗邻埃利乌斯家

族的宝地）。在这件事情上，哈德良再次效仿奥古斯都这位诗人慷慨的恩主——他的挚友和同僚迈克纳斯（Maecenas），为拮据的诗人贺拉斯在提布尔购置了一处田产。

那时，罗马挤着近一百万人。在第三篇讽刺文中，尤文纳尔描绘了令人难忘的古罗马市侩图。奥古斯都声称，自己接手的是砖城，留下的是大理石城。这当然言过其实，但后来的皇帝纷纷兴建或修复广场、大教堂、公共浴堂与剧场。经过一个多世纪的不停修建，在老城中心和战神原，它们汇成一片宏伟的建筑群。纵横交错的街道大多没有铺好，最多撒上鹅卵石。这些街道通往城市的正门。过去，罗马充斥着大量狭窄黑暗的小巷，里面时有小广场和交叉路口的圣所。到处可见神庙。由于罗马宗教需要大量动物作祭品，故屠宰场的噪声和气味，令本已嘈杂的环境和城市生活的气味，更难以忍受。

高架渠将水引入各处的公共喷泉与公共浴堂，主路下都埋着排水管。不过，这些便利设施仅仅缓解了普遍的卫生窘境，虽然多多少少遏制了传染病的频繁发生。

诗中，尤文纳尔的朋友温布里基乌斯（Umbricius）解释自己为何弃城而去，前往"风光秀丽的海滨胜地隐居"[33]。在罗马，少数富人住在幽静宽敞的房子里，临街一侧的墙上没有窗户，院子是露天的。相比之下，许多普通人住在偷工减料的多层公寓里，稍不留神就可能跟人撞到一起。温布里基乌斯说，没人担心他们乡下的房子——"位于提布尔的山腰上"[34]——会倒塌。

> 但是在这儿，
> 我们住的城市充斥粗制滥造的
> 撑杆与支柱：我们的房东就靠它们延长寿命，
> （把墙上的大裂缝盖住后）还信誓旦旦地

> 向租户保证，即便房子摇晃，大可安然熟睡。
>
> 我本人倒宁愿无火而居，也不愿晚上担惊受怕。[35]

夜晚吵闹还另有原因。自尤利乌斯·恺撒时代起，轮式交通工具只能在入夜以后上街。

> 这里，失眠是死亡的罪魁祸首……马车隆隆地穿过狭窄蜿蜒的街道，遇到交通堵塞，车夫便破口大骂。这样的环境，再昏昏欲睡的人，也难有睡意。[36]

街上没有路灯，入夜以后，独自出门的话，难免遭遇暴打。

> ……就算喝得烂醉，
> 我们的愣头小伙也知小心翼翼地远离
> 那个身披猩红披风的男子；此人四周围着
> 火把、黄铜大灯，还有大量护卫。
> 可我只是孤行夜路，回家途中借着月光
> 或用手罩住一支摇曳不定的蜡烛。
> 我这模样只会令他嗤之以鼻。[37]

受害者被一顿胖揍，并祈求对方给他留几颗牙齿，以显示对方"宽宏大量"。[38]

移民是温布里基乌斯的"心头之患"，我们不禁怀疑，恺撒亦如此。这些移民大多为希腊人，也就是来自东部行省的人。温布里基乌斯写道，他们涌入罗马，带着古怪的习惯，包括

　　　　在马克西穆斯竞技场周围转悠的娼妓。如果你好这口儿，

　　想尝尝鲜，那里是最好的去处。[39]

那里到处是流氓、恶棍和骗子。就连待在家里也不安全。

　　　　就算每家每户都门窗紧锁，

　　　　就算店铺闭门谢客，就算给每扇门都打上链条，

　　　　仍有无数飞贼对你虎视眈眈，就算躲过他们，

　　　　也可能（眨眼之间）挨无家可归的流浪汉的刀子。[40]

　　哈德良打算在肮脏丑陋、杂乱无章的京城里，兴建宏伟的建筑，以便如诸位先皇一样名垂青史。[41] 他深知，图拉真、图密善、尼禄、奥古斯都不惜巨资美化罗马。哈德良爱好建筑艺术，甚至可以说是业余建筑师。他决心比这些人做得更出色。

　　一开始，他把目光放到战神原。他希望在自己和第一元首，在奥古斯都与阿格里帕留下的建筑和他自己的之间，建立某种视觉联系；有些前所未有，有些为彻底翻新——工程从烧毁的万神殿开始。

　　哈德良决定在现有规模上重建——前面是带三角墙柱廊的传统神庙，后面是环形建筑。若这座环形建筑带顶，那顶很可能为木质，因此遇到火灾，仍在劫难逃。哈德良的计划比阿格里帕的神庙更加雄伟。因此，他委托建筑师的这个任务，可谓当时最激动人心的，当然也困难重重。为表示谦逊，他欲保留献给阿格里帕的铭文，同时不打算刻上自己的名字。他将以新万神殿，向帝制奠基者致敬；瞩目而不张扬，正合埃利乌斯家族之风。

　　皇帝还修葺了两座阿格里帕的建筑——海神尼普顿（Neptune）会堂（拱廊），及其公共浴堂。除了这些彻底的翻修，还有一处新起的建筑。

他下令在万神殿旁建造大型神庙，献给刚刚封神的奥古斯塔玛提狄娅。神庙两边将分立狭长的两层柱廊，即后来众所周知的玛提狄娅会堂与玛尔基娅娜会堂。还没有哪个女神（divae）得到过如此崇高的荣耀。这片雄伟的新建筑群，离奥古斯都陵寝和和平祭坛不远，步行即可，其视觉震撼力与后两者不相上下。这里，历史与当下在大理石中同现。

至此，哈德良最伟大的计划不仅反映出他对建筑艺术的热情，而且表明，他决意把近似希腊化的专制帝制，引入传统的治国方略中。我们说的就是位于提布尔的著名的哈德良别馆。如前所见，那个小镇及其四周，为贝提卡人修建的西班牙"聚居地"，其中应该就有埃利乌斯家族的产业。那可能是公元前1世纪的一幢房屋，皇帝就以此为基础，设计自己的新离宫。若所言不虚，他肯定渴望回到自己儿时的故地。

数百年来，罗马富人会在乡间祖产或拜埃等海滨胜地，建造静居的别馆。在那儿，他们可以远离罗马的喧嚣与人群，放松自己。不过，哈德良想要的不止于此；他意欲打造理政中心。仅仅一栋建筑可不够，他与建筑师设计了占地超过三百英亩的大园子。亚历山大港的托勒密宫堪比市区；同样，他们也希望把别馆建成清幽典雅的镇区，让公共建筑、大门厅、觐见室、神庙、浴堂等，散落于园林、观景平台、运河之间。

别馆仅仅建在地平线上若隐若现的地方，因为皇帝不想坏了京城的规矩。元老的住地离罗马应该不超过二十英里，以便随时参加会议，履行公职。哈德良别馆恰好接近这个范围。

早在公元117年工程就开始，其后时断时续。如此庞大的规模，需要大量建筑师、营造司监工、各类行家里手（有些肯定从军队借调），包括马赛克艺人、工程师、采购、园艺师、雕塑师以及成百上千的工匠。

别看皇帝的工程引人入胜，其实他对罗马心生厌恶。想来他始终惦记着雅典，因为他不久即离开罗马，前往坎帕尼亚。在意大利境内，数那儿离希腊最近。坎帕尼亚地处意大利南部，地形狭长，土壤肥沃，两边分别为第勒尼安海（Tyrrhenian Sea）及意大利的背脊亚平宁山脉。斯特拉波写道，那里是"最有福的平原，周围矗立着果实累累的山峦"[42]。当地居民生活之奢侈远近闻名。

自公元前 8 世纪起，便有希腊人移居到坎帕尼亚。帕埃斯图姆（Paestum）南部的三座多立克式大神庙，仍能让参观者想起希腊文化的灿烂。在北部，昔日名为狄凯阿尔奇亚（Dicaearchia，希腊语"贤政"之意）的普泰奥利（Puteoli，今波佐利［Pozzuoli］），如今不但是欣欣向荣的港口，承担亚历山大港的粮食运输，还是首屈一指的金融中心。

哈德良的离开，或许让人想到前朝的提比略皇帝，他受占星师影响，离开京城，前往坎帕尼亚，并一去不返。[43]塔西佗《编年史》描述了此事。大概作者是想间接暗示现在的皇帝，毕竟他也热衷预言之术。哈德良可能想永远放弃罗马。若当时人的猜测属实，我们必须明白，这位固执的皇帝早就明言对京城的厌恶之情。

这一次，哈德良只是放松精神，虽然他无意终生固守帕拉丁山言过其实的荣耀。他打算在坎帕尼亚，"通过慷慨的赏赐让所有城镇都获得好处，结识当地最杰出的人并同他们互交为友"。[44]根据不少城镇发现的铭文，皇帝委托资助的项目悉数完成。[45]坎帕尼亚兴旺发达，皇帝忙于处理公共关系，而非应对危机或特殊需求。

皇帝此次的行程没有记载。作为帝国的最高统帅，皇帝应该参访了米塞努姆海军基地，并检阅了舰队。不远处是那波利（Neapolis，意为"新镇"，即英语中的 Naples［那不勒斯］）。那里无论市貌，抑或气象，都已彻底希腊化。它是学术中心，许多上层社会青年来此进修修辞与美术，进而完成学业。尽管为罗马人统治达数百年，当地人仍讲希腊语。斯特拉波描述了他们轻松的生活方式，如何吸引罗马人前去度假消遣——我是指那些有志教育者，或因年纪或疾病而欲放松者。有些罗马人很喜欢这种生活方式，而且发现当地有好多人跟他们所见略同，于是爱上了这个地方，以之为第二故乡。[46]

每五年，那波利会举行传统希腊式运动会，体育竞技期间，还轮流上演音乐与诗歌比赛。据《罗马君王传》记载，哈德良获得"市政官"（demarch）[47]称号。具体日期我们不得而知，但很可能是公元119年。

那波利附近是小镇库迈（Cumae）。据传，那里曾住着著名的女先知（Sibyl）。阿波罗欲与其交欢，女先知以长生为条件。但跟很多古典佳人一样，她忘了要求青春永驻。几百年后，她形容枯槁，老态龙钟。据小说家和尼禄的宠儿佩特罗尼乌斯讲，她寡居山洞，坐在水罐里，终日以泪洗面，"让我死了得了"。[48]有人发现了这座山洞，看起来里面举行过通神仪式。若那位女先知（更准确地讲，在世的女祭司）接受询问，那哈德良肯定拜访过她。

坎帕尼亚之行让皇帝清楚该如何治国理政。他计划巡幸帝国的每个行省。跟第一元首一样，他也要亲自走访，了解问题，考察实情，当场定夺，而非远在千里之外。他确信，帝国就该如此治理。

在意大利待了两年多后，哈德良认为，自己皇位已稳。新政权不再新鲜，各要职均为其心腹担任。元老院和民众都（勉强）安于现状。他可以离开京城，不必担心有人背后作乱。

总而言之，皇帝准备踏上巡幸之旅。

注　释

（主要资料来源：有关罗马部分见狄奥·卡西乌斯，《罗马君王传》，以及尤文纳尔。）

[1] Tac Germ 29 2.

[2] Smallwood 336 1–5（我将其翻译成英文）。

[3] Ibid., 7, 11.

[4] Dio 69 22 2.

[5] Ibid., 69 2 6.

[6] HA Hadr 7 4.

[7] BMC III p. 271 no. 252.

[8] HA Hadr 9 3.

[9] Suet Aug 32 2.

[10] Smallwood 64a.

[11] Chatsworth House, Derbyshire, inv. no. A 59.

[12] Smallwood 64b.

[13] HA Hadr 7 5.

[14] Ibid., 6 5.

[15] BMC III p. 402 nos. 1125, 1126 及 1127。

[16] Juv 10 78–81.

[17] Smallwood II 6, February 26 p. 20.

[18] 提请日期不详。方便起见，我在这里提到这一事件。

[19] BMC III p. 395 no. 1094.

[20] Suet Aug 7 1.

[21] Ibid., 53 3.

[22] HA Hadr 9 7–8.

〔23〕Dio 69 6 1-2.

〔24〕见本书第九章开头部分。

〔25〕Florus Ep 1 2.

〔26〕Aur Vic 14 2-3.

〔27〕Green, p. 164.

〔28〕BMC III p. 281 no. 332.

〔29〕HA Hadr 19 5.

〔30〕Smallwood II 7 4-9 (p. 23).

〔31〕Ibid., 114 4 (p. 56).

〔32〕Juv 7 1-4, 17, 20-21.

〔33〕Juv 3 4.

〔34〕Ibid., 3 191.

〔35〕Ibid., 192-197.

〔36〕Ibid., 232, 236-238.

〔37〕Ibid., 282-288.

〔38〕Ibid., 301.

〔39〕Ibid., 64-65.

〔40〕Ibid., 302-305.

〔41〕这一部分参考了 Opper, pp. 110-125。

〔42〕Strabo 5 4 3.

〔43〕Tac Ann 4 57 及 58。

〔44〕HA Hadr 9 6.

〔45〕CIL X 4574, 6652, 及 ILS 843。

〔46〕Strabo 5 4 7.

〔47〕HA Hadr 19 1.

〔48〕Petr 48.

第十六章
巡幸之旅

　　皇帝未能想方设法，向罗马人证明，他深爱这座城市。大家仍记得，他年轻时带着西班牙口音，向元老院选读图拉真的御札。身为半个外省人，他成年后大部分时间在戍守帝国的蛮荒边陲。如果皇帝要到各行省长期考察（他正有此意），权力肯定与之相伴——罗马城很可能会失去作为世界之都的自豪感。

　　哈德良做了两件事，足以证明他的虔诚（pietas）——这个最传统的美德。首先，他设计了一座神庙，献给埃涅阿斯之母维纳斯女神（她在拉丁姆地区，重建了毁坏的特洛伊），以及城市的守护神罗玛（Roma）。该大型建筑位于维利亚山丘（Velia）的人造高台，两侧分别为罗马广场与斗兽场。神庙规模之大，足以媲美广场另一侧卡皮托利诺山至尊至伟者朱庇特的神庙。这种视觉上的呼应，正合皇帝本意。

　　其次，皇帝依稀觉得，应该给罗马举办寿宴。传说公元前753年4月21日，罗慕路斯在帕拉丁山上建立新城，并且沿着山路挖了壕沟，以示城界（pomerium）神圣，不可侵犯。哈德良颁布诏令，将每年的那一天，定为"罗马建城日"（Natalis Urbis Romae）。不过，当天还是帕里利亚节（Parilia）。此节旨在向牧神帕勒斯（Pales）致敬，并祈求牧人受到保护，家畜产仔连连。有趣的是，皇帝最欣赏的国王努玛也在当天出生。

这步棋走得妙，但哈德良并不想以此取乐。在另一场唤起罗马悠久历史的仪式上，他再次重申，自己的政策是守疆而非拓疆。若帝国疆域业已扩大，那么就可以重勘城界。图拉真时代显然进行过勘界工作，但皇帝至驾崩以前，都没有下令重新划定。哈德良未继续先皇未竟的事业，而是认定，以现有城界为准。他在城界附近举行了涤罪祭（lustratio），借此表明和平至上的决心。

公元 121 年，革新后的帕里利亚节甫一结束，皇帝便离开罗马城。据狄奥·卡西乌斯记载，皇帝决定"不穿皇袍，因为以前身在城外时，他从未穿过"[1]。看来，他想摆脱京城各种繁文缛节的羁绊，享受沿途的无拘无束。

哈德良未定归期。他可能乘船来到高卢南部大港马西利亚（Massilia，今马赛），再顺罗讷河（Rhône）北上，前往卢格敦努姆（Lugdunum，今里昂）。皇帝当时的活动，史料罕有记载。据《罗马君王传》，他"以种类繁多的慷慨赏赐，让所有城市和部族都受了益"[2]。显然，皇帝仍然希望以豪爽收买人心。几年后发行的帝国钱币，尊呼他为行省的"复兴者"（restitutor）。[3] 在某系列钱币中，高卢化作裹着披肩的女性（Gallia），向元首下跪，元首握着她的手，仿佛要拉她起身。

相比之下，高卢倒是其次，毕竟哈德良的真正目的地，为日耳曼边境。他要在那里展示自己的军事政策，将不扩张战略昭告天下。

为寻求灵感，哈德良把目光放到共和国时代的将领[4]身上——不是像西皮奥·阿非利加努斯那样战果辉煌的明星，而是迎难而上的幕后英雄。其中有两人得到他特别认可。

普布利乌斯·科尔涅利乌斯·西皮奥·埃米利阿努斯·阿非利加努斯·努曼提努斯（Publius Cornelius Scipio Aemilianus Africanus Numantinus）为阿非利加努斯的孙子（收养）。公元前 146 年，罗马洗劫了劲敌迦太基。其间，他泪眼婆娑地向朋友感叹道："此刻固然辉煌，但我真担心，有朝一日，类似厄运降临到我们自己头上。"[5] 他还引用了荷马史诗的名句：

> 有朝一日，这神圣的特洛亚与普里阿摩斯，
>
> 还有普里阿摩斯的挥舞长矛的人民，
>
> 将要灭亡。[6]*

既渴望名垂青史，又担心因战获利的后果，正是这种复杂情绪打动了哈德良。不过，真正的亮点在于，西班牙部落叛乱期间，埃米利阿努斯领兵打仗的经历。

彼时，努曼提亚（Numantia）的战事久久不能平息，罗马官兵士气低落，纪律涣散。埃米利阿努斯深知，军纪不整，永无取胜之日。于是，他带着几个护卫来到军营，立即下令清理与战备无关的一切。辎重车辆上的大量平民（主要为商贾、娼妓）被悉数遣散。

> （士兵的）食物仅限于白水煮肉和烤肉。他们不得睡床，
>
> （埃米利阿努斯）率先以稻草为席。此外，他还禁止士兵行军

---

* 译文引自〔古希腊〕荷马《伊利亚特》，罗念生、王焕生译，北京：人民文学出版社，2003 年，第 147 页。

时以骡代步。他说："连路都懒得走的人，还能指望他打仗？"[7]

从严治军的效果立竿见影，但埃米利阿努斯知道，自己的军团还没做好打仗的准备。为此，他制定了苛刻而艰苦的训练制度。士兵要接受长途拉练，还要建造营房，然后将其拆毁重建。所有任务都必须限时完成。

等到士兵个个身强体壮，士气高昂，埃米利阿努斯才再次谋划出兵西班牙（并最终取胜）。

哈德良的第二位英雄，是活跃于公元前 2 世纪的昆图斯·凯基利乌斯·墨特卢斯·努米狄库斯。结束执政官任期后，他受命前往北非，讨伐有勇有谋、野心勃勃的努米底亚国王朱古达（Jugurtha）。

这位英雄同样强调训练至上。其前任始终令士兵驻守军营，只有遇到刺鼻气味或食物匮乏时才被迫移动。若心绪不佳，官兵甚至会擅离职守。

跟埃米利阿努斯一样，墨特卢斯也遣散所有平民，每天都移动营地，进行越野行军。夜晚，他会让哨兵休息片刻，自己代为巡逻。行军时，他经常巡视队列，确保无人掉队，每个士兵都尽职尽责，并带好自己的食物和武器。通过以高强度训练代替惩罚，墨特卢斯很快就恢复了军纪，振奋了士气。

皇太后不苟言笑，心性沉静，多受其青睐的伊壁鸠鲁（Epicurus）哲学影响。伊壁鸠鲁的思想源于自然的原子观念（公元前 5 世纪由科学理论家德谟克利特［Democritus］提出）。伊壁鸠鲁认为，万物由不可再分的微小物质或曰原子组成，万事发生乃这些原子相互碰撞所致。哈德良仰慕的爱比克泰德，把宇宙视为神意的体现，伊壁鸠鲁坚信，宇宙不过是一连串随机事件。

那么，伦理体系该建立在何种基础上？答曰，一切善恶出于苦乐之感受。我们正是以这些感受为基础，构建道德准则。伊壁鸠鲁还提出，死亡是身体与灵魂的归宿；死亡并不可怕，因为死后无赏无罚。几个世纪后，基督教传播者错误地把伊壁鸠鲁定为享乐主义者（于是就出现了"epicure"和"epicurean"，意为"享乐的"）。其实，伊壁鸠鲁追求的，不过是没有痛苦的宁静生活，凡事从简。

伊壁鸠鲁吸引了一小批虔诚的追随者。他就在雅典城外的房子和花园里，为这些人传道授业。花园大门上立着一块牌子："到此一游，于君有益；此地以乐为至善也。"[8]

弥留之际，他镇静而庆幸地告诉朋友：

> 尿淋沥和痢疾对我的折磨无以复加，但一想到我们过去的谈话，心中漾起的喜悦之情就让所有的痛苦消失不见。[9]*

伊壁鸠鲁把花园留给指定继承人，后者又将其传给一代又一代哲学家，直至哈德良时代。这片花园既是祠庙，又是绵延不息的"学派"，即伊壁鸠鲁学派。该派学说流传至今，生机勃勃。

普洛蒂娜得知雅典的伊壁鸠鲁信徒正面临一个问题。当时，学派衣钵传给了波皮利乌斯·特奥提穆斯（Popillius Theotimus）。"波皮利乌斯"为拉丁名，表明此人拥有罗马公民权，问题就出在这里。行省当局坚称，伊壁鸠鲁学派领袖必须为罗马公民。特奥提穆斯希望当局能灵活变通。显然，他已有属意但不合要求的人选。

幸运的是，特奥提穆斯人脉甚广。他找到普洛蒂娜帮忙，而普洛蒂

---

* 译文引自《名哲言行录》，徐开来、溥林译，桂林：广西师范大学出版社，2010年，第497页。

娜也欣然相助。她致信养子哈德良（信在后者巡幸欧洲时收到）：

> 皇帝自知，（老身）心仪伊壁鸠鲁派多年。今该派有一要事相求。（按规，）领袖须为罗马公民，故可用之人寥寥可数。当今雅典领袖波皮利乌斯·特奥提穆斯，已有属意之选，然出身外邦，承继无望。（欲）以其名义，特乞皇帝恩准……许其于优异者中简拔领袖。[10]

哈德良全从养母之意，发布选人敕令。皇太后大悦，给"所有朋友"写信道：

> 我等渴求之事已遂……当向……皇帝深表谢意。皇帝真乃尽心尽责，有恩于一切文化，当得天下人敬重。皇帝对老身关怀备至，呵护有加，尽忠尽孝。[11]

不过，她也提醒道，在盘根错节的团体中，个人情感会影响判断。领袖必须"从信众中择优而选，心系全局，而非少数意气相投者"[12]。

当然，普洛蒂娜可能另有所指。最近她刚刚经历了棘手的政权交接。大家都认为，她使了手腕。图拉真朝中自有比哈德良更合适者，但普洛蒂娜沉着而坚定地表示，哈德良为继承夫婿图拉真的不二之选。她认为，处理伊壁鸠鲁学派一事，应该坚持同样原则。

皇帝抵达日耳曼前线后，很快便展现了通过历练及研究历史掌握的指挥技能。以守代攻并不意味着他消极怠战，也不意味着那些年他在军队虚度了年月。恰恰相反，他是士兵中的精英。此外，他必须显露将才，安抚那些批评者。

　　哈德良发现，"历代元首疏于管束" [13]，军队也乐得逍遥自在。这段有趣的表述出自《罗马君王传》。尽管哈德良欣赏图拉真的雄才伟略，但显然，其养父并不关心军营和战场上的日常事务。

　　哈德良制定了最严格的军纪，令士兵不断操练，仿佛战争迫在眉睫。为保证命令贯彻始终，他（又一次）师法奥古斯都与图拉真，颁布军纪条例。[14] 他的训练方法也不同以往：以潜在或现实敌人（帕提亚人、亚美尼亚人、萨尔马提亚人、凯尔特人）为对象，有的放矢地练兵。据阿里安讲，他还会自己设计某些技能，"既美观，又实用，且迅疾，令敌人闻风丧胆" [15]。他以身作则，与官兵同吃同住，津津有味地享用"培根以及奶酪加淡味酒醋" [16]。应该是征战时，他喜欢上"tetrafarmakon"，一种由野鸡肉、母猪乳房和后臀做成的馅饼。《罗马君王传》写道："他总会穿戴极其平凡的装束：他的腰带上没有黄金装饰，扣环上也没嵌以珠宝，他的战剑也极少会配上象牙柄。" [17]

　　他自己设立的长途行军，他也亲自参加，跟官兵一起步行达二十英里（须在五小时内走完）。他严于律己，从不上战车歇脚或到四轮马车就座，要么步行，要么骑马。不论天气如何，他始终不戴帽子。

　　哈德良生性好问，现在更加如此。狄奥·卡西乌斯写道："凡事他都亲眼看视，亲自过问。" [18] 他会视察要塞和堡垒，亲手收整和搬运。他还检视军营生活的方方面面——近战武器、投石车、战壕、土垒、栅栏等，确保一切都达到最高要求。

　　各级官兵的私人生活亦受到严密监视，旨在杜绝奢靡之风。有些官员行事优哉游哉，仿佛度假。遇到这种情况，皇帝会立即呵止。根据《罗马君王传》，他"把用餐间、柱廊、石室、花园都从军营里撤除了" [19]。

　　皇帝还有意提高官员的职业水准。他对军事保民官尤其担心。军事保民官其实是副将的参谋。他注意任命一些老人，他们"胡须够多或年纪够大以使自己能用聪颖及阅历承担起保民官的职责"。[20]

对于普通的军团士兵，哈德良提高了他们的武器及其他装备质量。年纪过轻或过老，都无法承受军旅生活的体能要求，故他禁止征召或保留这些人。此外，尽管军纪严格，但哈德良仍想方设法保留回旋余地。他规定，死刑能不用就不用。[21]

士兵服役期间不得结婚，但他们经常暗结连理，私生子嗣。退伍后，很多人都迎娶情妇，其私生子也因此获得合法身份。然而，若他们服役时身故，则子嗣永无名分，永不得成为主要继承人。在一封信（出土于埃及沙漠）中，哈德良与埃及总督讨论了此事。他决定，让士兵的非婚生子，与亲属一样，享有有限财产权。皇帝乐于"以更人性方式，解读先皇制定的过于苛刻的律令"[22]。

就我们所知，哈德良的巡幸遍及各个行省。他到访了上下日耳曼尼亚，以及多瑙河上游的两个小行省——莱提亚（包括今巴伐利亚、施瓦本、奥地利部分地区、瑞士、伦巴第）与诺里库姆（包括今奥地利与斯洛文尼亚的部分地区）。

考察哈德良的军队改革，应结合其防御性对外政策。如果不去征战，就需要为士兵另寻他法，维护军纪，提振士气。换言之，统帅应该懂得宽严相济，关注官兵的福祉。哈德良深受属下欢迎，终其一生，从不怀疑他们的赤胆忠心。哈德良的改革影响深远。通过不懈努力，并讲究技巧，他把和平之师锻造成为强大的战争机器。他的军团是留给继位者最有价值的遗产之一。

罗马人对边境的理解与我们今天的迥异。我们所谓的边境，指国与国之间标示领土或政治势力范围的界线。然而，他们的边境，其实指由罗马元老院与人民（Senatus Populusque Romanus）直接管辖的土地边界。

此外，边境附近的土地，即便他们决定不治理，也归其所有。地盘上的居民从某种意义上讲也是帝国子民。他们有些住在藩属国，有些为盟友部落成员，他们可能得到罗马的补贴，也可能需要进贡。如此一来，大部分边境往来无碍。商贾、旅人、谋生者进进出出，申报货物，然后缴纳税款。使节传达怨词和贺词。当然，军团也要提防袭击者、来势汹汹的武装入侵乃至叛乱。因此，边境并不是以单纯防御为目的的城墙。戍卫的工作除了抵御外敌，还要指挥交通。

哈德良抵达上日耳曼尼亚后，对图密善与图拉真筑立的界墙尤其感兴趣。起初，界墙为两块田地之间的小路，但现在这里是一条宽阔大道，其上屹立了近千座角楼、两百多座堡垒，起于莱茵河的美因茨东南河段，止于多瑙河的雷根斯堡（Regensburg）河段。这些界墙桥连了两条大河，而这两条大河其实构成了罗马位于北海与黑海之间的天然国界。

当皇帝参访界墙时，做了一个至关重要且前所未有的决定。在大道的"敌方"一侧，他令士兵建造完整的木栅栏。栅栏大约十英尺高，以大橡树作桩，通体一分为二，面平侧朝外，另有大梁加固。这项工程相当浩大，因为整个界墙长近三百五十英里。为此，日耳曼尼亚的大片森林都遭到砍伐。

皇帝是要克服什么困难？现有防御工事似乎足矣，腹地的部落没有任何特殊的入侵威胁。但是，修筑城墙能调动嗜税如命的官员，打击走私，增加关税，控制移民。再者，此事费时费力，足够军团忙活好几个年头。

不过，修筑计划传递出另一个重要意图。城墙显然印证了哈德良的维持现状政策。它鲜明地展示了罗马的实力，以及它不再扩张的决心。这种解读亦有《罗马君王传》为据——哈德良以人造屏障，抵御或隔离"当时（首次巡幸）和其他时候遇到的"[23] 蛮族。换言之，日耳曼栅栏并非针对某特殊威胁的一次性产物；它兼具示范与实用效果，哈德良欲以此为例，展示其全国性政策。

该政策或许不受将帅和元老院欢迎，但皇帝从未动摇实施的决心。时间长了，以守代攻的帝国思想逐渐得到广泛接受，至少在行省是如此。

多年以后，有人赞许道："一支安营扎寨的部队，像壁垒一样，把整个文明世界环绕起来。"[24]

推行新训练机制，修筑栅栏之后，皇帝决定更进一步。他的下一个目的地是偏居疆隅的不列颠尼亚岛。

注 释

（主要资料来源：狄奥·卡西乌斯和《罗马君王传》。）

［1］Dio 69 10 1.

［2］HA Hadr 10 1.

［3］BMC III p. 350f, 521f.

［4］HA Hadr 10 2 提到了哈德良从西皮奥·埃米利阿努斯和墨特卢斯处获益良多。这一说法想必出自哈德良的已佚自传（由马利乌斯·马克西穆斯［Marius Maximus］立传）。哈德良想必在青年时代便听过这些将领的名字。

［5］App Pun 132.

［6］Homer *Iliad* 6 448-449.

［7］App Iberica 85.

［8］Sen Ep 21 10.

［9］Dio Laer Epicurus 10 22.

［10］Oliver, pp. 174ff.; Smallwood 442.

［11］Smallwood 442.

［12］Ibid.

［13］HA Hadr 10 3.

［14］Veg 1 8.

［15］Arr Tact 32 3.

［16］HA Hadr 10 2.

［17］Ibid., 10 5.

［18］Dio 69 9 2.

［19］HA Hadr 10 4.

［20］Ibid., 10 6.

［21］见 Digest 49 16 6-7, 及 48 3 12。

［22］Smallwood 333.

［23］HA Hadr 12 6.

［24］Ael Arist Rom 82.

第十七章

帝国边陲

在北海与索尔韦湾（Solway Firth）之间，奔宁山脉（Pennines）北部，有一大片不生树木、疾风劲吹的沼泽。文德兰达要塞（fort of Vindolanda）就矗立在其中一小块水源充沛的高原上。两千年来，周围荒凉却优美的景致基本未变。

要塞名为两个凯尔特语词复合而成——"vindos"（意为"白"，"winter"［冬季］与之源于同一个词根）和"landa"（表示围场或草坪）。由于那里的天气常常如此[1]，这个名字真是应景。冬季，日出近半小时后，高原依然处于临山的阴影之中。即便四周满地严霜融化，要塞依旧银装素裹，熠然不可思议。

在如今以其中世纪名"石路"（Stanegate）闻世的道路沿途，排列着一系列据点，很像图密善于日耳曼尼亚筑立的界墙。文德兰达便是据点中的一个。栅栏作顶的高堡，构成了圆角四边形。里面可见罗马军营的典型设施——一排排整洁的营房、仓库、医院和统帅营（praetorium）。另外，城市生活的相关设施也近在咫尺，比如要塞外的石制浴堂和神庙。

不列颠尼亚的北部防御，由以日耳曼人为主的辅助部队负责。文德兰达的土地上曾有同格利人（Tungrians，日耳曼部落，一度定居高卢东北部）定居，后为不可或缺的巴塔维亚人。起初，它并非前线，但公元85年至105年间，迫于局势压力，图密善以及后来的图拉真，不得不从苏格兰的要塞撤回。驻守军团分居三座城镇，分别是埃波拉库姆（Eboracum，今约克）、戴瓦（Deva，今切斯特）与伊斯卡西卢鲁姆（Isca Silurum，今卡利恩［Caerleon］），这些拉丁名均取自当地语言。

辅助部队对当地武装嗤之以鼻，但委实不应该，因为后者在叛乱中表现神勇。为首者很可能为好战部落布里甘特人（Brigantes）。罗马人到达以前，他们控制了英格兰北部及中部的大部分地区。现在，帝国要招募他们，这让巴塔维亚人大为反感。巴塔维亚人蔑称之为"Britunculi"[2]，即"可怜巴巴的布里仔"。

文德兰达早期的堡垒为木制，每隔六七年会重建一次。不过，重建时，罗马人并不清理地基，而是将旧堡垒拆毁，然后往废墟上铺一层黏土或草皮。潮湿条件确保了无氧环境，从而使士兵遗弃的每一件器物都保存下来。

自20世纪70年代初起，考古学家陆续出土了许多保存完好的珍贵文物。它们记录了两千年前帝国前哨的生活。鞋子、腰带、织物、木制工具、铜铁器皿悉数重见天日，而最重要的当属各类函件，包括私人信札、账簿、请假条甚至素描。

信札多以墨水书于橡树或桤树条，大小形状类似整张或半张明信片（有的刻于蜡制写版）。它们生动再现了消失已久的古人风貌，其中包括巴塔维亚人的第九大队队长弗拉维乌斯·克瑞阿利斯（Flavius Cerealis），及妻子苏尔皮基娅·勒皮狄娜（Sulpicia Lepidina），公元1世纪末两人恰好在文德兰达。

克瑞阿利斯的一位同事向其致歉，因为他无法亲自为其妻祝寿。某女性友人给勒皮狄娜捎信，邀请其参加**自己**的寿宴。她温情脉脉地补充道："姐姐，你可要来啊。姐姐，再会，愿你幸福安康。"[3] 这位女性还征得丈夫同意，邀请勒皮狄娜到另一个堡垒的家中去看她，因为她有"一些私事"想跟勒皮狄娜商量。有一年冬天，闲来无趣的克瑞阿利斯给某高官（可能是元老）写信，请求他"给我带些朋友，多多益善，感谢您，让我服役时享受难得的快乐"[4]。

克瑞阿利斯及其他队长想必都是日耳曼贵族，因此属下甘愿赴汤蹈火。不过，文德兰达的文献表明，他们及其家庭自愿归化为罗马人。而归化即从娃娃抓起。据某些写版记载，有个小孩（无疑是克瑞阿利斯与勒皮狄娜之子），努力学习维吉尔的《埃涅阿斯纪》。他默写了其中的名句"interea pavidum volitans pinnata p'ubem"（这时传递流言的女神法玛……飞到了这担惊骇怕的营寨*）。这里把"per"缩写为"p'"，不小心又将"urbem"中的"r"给漏掉了。由此可见，巴塔维亚儿童要成长为合格的罗马人，着实要下苦功。[5]

不独上层人士相互通信。身在偏远前哨的普通人，同样渴望了解时事。索兰尼斯（Solemnis）就给"兄弟"帕里斯（Paris）——从名字看，他们应该是奴隶，而非士兵——写信："老兄别来无恙啊？老弟我好得很，希望你也是。你可太不够意思了，一封信都不给我写。看，我还给你写呢，够哥们吧。"[6]

皇帝此行重点为罗马的北部边陲。为使接驾不失礼数，文德兰达的卫戍部队花费巨资筹备。考古学家发现并考察了一座建筑，其修筑时间

---

* 语出《埃涅阿斯纪》第 9 章第 473 行，译文引自〔古罗马〕维吉尔《埃涅阿斯纪》，杨周翰译，南京：译林出版社，1999 年，第 246 页。

与皇帝巡幸不列颠尼亚大致吻合。[7] 论精巧程度及规模，该建筑在当地可谓首屈一指。它以大橡木作桩，地板以碎瓦（opus signinum）铺就。碎瓦为普通民宅常见的地面用料，由砂石、赤陶土、碎石等混入灰岩或黏土制作而成。内墙涂以石灰，有的饰以彩绘。这些开阔的住房特为到访堡垒官阶最高者建。此人显然是哈德良，北巡其间，皇帝需要在帝国内部有舒适的行宫。文德兰达地处要津，不啻为上选，而皇帝离开多年以后，行省总督也发现，这座兵营十分便利。

哈德良很可能于公元 122 年 6 月，漂洋过海前往不列颠尼亚，同时还带了一支莱茵军——第六"胜利"军团（VI Victrix），并将其编入行省驻防部队（或许是弥补在近来叛乱中的损失或替代调往别处的军团）。另外，三千名借调自西班牙与日耳曼尼亚的士兵，也参与了此次远征。陪同皇帝的是新任总督奥卢斯·普拉托里乌斯·涅波斯。涅波斯是皇帝的朋友，应该还是他在家乡意大利加的远房亲戚。公元 119 年哈德良登基元年，涅波斯出任候补执政官，此前他曾参加帕提亚战争，还执掌过色雷斯。此行他要替代法尔科。后者虽迅速镇压负隅顽抗的不列颠叛乱分子，但损失相当惨重。

法尔科任内的最后一桩差事是安排皇帝的出巡。那阵势堪比现代奥运会。成千上万的士兵需要安置，包括禁卫军和巴塔维亚骑兵队。此外，还有许许多多达官显贵，比如皇帝的内阁成员、各类门客和友人。朝中政要也将悉数到场，其中就有文书苏维托尼乌斯。巡游路线需要商定，不少城镇得到警告，必须盛情恭候皇帝大驾，心甘情愿地劳民伤财。

皇后亦将随行，但并非出于爱意，而是礼节使然，故携带了自己的人马。皇帝的随行人员中，政治地位最重要的，当属禁卫军长官盖乌斯·塞普提基乌斯·克拉鲁斯（Gaius Septicius Clarus，他的同僚图尔波仍在罗马镇守）。此人为德高望重的骑士，曾出任埃及总督，与小普林尼有过书信往来，苏维托尼乌斯的大作《罗马十二帝王传》便题献给他。

• • •

　　哈德良在不列颠尼亚的活动史料罕见。他大概从盖索利亚库姆（Gesoriacum，今布洛涅［Boulogne］）的不列颠舰队（classis Britannica）基地出发，前往南部海岸，然后北上至行省首府伦狄尼乌姆（Londinium）。皇后及大部分行政官员止行于此。皇帝之后的行踪鲜为人知，想来他视察了三个军团驻地。行省各级服役期满的士兵都获颁敕牒。[8] 这些敕牒保障了士兵惯常的特殊待遇，尤其是"他们的子孙在其获得公民权时，亦获得公民权，授予他们与事实婚姻的女方合法成婚的权利，若彼时他们单身，日后成婚的妻子也享有同样权利"。不过，规定补充道："成婚对象一次仅限一人。"这次大规模退伍非比寻常，应该是刻意而为，即营造盛大的场景，让皇帝心满意足地接受民众的欢呼。

　　第六"胜利"军团似乎直接从欧洲大陆开赴泰恩河（Tyne）。抵达后，他们向两个祭坛献祭。装饰海神尼普顿祭坛的，为盘绕三叉戟的海豚；装饰俄刻阿诺斯（Oceanus）祭坛的，则为船锚。据说，俄刻阿诺斯是环绕整片陆地的大河（当然，那时还没人知道美洲、大洋洲和北极）。这不禁令人想起，亚历山大大帝在已知世界东界，也举行过类似仪式。

　　毫无疑问，皇帝出席了仪式，而且大谈前辈的政治影响。亚历山大迷人的幽灵，让罗马人魂牵梦绕。图拉真哀叹，自己年老体衰，再无力追赶波斯帝国征服者，直抵俄刻阿诺斯。在亚历山大与图拉真均未涉足的世界另一端，哈德良举行了同样的祭祀，且适逢和平而非战争时期。

　　不列颠尼亚远离政务中心，但朝政不得不理。一日，亚细亚总督来信，请示如何处理基督徒。恰巧，皇帝文书苏维托尼乌斯，见多识广，可以提供周详的意见。十多年前，他担任小普林尼秘书期间，小普林尼曾就同一问题，奏请图拉真。

　　总督表示，自己接到请愿，要求严惩当地基督徒，这令他一筹莫展。

帝国保有各种档案，官员遇申请、上诉、请愿等，便有例可循。图拉真对新教派并无好感，亦无意将信众赶尽杀绝。只有他们作奸犯科，证据确凿，才绳之以法。

哈德良步图拉真之后尘。他的回复保存至今 [9]（回复传至基督徒手中，并在殉道者查士丁［Justin］《第一辩护词》［First Apology］中被引为附录，大约三十年后，基督教传道总会出版了这本书）。皇帝明令，诋毁者要么拿出证据，要么闭嘴。"朕断不许他们随便乞援嚷嚷。" [10] 他厉声道。若他们确有实据，总督就应倾听。若被告果真触犯律法，而且还是基督徒，且拒绝做出适当牺牲，就当受到相应惩罚。假设史料未曾篡改，则哈德良似乎只想以特定罪名惩治基督徒，而不仅仅出于他们的教派身份。

与其说是基督徒令皇帝怒从心生，不如说是那些居心叵测的批评者更令皇帝恼火。"卿千万，务必特别留意，谁若，不怀好意，控告基督徒，辄以重罪论处，惩其歹念。" [11] 从断断续续的语气看，哈德良是在口述此令，且正怒不可遏。

皇帝或许推行了宽容的政策，因为他注意到，针对基督教的偏见多为无稽之谈；再者，基督徒也并非以人为食的狂热罪犯，其实他们很平和，没有重大的政治威胁。另一方面，我们知道，皇帝也对宗教很着迷，尤其是那些注重精神体验与个人投入的宗教，这可能会促使他推行积极的政令。

无论如何，皇帝受到犹太人拥戴，因为埃及与昔兰尼的犹太起义遭镇压后，皇帝对他们仍一视同仁。这也使皇帝赢得基督教护教者的好感。《罗马君王传》称，哈德良下令，帝国上下兴建没有神像的神庙，据信这些神庙是献给基督的。显然，它们后来得名哈德良神庙。我们很难确定，这段记载真实与否。它或许仅仅是作者杜撰，但如果要说它的可取之处，可能就是皇帝并没有单独挑出某教派，而是试图扩大公认或官方崇拜的范围（正如雅典人为未知的上帝修筑祭坛）。不过，他考虑基督教时，想必亦想着当时救世福音派（salvationist）与一神论信条。

　　不列颠尼亚叛乱见证了从图拉真帝到哈德良帝的朝代更迭。叛乱发生也不过数年，但奇怪的是，文德兰达的写版并未记载任何军事危机。高官之间的社交活动轻松惬意。某年 5 月 18 日的文献，记录了同格利人第一步兵队的行踪。[12]该队共有士兵七百五十二人，其中四百五十六人因各种差事和事务，离开了文德兰达。三十一人有疾，包括五名正在康复的伤员。所有文德兰达的史料中，只有这一处提到打仗。步兵队近半士兵前往临近的科里亚堡垒（Coria，今科布里奇［Corbridge］），在距离石路以东十二英里处操练或军演。约五十人为特别选拔（singulares），受命担任行省总督的贴身侍卫。伦敦等地还有一些小分队。其中一支可能赴约克收取军饷。九名士兵及一名百长则前往高卢，可能去收取军装。

　　这些奔走的士兵还兼职驿使，将讯息和货物捎往全国各地。从文德兰达写版可知，军队时常忙于经贸活动。似乎也没有腐败或无能者的记录，可真遇到紧急情况，这个体系很难快速而有效地应对。

　　那么，皇帝如何看待这种商业至上的现象？史料乏善可陈，但我们不妨猜测一番。从种种迹象来看，皇帝此次不列颠尼亚之行，目的之一就是整顿军纪。《罗马君王传》写道，他"整顿了许多弊病"[13]。切斯特斯要塞毗邻泰恩河，那里发现了一座祭坛，上书献给"纪律严明的哈德良皇帝"[14]。题献者为"以勇武著称的奥古斯都"骑兵团。钱币亦可佐证。第六"胜利"军团某年轻的军事保民官，就上了毕生难忘的一课。四十年后，我们得知，他"品格高尚，是老派的军纪至上者"；甫一到任，他发现士兵不爱武装爱衣装。于是，他

　　　　用指尖把士兵的胸甲撕毁。他还发现，马背上放的不是

马鞍，而是坐垫，遂下令将垫子撕开，把里面的软毛像拔鹅毛
一样给掏出来。[15]

不难想象，面对散漫的不列颠部队，哈德良从严治军，文德兰达的巴塔
维亚人早就盼着他来整顿整顿。

有人并不恐惧惩罚，反而期望皇帝主持公道。堡垒中发现了一封
写给皇帝的抗议书草稿，抗议自己遭受虐待。写信者为某平民商贾。
他把信潦草地写在账本背面。他非不列颠尼亚本地人，而是来自海外
（transmarinus），故应免于体罚。然而，百长以其运送劣酒或劣油为由，
仍处以鞭刑。他写道："本人海外生人，一直奉公守法，可这次无端挨
了顿暴打，恳请皇上做主。"[16]

该信最大的看点是发现地——百长的营房。有人肯定发现了它，并
将其没收，但其副本也可能已经送到了皇帝的手上。即便如此，这位商
贾的说辞似乎漏洞百出。想来，这可怜的家伙最终不得不又挨一顿胖揍。

不列颠远征（expeditio Britannica）期间发生了一桩极为蹊跷的事。
事情深切表明，尽管哈德良已登基四年，可皇位依旧未稳。疑虑重重之下，
他征召大量粮官，担任其暗卫。他让这些密探潜伏于民众身边，连他的
友人亦不例外。密探行事相当隐蔽，监视活动悄无声息。

这期间曾出了件趣事。[17]某妇女给丈夫写信，抱怨他整天到公共浴
堂消遣，只顾自己舒心，却冷落了妻子。哈德良从其他粮官处得知此事，
遂趁那丈夫请旨告假，怒斥其自私之举。丈夫回应道："哦，难不成她
也写信向你抱怨了！"

更严重的是，粮官发现，一些朝中大员行为失当。具体细节我们不
得而知。《罗马君王传》仅语焉不详地写道，哈德良

> 撤换了禁卫军长官塞普提基乌斯·克拉鲁斯，御用文书
> 苏维托尼乌斯·特兰奎鲁斯等多人，因为他们未经同意，对皇
> 后萨比娜没规没矩，缺乏对待皇室应有的礼数。萨比娜喜怒无
> 常，不近人情，若皇帝是普通公民，也会将其"撤换"掉。[18]

我们难以推测究竟发生了何事，但显然圣颜不悦。萨比娜应该没有败德之举，因为她遭到的唯一批评，就是身为妻子并不称职。所谓"没规没矩"（familiarius），轻则指有违礼制，重则指拨雨撩云。哈德良强调不必拘泥于繁文缛节，可仍希望皇后的身边人，保持应有的礼数。

无论犯上之事如何，我们断定，这只是借口。将这两位高官解职，乃政坛大事。当时，宫中和元老院肯定议论纷纷。总之，这件事非同小可，但具体内容恐怕难见天日。

面对哈德良的做法，萨比娜予以坚决还击。她曾公开表示，哈德良人面兽心[19]，因此自己必须想方设法避免怀孕，否则"人类就会灭种"。在古代，避孕既不容易，也不方便。医生可能要求妇女用陈年橄榄油或潮湿的明矾清洗私处，或者跳上跳下，擤鼻子。然而，我们也没必要同情皇后，因为哈德良肯定不会经常要求行房。

苏维托尼乌斯的解职，令古典史学家唏嘘不已，从今往后，他再也无法查阅皇室档案。他的皇帝传记中，只有前两位，即奥古斯都与提比略的是完整的。之后，他就难以引用一手文献了。

不列颠群岛上最著名的罗马遗迹，当属哈德良长墙（Vallum Aelium）*。尽管如今蜚声内外，可在古代，跟哈德良沾得上边的，不过

---

* 英文为 Hadrian's Wall，也被译为"哈德良长城"。

一处。《罗马君王传》写道，哈德良"为了将蛮族和罗马人分隔开来，还史无前例地筑起一道长达八十罗马里＊的长墙"[20]。

大部分长墙（尤其是中间段）被较好地保存下来，时至今日，成为英格兰北部炙手可热的旅游景点。皇帝巡幸之前，似乎即有修筑计划。有人在贾罗（Jarrow）发现了两块公元118年或119年制作的砂岩残碑，上面的铭文基本完整。铭文写道，"为保帝国（版图）完整，（哈德良）领受神命"[21]，修筑长墙。

该计划风险巨大。三支不列颠驻防军团、不列颠舰队以及辅助部队，全都参与修筑工作。想必皇帝对长墙的设计兴致勃勃，属下还拟建一段供其检查。

在纽卡斯尔（Newcastle），一座石墩新木桥（约九孔）横跨泰恩河。这就是哈德良桥，如今那里已换成平转桥。长墙由此兴建，一路向西延伸七十三英里，直抵爱尔兰海。城墙以石头筑成，宽三十英尺，高十五英尺，附有雉堞（有些保存至今，高达十英尺）。墙侧为三十英尺宽、九英尺深的大壕沟。沟呈倒三角型，进攻者一旦落入，很难爬出。

从哈德良桥起，每隔一罗马里（比今法定英里略短），设一座岗哨或"里堡"，内有可容纳六十人的兵营。两座岗哨之间，又设两座信号塔楼，如遇敌情，可迅速预警。长墙以黏土与碎石为骨，岩石为面，顶部可能有铺石的人行通道。它沿海岸线蜿蜒而行，抵御着海上入侵者。

长墙距石路数百码，紧急情况时增援部队可迅速抵达。有了文德兰达等堡垒，后备军随时可以调遣。

据信，修筑工程耗时约六年。很明显，迫于某种压力，工程不得不快马加鞭，因为有些部分宽度仅六英尺，拓宽工作后来才完成。东部三

＊　1罗马里等于1.49千米。

分之一段两端临海。此段长墙为草皮堡垒，宽约十六英尺，上部筑以木栅栏与人行通道，间有木制角楼与里堡。如此建造可能由于缺少石料和石灰。之后延伸至西海岸的部分，又以石头筑造。

起初，长墙由驻扎里堡的士兵戍守巡查，但效果并不理想。于是，罗马人增修了许多大型驻军要塞，有的供步兵使用，有的供骑兵使用。

长墙最让人叹为观止的特征就是其外观。完工前，工人在上面铺了石膏，让石头的切面看起来平滑整齐，然后再刷上石灰水。它就像绶带一样，随崎岖的绿泽高低起伏。几英里外，就能见到它在阳光下闪闪发亮，俨然罗马帝国的魔幻隐喻。

长墙完成不久，便开始另一项浩大的工程。在长墙南部兴建两块高约十英尺的草堤，由一条宽二十英尺的平底壕沟隔开。在两块草堤与壕沟中间，有一块约三十英尺的平地。从堡垒向南伸至石路的巷道由此穿过。

哈德良长墙有何作用？这个问题恐怕没那么简单。我们不清楚不列颠尼亚北部（苏格兰）的人口数量，但显然那里难以构成军事威胁。再者，论人力物力，在固定位置修筑管理防线的投入，不见得少于吞并治理苏格兰低地的费用（当然，高地土壤贫瘠，人烟稀少，更无觊觎的道理）。本来，低地的防卫只需投入少量松散的堡垒，完全不用大张旗鼓地兴建连接索尔韦湾与北海的长墙。据估计，这样驻防兵力只要四千人就够了，略少于一个军团。

在日耳曼尼亚，城墙的存在并不等于罗马没有墙外土地的主权。恰恰相反，它是一条安全的基准线，如有必要，罗马可以向北扩张其势力。不难推断，应该有移民和商贾越过防线。事实上，防线将布里甘特人的领土一分为二。在皮克特（Pictish）一侧的部落成员，当然可以获准进入南部的腹地。通过严格控制人员出入，长墙想必创收了大笔关税。然而，长墙带来的增长收益，能付抵消修筑时的高额成本吗？

宽阔的城垣自有其奥秘。它没有栅栏护顶，所以不可能有防御功能。如果为了标示墙后的疆界，形成隔离，那么围栏便足矣。或许，城垣是作双向交通之用，士兵与平民可使用中间比石路更接近长墙的壕沟，但我们又找不到路面存在的证据。有时，城垣途经区域极为陡峭，不适合长途运输。无论如何，我们知道，在长墙与城垣之间，罗马人特意修筑了补给道路。

我们只能认为，皇帝意在重申自己的不扩张政策。在罗马，他通过建筑工程这种可视的语言，表达政治观点。此处亦然。旷野上飘动的白色绶带，以及宏大的城垣，无疑是壮观的政治艺术。

注　释

（主要资料来源：狄奥·卡西乌斯和《罗马君王传》；文德兰达部分亦见伯利［Birley］和鲍曼［Bowman］。）

［1］Birley Vind p. 50.

［2］见 Bowman p. 103, TVII 164。

［3］Bowman, p. 135.

［4］Ibid., p. 129.

［5］见 Birley Vind p. 76。

［6］Bowman, pp. 141–142.

［7］见 Birley Vind p. 76。

［8］Smallwood 347.

［9］Justin Apol App.

［10］Ibid.

［11］Ibid.

［12］TVII 154（见 Bowman, pp. 101-102）。

［13］HA Hadr 11 2.

［14］Birley Vind p. 97.

［15］Fronto Ad L Ver 19.

［16］TVII 344（见 Bowman, pp. 146-147）。此信可能写给行省总督，但信中的"陛下"（此处未引）表明，收信人为哈德良。

［17］这则趣事见 HA Hadr 11 6-7。

［18］HA Hadr 11 3. "未经同意"译自 iniussu eius，但有人倾向于现代对它的一种修订，即 in usu eius（意为"他们与她的交往中"）。我认为前者更合适，因为后者有点重复 apud（"在……面前"或"在……的陪同下"）一词。

［19］Epit de Caes 14 8.

［20］HA Hadr 11 2.

［21］Sherk 141. 哈德良曾在公元 118 年和 119 年担任执政官。

第十八章

后会无期

皇帝一行准备妥当，再次浩浩荡荡地踏上征程。他们要返回高卢，然后前往西班牙和北非。

弗洛鲁斯笑称哈德良不安分，还给他去了几首讽刺诗，以倒叙形式，描述了他至今的行踪。

> 我不想成为恺撒，
>
> 不想漫步在不列颠尼亚，
>
> 不想潜伏在日耳曼尼亚，
>
> 也不想忍受那斯基泰的寒霜。[1]

"斯基泰"（Scythia）在诗中指多瑙河沿岸诸行省。圣心大悦的皇帝亦回敬一首，语带幽默，却毫不客气。

> 我不想成为弗洛鲁斯，

> 不想漫步在小客栈，
>
> 不想潜伏在廉价餐馆，
>
> 也不想忍受那圆鼓鼓的虫子。

显而易见，弗洛鲁斯并不认同皇帝无为而治的对外政策，尽管他也说过，"建新省易，守新省难"。这话其实是挖苦图拉真，却与哈德良的想法不谋而合。对于很多事情，两人都有同样的偏见。弗洛鲁斯写过一副描述女人天性的对句，想必道出了萨比娜之夫的心声：

> 每个女人胸中都藏着有毒的黏液，
>
> 嘴上说着甜言，心里却藏着歹意。[2]

然而，光靠心无二意还不够。普洛蒂娜的养子对异性同样用情至深。当然，这要取决于是何种异性。大约此时，意大利传来消息，深受爱戴的皇太后驾崩。狄奥·卡西乌斯直言不讳地表示，她"深爱皇帝，而通过她，皇帝才得以成功继位"[3]。

显然，这种爱是柏拉图式的。这位奥古斯塔维系着最奇特的快乐之家。对房事无欲无求的皇帝居于家庭中心。夫妻之间相爱互信，但没有子嗣，可能连御幸都没有。皇太后同朝中其他贵妇——图拉真之姊玛尔基娅娜及其女玛提狄娅，也是互敬互爱。事实上，居于权力风暴中心的她们，过着伊壁鸠鲁式的平静生活。在外人看来，她们的姐妹关系高洁却有些单调。

除了先皇驾崩前未留遗诏这事，从未有人指责皇太后干政。即使她插手假立遗诏，无疑也帮了帝国大忙。在图拉真黑暗的寝殿里，她的作为虽难以服众，可事后看来，不失为明智之举。

普洛蒂娜离世令哈德良悲痛不已，因为（据狄奥讲）他"相当敬重皇太后"[4]。一连九日，他身着黑色孝服，还写了几首悼念颂歌（已佚）。不久，他又安排封神仪式。他如此评价道："皇太后向朕要求甚多，而朕从未拒绝。"[5] 哈德良言外之意是，他从未**被迫**拒绝皇太后的要求，因为这些要求总是合情合理。

普洛蒂娜来自纳博讷省首府奈毛苏斯（今法国南部城市尼姆）。时至今日，那里依然可见哈德良为纪念她而修建的加尔水道桥（Pont du Gard），以及一座保存相当完好的神庙（今"四方庙"［Maison Carrée］），但为她建造的巧夺天工的大教堂已不复存在。

哈德良依旧像年轻时一样，痴迷狩猎。他的技艺已相当出众，用矛仅刺一下，就能放倒一头大野猪。[6] 由于狩猎，他断过锁骨[7]，甚至受过几近残废的腿伤。

在巡幸不列颠尼亚边境期间视察文德兰达时，他肯定高兴地发现，驻防士兵以狩猎为乐，而且他也利用各种机会，骑马外出。在高卢，他同样如此。我们知道，有一次狩猎以悲剧告终。罗马的高卢城镇阿普塔·尤利亚（Apta Julia，今阿普特［Apt］，距艾克斯［Aix］三十多英里）位于图密善大道（via Domitia）。大道南通西班牙，故为哈德良此次巡幸的必经之路（汉尼拔当年沿此北行进军意大利）。该镇附近多山，适合山区狩猎。因此，有人在阿普特镇上和附近，发现五处向狩猎之神西尔瓦努斯（Silvanus）献祭的遗址，也就绝非巧合了。

哈德良的爱马波吕斯特涅斯在此死去，皇帝不但为其修墓，而且还撰写墓志铭。墓志铭是一首朴素的短颂。想来，伤心欲绝的主人借着诗兴，一口气把它写了下来。

波吕斯特涅斯——

蛮夷皇帝的御用猎马，

> 你总是风驰电掣，
>
> 横渡大海，翻越沼泽，
>
> 穿过伊特鲁立亚的坟冢。[8]

这是个人的致敬。在托斯卡纳的某个坟冢处，肯定发生了意外和不幸，但这位作者无意告诉我们实情。他继续写道，从未有野猪伤害过波吕斯特涅斯，因此这不可能是死因。也许，这匹马失足摔断了腿，人们不得不了结它的生命。无论如何，

> 它注定在那天走完一生，
>
> 然后长眠于这里的土壤。

哈德良极爱动物，波吕斯特涅斯并非唯一获得厚葬的。据《罗马君王传》，爱驹爱犬离世时，哈德良都会葬于准备好的墓穴之中。[9]

　　伤心欲绝的皇帝向南继续巡幸之旅。公元 122 年冬，他一直待在塔拉哥西班牙省（Hispania Tarraconensis）首府塔拉哥（今塔拉戈纳）。塔拉哥为罗马在西班牙最古老的基地，全称是"恺撒殖民地胜利之城塔拉哥"（Colonia Julia Urbs Triumphalis Tarraco）。这座有围墙的城市建于高地的平缓地带，毗邻大海，但缺少安全的港口。全城配有各种适合文明生活的设施。

　　诗人马提亚尔极尽奉承之能事，因而深受图密善宠爱。晚年，他回到故乡西班牙。据他讲，塔拉哥有很多值得推荐的地方，对于像他朋友利基尼阿努斯这样的好猎手，更是如此。

> 在那儿，你能宰杀落入网眼陷阱的鹿

> 以及当地的野猪，
>
> 骑上骄马，把狡兔赶到走投无路
>
> （牡鹿就留给法警）。
>
> 附近的树林可直接为薪燃灶，
>
> 或者成为邋遢顽童的腰带。
>
> 欢迎猎人前来；只要随口招呼，
>
> 就有宾客来分享你的晚餐。[10]

简朴的乡间生活，让百无聊赖的罗马市民心向往之。当然，这可能是文学上的转义（trope）手法，因为他们往往是在舒适的乡间别馆里消磨时间。不过，哈德良的确有意到朴实的百姓中体验一番。这正是狩猎之乐的一部分。

哈德良应该知道塔拉哥。那是他已故赞助者与提携者利基尼乌斯·苏拉的故乡。此外，贝提卡的旅行者若想走缓慢但安全的道路前往意大利，也往往选择这里歇脚。

城市的便利设施中，有一些花园。据某铭文记载，这些花园本属于一个叫普布利乌斯·鲁菲乌斯·弗拉乌斯（Publius Rufius Flavus）[11]的人，但他生前将其留给了自己的四名释奴。该遗产旨在纪念他"永言铭怀"的亡妻，故后嗣或继承者不得变卖。可以推断，这些花园将成为由其释奴打理的公园。

一日，哈德良来此散步。《罗马君王传》写道：

> 忽然，一个家奴拿着剑，疯疯癫癫地向他冲了过来。可皇帝只身制伏了袭击者，待仆役赶来救驾，将其押给他们。后来，他得知此人害了疯病，便延请医生为其诊治。由此看出，那时御前根本没有警备。[12]

这次袭击没有政治影响。如果有，那就是皇帝的果敢冷静，为他赢得了广泛声誉。

哈德良宣布为军团征兵，这或多或少影响了民众对他的好感。意大利本土的罗马公民可不习惯参军，因而幽默地婉拒了（但可能没成功）。多年来，哈德良不断在家乡意大利加大兴土木，但此次巡幸他直接从西班牙南下，没有故地重游，这着实奇怪，也可能事出有因。[13] 他的市民同胞可能正计划申请提高城市地位。然而，他们恐怕要败兴而归。任何请愿书都必须诉诸纸面，皇帝仅答应下次在元老院时，与大家讨论相关议题。

此时出现紧急事件，亟待皇帝处理。还在不列颠尼亚时，他便接到消息，毛里塔尼亚再次发生叛乱，亚历山大港亦发生暴动。此时离马尔基乌斯·图尔波（时任罗马的禁卫军长官）平息犹太叛军与希腊聚落的内乱不过四年。可这一次，让埃及本地人陷入纷争的是一头公牛。

埃及人认为，宇宙源于神祇普塔（Ptah）的梦境，随后普塔将其创造出来；他再次显灵时，是被害后复活的神祇奥西里斯（Osiris），亦即救赎者及冥界仁慈的判官。普塔在凡间的化身或信使是圣牛阿匹斯（Apis）。圣牛圈养于孟菲斯（Memphis）的普塔神庙，其前额、舌头、胁部带有特殊记号。它有众多母牛相伴，受到人的崇拜。圣牛死后，会同其前身一样，葬于大石棺，安置在塞拉比尤姆（Serapeum）的墓地中。

近来，亚历山大港当地人找到一头新圣牛，并为庆祝这一喜事铸造了新钱币。然而，争执随之而来。据《罗马君王传》记载，各个聚落都想照料圣牛，于是发生大范围骚乱。焦虑不安的埃及总督遂向皇帝请命。

哈德良的北非之行，史料甚少。毛里塔尼亚事件应该不如预想的严重。若爆发激战，皇帝不得不亲自干预，那么我们肯定会有所闻。皇帝驾到之前，行省总督或许已经解决了争端，也可能皇帝驾临平息了各方怒火。

对于亚历山大港事件，则恰有良言在耳。接替苏维托尼乌斯担任文书的，极可能为高卢士人卢基乌斯·尤利乌斯·维斯提努斯（Lucius Julius Vestinus）。[14] 此君富有学养，曾任帝国图书馆馆长，即古代世界最高的学术职务。此外，他还执掌过缪斯苑（Mouseion）。缪斯苑为亚历山大港的科学与文学研究机构，其赫赫有名的图书馆，是公元前3世纪由当政的托勒密王朝修建的。因此，维斯提努斯熟谙埃及的生活方式，正合向皇帝献计献策。

哈德良写了一封言辞犀利的问责信，效果立竿见影，动乱旋即停止。皇帝虽然行进缓慢，但早晚会抵达埃及。这或许迫使当局急中生智。

眼前的危机还未过去，更大的危机又在酝酿。帕提亚也开始兴风作浪。皇帝停止巡幸非洲行省，可能乘船前往安条克，并于公元123年6月抵达当地。他打算接见帕提亚国王，劝阻其进犯，无论此时哪位皇室成员当政。

八年前的地震令安条克元气大伤，至今未愈，哈德良对其文化的资助毫不吝啬。[15] 他似乎特别喜欢达夫尼忽正忽邪的花园，那里的卡斯塔利亚诗泉曾预言他将紫袍加身，因而他感念至今。他将每年6月23日定为"诗泉节"，还下令修建"诗泉剧场"与女神圣所。尽管无据可查，但他应该移除了登基伊始堵泉的石头。

赶赴帕提亚港口前，哈德良还兴建了"非常高雅的"神庙[16]，向先皇图拉真致意——与可恶的对话者商谈，同时高扬罗马的荣耀，这意味着图拉真意图占领帕提亚帝国的灾难之举，被视为一场胜利。

对于纷争细节，我们知之甚少，甚至不知道当时两个敌对的统治者中谁在当政。很可能是科斯罗伊斯，即公元117年罗马从帕提亚撤军时，哈德良承认的合法王。前面说过，罗马新皇废黜了图拉真立的傀儡王，也就是科斯罗伊斯投诚了的儿子帕尔特马斯帕特斯。当年，哈德良为安慰这个年轻人，授之美索不达米亚西北部小国奥斯罗伊奈。

五年后，科斯罗伊斯或许早就想拆掉身边这颗定时炸弹。他还可能迫切要求释放女儿，归还王座。两者都在图拉真征战期间，被扣留没收作为抵押。有人还想知道，科斯罗伊斯是否会敦促罗马人赔偿战争损失。罗马曾用钱打发喋喋不休的邻邦或部族。

罗马皇帝与帕提亚国王的会面，通常安排在幼发拉底河畔的两国交界处，双方于河中某沙洲相见。这次应该也不例外。至于结果，《罗马君王传》语焉不详。"当时，对帕提亚的战事仍处于准备阶段，哈德良通过私人会谈阻止了战争。"[17] 由此我们可以断定，皇帝做出了让步。他无意重夺图拉真短暂的战果，动武不但没有实际效益，而且有违其不扩张政策，此外还消耗大量财力。

钱币反映了皇帝如何与科斯罗伊斯达成协定。它们一度提到了"皇帝远征"（expeditio Augusti）[18]，即视察不列颠尼亚防务，镇压摩尔人叛乱，处理帕提亚威胁。后来，雅努斯（Janus）的形象开始印到钱币上。[19]

雅努斯为出入之神、来去之神、起止之神。他有两副面孔，"因为他是天堂与地狱的守门者"[20]，管理所有门和通道。罗马广场上一座小神庙便是献给他，门打仗时打开，和平时关闭。罗马人认为，和平乃战场上的胜利果实。是故，新钱币很可能暗示，皇帝关闭了雅努斯神庙的大门，并将谈判成果视为军事胜利。

皇帝十分敬重奥古斯都。对待帕提亚，这位先皇采取同样的做法——正所谓动手不如动口。面对桀骜不驯的强敌，奥古斯都没有退让，而是于公元前20年和公元2年，迫使其签订和约。第一元首巧妙地利用雅努斯大门，在战事连连的罗马历史上，它们此前只关闭过两次，而奥古斯都在位期间就关闭过三次。

• • •

公元前 5 世纪曾发生一桩大事。当哈德良巡幸故地，往事一幕幕地浮现在他的脑海中。事情发生于某崎岖的山路。沿着这条山路拾级而上，到达山顶，便可俯瞰黑海，以及卡帕多恰北部的特拉佩祖斯港（Trapezus，今特拉布宗［Trebizond］）。公元前 401 年某日，一群疲惫不堪的希腊雇佣兵，历尽艰辛，爬过狭窄陡峭、斗折蛇行的山道后，发现了那里。

希腊步兵（hoplites）据说为当时之翘楚，帕提亚帝国某人觊觎王位，为此雇了大约一万名希腊士兵。这些雇佣兵与他的部队会合，然后向在位的万王之王进军。在巴比伦附近，他们取得大胜，觊觎者却战死沙场，叛乱遂以失败告终。希腊人失去了雇主，又不受待见，于是不得拼死逃出数百英里的敌对区，摆脱帕提亚人追杀。他们的将领和高官要么被杀，要么被俘。尔后，他们推举年轻有为但缺乏经验的雅典人色诺芬作领袖。色诺芬乃天生帅才。他不可思议地把大家带到黑海岸边的安全地带，并从那儿的希腊城市乘船回国。

污泥满身的大部队好不容易爬上山坡。可这时，色诺芬和后卫听到山脊上传来巨大的喊声。他们不禁害怕更多的敌人会从前方杀来。色诺芬曾把这段经历写成回忆录（以第三人称比较客观地评论自己）。他如此写道：

> 不过，随着喊声越来越大，越来越近，陆续向前走的人，纷纷向更前面的不停叫喊的人跑去。随着士兵越聚越多，喊声也不断增大。似乎发生了什么惊天动地的大事。于是，色诺芬骑上马，带着……骑兵前去支援。很快，他们听到大喊："大海！大海！"[21]

这场景仿佛奥德修斯从特洛伊战场返回故乡伊萨卡（Ithaca）。哈德良与科斯罗伊斯达成协定后，继续巡幸东方前线的行省。他认为，自己终于找到时机，向自己的英雄致敬。哈德良很欣赏色诺芬，认为他胆识过人，尊和礼数；此外，他亦痴迷狩猎，如前所见，他还写过相关主题的经典著作。

哈德良在此地深受触动。为记录此次巡幸，在希腊士兵修建的纪念碑旁，他下令竖立祭坛，以及自己的雕像。[22] 皇帝的朋友阿里安十分敬佩雅典人。数年之后，他受命担任卡帕多恰总督，并以此身份视察全省。他见到山脊的场景后，大失所望。他上书皇帝，祭坛的确已建，可用的是糙石，铭文也刻得不准确，他决定重建。至于皇帝像，

> 虽然姿势不错——指向大海，可它既不像陛下，也没有任何美感可言。故臣另请能工巧匠，为陛下重塑同样姿势的雕像，因为那里正适合矗立永恒纪念碑。[23]

重建工作无疑取得巨大进步，但阿里安所谓的"永恒纪念碑"却命途多舛。祭坛或雕像都未保存下来，仅剩石碑依然挺立，只有在此才应了其不朽。

皇帝的下一站是比提尼亚-本都。该省地处黑海南岸，为连接多瑙河与幼发拉底河前线的交通干道，实乃战略要地。据古代史料记载，色雷斯人渡过普罗彭提斯海（Propontis），最早来此定居，但沿岸城市由来自大陆及小亚细亚的希腊殖民者创建。希腊文化在此蓬勃发展，而该省也涌现了不少名士，如修辞学家普鲁萨的"金嘴"狄翁，作家兼士兵阿里安，以及公元 2 世纪历史学家狄奥·卡西乌斯。

对于像皇帝这样喜欢寻根究底的人，那里有很多需要考察之处。比提尼亚-本都的政治环境混乱而腐败。小普林尼在前朝时曾意图改革，但情况并无明显好转。此外，他与图拉真通信，探讨了大量建筑与工程项目，而且都是先皇兴趣十足的项目。譬如，小普林尼提到，阿玛斯特

里斯城（Amastris）有一条"富丽堂皇的长街"[24]，但一条露天的污水渠从中间穿过，这可大煞风景。他征得皇帝同意，填埋了污水渠，除掉这个"臭气熏天的碍眼之物"[25]。哈德良肯定特别想亲自视察长街，看看工程是否完美收工，问题是否彻底解决。

一场地震袭击了行省，首府尼科美底亚（Nicomedia）以及尼西亚镇（Nicaea）遭受巨大破坏。皇帝斥资帮助灾后重建，而且忙于公办项目。[26]

他希望自己逗留行省期间，不要引起特别轰动，进而制定接下来的巡幸计划——先到色雷斯，然后北上至多瑙河沿岸的边陲行省。最后，令他大喜过望的是，劳顿一番后，终于可以到自己魂牵梦绕的精神家园希腊长住了。不过，临行前发生了一桩邂逅。

皇帝偶遇了一个乡下少年。这个少年将给他的生活带来天翻地覆的变化。

注　释

（主要资料来源：《罗马君王传》和狄奥·卡西乌斯；海边部分亦见色诺芬的著述。）

［1］HA Hadr 16 3-4. 此处以及以下四行诗译自：ego nolo Caesar esse / ambulare per Britannos / [latitare per Germanos] / Scythicas pati pruinas，以及 ego nolo Florus esse / ambulare per tabernas / latitare per popinas, / culices pati rotundos。第一首诗少了一行，但是我们可以根据皇帝的回复及即位以来的行程重构。

［2］MLP Florus 3. 拉丁原文为：Mulier intra pectus omnis celat virus pestilens;

/ dulce de labris loquuntur, corde vivunt noxio。

［3］Dio 69 10 3.

［4］Ibid.

［5］Ibid., 3^2.

［6］Ibid.

［7］Ibid., 69 10 2.

［8］MLP Hadr 4. Borysthenes Alanus, / Caesareus veredus, / per aequor et paludes / et tumulos Etruscos / volare qui solebat / …die sua peremptus / hic situs est in agro. 阿拉尼是伊朗游牧民族，波吕斯特涅斯即来自于此。下一个引文的出处亦同。

［9］HA Hadr 20 13.

［10］Mart 1 49 23-30.

［11］Sherk 180, CIL II 4332.

［12］HA Hadr 12 5.

［13］Dio 69 10 1.

［14］我们知道维斯提努斯成为哈德良的文书，但不清楚他是否立即履职。

［15］Birley, p. 153. Malalas 278f.

［16］见 Birley p. 153, Suda sv Jovianus。

［17］HA Hadr 12 8.

［18］BMC III p. 425 no. 1259ff., pp. 434-435 no. 1312ff.

［19］Ibid., p. 254 no. 100, p. 437 no. 1335.

［20］Macr 1 9 13.

［21］Xen Anab 4 7.

［22］Diod 14 29 4.

［23］Arrian Peri 1 3-4.

〔24〕Pliny Ep 10 98 1.

〔25〕Ibid.

〔26〕Syncellus Chron p. 659 7－8.

第十九章
比省少年

那位少年来自高地小镇克劳狄奥波利斯（Claudiopolis，今博卢［Bolu］）。小镇因克劳狄皇帝得名，其要塞屹立于高原之上，四周的群山阻断了行省平坦而肥沃的海滨。山坡随处可见冷杉、橡树与山毛榉，历朝舰队往往就地取材。那里耕地匮乏，但牧草丰富，适合养牛，而当地也以牛奶和奶酪闻名（至今亦然）。到了冬天，冰雪阻路，难以通行。

眼下，湖泊、森林、山区到处是野生动物，包括野猪，故可谓绝佳的猎场。哈德良很可能闲暇之余，来此狩猎。

克劳狄奥波利斯为繁华之地，当地名流对城市规划颇有雄心壮志，有时甚至不切实际。小普林尼愤愤不平地禀报图拉真，他们"正依山建造，不，是开凿一座大型浴堂"[1]。浴堂不但选址不当，而且资金来源不明。是继续完工，以免浪费资金，还是另选新址，不计较损失？这让小普林尼左右为难。图拉真简短地回复道，总督该自行定夺。

主路起自卡帕多恰，穿过克劳狄奥波利斯。哈德良肯定带着小普林尼的蓝图，现场考察总督的解决办法。他应该就是在那儿，遇见或者说注意到那个少年。

　　少年名叫安提诺乌斯。公元 123 年，他大概十五岁，也可能还要小点。他的生辰不详，据说为 11 月 27 日。[2]他与皇帝的初次邂逅史无记述。公元 130 年前两人游览埃及和北非之事，亦鲜为人知。不过，有关他们同在一地、彼此关注的记载，有据可查的仅此一处。

　　从大量存世的安提诺乌斯塑像，我们或可推知一二。这些塑像多为像主死后而作——完美无瑕，神态忧郁。不过，有些作于安提诺乌斯早年。那时，他长着鹅蛋脸，性格开朗，像个孩子（在古代，青春期似乎来得较晚，官定标准为十四岁，但往往迟至十四岁以后，十六岁以前）。[3]有一尊安提诺乌斯浮雕，大约作于公元 130 年，像主留着短须、短发，年方二十上下。[4]

　　因此，可以推断，彼时四十七岁的皇帝，应该是巡幸行省期间，遇到这个比提尼亚少年。君主不会在街上与陌生人偶遇，故安提诺乌斯肯定是参加某个公共仪式时吸引了皇帝的目光。仪式若不在克劳狄奥波利斯，就应该在首府尼科美底亚。当然，赫拉克利亚（Heraclea）亦有可能。为了向皇帝致敬，那里设立并举行了运动会，安提诺乌斯很可能为选手之一。

　　我们对少年的父母知之甚少。有人声称或推测他们为希腊后裔。克劳狄奥波利斯当地人相信（可靠性不详），来自伯罗奔尼撒半岛阿卡迪亚（Arcadia）的移民创建了自己的城市。阿卡迪亚首府是曼提尼亚（Mantinea）。有趣的是，城市第二创建者为女子安提诺娥（Antinoe）。[5]受神谕启示，她跟随灵蛇，将城迁往新址。安提诺乌斯乃"安提诺娥"的阳性形式，想来该名很受克劳狄奥波利斯人所爱。

　　后来，有人把安提诺乌斯称作图拉真之"奴"，这实不足信。[6]坊间往往喜欢添油加醋地戏说皇帝的宠儿。我们不妨猜测，而且仅仅猜测，安提诺乌斯出身大户人家，家世显赫，子嗣可参加某些公共活动，但并无优越的社会地位。若他真来自位高权重之家，那史料肯定会有所提及。

无论这个少年的身世和社会地位如何，可以肯定的是，哈德良对他一往情深。两人的关系为他们的余生增添了不少色彩。

那么，对于罗马帝国上层人士，这里"一往情深"（这里当作"欲罢不能"）意味着什么？其实，该词与我们如今所理解的截然不同。那时，性还没有基督教赋予的原罪与罪责之性质。古人相信，行欢无罪，至少无伤大雅。

当然，行欢也讲规矩。早在公元前 3 世纪，喜剧作家提图斯·马基乌斯·普劳图斯（Titus Maccius Plautus）就定下了通行数百年的圭臬。某奴隶知道年轻的主人好娼妓不好自由民女，为此宽慰他道：

> 您想到这儿，没人拦着；您想买外面卖的东西，也没人挡着——只要您有钱。您想在大道上闲逛，没人拉着，只要您不去那四周有栅栏的农场。只要您不惦记有夫之妇，那单身的大姑娘、小姑娘、小伙子、自由的小小子，您想打谁的主意随您。[7]

与罗马公民发生婚外性行为是不可容忍的，这一点至关重要，因为公民的父系容不得半点模糊。不过，奴隶、外邦人，无论性别，均是猎物。

如果安提诺乌斯为罗马公民，那么哈德良与之行欢，无疑破了规。不过，事实可能也并非如此。作为荣誉，公民身份往往仅授予行省本地的上层人士。

罗马男性当遵守的第二条规矩是，交媾时可"主动"不可"被动"。

受人摆布，会被他人耻笑。

罗马人对同性交媾并无讲究，并视之为众多交媾方式之一。公元前2世纪通过的《斯卡提尼亚法》，旨在控制当时人反对的同性交媾（比如妓男），但到了帝国时代，法律制裁几成具文。

相比之下，希腊人发展出一套理想而特殊的同性交媾方式。交媾双方分别为男青年与进入青春期的少男。年长一方会教导其恋人在公共广场恰当行事，在战场上勇往直前。如此关系中，某些性行为若有则锦上添花，若没有（据我们所知）也无关紧要。就算其导师充满魅力，或英俊潇洒，少男都不能想入非非，但他自己可成为欲求的对象。到了懂事的年龄，他甚至愿意尝试股间或后庭之欢。这种关系是否有其他作用，我们不得而知，但那时希腊人相信，它能激发阳刚之气。再者，正如婚姻有助于家庭联合，这种情事也能构建非正式的政治盟友网络。

同性交媾因城邦而异，通常仅限于达官或显贵。在斯巴达和忒拜，男青年彼此亲密无间，甚至是尚武精神的一部分。克里特人的做法，则颇似世界其他地方的部落成年礼。[8] 男青年让少男的朋友将其绑架并交给他，然后他会给少男奉上厚礼。接着，两人带上他的朋友狩猎赴宴，一连两月。如此，扶助者（philetor）与并肩作战者（parastates），就成了公认的情侣。

雅典的体制完美呈现于柏拉图的《会饮篇》（*Symposium*）——在希腊罗马文化中，对话是常见的"纪实"形式，其中既有真实辩论，也有想象辩论。对话者之一保撒尼阿斯（Pausanias）直言，施爱者（erastes）与被爱者（eromenos）的情事值得大书特书。

　　　　就是在这种专注于少年男子的爱情上……这种少年男子一定要显现理性，也就是腮帮上长胡须的时候，才能成为爱的

对象。我想情人之所以要等爱人达到这种年龄之后才钟爱他，
是由于存心要和他终生相守。[9]*

换言之，随着时间流逝，激情（eros）将转变为成人之间无关肉体的友
谊（philia）。至于肌肤关系，无论亲疏，都将转瞬即逝。当胡须钻出光
滑的脸颊，这种关系旋即终止。

　　在自由的城邦陷落并纳入罗马帝国后，"希腊式爱情"的说道和做
法保留了下来，及至哈德良继位，依然大行其道。普鲁塔克是皇帝敬重
的老人，希腊思想界的领袖。在其众多对话录中，他借某位普罗托革涅
斯（Protogenes）之口，大谈同性关系：

> 真爱者，少男之爱也，无欲火之焚身……无香膏之涂污，
> 无笑靥眼波之诱惑。真爱平淡高洁，真爱者以哲人所思自娱，
> 以角力强身为乐……凡合己所重，皆劝人心向往之。[10]

我们该如何解读这段话？施爱者声称独好被爱者之灵魂，但西塞罗等犬
儒派不以为然。他反驳道，为何没人偏爱丑少年？[11]

　　在近代心理学兴起以前，男性不会想到自己属于同性恋，因为那
时没有概念或术语，把男性之间的性取向，视为异性恋之外可行且独有
的现象，并以此描述人的性格。虽然缺乏合适名称，但我们仍可想方设
法予以替代。比如，有一些不敬之词指"公开的"女性化男同性恋者
（"cinaedus"便是其一）。罗马人能轻而易举地区分"直男"与"同男"。
很多人并不介意交媾对象的性别。（至于女同性恋之间的交媾行为，久

---

* 　译文引自〔古希腊〕柏拉图《会饮篇》，王太庆译，北京：商务印书馆，2013 年，第 18 页。

经沙场的老手自然心知肚明，外人则不得而知了。马提亚尔拿双关语"女友"作文章：一作"女欢"解，一作"女伴"解，想必他是老手。

> 磨镜中的磨镜——菲莱妮斯，
>
> 你把自己干的娘们叫"女友"。[12]

图拉真身边的女眷缺少异性恋男性，但遗憾的是，我们不清楚她们的态度。）

　　近五十年来，帝国政务由两人主持，两人明显甚至肯定具有同性恋行为，此乃这一时期一大特点。没有迹象表明图拉真与女性交媾。至于哈德良，萨比娜提到自己小心避孕，若其言属实，那么两人应该偶尔行房。《罗马君王传》转述道，他"喜欢跟男性交媾，跟已婚妇女私通"，但后来一直不见任何证据。无论帝王的性取向如何，其实都没有政治意味，因为他们永远不会让自己的私生活影响其公共决策，而且也无人抱怨。

　　如果说同性取向对文化与社会风尚没有影响，实在让人难以信服，尽管我们还没有证据证明两者之间的联系。男风文学一度盛行。诗人斯特拉通（Straton）来自萨迪斯（Sardis）。该地位于小亚细亚沃土赫尔穆斯谷（Hermus Valley）。身为哈德良同辈，他高兴地承认，自己是恋童者（philopais）。他曾发表男风警句集《少男之缪斯》（*Mousa Paidike*）[13]，其中警句大多为本人所作。向往爱情的空泛之词，暗藏更无所顾忌的目的——如何寻找年轻男子，并诱使其上钩；正所谓调情为虚，虐恋为实。

　　面对罗马无处不在、腐化堕落的男风之景，尤文纳尔不禁悲从中来。他同情地写道，某男妓"曾自诩为风情万种的少年，伽倪墨得斯

（Ganymede）*之转世"[14]，可长大后却成了裆藏巨物的"两腿驴"，专门收拾老头子的"残菊"。斯特拉通手中的娈童，其命运恐怕也是如此。

在眼花缭乱的男风景象中，我们该如何看待恋童的皇帝与安提诺乌斯？据图拉真时宫廷档案记载，哈德良欲求强烈，荒淫无度。他很可能把这个比提尼亚少年视作玩物，就像斯特拉通所谓的美少年。哈德良生活奢靡[15]，放荡不羁，此乃尽人皆知，故安提诺乌斯不过是他的一个战利品。

当然，还有更引人入胜的可能——这位对希腊最钟情的皇帝，自视为施爱者，把安提诺乌斯视为被爱者。若皇帝讲规矩，则会尊重后者，向他大献殷勤，让他自己选择是否接受自己的爱意。在他成年以前，哈德良批准的一切"恩宠"，都应该契合他的品德发展。

这一假设最有利的证据，便是两人持久的友谊。安提诺乌斯并非皇帝喜新厌旧的对象。希腊式爱情中隐含着社会平等，但皇帝与少年之间的权力差异过大，即便理想的施爱者，希望将选择权交给被爱者，仍不可能存在选择自由。毕竟谁会对独裁者说不呢？另外，安提诺乌斯的阶层中，若有人接受政治与军事历练，如此待遇肯定会令罗马政治精英目瞪口呆。

最可能的结论是，哈德良的情感十分丰富。安提诺乌斯一开始应该是斯特拉通歌颂的那种少年，但出于某种不可知晓、无从猜测的原因，他拨动了皇帝最深处的心弦。如此一来，外人眼中平常的关系，哈德良却饰之以希腊式爱情的过时套路。

施爱者与被爱者的关系，应该升华为毕生的友谊。可五六年后，当

---

* 伽倪墨得斯为希腊神话中的美少年。

夏终去，秋终来，安提诺乌斯的脸庞长出胡茬，一切将如何？哈德良是否还痴心不变？

哈德良出巡时，结驷连骑，卤簿（agmen comitantium）[16]浩荡。其中，有人专司皇帝跟行省总督与罗马元老院通信，代复来自帝国各地的请愿，掌控财政；有禁卫军士兵和骁勇忠诚的巴塔维亚人；有"按照军团建制"而专门征召的工匠、石匠、泥瓦匠，以及"擅长厦屋营造与内饰的行家里手"[17]。

若皇帝所求仅此而已，那么往扈从中塞入一个少年绝非难事。不过，安提诺乌斯要适应神秘复杂的宫廷生活，还需要接受教导。他极可能被密送至罗马的帝国童训堂（Paedogogium，考古学家已经挖掘出其遗址）。[18]童训堂类似寄宿学校，学员为十二至十八岁少男，受训后他们将入宫服侍。童训堂某执事墓碑显示，墓主恰好名叫提乌斯·弗拉维乌斯·伽倪墨得斯（Titus Flavius Ganymedes）。[19]一些铭文也暗示，学员都得到妥善照料，因为学馆设有"为名门子弟涂油的师傅"（anointer）和椊工。年轻俊美还不够，学员必须掌握大量技能，以应日后为仆为奴之需。他们可能成为内侍、簿记、秘书、仆从或总管。

除了作文、算术等，学员还要学习如何斟酒上菜。有人不以为然地表示，如此安排不啻于"培养最卑鄙的恶行——食物烹饪得令食客胃口大开，上菜方式也极尽奢华之能事"[20]。尤文纳尔也气愤地指责，切肉师傅"舞刀"时还搔首弄姿。[21]

童训堂的小屋墙壁下方，画着两百多幅涂鸦[22]，从中我们不难感受学馆的氛围。这些涂鸦大多为毕业学员的快意之作。"科林图斯（Corinthus）终于要离开童训堂啦！""纳尔波嫩西斯（Narbonensis）终于要离开童训堂啦！"两个朋友或兄弟写下自己的名字，另有潦草字迹表明他们是"恋人"。最惊人的图画莫过于，某少男跪于十字架前，而十字架上钉着驴头男。图画下语带嘲讽地写道："亚历克萨墨诺斯（Alexamenos）拜神呢！"这个少男可能是基督徒，因信仰而受人奚落。

　　哈德良穿过欧亚之间狭长的水道，视察了部落众多且已希腊化的行省色雷斯。随后，他又横渡普罗彭提斯海，巡幸密西亚（Mysia）。他探访了格拉尼库斯之战（battle of Granicus）的战场。公元前334年，亚历山大大帝强渡格拉尼库斯河，翻越陡坡，击败了人多势众的波斯将领。接着，哈德良前往特洛伊（当时已完全成为海滨旅游胜地）。长久以来，不断有名将来此凭吊，亚历山大即是其一，而哈德良乃最近一位。哈德良发现，希腊勇士埃阿斯（Ajax）的相传之墓年久失修。海水冲开了墓茔，露出巨大的遗骸——仅髋骨便大如童用铁饼。皇帝将其重新安葬。我们不清楚当时发现的是什么，也许是些被错认了的化石。[23]

　　哈德良还抽空狩猎，且收获颇丰。在密西亚繁茂多山的腹地，他猎杀了一只母熊。高兴之余，他就地兴建了一座小镇，取名哈德良诺特莱（Hadrianutherae），意思是"哈德良猎苑"。[24]大概在此地，又有人图谋行刺皇帝，但跟他登基伊始遇到的那次一样，这次似乎又不了了之。

　　皇帝的一位朋友，亦即当时扈从之一，为我们讲述了行刺事件的来龙去脉。此人名叫马尔库斯·安东尼乌斯·波勒蒙（Marcus Antonius Polemon），是响当当的希腊士人和演说家，年龄比皇帝小十岁左右。他乃本都国王后裔，生活奢靡，难免影响帝国的用度，但作为回报，他不遗余力地宣扬希腊文化。在士麦那（Smyrna），他经营一座修辞学馆，专教"土生土长的希腊"[25]学生。

　　有人把波勒蒙的记述[26]，从希腊文译为不甚可靠的阿拉伯文。记述中写道："有一次，我陪同最伟大的圣上，跟随他的军队和车马，从色雷斯前往亚细亚。那个人就混迹于我们当中。"[27]"那个人"的身份没有说明，但波勒蒙肯定对他嗤之以鼻。此人粗鲁无礼，不知廉耻，到处给当局惹是生非，更糟糕的是，他严重酗酒。

狩猎还未开始，波勒蒙就吃惊地看见那人及其同伙，个个全副武装。他们围住了哈德良，但此举"绝非向皇帝致敬，也不是因为非常爱戴皇帝。不对，他正伺机谋害皇帝，执行自己邪恶的计划，为此他片刻不敢懈怠"。

这时，我们潜在的受害者已整装待发，丝毫不知意外将至。波勒蒙和朋友此时无法上前相告。于是，他们自顾自地聊起哈德良："他那个位置多操心啊，他渴望的悠闲生活，影儿还没见呢。"他们还提到那个无名凶手，而此人已悄悄接近他们，暗中偷听。他说："你们肯定议论我呢。"波勒蒙承认了，但随即找了借口。

　　"我们的确聊起了你，"我说，"你的举动让我们真心佩服。跟我们说说吧！你是怎么扛起这么重的担子？你是怎么忍受内心的纠结？"话音刚落，他就崩溃了。他承认，自己心里藏着魔鬼。正是这魔鬼让自己邪念丛生。他开始哭泣——"我的命好苦啊！我完蛋了！"

这个场面着实奇怪，结果我们不得而知。波勒蒙或许只是想抹黑某个冷冰冰、靠不住的宾客。不过，如前所见，猎场是行刺皇帝的绝佳场所；只有在那儿，才可以光明正大地携带武器接近皇帝。事实也可能是，哈德良即为后，一直有人心存不满。于是，这些反对派就欲趁此机会联手——但他们从未得逞。

　　波勒蒙说皇帝生活不像大家想象的那么轻松，自有其道理。就算最怠惰的元首，也会为朝政忙得不可开交。而哈德良事必躬亲，终日为各种大事小情不遗巨细，一如他巡幸小亚细亚时的所作所为。

罗马城邦的管理方式相当细致，其程度令人叹为观止。税收自然始终是重中之重，但多数皇帝更愿意先解决民众纷争，满足当地所需。哈德良唯一不同之处在于，凡事必亲自过问。如此一来，许许多多市镇重新命名，以志施善者。"哈德良诺波利斯"（Hadrianopolis）、"哈德良奈"（Hadriane）等地名，反映了皇帝在东部行省的问政举措。

繁华的斯特拉托尼凯亚城（Stratonicea，今安纳托利亚［Anatolia］的埃斯基西萨尔村［Eskihisar］）便是一例。[28] 公元 123 年，皇帝巡幸至此。后来，它改名哈德良诺波利斯，感谢今已忘却的圣宠。这种关系又持续数年。皇帝三次下诏为该城谋福。他准许当地向乡村腹地征收原属国库的税款，并规定富裕的外居地主需"修缮（斯特拉托尼凯亚的房产），或将其售予当地居民，使之不至于疏于打理，日久破败"。他还表示，自己已责成行省的任内总督，务必妥善维护该城。

面对政务的繁重压力，皇帝难免失去耐性，可转而又后悔不已。从两则轶事可见一斑。某日，皇帝出巡（时间不详，应该为这一时期），路遇一妇女上前诉求。[29] "朕无暇。"哈德良说。情急之下，也可能绝望之余，妇女埋怨道："那就别做皇帝！"这话不啻当头棒喝。皇帝态度缓和下来，准其倾诉。

在小亚细亚，哈德良到访了有十万多人口的富城珀加蒙。埃利乌斯·盖伦努斯（Aelius Galenus，又称盖伦，著名的医学研究者及理论家）在其心疾论著中记载道：在这里，

> 哈德良皇帝用笔刺中了某随从的一只眼睛。当他意识到（这个奴隶）因此成了独眼，便将其叫到身边，希望以礼物作赔。受害者沉默不语，哈德良再次让他提出赔偿要求。可奴隶什么都不要，只想让自己的眼睛复明——什么礼物能补偿失去的眼睛呢？[30]

这段记载很可能源于盖伦的父亲，哈德良到访时，他正在珀加蒙做建筑师，故所言应该不虚。至少，这则轶事证明，除了让秘书代笔，哈德良也会亲拟信件内容，诉诸笔端。显然，事情发生时，元首正为某事大发雷霆，误伤他人，实属（或许）无意而为。

不管哈德良走到哪里，都会斥资于城市基础设施。他敕造高架渠、运河，铺设新路或翻修旧路，慷慨解囊，兴建庙宇以及其他公共建筑。

面对建筑上的难题，哈德良从不低头，毕竟那不是他的作风。在普罗彭提斯繁忙的港口城市库吉库斯（Cyzicus），有一座在建的宙斯神庙。工程持续了三百年，可依然见不到头。小普林尼认为，"完成诸王只敢尝试之事"[31]，乃皇帝的责任，哈德良深以为然，并决心彻底完工。神庙的柱子高约七十英尺，由单块大理石雕刻而成。狄奥·卡西乌斯写道："总体看来，神庙细部不仅值得称赞，更令人称奇。"[32] 遗憾的是，神庙毁于后世的一场地震，哈德良的心血付诸东流了。

皇帝面临着一个更具诱惑的考验，这对他的建筑团队提出了更高要求。长巡行将结束，他对以弗所又有了新印象。不难想象，"城里的年轻人在御用剧场里高唱颂歌，皇帝则亲切友好地聆听"[33]。随后，他前往罗得岛（Rhodes）。驶入海岛港口后，他经过了古代世界七大奇迹之一——罗得岛巨像的遗址。这是一尊庞大的太阳神雕像，建于公元前3世纪早期，地处港口入口处（或附近的防波堤），高度超过一百英尺（大约为自由女神像的四分之三）。它由砖塔搭建，四周累满铜甲，下方的基座为高五十英尺的白色大理石。巨像仅矗立五十六年，就因经常发生的地震而倾倒。

数百年来，巨像显然仍完整如一地躺在地上。它气势磅礴，引得世人争相观赏。哈德良便是其中之一。据一份稍晚的但不甚可靠的史料（来自拜占庭编年史家约翰·马拉拉斯），皇帝还敕令，用吊机、绳索取巧

将巨像扶起 [34]。不过，这段转述缺乏确证，实在不足为信。不过，马拉拉斯宣称，见过为纪念此事而作的铭文；不仅如此，皇帝确实对此类工程颇有兴趣。也许，这项任务过于艰巨，最终不得不放弃。取而代之的是巨像修缮，只不过巨像很快又倒塌了。不管怎样，那时皇帝早就离开了，当地人可以安安心心地让神祇安享平静。

　　巡幸时，哈德良不仅关心建筑计划与经济发展，而且还关注司法问题。他的法规与裁决得到悉心保存，皇帝之中唯他如此。这主要是因为，他诏令法律专家卢基乌斯·萨尔维乌斯·尤利阿努斯（Lucius Salvius Julianus）系统汇纂了几百年来广泛通行的法律和判例，并将其合为一册，即所谓的《永久敕令》（*Perpetual Edict*）。在此之前，除了法典里的法律，副执政官、行省总督等拥有司法职能的官吏，也会在上任伊始，颁布反映其司法理念的官令。帝国时期，对于世所公认的法学家，其研究成果就像皇帝的裁决一样，具有法律效力。这些材料有许多彼此不一、相互抵牾之处，亟待解决。

　　尤利阿努斯的著作旨在巩固皇帝的权威。查士丁尼（Justinian）的《法典》（*Digest*）于公元 6 世纪问世。其序言写道：

　　　　尤利阿努斯为最睿智之立法者，《永久敕令》之编者。他明言，无论有何阙漏，当以皇帝诏令为本。不独尤利阿努斯，封神的哈德良亦独尊《永久敕令》，元老院秉承圣意颁布宪令。二者均明文规定，凡《永久敕令》未陈事项，当契合《永久敕令》所规，由当政者依规演绎类比。[35]

最终，皇帝告别了东方行省。朝思暮想的愉悦早已等待着他。时隔十载，他即将重回雅典。近年来，他一直与当地市政要员保持联系，并应邀修改宪法。[36] 如今，他有更雄心勃勃的计划。他要让希腊同罗马平起平坐，重新调整帝国的政治平衡。皇帝的舰队离开罗得岛，向爱琴海驶去。

注　释

（主要资料来源：爱情部分见柏拉图、普鲁塔克及其他人；可能的暗杀企图见波勒蒙。）

［ 1 ］Pliny Ep 39 5-6.

［ 2 ］Smallwood 165, line 5.

［ 3 ］Bust, Munich Glyptothek, Inv. No. GL 286; head, British Museum, Inv. No. 1900. 这些年轻像可能是（也可能不是）安提诺乌斯死后雕刻的或复刻早年的，但即便为死后所雕，也能反映出时人对安提诺乌斯的感受。

［ 4 ］Tondo, Arch of Constantine, Rome.

［ 5 ］Paus 8 8 4-5. 不仅如此，安提诺乌斯去世后，曼提尼亚兴起了对他的神性崇拜。因此，两者的联系确定无疑，即便有误。

［ 6 ］Jer de vir ill 22.

［ 7 ］Plaut Curc 33-38.

［ 8 ］Strabo 10 4 21.

［ 9 ］Plato Symp 181 D.

［ 10 ］Plut Mor 751a.

［ 11 ］Cic Tusc 4 33 70.

［ 12 ］Mart 7 70.

［ 13 ］该书为 Book 12, Anth Pal。

［14］Juv 9 46-47.

［15］Aur Vic 14 7.

［16］Ep de Caes 14 4 5.

［17］Ibid.

［18］过去认为童训堂的位置在帕拉丁山，但有人指在凯利欧山（Caelian Hill），兹从旧说。或许有两座相似或相关的建筑。这部分，我主要参考了 Clarence A. Forbes, "Supplementary Paper: The Education and Training of Slaves in Antiquity," *American Philological Association* 86 (1955), 321-360，也见 Lambert, pp. 61-63。

［19］ILS 1831. "我们御用童奴师傅"的遗孀叫乌尔皮娅·赫尔皮斯（Ulpia Helpis），这表明她的自由拜图拉真所赐。因此伽倪墨得斯不是在图拉真当政前去世的，而是极有可能在哈德良在位期间。

［20］Colum 1 praef. 5.

［21］Juv 5 121-122.

［22］童训堂存在了很长时间，这些涂鸦的时间跨度从公元 1 世纪到 3 世纪。

［23］Philo Her 1 2. Paus 1 35 3 所指的，肯定是哈德良到访，除非该墓在同一时期需要翻修两次。

［24］HA Hadr 20 13.

［25］Philo v. Soph 1 25 3.

［26］书名为《相面术》（*Physiognomica*）。

［27］Pol Physio (ed. G. Hoffmann, in R. Forster, *Scriptores Physiognomici* I, pp. 138ff.)；下几段引文亦然。另见 Birley, pp. 164-166。

［28］Oliver, pp. 201-204.

［29］Dio 69 6 3.

［30］Galen, *The Diseases of the Mind*, 4.

［31］Pliny Ep 10 41 5.

［32］Dio 70 4 2.

［33］Smallwood 72b.

［34］Malalas, p. 279.

［35］Digest, Constitution "Tanta..." 18.

［36］Jer Chron 280−281.

第二十章

希腊诸岛

小猪在哈德良的怀里哼叫[1]，扭动，试图逃脱。这里是雅典附近的海滩。哈德良不得不硬着头皮，清洗两只小猪。洗净后，他就将其带走，作为祭品献给掌农业的丰饶女神得墨忒耳（Demeter）。小猪是代皇帝牺牲。

接着是取洁礼。皇帝戴上眼罩，坐在铺着公羊毛的凳子上，旁边有人扇掌扇，随后又有人捧来火炬。他便以这种方式，用风与火洁净自己。

哈德良现在入教了。新信徒只有到阿提卡的海港小镇厄琉息斯参加秘教仪式，入教过程方告结束。仪式每年于秋季的波德罗米昂月（Boedromion），即雅典历1月举行。皇帝上一年夏从罗得岛抵达希腊，以保证能按时参加精神皈依仪式。

据史前史记载，希腊北部奥林波斯山白雪皑皑的山顶，住着宙斯及众神，他们整天勾心斗角。一日，女神得墨忒耳美丽的女儿珀耳塞福涅（Persephone）不见了。其实，她被宙斯兄长冥王哈得斯（Hades）掠走，可她的母亲并不知道女儿下落。于是，得墨忒耳下界四处寻找女儿。最终，她得知实情，并吃惊地发现，众神之王居然事先同意这桩勾当。她放弃了神位，乔装成克里特老妇，来到厄琉息斯，并在那里给当地族长的儿子做保姆。

夜晚，待大家入睡后，得墨忒耳用掺了神馐（ambrosia）的油膏，涂抹孩子的身体。这种油膏反复涂抹，即可长生不老。涂完膏后，得墨忒耳把他抱到炉火中，但他不会受到任何伤害。不幸的是，此举让孩子的母亲窥见。当火苗窜到孩子身上时，她不禁尖叫起来。

愤怒的得墨忒耳露出真身，下令建造神庙，向其致敬。她将在那里向人类传授特别仪式以及农业之术。得到允诺后，女神就消失了。与此同时，地上开始爆发大饥荒，因为女神拒绝让种子发芽。最后，众神协议出折中之道：珀耳塞福涅每年三分之一的时间待在冥界，在这期间自然暂时了无生气，但其他时间，她将回到母亲身边，大地也变得丰饶。

因此，厄琉息斯神话的真谛，是万物由生向荣，至死复生。不过，一千多年来 [2]，厄琉息斯仪式经久不衰，崇信者众，究其原因，与其说它们确保了四季顺利更迭，不如说为新信徒描绘了来世幸福的愿景。死心塌地追随得墨忒耳，意味着来生的荣华富贵有了着落。男人也好，女人也好，奴隶也好，释奴也好，都有资格入教（只要他们能讲希腊语）。不过，身负血债的凶手除外。罗马上层阶级早已厌倦城邦宗教乏味的迷信，故时常到厄琉息斯参加秘教仪式。西塞罗相信，秘教仪式能教化那些粗野的同胞。"我们从他们那里了解生命之初，并获得勇气，不但能幸福地生活，而且能怀着更好的愿望离世。" [3]

新信徒要发誓，不会泄露所见所闻所感，否则将受死。幸运的是，有些不讲究的基督教护教者留下了他们所知或自以为所知的东西。哈德良参加的仪式场面宏大，这不难理解，尽管相关重要细节只能靠猜测。

• • •

公元 124 年波德罗米昂月 14 日，一群年轻人搜集了来自厄琉息斯的圣物（hiera，某种宗教器皿），然后将其存放于卫城脚下的小圣所。通常，他们还会携带刀具参加宗教仪式，但眼下，哈德良意识到，允许武装者靠近自己，将何等危险。这一年，武器被悉数禁绝。[4]

当月 19 日，大批民众列队，沿圣道（Sacred Way）行进。圣道长二十一英里，连接雅典与厄琉息斯。女祭司把圣物放入盖好的篮子中。此时除了哈德良及其他新信徒，另有大量见证者（epoptai），即那些已经入教，并在厄琉息斯至少见证过一次得墨忒耳秘仪的信徒。人群有节奏地喊着"伊阿科呵，伊阿科"（Iakh'o Iakhe）。这可能指侍奉得墨忒耳的童男神伊阿科斯（Iakchos）。所有人载歌载舞，兴奋异常，挥舞着成捆树枝。

行至某处，戴面具者嘲笑路过的新信徒，一边大叫，一边摆出猥亵的姿势。此举为纪念一位老妇人。她看见女神为女儿悲泣，为女神献上提神的饮料。女神断然拒绝后，于是她撩起裙子，"不顾羞耻地裸露身体"[5]。女神见了"笑个不停"，然后把饮料一饮而尽。

游行队伍来到约一英里外的凯菲索斯河（Kephisos），并穿过河上的新桥。[6] 数年以前，洪水把旧桥冲毁后，哈德良又敕建一座。他应该对新作非常满意。新桥长一百六十五英尺，宽十六英尺，为切割精致的石灰岩筑造；尽管近代以来，河流淤塞，但桥本身一直保存完好。

游行结束时，已夜幕降临，群星闪耀。一回到厄琉息斯，新信徒便可以破戒。哈德良等人喝下（一如女神）名为"库凯翁"（kukeon）的饮料。这种饮料由大麦饭、水、新鲜唇萼薄荷叶混合而成。有些现代学者相信，所用大麦感染了麦角菌，能够致幻（以及其他令人心烦意乱的症状），或者饮料中掺杂了某种有毒的配料。

新信徒通过立有两根立柱的大门，进入筑有围墙的围场。说出密语后，他们便来到一座方形无窗的建筑前。建筑内有一根炬柱，如同漆黑的神庙。这便是入教圣堂（Telesterion）。在伸手不见五指的内部，成排的柱子和台阶式长凳顺墙而设，成千上万的参加者就在那儿观看仪式。跟其他新信徒一样，哈德良由导师陪同，且不得观看所有场面（他很可能带着面罩）。

接下来的事我们就只是略知一二了。在入教圣堂正中央，有一石制长方形建筑，从那儿的入口可通往天然未雕琢的巨石——秘宫（Anactoron）。摇曳的火炬下，正上演毛骨悚然的怪事。想来是重现珀耳塞福涅被掠及之后的故事。

秘宫类似祭坛，其上方燃烧着熊熊火焰。也许，他们要以火尊神，让人想起那个在烈焰中毫发未损的男孩。另外，他们应该还宰杀并焚烧牲畜。主祭（Hierophant）高声道：“我们已经给圣布利默（Brimo，意为‘盛怒者’，得墨忒耳代称）送去一位圣子。”

表演行将结束时，祭司从秘宫大门退出。接着，当大门打开，一阵亮光随圣物再次闪现。这便是启示。至此，表演达到高潮。而今，我们对这个部分一无所知。某基督教徒表示，所谓启示，即“默默成熟的谷穗。雅典人认为，（它）恰能给人带来巨大的启发”。

宗教领袖完全知道有贵客临场。主祭的女伴引导哈德良进入仪式，还作诗歌颂道：

> 他统治着广袤而未收获的土地，
> 他号令不计其数的凡人，
> 他就是哈德良。他把无尽的财富
> 赐予万邦，尤其是著名的雅典。[7]

皇帝没有透露入教经历对他的意义。从某种程度讲，他仅仅是在仿效诸位罗马先皇之举，特别是奥古斯都。不过，《罗马君王传》提到了这场仪式，这说明对哈德良而言，此经历意义重大。他笃信宗教，视之为超然的体验。自幼他便痴迷于巫术与占星术。像他这样的人，必定觉得厄琉息斯传递出强大的思想奥义。具体而言，那只代他牺牲的祭品小猪，他肯定牢记于心，日后如有需要，便仔细玩味其意。

不过，厄琉息斯对于国政同样重要。奇怪的是，《罗马君王传》声称，皇帝在效法亚历山大大帝之父马其顿的腓力二世（Philip of Macedon）。此说必出自哈德良的回忆录。也许（尽管没有直接证据）腓力参加过秘密仪式，而出于某种原因，哈德良希望别人也注意到这种联系。可为什么要这样呢？

公元前 338 年，在著名的喀罗尼亚（Chaeronea）之战中，腓力毫不留情地扼杀了希腊的自由。同时，他也是古代杰出人物中皇帝最不愿提及的。但哈德良想告诉世人，在其领导下，马其顿国王让所有拌嘴斗舌的希腊人团结一心。他以武力服众，但更靠泛希腊之心。他视希腊为整体，该理想正合皇帝之意。

在哈德良看来，厄琉息斯的秘密仪式打破了国别与阶级的界限，使所有信徒都到一起，这正是该整体在宗教层面的体现。曾在厄琉息斯发现一段铭文。铭文刻于哈德良驾崩后，云："哈德良，神明也，泛希腊之人也。"[8]

在厄琉息斯，哈德良亦不忘体察民情。[9] 他发现或得知，秘密仪式举行期间，当地的鱼价格飞涨，可仍然供不应求。不久，他又注意到，鱼贩会先从渔民或一手买主那里进货，然后再高价出售。于是，皇帝公布致当局函，禁止这种倒卖行为，并免除鱼贩的零售税。他诏令："胆敢牟取暴利者，朕定将治罪。"[10]

随后，哈德良开始巡幸伯罗奔尼撒半岛，萨比娜随行。[11] 御驾所到访的古城，都会受到皇帝的慷慨恩施。有时，此举能奏效，有时却毫无益处。在杳无人迹的迈锡尼（Mycenae）遗址，矗立着众神之后赫拉的大型神龛。哈德良为其献上"一只珠光宝气的金孔雀，因为据说，孔雀为赫拉的圣鸟"[12]。

作为回报，各地为向捐赠者致意，或改名，或立像，或筑庙。例如，小镇迈加拉（Megara）得到皇帝鼎力相助。原来的砖庙换成了石庙，拓宽后的马路，可容两辆战车并行。感恩铭文将哈德良呼为小镇的"创建者、立法者、捐助者和恩主"[13]，呼皇后为"得墨忒耳在世"。然而，迈加拉依旧贫困，如一潭死水。公元2世纪某希腊导游册作者保撒尼阿斯表示，"连皇帝都没法让迈加拉人振作。这是他在希腊的唯一败笔"[14]。皇帝大行善事，并不只为提高威信，还出于实际考量，即促进经济发展。

哈德良视察了几处旅游胜地，包括简朴的斯巴达——那里的男孩仍要接受鞭笞，直至血流不止，以示自己坚毅勇敢（也为取悦游客）；以及科林斯——公元前146年，罗马人将其彻底摧毁，但恺撒后来又将其重建。

不过，在曼提尼亚，哈德良动了真情。公元前362年，当时的希腊霸主忒拜与众城邦联军，大战于小镇南部四英里处的平原。名将埃帕米农达（Epaminondas）有如神助，率军取胜。然而，他与爱人却伤重殒命。两人安葬在路边[15]，墓茔前立着一根柱子，上面挂了刻有大蛇的盾牌（那是他氏族的标志）。这对悲情恋人的命运打动了哈德良。他为其赋诗，并刻于墓茔旁的石碣（今已不存）。

周筑围墙的曼提尼亚还有另一层深意。据称，它是希腊移民在克劳狄奥波利斯的最初驻地，同时也是安提诺乌斯的故乡。我们不清楚少年当时的下落。不过，此时距离两人初次（可能）邂逅已一年有余。若安提诺乌斯果真去了罗马童训堂，那现在他应该已经学成，即将入宫服侍。若两人果真在一起，那元首肯定愿意帮助他认祖归宗。

尽管缺少证据，但哈德良应该视察了色诺芬在奥林匹亚附近距曼提尼亚三十余英里的农庄。希腊冒险家及猎人色诺芬购置产业后，为阿耳忒弥斯（罗马的狄安娜）建庙，并且每年举行纪念仪式[16]，感谢女神护佑自己逃出波斯人的追杀。女神想来也心满意足，因为在当地狩猎总能满载而归，几百年来始终如此。哈德良鼓励安提诺乌斯去狩猎。那里猎物丰盛，无疑是理想场所，正适合操练猎术。

皇帝需要按时回到雅典，参加公元 125 年 3 月举行的酒神戏剧节（他首次参加是在公元 112 年）。他担任节庆策划人，并给当地人留下了良好的印象。狄奥·卡西乌斯写道："他身着当地服装，显得很有气质。"[17]

皇帝逗留期间，招待者均为归顺罗马的各国巨富。其中有一位名叫菲洛帕普斯，哈德良初访雅典时曾与之见面，但他公元 116 年便已去世。他的姐姐巴尔比拉在卫城附近为其修建了一座宏伟的纪念碑，上面饰有菲洛帕普斯及其祖先科马根尼诸王的雕像。受巴尔比拉盛情邀请，哈德良很可能下榻于他们镇上的宅邸或乡间的别馆。

另一位成功的希腊人士，为盖乌斯·尤利乌斯·欧律克勒斯·赫尔库拉努斯·卢基乌斯·维布利乌斯·皮乌斯（Gaius Julius Eurycles Herculanus Lucius Vibullius Pius）——从其姓名便可见一斑。他是斯巴达后裔，祖上欧律克勒斯在亚克兴海战中为奥古斯都卖过命，但安东尼与克利奥帕特拉乘船逃往埃及后，亦徒劳却热切地追随其后。赫尔库拉努斯身为罗马元老，当过副执政官，是罗马政坛有头有脸的人物。普鲁塔克很了解他，还为他写了篇文章（有挖苦之嫌？）——《如何称颂某人又不招致反感》。

哈德良很喜欢二十四岁的卢基乌斯·维布利乌斯·希帕尔库斯·提贝里乌斯·克劳狄乌斯·阿提库斯·赫罗得斯·马拉托尼奥斯（Lucius Vibullius Hipparchus Tiberius Claudius Atticus Herodes Marathonios，简称赫罗得斯·阿提库斯）。此人为雅典贵族，富甲一方。其祖父资产据说冠绝希腊世界。赫罗得斯父子均慷慨赞助美术与建筑事业，且乐于配合皇帝，美化雅典。

热忱之下亦怀自利之心。罗马人与希腊人都意识到，行省人对帝国暗藏敌意。在公元 1 世纪初，小普林尼便警告亚该亚（希腊行省）候任总督，跟当地人打交道时，务必讲究策略。

> 切勿失其体面，破其独立，甚至伤其自尊……剥夺（雅典人与斯巴达人）的自由之名与实（二者他们依然保有），无异于残忍、无知、野蛮之举。[18]

然而，无论罗马统治者怎么谨小慎微，在睿智的旁观者看来，希腊的从属地位清晰可见。钦慕罗马人的普鲁塔克认为，但凡出任公职者，对此都应了然于胸，但须避免不必要的诌媚。"有人把皇帝的意见，引入每条法令、议事辩论、赞助之行、管理之行。他们迫使皇帝拥有比其所欲更大的权力。"[19]

哈德良的情况或许并不尽然。他性喜干涉，喜欢寻根究底。他是否觉察到希腊人潜在的保留态度？他很有头脑，应该不会看错，但对此不为所动。他真心崇敬希腊文化，却不似尼禄那样，像惘怅而天真的孩子。尼禄曾相信，自己能解放一切有名城邦，并赋予其古代的自由。这个试验最终失败了。哈德良有不同的想法——不是将希腊从帝国中解救出来，而是让希腊在帝国**境内**与罗马平起平坐。

让菲洛帕普斯与欧律克勒斯等人进入元老院或出任高官，本并不是什么新鲜事，但皇帝更乐于培养一种良性趋势。不过，他想做的不仅仅是提拔英才。长住雅典期间，他更不吝巨资，大兴土木。于是，雅典从古旧且有点土气的"大学镇"，逐渐变成焕然一新的大城市。罗马依然是政务中心，但雅典成了帝国的精神首府。

哈德良的一大功绩，是完成奥林波斯宙斯神庙大型建筑工程。神庙矗立于卫城东南部约三分之一英里处。地基早在公元前 520 年便打好，按原计划，神庙将超过以弗所的阿耳忒弥斯神庙。然而，工程很快就中止了，公元前 2 世纪短暂复工后，竟一直搁浅。如今，哈德良倾囊相助，令工程大获成功。神庙内部立有奥林波斯宙斯巨像。周围是大理石铺就的步行区，随处可见希腊各城邦进献的哈德良雕像。

其他新建筑还有高架渠、万神殿、体育场，以及在保撒尼阿斯看来最值得称道的文化中心——图书馆。该图书馆"有立柱百根，墙壁、柱廊均为弗里吉亚大理石打造；亭顶镀金，辅以雪花石膏"[20]。

现存一尊皇帝身着庆典铠甲的官像。塑像直观地呈现了哈德良眼中雅典与罗马的关系。其胸甲处为雅典守护神雅典娜的浮雕，胜利化作人形，为女神加冕。雅典娜脚下是哺育罗慕路斯与雷慕斯（Remus）的母狼——罗马的传统象征。罗马非但不是征服的一方，反倒是被征服的一方。

哈德良自视为统一者；毕竟，在**他的**胸甲上，帝国两种文化的意象合而为一。孩提时代，他的骨子里就热爱一切希腊事物，同时也渴念过去罗马共和国的道德品质。如今，身为一国之君，他将这种平衡引入了政治当中。

哈德良离开罗马已四个春秋，该回家看看了。他需要再次面见众元老，确保没有不满情绪暗生。更令他兴奋的是，提布尔的别馆群，即便未完工，也可以入住。于是，公元 125 年春，皇帝离开雅典，北上前往亚得里亚海的都拉基乌姆港（Dyrrachium，今阿尔巴尼亚的都拉斯［Durrës］）。

途中，他顺道考察希腊中部与西部。不知疲倦的他到访了德尔斐，古典世界最著名的神谕便出自那里。年迈的普鲁塔克作为圣所的大祭司，曾题献了一尊皇帝像。若他仍然在世，哈德良肯定与之讨论。最重要的是，他裁决了近邻同盟（Amphictyonic League）一桩复杂的公案。[21] 近邻同盟为相邻各城邦建立的组织，旨在保护并维护德尔斐发布神谕的阿波罗神庙。

以往，无论到哪里，哈德良总忙于化解当地悬而不决的争端，选定发展的项目。为放牧权和奥尔霍迈诺斯（Orchomenus）地方的征税权，科罗尼亚镇（Coronea）与临镇提斯贝（Thisbe）争执不下。皇帝做出了裁决，却酿起比他寿命还长的世仇，并最终危及其继任者的皇位。

每逢心血来潮，哈德良就会作诗以志。忒斯庇埃（Thespiae）之行便如此。彼奥提亚（Boeotia）的这个小镇崇尚欲爱，崇尚阿芙洛狄忒（Aphrodite）迷人而淘气的儿子——爱神厄洛斯（Eros）。在厄洛提狄亚（Erotidia），每四年会举行"声势浩大的"[22] 爱情盛会。

最受当地人推崇的是男女之爱，但同性之情亦受称赞。在对话录《原爱》（On Love）中，普鲁塔克讲了一则看似真实的故事。忒斯庇埃有个寡妇，春心难耐，暗中绑架了某英俊小生，并嫁给了她。此举惹恼了小生的男性爱慕者。当地还建了一座向赫拉克勒斯致敬的圣殿，因为他一晚上竟降服了同父的四十九个女儿。第五十个女儿不肯就范，于是愤怒的半神罚她终生作自己的贞女祭司。她最近的继任者仍掌管圣殿。

保撒尼阿斯写道，逗留期间，皇帝还前往附近的赫利孔山（Helicon）狩猎。此山是全希腊最肥沃的，山羊尽享山中的野生草莓。赫利孔山还是缪斯女神的家，"那儿的人说，没有一草一木能伤人性命；连蛇毒也威力大减"。

不过，动物可就没那么幸运了。皇帝猎得一头熊，将其献给厄洛斯，还写了首希腊文短诗。他请求神明：

> ……仁慈地接受
>
> 哈德良猎得的这只熊的最佳部位，
>
> 他骑着马就将其一击毙命。
>
> 作为补偿，您主动让阿芙洛狄忒·乌拉尼亚，
>
> 把恩典送到他的头上。[23]

我们该如何解读这段祷告词？其中未提及安提诺乌斯，若他的确未在场，那这首短诗或许仅仅表达了皇帝寂寞难耐，渴求欲爱。不过，还存在另一种更可能的假设。"乌拉尼亚"（Urania）作"天国的"、"精神的"解，因此哈德良应该渴求非肉体之爱的祝福。设若安提诺乌斯此时随皇帝在希腊。那么，身为一丝不苟的施爱者，皇帝肯定希望借某种可敬之道，摆脱欲望，获得超然卓绝之爱。正如普鲁塔克所言，这种爱引导"灵魂从凡间走向真理及其王国，那里寓居着完满、纯粹、无欺的美"[24]。

注　释

（主要资料来源：希腊部分见保撒尼阿斯，厄琉息斯部分亦见伯克特［Burkert］。）

[1]　关于秘教仪式的内容，我主要参考了 Burkert, esp. 285–290。仪式期间发生的事情，有几种说法，对此我谨慎对待。第一部分主要涉及所谓的次要仪式（Lesser Mysteries），入教者在此接受净化。次要仪式往往在3月举行，但也可能在其他时间。皇帝参加时，肯定加入了特殊安排。看起来，哈德良在前一次到访雅典时没有入教。

［2］传说秘教仪式始于公元前 1500 年。此后一直广受欢迎。彼得·利
　　维（Peter Levi）写道："甚至到了 1801 年，厄琉息斯仍然敬拜得
　　墨忒耳。剑桥的克拉克（E. D. Clarke）教授从内廊偷走她的崇拜像
　　后，参拜者都惊恐不已。人们预言，克拉克的船将遇到海难。后来，
　　船果真在比奇角（Beachy Head）失事，但塑像现藏于剑桥。"Paus
　　vol. 1, book 1, note 231.

［3］Cic Leg 2 14 36.

［4］HA Hadr 13 2.

［5］Clem 2 176–177.

［6］Jer Chron 280–281.

［7］Smallwood 71a.

［8］IG 2$^{2\ 2958}$.

［9］有人猜测，元首到访厄琉息斯时，就注意到鱼市的异常。言之有理，
　　但也仅为猜测。

［10］Oliver, pp. 193–195.

［11］见 Birley, pp. 177–182。

［12］Paus 2 17 6.

［13］IG VII 70–72, 3491.

［14］Paus 1 36 3.

［15］Ibid., 8 11 7–8.

［16］Xen Anab 5 3 9–10.

［17］Dio 69 16 1.

［18］Pliny Ep 8 24.

［19］Plut Mor 814–815.

［20］Paus 1 18 9.

［21］CIG 1713.

〔22〕Plut Mor 748-749.

〔23〕IG 7 1828.

〔24〕Plut Mor 764-765.

第二十一章

家国内外

夜色既白，星光黯淡，竟呈现出有玫瑰色手指的黎明，景致一派赏心悦目。此时此刻，哈德良站在埃特纳山（Mount Etna）山顶。虽然身上落满黑黑的火山灰，又疲惫不堪，可他兴致不减，尽情眺望熹微的地平线。

据《罗马君王传》，那日出"色彩斑斓，宛若虹霓"[1]。为观赏日出，他执意长途登陟，不顾夜路多险。登基之前，他曾在叙利亚夜爬卡西乌斯山，但不巧遇到暴风雨。可这次，危险更甚，因为他爬的是活火山。

埃特纳山海拔近九千英尺。山上空气稀薄，皇帝一行渐渐感到头晕目眩。他们打着火把，来到火山口。埃特纳山并不安分。公元122年的爆发，把整个山峰彻底扫平。[2]烟灰、炭渣、山石噼里啪啦地从天上落到数英里之外。附近的卡塔尼亚镇（Catania）上，许多房屋都因此而毁坏。

小镇元气未愈，美丽的日出揭开了满目疮痍的景象。维苏威火山爆发后想必不过如此。哈德良儿时就有所耳闻，对那世界末日般的场景，既恐惧又向往。

* * *

皇帝一行从都拉基乌姆港南下，很可能前往离埃特纳山不远的叙拉古。爬过火山，并短暂视察西西里西部后，哈德良再次踏上返回罗马的旅程。

企盼皇帝平安归来的公众祈祷，早已宣告他即将回到京城。当局亦铸造新币，庆祝他返城。大家对公元117年的血雨腥风仍耿耿于怀，但显然，哈德良绝非图密善。虽然他说一不二，但行事仿佛元首、第一平民，而不是居高临下的君主。处决资深元老的事再未出现。保皇派与涅尔瓦打压的斯多葛派反对者，亦和睦相处，相安无事。

哈德良要视察很多建筑工程。最重要的万神殿已经重建完成。万神殿堪称建筑杰作，为完整保存至今的少数罗马建筑之一（伪装作基督教教堂方得以保存）。正面看来，神殿似乎与传统神庙无异，三排立柱支撑斜顶的三角墙。穿过青铜大门（原如此，16世纪曾修复），即来到圆形空旷区域，上方为方格穹顶，顶部有圆形开口，可见天空。穹顶外部覆以金叶。

万神殿保留了原建者阿格里帕（奥古斯都的朋友兼同僚）的献词。哈德良诏令，其敕建的建筑上不得铭刻其名。不过，有一处例外，即新题献的图拉真与普洛蒂娜神庙，那是他献给养父母的（parentibus suis）。

城郊还有更激动人心的景致等着皇帝——提布尔的别馆群。他打算在那里小住，毫无疑问，安提诺乌斯已经陪伴皇帝左右。

某元老或使节受传召前往提布尔赴宴。他乘马车从平原出发，登上长长的山路。在他左侧，远眺花园可见石头剧场和圆形的维纳斯神庙。山路绕过长约二百五十码的有柱高台。高台之下是狭长的多层下屋，里面住着维护别馆的各色仆役，如厨师、洒扫、园丁、百工、匠人。据估计，别馆可同时容纳奴隶、侍从、官员、宾客等凡两千人。

这位贵宾下车，拾级而上，来到一个大型门厅。门厅之中设有献给哈德良挚爱的玛提狄娅的圣所。接着，侍从将他引至客房，或直达觐见厅，其间会路过宛若迷宫的走廊、宴会套房、柱廊、浴室、列柱廊、天井、带顶连廊以及规则式园林。

对于初来乍到者，这里一定令其叹为观止，眼花缭乱。公共房间以壁画和色彩斑斓的大理石装饰，地面铺着明亮的马赛克。有一段铭文很可能出自哈德良本人——"围以彩墙的埃利乌斯别馆"[3]。无论壁龛内，还是底座上，无论室内还是室外，到处陈列着雕像，且按惯例均以亮彩画就。

别馆中另一个同样随处可见的景致就是水。比如，大型喷泉中喷涌的水、散落的水、流淌的水，流槽里涌动的水，矩形池塘中静如明鉴的水。马提亚尔很欣赏这种闹中取静（rus in urbe）。[4] 众所周知，罗马人素爱将自然融入城市的雕琢。在哈德良别馆里，绿植经雕像群衬托而品味尽显，建筑经自然经野味点化而趣味丛生。大片空地留作花园，大片田野留作楼宇。

《罗马君王传》写道，皇帝

> 把提布尔的别馆打造得奢华至极。他还以行省名和其他地名，称呼别馆内的各个部分，比如吕克昂学馆（Lyceum）、柏拉图学园、议政院（Prytaneum）、卡诺普斯、斯多葛柱廊以及坦佩。为了不漏掉什么，哈德良甚至还造了地府。[5]

这种纪念命名法并非哈德良首创。几世代以来，罗马富豪兴建乡间别馆时从不吝啬，并随心所欲地称呼自己在"提布尔的宅邸"。[6] 他们喜欢以羡慕之物取名，尤其是希腊的风物。哈德良建造了自己的学园，可早在一百五十年前，西塞罗便已有之。不同之处在于规模和范围。尼禄在罗马城中央，打造了具有城乡混合之风的著名金屋（Domus Aurea），但其占地不过一两百英亩，而哈德良别馆占地则超过二百五十英亩。

我们不清楚别馆的各部分对应罗马哪个行省或地方。哈德良在提布尔专为希腊大哲学家开辟一席之地。吕克昂学馆为雅典城外的会场，是当年亚里士多德坐而论道之地；柏拉图学园是有围墙的橄榄林。斯多葛柱廊是雅典集市北端的画廊，斯多葛派创始人芝诺即在此传道授业。别馆中的这些对应部分并非原样复制，最多保留了原来的风格，可能有时仅得其名。根据典型的雕像和装饰，访客应该能心领神会。

埃及的卡诺普斯运河与色萨利的坦佩谷，或许对哈德良有特殊意义，但具体为何今已不详。卡诺普斯（多年后得名）可能跟安提诺乌斯有关（见本书第 304 页），而坦佩以巫术闻名，这也契合皇帝长久以来的兴趣。作为雅典的公共会堂，议政院看似格格不入，但应该或多或少暗示哈德良担任雅典执政官的经历。

在别馆南侧开阔区域地下，建有梯形隧道，这是否暗喻地府，我们不得而知，但很有可能。如此雄心勃勃的建筑工程必有大用。目前看来，隧道不作出入通道，而仅为连接露天石头剧场。有学者认为，该剧场为举行宗教大典的祭仪剧场，新信徒就在隧道内体验冥府仪式。[7] 仪式想来类似厄琉息斯恐怖的秘仪，祭司就以黑暗与闪光引导信徒顿悟。

别馆既是御用离宫，又是度假胜地，公用与私用并行不悖。为国祭考量，建筑师（其中应该少不了才华横溢的门外汉哈德良本人）设计了金碧辉煌的空间。与此同时，皇帝还能享受生活的乐趣：他"醉心音乐，喜欢听笛子演奏，还是盛宴上的鉴赏家"[8]。提布尔建有露天膳堂，四周绿树成荫的草坪正适宜漫步，僻静的花园摆满了大理石制的田园神祇——酒神狄俄倪索斯、牧神潘（Pan）、森林神西勒诺斯（Silenus）。当然，那里也是狩猎的好去处。帕拉丁山矗立着图密善的专制宫殿，提布尔则横卧着亲民的公民皇帝之家园。

虽处于公共视线，并担任公职，但哈德良希望保留私人空间。他最别出心裁的建筑创举，是位于别馆群中央的圆环建筑。[9] 该建筑与罗马万神殿规模相仿，至今仍可寻，但屋顶已不存，且损毁严重。外墙之内，为一圆岛，四周有柱廊及城壕。岛上可见一座屋舍，楼身雕刻了精致的曲直线条。作为休闲与寝息之所，楼内设圊厕两间，浴室一间（游泳可由此前往城壕）。这座别馆中的微型别馆，与外界仅以活动木桥相连，木桥移除后，更与世隔绝。此乃皇帝的隐匿之地，他可以独自消遣，也可与安提诺乌斯独处。

仅凭一座建筑，我们难窥其主人的心态。大理石的屋舍雅致，但我们仍不禁怀疑，它的主人多愁善感，不喜交朋结友。哈德良独坐豪华的隐宅，就像厌世者雅典的泰门（Timon）。他太富有，且与人为善，就算孤僻也没人计较。

别馆堪称精巧的皇权标志。其宏大堪比希腊化皇宫。哈德良是平民元首，与王侯同行，亦心系百姓，行事之果决，较前朝诸帝有过之而无不及。在京城，坊间依旧视皇帝为共和国之第一公民，哈德良也谨遵旧制。然而，当他到了意大利其他地区，政务中心就转为提布尔而非罗马。另外，哈德良在位期间，大多在外巡幸。诿问元老院，与其会议，几无可能。

当然，做皇帝的很少独断行事，颁布诏令前，往往会征询相关内行的意见。他愈发倚赖自己的死党（amici，字面意思是"朋友"），即时时伴其左右的精心挑选的顾问和高官。最受宠的死党还可能受命为"随侍"（comes，"count"［伯爵］一词由此而来），并委以特殊职责。皇帝还会听顾问团陈词利弊。顾问团为商议国事的机构，可以研究甚至策划方针，支持重要决策。它并非永久性议事会，而是高官随进随出的组织。顾问团里，既有元老（其中不乏具有司法背景者），也有骑士（包括各部负责人）。他们个个身具专长，皇帝可向其咨问。

帝国的官僚机构日益膨胀，但更重要的是，机构管理者从之前的释奴，渐渐转为骑士，为此职位者，辄日后衣食无忧。这种转变意味着，不独元老有机会参政议政。

这种中央集权趋势并不新鲜（如前所见），前几个朝代便已有之。不过，在当今仁慈又不失果决的独裁者治下，集权速度却与历代有别。

皇室的女眷大多离世，但哈德良还有不少男性亲属，其中有些尤其受他器重。哈德良的长姊保琳娜孀寡后，又嫁给年长其三十岁的塞尔维阿努斯。图拉真在位时，塞尔维阿努斯曾对年轻的内弟颇有微词，但现在他年近八旬，事业成功，开始享受晚年生活。

塞尔维阿努斯依然具有政治影响力，因为他的女儿嫁给了格奈乌斯·佩达尼乌斯·弗斯库斯·萨利那托尔（Gnaeus Pedanius Fuscus Salinator），并生子佩达尼乌斯·弗斯库斯。这个孩子生于公元 113 年前后，如今十二岁上下。[10] 他是哈德良的甥孙，又是埃利乌斯家族除哈德良外唯一的男丁，其重要性不言而喻。谁都看得出，千秋将届五十的皇帝，几无可能再为人父，而且似乎无意以收养方式立嗣。小佩达尼乌斯·弗斯库斯长大后，不出意外，应该会继承皇位。

与塞尔维阿努斯相比，另一人与皇帝更意气相投，那就是马尔库斯·安尼乌斯·维鲁斯（Marcus Annius Verus）。他是家财万贯的元老，亦身属罗马的西班牙族裔。其家族来自贝提卡，或许还跟埃利乌斯家族沾亲带故。跟后者一样，他们应该也靠出口橄榄油发家致富。维鲁斯有四个孩子，两男两女，个个配了好人家。他深得哈德良宠爱，为此还受命于公元 126 年第三次出任执政官。这可是前所未有的殊荣，毕竟皇帝也才出任三次。

作为朋友，塞尔维阿努斯给维鲁斯赠了一首古怪的祝贺短诗。[11] 诗里某乌尔苏斯自诩"琉璃球比赛"的绝世高手，但承认"我自己是三任执政官兼我的恩主维鲁斯的手下败将，并败给他不止一次，简直数不胜数"。多年以前，塞尔维阿努斯用过乌尔苏斯这个名。他只担任过两次执政官。显然，他为自己在政治大比拼中落败而抱憾。以易碎的琉璃球作比，可谓恰如其分。

维鲁斯其中一个儿子，也叫马尔库斯·安尼乌斯·维鲁斯，娶了一个女继承人。此女在罗马郊外拥有大片砖砌建筑（无疑受惠于哈德良宏大的建筑计划）。公元121年，他们生了一个儿子，而且也叫马尔库斯（令人不解的是，不独长子，这个家里的每个男孩都叫这个名字）。皇帝返回意大利那年，他四岁。

公元124年左右，由于父亲出任副执政官时不幸过世，小马尔库斯由祖父收养。许多年后，祖父的"性情和蔼，毫无怀脾气"[12]，马尔库斯依然记忆犹新。尽管富甲一方，母亲却培养了儿子简朴的品格。据他说，母亲敬畏神明，通情达理，"生活简素，远不似富豪习气"[13]。

不独祖父为这个孙儿尽心尽力。他的外曾祖父卢基乌斯·卡提利乌斯·塞维鲁斯（Lucius Catilius Severus）同样不辞辛劳。为表示感谢，马尔库斯后来原姓名前，加上卡提利乌斯·塞维鲁斯。卡提利乌斯是比提尼亚人，具有意大利血统，与皇帝过从甚密。皇帝登基之初，立足未稳，他曾予以莫大支持。

回到意大利后，哈德良见到了这个四岁大的幼儿，十分中意。据《罗马君王传》，这小孩"自始至终彬彬有礼"[14]，这很得皇帝的喜欢。久而久之，皇帝对他的关注和钟爱与日俱增。小马尔库斯在哈德良的膝上（in Hadriani gremio）[15]，换言之其悉心照看下苗壮成长。他从不说谎，故哈德良给他取了绰号"至真者安尼乌斯"（Annius Verissimus）——其姓"维鲁斯"在拉丁语中意为"真实"，可谓人如其名。

及至马尔库斯六岁，开始读书之前，哈德良特别授意，册封他为骑士。一年后，皇帝又安排他入舞蹈司祭团。该团的创建者，正是传奇国王努玛·蓬皮利乌斯，哈德良心中公正与睿智君王的古代典范。战神的舞蹈祭司共十二名，由年轻的贵绅担任，并身着古代勇士的奇服。每年 3 月，他们会清洁罗马人携往战场的圣号，高唱保佑罗马人平安归来的舞蹈祭司歌（Carmen Saliare）。哈德良的授意显然非比寻常，因为司祭团通常自己选拔新成员，这也是特殊的恩惠。

哈德良跟马尔库斯既有政治联系，又有私人关系。这令人想起奥古斯都抚养马尔库斯·阿格里帕的两个儿子盖乌斯·恺撒与卢基乌斯·恺撒。他破例将两个孩子带到宫中亲自抚养，俨然其人生导师。此举乃从长计议。奥古斯都希望长寿，能看着他们长大成人，步入政坛。可惜，造化弄人，两人均英年早逝。哈德良的类似想法并非突如其来。若时间允许，他大可把马尔库斯从小培养成皇位继承人。毕竟，奥古斯都活到七十五岁。以此为限，哈德良还有超过二十五年。来日方长。

皇帝无意让年轻的佩达尼乌斯·弗斯库斯继位。其一，就算是亲属，塞尔维阿努斯家族却不足为信；其二，佩达尼乌斯似乎心术不正，"喜欢对角斗士想入非非"[16]。因此，另择人选自然情有可原。

即便迷人的提布尔别馆，也无法让哈德良久留。公元127年3月2日，巡幸归来不到一年半，皇帝又离开罗马，前往意大利北部。

回来这里后，他决定重新调整亚平宁半岛的政务。奥古斯都似乎为方便定期普查人口，将半岛划为十一个区。各区政府受元老院监管，但很多事情可自行裁量。哈德良对这种放任措施不以为然。他将意大利重分为四个行政区，由称作"审判官"（iuridici）的前任执政官主政。他们的职权范围不详。不过，皇帝看来打算把帝国的大本营同其他行省等而视之。正所谓有升就有降，而但凡与希腊相关的一切都受到抬举。皇帝的改革不得人心，他驾崩后，改革旋即废止。

哈德良回到罗马，庆祝自己生命中的重要时刻。这位奥古斯都二世已即位十载。为此，罗马举办了十天的运动会，马克西穆斯竞技场上演了三十场出征舞（一种演员要全副武装的战舞）。

有确切证据表明，皇帝在那之后不幸染疾。根据《奥斯提亚年鉴》（*Fasti Ostienses*），运动会意在促进"皇帝安康"[17]。许多钱币也暗含"奥古斯都万岁"（salus Augusti）之意。在这些钱币背面，健康化作美女，喂食篮中的蛇。[18] 在罗马，蛇往往用于医治仪式，且跟康复与医药之神阿斯克勒庇俄斯（Asclepius，埃斯库拉庇俄斯［Aesculapius］的拉丁形式）有关。患者到医治神庙中就寝，而无毒蛇游弋于四周，施以疗法。当时，还有一种钱币上刻着手捧花束的希望（Spes）。[19]

皇帝健康欠佳亦得《罗马帝王传略》佐证。据载，长期的"皮下疾病"令他"灼热难耐，狂躁不安"[20]。当然，皇帝也可能是遭遇了意外。《罗马君王传》提到，他狩猎时不幸致锁骨和肋骨骨折。具体日期不详，但大抵于公元 127 年夏。综合各方史料来看，皇帝应该罹患某种慢性笃疾，且通过钱币告知民众。

无论皇帝所患何疾，只要不经亲自问诊，我们都难以确知。不过，从临床症状看，极似丹毒，即一种链球菌感染。细菌侵入皮下或真皮，以及更深处的脂肪组织，引发面部或身体末梢灼痛，并伴有红色凸起状皮疹，皮肤温热坚硬。患者还可能出现高烧、乏力、头痛、呕吐等症状。抗生素发明以前，丹毒极可能复发，甚至致死。

翌年，随着十年庆典结束，加之健康有所好转，皇帝认为，可以择机接受"国父"头衔。跟奥古斯都一样（也可能有意仿效），哈德良一直谢绝元老院的美意。虽说这个头衔不会带来额外权力，也并非公职，但重要性不可小觑。在哈德良看来，它是对自己政绩的褒奖。他确信，自己终于可以放下四前任执政官事件：他们被遗忘了，或者至少元老院已决定既往不咎。

哈德良计划巡幸更远处。他打算首先视察丰饶、繁华肥沃的北非诸省（尽管当时旱灾严重）。此前，那里还从未有元首驾临。公元 123 年，他不得不中断巡幸，处理突发的帕提亚危机。巡幸开了个好头。据《罗马君王传》载："当他来到阿非利加的时候，就在他抵达那里时，五年滴雨未下的天空降下了雨，因此他受到了阿非利加人的爱戴。"[21]

各省的接驾方式我们早已熟悉。皇帝所到之处，纷纷以其名重新命名为哈德良诺波利斯，连迦太基也不例外。高架渠、神庙等各种大型建筑拔地而起。尼禄等皇帝把阿非利加的许多产业收归皇室（故大片区域为皇室用地），并转租给直属封臣。哈德良仔细核查，以确认他们没有盘剥耕种土地的佃农。他还引入新规，为耕作边际地或未垦地者减免赋税。某铭文就记录了其中的细节："皇帝殚精竭虑地为百姓谋福。"[22]

哈德良施政有反复可见的三大特点。其一，重视筑立帝国界墙；其二，征召被占领地民众管理当地事务；其三，保持军队的斗志及效率，此乃重中之重。哈德良还扩大了所谓的拉丁公民权。这项权利规定，镇议会领袖及其眷属自动享有罗马公民权。尽管具体细节不甚清楚，但皇帝如今向普通的镇议会议员开放了公民权。

若到今阿尔及利亚与突尼斯的沙漠地带一游，可见大量纵横交错的城墙与壕沟。它们是阿非利加沟（fossatum Africae）遗址。[23] 当年哈德良驾临之前就已动工。这条防线与不列颠长墙有许多共同之处，但取材为当地的泥砖。最长一段保存完好的防线绵延近四十英里，且每隔一罗马里有一个城门，两处城门正中间建有岗楼。在弗拉维氏族诸帝及图拉真时代，罗马不断开疆拓土，可此处的壕沟宣告扩张举动从此结束。

虽说城墙标识边界，但边界两边并非泾渭分明。北部有农业人口定居，南部则为游牧民族，他们驱赶着牧群，往来冬夏草场之间，而筑墙的主要目的，就是管理南北民众的联系。为了方便游牧民族，可控水源应运而生，尤其到了雨量稀少的时节。

6 月底，哈德良抵达昔日王国努米底亚省，那里的第三"奥古斯塔"

军团正待他检阅。军团副将昆图斯·法比乌斯·卡图利努斯（Quintus Fabius Catullinus）头脑机敏，显然提前向属下传达了最高统帅的苛刻要求。他训练士兵行动迅速，而且为了取悦皇帝，还建造了两座祭坛。一个献给"天霖之主，至尊至伟者朱庇特"，一个献给"广施甘霖之风"。[24]

军团刚刚迁至兰拜西斯（Lambaesis）的新基地，正忙着修建堡垒。为纪念皇帝驾临，军团筑了一根柱子，上面镌刻着皇帝给官兵的致辞。如今，大部分致辞保留下来。想来当时有速记在场，把皇帝的每个字都记下来。因此，我们难得欣赏到哈德良的金口玉言。他的声音犹在耳畔。

看完军团骑士的表演后，哈德良说道："操练一如谈吐，自有规矩，凡增减分毫，必致綦轻或綦重。所求愈难，其效愈不佳。而当下操练之难者，以汝等所示为最，披铠甲，掷标枪……汝等尽力，朕深称许。"[25]

7月1日，哈德良表扬某西班牙分队，在规定时间内为新堡垒筑造石墙。"筑墙绝非易事，何况需合冬季营房之久用。汝等神速，铺设草皮用时不过如此。"

皇帝称赞了多数军官，但批评了某骑兵队长（其名不详）。"卡图利努斯副将可堪褒奖……彼率兹操练若实战，俾汝等受训如斯，朕亦嘉之。科尔涅利阿努斯（Cornelianus）长官亦尽职尽责。然观骑兵之战，未惬朕意。（某某）当责。骑兵应借助掩护，追击翼翼，若不辨所向，抑或无以驾驭坐骑，殆其身中埋伏也。"

一周后，皇帝又祝贺某些潘诺尼亚辅助部队操练成功。"若有疏漏，朕必注意；若有不妥，朕必不讳言。此次操练，汝等始终令朕深感欣慰。"

皇帝受爱戴的原因显而易见。不难想象，他顶着阿非利加的骄阳，站在成百上千挥汗如雨的士兵面前。他的讲话铿锵有力。他深知自己所谈，也明白如何行事。他的称赞值得一听，而听众也对他怒形于色十分惶恐。

离开疆场的日子，正需要以这种方式训戎整兵。

注　释

（主要资料来源：《罗马君王传》；关于哈德良的别馆，亦见导游手册，麦克唐纳和平托［Pinto］；也见在兰拜西斯的致辞。）

［1］HA Hadr 13 3.

［2］M. Coltelli, P. Del Carlo, and L. Vezzoli, "Discovery of a Plinian basaltic eruption of Roman age at Etna Volcano, Italy," *Geology* 26 (1998), 1095－1098.

［3］CIL 14 3911.

［4］Mart 12 57 21.

［5］HA Hadr 26 5.

［6］Oliver, p. 74 bis.

［7］MacDonald, pp. 162ff.

［8］Fronto de fer Als 4.

［9］影响哈德良的，可能是叙拉古老狄奥尼修斯（Dionysius the Elder of Syracuse）的皇宫（围以运河），以及希律堡（圆形的堡垒式宫殿）。

［10］狄奥笔下的佩达尼乌斯·弗斯库斯要年轻六岁。一份古代星象图将其出生年份定为公元113年（这份星象图很可能在佩达尼乌斯去世后不久便问世），应该更为准确。

［11］ILS 5173. 有人将其刻成铭文，故由此保留了下来。可参考 Edward Champlin, *Zeitschrift für Papyrologie und Epigraphik* 60 (1985) 159ff。

［12］Marc Aur 1 1.

［13］Ibid., 13.

［14］HA Marc 2 1.

［15］Ibid., 4 1.

［16］CCAG 8, 2 p. 85, 18 to p. 86, 12.

［17］Smallwood 24 16.

［18］BMC III 476 etc.

［19］Ibid., 486.

［20］Ep de Caes 14 9.

［21］HA Hadr 22 14.

［22］Smallwood 464, col. II 4−5.

［23］见 Birley, pp. 209−210。

［24］CIL 8 2609−2610.

［25］Sherk 148（其后引文亦出于此）。

第二十二章

吾爱焉往？

哈德良宵衣旰食。公元 128 年的夏天慢慢来临，而 9 月他有要约相赴。举行厄琉息斯秘仪的日子将近，他打算再次参加。皇帝先回到京城，处理重要政务，接着便马不停蹄地前往希腊。

哈德良是已经悟道的新信徒，安提诺乌斯想来亦如此。如今，后者年近十八，将成年，胡须渐生。一方是成熟的施爱者，一方是走向成熟的被爱者。虽无史料，但我们不禁好奇，到了希腊，两人是否会像体面而传统的情侣那样，公开成双入对。

见证最神秘的仪式后，哈德良敕造了一批自己手持谷穗的亚细亚钱币（价值六塞斯特斯的四德拉克马[1]*），将出席仪式的重要意义广而告之。钱币上刻着"国父——重生者哈德良"。谷穗表明，他是厄琉息斯的新信徒，"重生"则意味着他的精神重获新生。钱币正面为参加

---

* 此处似有误。前文已提到，1 四德拉克马价值 12 塞斯特斯。

秘仪的首位皇帝奥古斯都。

公元前5世纪，雅典正适全盛之期。伯利克里是其无可争议的领袖。多年以来，他一直是民选的第一公民 [2]（恰如罗马）。他的同胞亲切地称其为"奥林波斯神"，而大家通常以此称呼万神之王宙斯。

波斯入侵后，雅典百废待兴。雅典人赶走了波斯人，并成立城邦与岛屿聚落的同盟，以便继续抗击"蛮族"。伯利克里把同盟改造成海洋帝国，并不惜耗费雅典获得的大量财富，重建城邦。其中的杰作，当属卫城中雅典娜的帕特农神庙。

普鲁塔克写道，伯利克里"提出了一项法案，试图让所有居住在欧罗巴或亚细亚的希腊人，无论其所在城邦大小，都能派代表参加雅典议会" [3]。议题涉及共同利益问题——重建遭波斯人焚毁的神庙，向解救他们的诸神还愿，消灭不计其数的海盗。希腊的殖民地西西里以及意大利未受邀请，因为他们没有直接卷入战争。斯巴达人是当时雅典最大的军事对手。由于他们反对，项目无果而终。伯利克里打消了这个念头。

半个多世纪后，哈德良重拾旧念。前一次到访时，他就注意到为成立近邻同盟而召开的德尔斐会议，但当时希腊城市的数量不足。于是，他决定按照伯利克里的思路，组建新的泛希腊同盟。 [4] 跟之前一样，彻底翻新的雅典将作为大本营，其他城市受邀派使节参加落成典礼。联盟聚落必须证明，自己的文化和血统上均属于希腊。不过，有些地方做了假，但同样得到接纳。

这项举措有点复古意味。根据现有史料，哈德良考虑的区域跟伯利克里的基本一致，均以伊奥尼亚海盆地为中心。意大利与西西里再次被排除在外。再者，埃及、叙利亚或安纳托利亚的希腊人聚集区亦无代表。皇帝专程到访斯巴达，大概为确保它不会像公元前5世纪那样拒不合作。

哈德良还力推古语，以复兴昔日荣光。譬如，为城市守护女神阿耳忒弥斯献词时，斯巴达青年（epheboi）忽然讲起古老的多里安方言。显而易见，哈德良有心用过去，影响并重振日下的世风。[5]

他开始自称"奥林波斯神"，一来响应榜样伯利克里，二来暗示奥林波斯神宙斯的巨型神庙完工。不久，希腊东部诸省纷纷称他为"哈德良诺斯·塞巴斯托斯·奥隆皮奥斯"（Hadrianos Sebastos Olumpios，"塞巴斯托斯"为"奥古斯都"的希腊语写法），或"哈德良诺斯·塞巴斯托斯·宙斯·奥隆皮奥斯"。

那么，泛希腊同盟有何作用？它管理自己的事务，维护其在罗马集市和官邸附近的圣所[6]，筹备四年一届的盛会。此外，它还负责评估盟友资质。不过，哈德良尽量避免赋予其独立的政治权力。所有重要决策均需征得他首肯。当然，文化与宗教为重中之重，且引入了厄琉息斯秘仪。总而言之，哈德良力图在希腊世界各城市之间，打造精神与思想的纽带，培养一种归属感。泛希腊同盟还令城市代表受益匪浅。这些人都是希腊上层社会（不一定为罗马公民）的头面人物，而同盟为他们构建了互惠互利的城邦间"人脉"。

值得注意的是，成立大会召开在即，但皇帝于公元 125 年敕建的建筑可能尚未竣工。不过，雅典的未来面貌已然可见。整个城市焕然一新，宙斯神庙附近被定为新区，取名哈德良诺波利斯。新区边界建有拱门，至今仍傲然挺立。拱门西侧正对卫城，楣梁上刻着铭文："此乃雅典，昔日忒修斯（Theseus）之城"[7]。忒修斯传说为雅典奠基人。拱门东侧正对宙斯神庙，上面则刻着："此乃哈德良之城，非忒修斯之城。"

这未免过为已甚。皇帝的支持政策的确深得人心，可如此僭越之举势必让许多雅典人怒火中烧。可他们除了咬牙切齿，也别无他法。

公元 129 年 3 月左右，海道再次通航后，哈德良乘船前往以弗所。他巡幸东部行省，所到之处，大兴土木，面授机宜，广施博恩。跟往常一样,他绝不容忍治行窳敝,对怠政的地方代办或总督,均予以惩治。《罗马君王传》写道:"对这些人的审判是如此严格,据信起诉人都由他亲自指派。"[8]

皇帝此行的政治目标是召集帕提亚帝国边境各藩王。这种"召集"类似泛希腊同盟,原本为应对波斯的持续威胁。如今,帕提亚人取代了穷凶极恶的波斯人,成为新的威胁。哈德良根本无意兴兵。相反,他大张旗鼓地和平宣示,罗马帝国没有受敌入侵的危险。

帕提亚国王科斯罗伊斯,仍跟野心勃勃的众亲恶斗不断。我们不清楚,他是否受邀参加河滨的首脑之会,但他至少因自己的良好表现受到嘉奖。他的女儿质于罗马十二载,今终得以回国,而皇帝也允诺归还图拉真横扫美索不达米亚时褫夺的王座。然而,一切尚未落定,科斯罗伊斯便遭废黜。继位者可不想当哈德良的政治龙套。他正酝酿更重要的事情。

现在说说藩王。他们看似忠心耿耿,实则各怀私心。对于罗马以补贴换和平的做法,舆论普遍不以为然,但皇帝引以为傲。《罗马帝王传略》写道:"哈德良靠私下打赏,从众多藩王那里换得和平。尔后,他喜欢四处夸耀,这一招比带兵打仗获得的更多。"[9]

藩王自恃山高水远,就算拒不合作,罗马人也不会以武力相逼。因此,尴尬在所难免。伊比利亚国王法拉斯墨涅斯(Pharasmenes)便是其一(其部落生活在黑海与里海之间,即今格鲁吉亚)。[10]他傲慢地回绝了皇帝的集会之邀,倒是赐礼全都收下,包括一头大象和一支五十人的分队。后来,他回赠了绣金斗篷。恼怒的哈德良命三百名死囚身着这些斗篷,然后送到竞技场全部杀掉,以解心头之恨。

皇帝巡幸的下一站是埃及。他本打算仔细考察一番,可途中他穿过了犹地亚。在那里,他做了一项重大决定。

公元 70 年，耶路撒冷被提图斯攻陷后，经受兵燹、生灵涂炭的该省便一蹶不振。犹太社会分散为村落。以往统治犹地亚的高级祭司家族销声匿迹，古代以色列的最高法院——公议会（Sanhedrin）停止运作，传统的上层阶层也荡然无存。在耶路撒冷，城市的防御工事尽遭破坏，圣殿化为碎石。这是罗马人的一贯作风。早年，他们把迦太基夷为平地，过了几年，那里才恢复生机。科林斯也遭受了同样的厄运。

图拉真朝末年，愤怒的犹太流民揭竿而起，但似乎并未影响犹地亚。也许，这是因为摩尔将军卢西乌斯·奎埃图斯出任总督，且受命镇压异见人士。起义之火被扑灭后，新当权的哈德良赢得口碑。他同情犹太人，因为亚历山大港的犹太人与希腊人争执不下时，他能秉公处理。

皇帝的同情背后，似乎另有隐情，并非其本意。他断定，时机成熟，可以让犹地亚恢复为普通行省，言外之意即犹地亚应该被希腊化。他发现，大量犹太富豪愿意配合。有些甚至还鼓励皇帝继续其希腊化事业。

割礼为图密善与涅尔瓦所禁。有趣的是，基督徒也反对割礼。塔尔苏斯（Tarsus）的保罗就称之为肉刑，还表示应该把强推割礼者"千刀万剐"或阉割。[11] 哈德良重申禁令，并规定违者处死。

在耶路撒冷，皇帝重建了这座城市，并于希律王圣殿原址上敕造了卡皮托利诺山朱庇特神庙。他动员罗马人来此定居，似乎已然建立了罗马公民的殖民地。久而久之，已驻防六十年的"海峡"军团将从那里招募士兵。

为强调耶路撒冷如今已属罗马，居民讲希腊语，跟犹太民族毫无关系，哈德良将其重新命名为埃利亚·卡皮托利纳，一来向自己的家族埃利乌斯致意，二来向奥林波斯万神之王致敬（他的大型神龛就矗立于罗马的祭坛）。耶和华乃禁忌语。新城的纪念币显示，皇帝亲自到城界附近犁地。[12] 毗邻的城市也示意皇帝无处不在。凯撒利亚与提比利亚（Tiberias）均发现了纪念哈德良的圣所，加沙（Gaza）还创立了哈德良节。

对哈德良而言，犹太问题总算解决了。

皇帝一直企盼游幸埃及。在那里，神祇离奇地长着动物的脑袋，巫术闻名遐迩，庙宇与宫殿蔚为壮观。埃及文明古老而神秘，基本保持了其独一无二的特点。托勒密家族的马其顿王朝（大本营是地中海沿岸的亚历山大港），仅仅使埃及部分希腊化。自安东尼与克利奥帕特拉落败而殉后，埃及这个罗马行省就一直是历代皇帝的私人领地。它为京城提供口粮，故战略价值重大，容不得任何闪失。元老不得到访。虽然皇帝拥有法老头衔，但去过那里的寥寥可数。王国的政务由行政长官负责，担任者往往是没有政治地位的骑士。除遇骚乱，埃及可谓自行其是。

以传播希腊文化为务的哈德良，决心让埃及成为希腊罗马世界更合格的一员。他打算再建一座哈德良诺波利斯，就在该国昔日腹地以南数英里处。

皇帝前往埃及还出于个人原因。公元 4 世纪一位名叫埃皮法尼乌斯（Epiphanius）的神父曾表示，自己患了麻风病，所有医生对此都束手无策，于是他去埃及寻找疗法。[13]乍一看，这个故事难以服众。他罹患麻风病实在匪夷所思，因为该病不易感染，且往往为贫困和营养不良所致。不过，这个说法可能讹传自我们之前提到的皇帝的皮下疾病。埃及的医学举世闻名，其疗法与巫术息息相关，这或许使哈德良动了心。丹毒一再复发让他决心放弃传统治疗，转而向埃及祭司寻求秘方。

哈德良从加沙出发，经陆路沿海岸线南下，最晚于公元 130 年 8 月底，到达守卫埃及门户的边塞城培琉喜阿姆。[14]该城位于尼罗河沼泽与地中海海岸之间。公元前 48 年，罗马内战伊始，伟大的庞培受骗上岸，遂遭到埃及人收买的士兵的刺杀身亡。彼时，在希腊的法萨卢斯（Pharsalus）大败后，庞培为逃避恺撒追杀，希望法老能予以庇护。然而，国王的一个幕僚说道："死人不咬人。" [15] 结果，庞培被斩下首级，呈至恺撒。

他的尸体葬于海滩，坟冢上立着一小块墓碑。时光荏苒，风沙渐渐将其掩盖。从此，自然便无人能悼念这位故人，但哈德良不仅找到他的坟冢，而且清理掉上面的尘沙。另外，他还赋诗一首（诗刻于墓碑之上）。诗中提到，帝国上下建有很多以庞培为名的圣所：

> 他的神庙遍地，坟冢却如此寒酸。 [16]

皇帝此行的重中之重为尼罗河。巡幸不得不等到 9 月底或 10 月，待每年泛滥的河水退去。与此同时，皇帝趁机到亚历山大港逗留，毕竟那里的可看可为之事甚多。当地希腊聚落总是认为，罗马人通过损害他们利益来偏袒犹太人。然而，自犹太人起义受镇压后，城里如今已难见犹太人踪影。推行希腊文化的哈德良驾临后，百废俱兴。 [17] 皇帝自然赢得希腊人爱戴。

托勒密家族的旧宫，可不是孤零零的建筑。在那里，各色厦屋随处可见。其中就包括汇集古代世界最杰出之学者、士人、墨客的缪斯苑。成为苑中一员可谓殊荣，拥有畅享馐膳的权利。公元 3 世纪熟悉希腊士人的菲洛斯特拉图斯写道："缪斯苑者，埃及之嘉宴，延天下名士同席也。" [18]

哈德良对缪斯苑的运作兴趣十足。众所周知，他已经任用了其中的两名成员。如前所述，接替遭解职的苏维托尼乌斯担任皇帝文书的，是缪斯苑前执事高卢学者尤利乌斯·维斯提努斯。皇帝可不想因故缺席盛宴。不过，我们不甚清楚，大家是否欢迎他到访。面对济济一堂的名流，皇帝始终盛气凌人。《罗马君王传》写道，他"提了许多问题，随后又自己进行了解答"[19]。

皇帝与士人的关系也常常剑拔弩张。

> 尽管他在演说和诗歌方面极富热情，对一切技艺也都极其在行，可他总以拥有更多学识自居，从而嘲笑、蔑视，甚至羞辱各种门类的教授们。他时常同这些教授及哲学家以发表著作和诗歌的方式一来一去地进行辩论。[20]

据闻，皇帝嫉妒出名的哲学家与修辞学家，还怂恿别人攻击他们，诋毁其声誉。米利都的狄奥尼修斯（Dionysius of Miletus）深受其害。作为回应，在某高官试图与他较量公共演说的水平时，他尖刻地回敬道："皇帝能给你钱财，可给不了你口才。"[21]

皇帝发表的作品显然没有自己署名，而是借用文笔出众的释奴之名。他有　部作品叫《汇英集》（Catachannae，可能就是某类杂集，因为"catachannae"指嫁接各种果枝的树木）。该书"极为艰涩"[22]，我们只知道它向诗人安提马库斯（Antimachus）致敬。安提马库斯活跃于公元前400年前后，本身也以文笔极其晦涩著称，为缓解情妇亡故之痛，他重述了传说中的灾难。

当时还有一位学者与众不同，即智术师阿莱拉特（Arelate，今阿尔勒）的法沃利努斯（Favorinus）。据说，他是两性人，没有胡须，声音尖细。当哈德良批评他用的某个词时，他坦然接受。后来，友人责怪他不该退让。对此，他回答道："你们的建议是错的，你们得让我承认，那位号令三十支军团的人是所有人中最有学识的。"[23]

虽然皇帝经常诘问刁难他们，但对于精于七艺者，却从不吝啬荣誉和金钱。继位之初，他就为自由从业者（哲学家、修辞学家、语法学家、医生）授予了一系列豁免权。至公元2世纪下半叶，这项规定依然有效。

别看皇帝以损人为乐，可若谁因为他争强好胜而郁郁寡欢，他也会闷闷不乐（这是他的原话）。

　　哈德良会抽出时间，陪伴安提诺乌斯。其休闲之地，就在从亚历山大港到卡诺普斯港的运河。那里的塞拉匹斯神庙（Serapis）远近闻名。常有病患前去过夜，企望尽快痊愈。当然，那里的消遣方式更是臭名昭著。希腊的旅行作家兼地理学家斯特拉波曾写道：

> 有人去那儿记录疗法，有人去那儿记录祭司的德行。可令这些相形见绌的，乃是成群结队的狂欢者。他们从亚历山大港出发，经水路，沿运河去参加公共节日。从早到晚，他们肆无忌惮、恬不知耻地在船上吹笛跳舞，男女皆然。[24]

巧合的是，运河沿岸有个村庄也叫厄琉息斯。[25] 不过，那里并无秘仪，倒是可供租赁的房屋很多，从那里，"渴望一同狂欢的人能大饱眼福"。每个人都寡廉鲜耻，所谓"卡诺普斯作风"是也。

　　皇帝此次巡幸没有史料记载，但他给提布尔别馆里的一块狭长水域和一座人工洞穴（nymphaeum）取名卡诺普斯。由此可知，这个埃及的度假胜地对他来说意义非凡。想来，他跟安提诺乌斯都去了那里，而且乐不思蜀。

　　若不抽空狩猎，那就不是哈德良了。他和安提诺乌斯一同前往毗邻埃及西部的行省昔兰尼加（Cyrenaica）寻找狮子。某纸莎草残页留下一首诗，其作者叫潘克拉特斯（Pancrates）。全诗具有浓重的英雄史诗色彩。诗中描述了事情的来龙去脉。事实上，有关这对情侣同在一处的明确书证，仅此而已。

　　不过，另有石证表明两人共猎。今罗马的君士坦丁拱门上，镶嵌着八块圆形大浮雕（tondi）。作为皇帝纪功碑上的装饰，它们展现了哈德良及随从捕获各种动物（包括一头雄狮），并献祭。浮雕中，有一个猎人极似那位比提尼亚青年，但有一点不同。我们看到的不是少年，而是二十岁上下，留着短发和连毛胡的年轻人，他不再优雅似女性，而是健壮活泼。

沙漠探险几乎酿成悲剧。哈德良与安提诺乌斯遇到一头凶残的雄狮。诗人写道：

> 哈德良先用黄铜长矛刺伤野兽，
>
> 但没有置其死地。他故意高抬贵手，
>
> 打算考验他心爱的安提诺乌斯——
>
> 手刃阿耳戈斯那人之子是否胆量十足。[26]

愤怒的雄狮扑向安提诺乌斯，咬伤了他的坐骑。千钧一发之际，哈德良显然挺身而出，猛击雄狮颈部（纸莎草上的记录到此戛然而止）。雄狮遂倒在御马的蹄前。整个过程有惊无险。施爱者成功解救被爱者，使之免于重伤甚至死亡。

最终，皇帝重新踏上前往尼罗河的旅途。不难想象，埃及人为皇帝准备了一艘大驳船，还组建了一支小船队（其中不乏借调自亚历山大港舰队的战船），载扈从和守卫。沿途各地得知皇帝驾临，数月前便着手准备，囤积了大量食品等必需品。其中，俄克喜林库斯镇（Oxyrhyncus）储备了大麦七百配克*、干草三千捆、猪崽三百七十二头、大枣约两百配克、绵羊两千只，以及大量橄榄及橄榄油。[27] 皇帝的马队就像蝗虫，凡

---

* 配克（peck），容量单位，1 配克等于 8 夸脱（quart），约合 8.81 升。

所到之处，均剥削殆尽。

帕克拉特斯（Pachrates，希腊化名字为潘克拉特斯）是术士、祭司，也是诗人。他酷似神圣的苦行者——"头发剃光，身披白色亚麻布，说着带口音的希腊语，高个，塌鼻，厚唇，细腿"[28]。

他住在弃城赫利奥波利斯（希腊语名，意为"太阳城"；埃及人称之为伊乌努［Iunu］或"栋梁之地"）。过去，那里一直是备受尊崇的学术重镇。然而，公元前334年创建的亚历山大港后来居上，并取而代之。到了公元1世纪，那里已荒无人烟，只剩少数大祭司。按照斯特拉波的描述，他们"会举行祭典，向慕名来客解释圣礼的相关事宜"[29]。

一直热衷黑符咒的哈德良，这次正好顺道探秘。据某古纸莎草记载，他向帕克拉特斯请教，并收到一条咒语："去引诱那些无法自制的人……它能让疾病速来，如山崩之势，并送来美梦。"[30]这位祭司还给了哈德良一份秘方。里面除各种食材，还需要田鼠一只、金龟子两只（均放到尼罗河溺死），以及未配种山羊的肥肉，犬面狒狒的粪便，然后把所有配方放入磨钵捣碎。取其糊状混合物少许，作为祭品，置于炭火上焚烧，同时念出咒语。纸莎草提醒道，此法非"万不得已"，切勿使用。

帕克拉特斯熟稔表演的套路。他念着据说从未失灵的咒语——有个人不过两个钟头便身染疾患，还有一个仅七个钟头便撒手人寰。哈德良正"仔细研究巫术是否灵验"时，果真做了梦。这使他倍感震撼，并将赏钱加倍。

皇帝为何来此问法？很可能出于好奇，因为埃及巫术中，既有来自希腊和犹太的咒语和药物，又有本土的宗教传统。不过，我们仍不禁要问，皇帝是否希望某个人染疾甚至暴毙？难道他预料到什么"万不得已"的事？这些疑问事关重大，因为几天以后，确实有人死于非命。

• • •

孟菲斯位于赫利奥波利斯南部数英里处，原为埃及古王国之都，于公元前 3000 年建城。哈德良、安提诺乌斯及扈从来到孟菲斯，游览了金字塔和狮身人面像。随后，皇帝一行乘船北上至赫尔墨波利斯（今埃及科麦努［Khemennu］）。[31] 这里地处上埃及（或南埃及）与下埃及交界，人口稠密，车水马龙，拥有著名的托特（Thoth）圣殿。托特为巫术之神，太阳神拉（Ra）的心脏与舌头，善恶的仲裁者，冥界的判官。

10 月 22 日，尼罗河节举行。通常，这天是庆祝洪水每年都为土地带来新的生机，但今年大家恐怕没有如此兴致，因为已连续两年发生灾难性洪水。两天之后，又到了奥西里斯忌日。当天，祭拜者欢歌，庆祝他每年像尼罗河涨落一样死而复生。

在赫尔墨波利斯对面，河堤变得弯曲，水势也因此增强。河滩上散落着一排排破旧的小泥屋。不远处便是埃及著名法老拉美西斯一世（Ramses the Great，公元前 1298—前 1235 年）的朴素神庙。该月最后一周的某天，有人在那里或附近的河水中，捞起来安提诺乌斯的尸体。他溺水身亡了。

哈德良失声痛哭。《罗马君王传》不以为然地写道，他"如女人般痛哭哀号"。[32] 他宣布，自己看见天上出现了一颗新星，那应该就是安提诺乌斯之星。朝臣附和道，那的确是新星，安提诺乌斯的灵魂离开主人身体后，升入天空，化作那颗星。于是，皇帝决定给安提诺乌斯封神。安提诺乌斯虽然故去，但重生为神明。

按照罗马祖制，此事可谓匪夷所思。皇帝及皇后或皇亲，经过元老院批准，可获得神圣荣耀，但这并不适于毫无政治或社会影响的男性伴侣。对此，哈德良没有为难元老院，因为"希腊人在哈德良的旨意下，将他奉作了神明"[33]。这一做法的确切含义不详，但长久以来，地中海东部的君主会自我封神，百姓也认为，神人是互通的。

当地恰好有过封神先例。尼罗河溺亡者具有神性。帕克拉特斯的咒语需要把田鼠和金龟子淹死在尼罗河中，而他用的词就是"封神的"（deified）。这是因为，很多人相信，尼罗河会令溺亡者永垂不朽（自尽者除外）。他们的尸体唯祭司可碰，并在公众的资助下埋葬。罗马时代，一对溺亡的兄弟佩特西（Petesi）与帕尔（Paher），甚至获得了自己的神庙。公元 2 世纪，少女伊西多拉（Isidora）溺亡后，父亲在其墓茔里留下了一首哀悼诗。诗中写道："女儿啊，我将不再悲痛地为你上供。我知道，你现在成神了。"[34]

安提诺乌斯位列不朽者了，可他到底如何溺亡的？难说，因为具体情形，并无史料记载。在回忆录中，哈德良坚信，此事实属意外，但其他史料亦不可信。有三段文字对此有所涉及，分别来自狄奥·卡西乌斯、《罗马君王传》以及奥勒留·维克托。三段文字写作时间距事发均久矣，故不甚可靠，且（有人认为）不无恶意。三者中为狄奥的最佳。他写道，

> 安提诺乌斯……是皇帝的嬖宠，殁于埃及。据哈德良所述，他跌入尼罗河，溺水而亡。但实情也可能是，他做了献祭的祭品。我早说过，哈德良总是好奇尚异，喜欢玩占卜，念咒语。[35]

奥勒留·维克托深以为然地表示，

> 哈德良希望长寿，术士要求有人自愿代皇帝受过。据说，谁都不肯，只有安提诺乌斯愿献出生命。职是之故，他才获得了上述种种殊荣。对于这个问题，我们不该妄下定论。虽说有人并不介意，可年龄如此悬殊的两位，其关系如何真要打上问号。[36]

《罗马君王传》的口吻类似,只不过言语之间有所保留。

> 关于此事,各种各样的流言四起,有的说他把自己如祭
> 品般献给了哈德良;另一些,则既提到了那名少年的美貌,又
> 言及了哈德良过溢的淫欲。[37]

这种暗示该作何解释,我们不得而知。或许,读者会以为,安提诺乌斯选择自尽,以彻底逃避皇帝求欢。

当然,最常见的说法是,皇帝的嬖宠为意外溺亡,一如哈德良宣称的那样。这位兴致高涨的青年,没有料到水流湍急,水下植物可能缠住粗心的潜水者或游泳者。这听起来似曾相识,又比较可信。不过,安提诺乌斯地位重要,若他泅水时需要帮助,很容易得到。

第二种可能是,他选择自我了断,特意避开大家视线,可能趁着夜色,悄无声息地滑入河中。至于动机,不难猜测。他已年近二十,不再是那个让皇帝心动的美少年。若哈德良只好没长胡须的青少年,那他肯定面临窘境。一旦他从少年(puer)长成青年(iuvenis),他的恩主与恋人会作何感想?

有证据表明,哈德良品味不拘一格。奥勒留·维克托宣称:"坊间盛传哈德良勾引男青年(puberibus),真是人言可畏。"[38] 年轻的被爱者与其施爱者交媾,甚至偷偷允许其"走后门",这本无可厚非,可如前所见,若年长一方交媾时反其道而行,那就是奇耻大辱。安提诺乌斯已及成人,想必不愿再跟皇帝同床。在他看来,如果长此以往,自己终将与男娼无异。他肯定想到,自己可能会成为尤文纳尔讽刺文中老态龙钟的面首[39]。

除上述恐惧,可能另有隐情,比如一方兴味索然,或另一方羞愧难当。然而,即便如此,只要看看安提诺乌斯溺亡后,哈德良伤心欲绝的反应,可知其用情至深。换言之,不论出于哪种原因,两人无法再续情缘,安

提诺乌斯仍能继续得到皇帝的垂爱。他没有理由预感自己会遭到遗弃或虐待。

我们亦不妨参考文学作品，虽然以现代观点看，它们应该是最让人难以置信的。不过，代人受过的观念古已有之。欧里庇得斯的著名悲剧《阿尔刻提斯》（*Alcestis*），就描写了一位甘愿代时日无多的丈夫受死的妻子。丈夫阿德墨托斯（Admetus）可以逃避临头的死亡，

> 只要有一个死者
>
> 代替阿德墨托斯到下界去。
>
> 他曾去问过他所有的亲人，
>
> 他的父亲和那生他的老母；但是
>
> 除了他的妻子之外，
>
> 他没有找到什么人愿意替他死，愿意不再看见阳光。[40]

若按照奥勒留·维克托的说法，哈德良也正寻找替身。

公元 130 年或 131 年某时，哈德良之友、历史学家及官员阿里安，在呈给皇帝的长信中，介绍了黑海沿线的部分地区。其中包括仅少数山羊出没的荒岛洛伊克（Leuke）。据说，希腊英雄阿喀琉斯（Achilles）儿时曾住在那里。游客会来此向他和他的老恋人帕特洛克罗斯（Patroclus）还愿。围攻特洛伊时，帕特洛克罗斯殒命，阿喀琉斯怒不可遏，临终前为之报仇。阿里安最后写道：

> 我相信，阿喀琉斯是举世无双的大英雄，因为他品格高尚，体格健美，性情坚毅；因为他早已超然于人类……因为他与恋

　　人感情至深，愿意为其献出生命。[41]*

　　虽然哈德良与安提诺乌斯难以媲美那对希腊情侣，但阿里安认为，他们肯为爱人出生入死，故有意比附。这种藏而不露的暗示，显然能打动并安抚伤心欲绝的皇帝。

　　总而言之，哈德良当时罹患笃疾。他与安提诺乌斯都相信，若安提诺乌斯愿为他献身，他就能康复。因此，安提诺乌斯自尽可能并非由于心事难解，而是宗教或巫术的原因。

　　还有一种耸人听闻的观点：无论安提诺乌斯同意与否，哈德良已经决定拿他献祭，一如当初参加厄琉息斯秘仪时，以猪崽献祭。此举未免匪夷所思。早在共和国时代，罗马人就禁止人祭，而有史以来，也从未见过埃及人实行人祭。不过，巫术或许另当别论——帕克拉特斯的纸莎草至少像模像样地运用死亡咒语。大家普遍相信巫师拥有强大的法力。贺拉斯写过一首恐怖短诗。[42] 诗中描写道，某男童被活埋至颈部，然后活活饿死，以便取其骨髓、肝脏制作媚药。这首诗胪列了时人惊恐的幻象。不管这类罪行属实与否，肯定有人询问帕克拉特斯或某个巫术-宗教的权威，该如何举行祭礼让皇帝恢复健康，且不管情愿不情愿，安提诺乌斯被投入河中。此说至少解释了哈德良何以否认自杀。

　　总之，有关此事的任何结论恐怕仅为臆测。依现有证据看，应该是一方为另一方献出生命。两尊大理石半身像（其中之一出自提布尔，约成于那段时间或稍晚）似可佐证。它们再次展现了皇帝的青春容貌。新钱币上也印着年轻的哈德良。[43] 世人一厢情愿地认为，尼罗河的献祭巫术奏效了。之前，皇帝老态龙钟，疾病缠身，可看看现在，这就是明证——

---

* 译文引自《罗念生全集·第三卷》，上海：上海人民出版社，2007年，第 21 页。

他重新焕发了活力，那不是做做样子，而是千真万确。

　　溺亡事件发生不到一周，皇帝决定在赫尔墨波利斯对面，即安提诺乌斯尸体打捞出水的地方建造新城。他早就考虑于埃及中心地带某处，打造一座哈德良诺波利斯城。可眼下，这项宏大项目换成了隆重纪念溺亡的少年。

　　新城的建造方案很快出炉。它将以新晋神明的名字，命名为安提诺奥波利斯。新城税赋优惠，一群希腊后裔和部分退伍老兵闻讯，从其他希腊化埃及城市迁居过来。由于当地人大肆蹂躏，如今该城踪迹几乎荡然无存，但三百年前很多建筑依然完整。某 18 世纪游客感叹道："这座城市就是永恒的列柱围廊。"[44]安提诺奥波利斯的街道纵横交错，其中有两条干道，两列柱廊横跨城市中心。那里矗立着一座（很有可能）献给新神的大型圣所。

　　这种布局令人不禁想起亚历山大港。安葬亚历山大遗体的陵墓，就位于两条大街交汇处；被制成木乃伊的亚历山大躺在水晶棺中。哈德良最初可能打算把安提诺乌斯安葬于新城，毗邻其溺亡处。果真如此，那他应该很快就改变了主意，并在提布尔别馆中，敕建一座圣所，安放安提诺乌斯的遗体。[45]施工地点就在别馆入口处，位置相当显眼。工程即刻开始，加班加点。

　　安提诺乌斯纪念堂（Antinoeion）是一块围场，当中有两座小神庙。正对别馆入口处为半圆形柱廊，其背后一条走廊通往内殿，也就是墓茔。围场中央矗立着敕建的方尖碑（今称巴贝里尼碑［Barberini obelisk］，立于罗马品丘山［Pincian Hill］）。碑上刻着四条铭文，第一条向皇帝与皇后致敬，其余三条则有关安提诺乌斯，以及新神安提诺乌斯-奥西里斯（Antinous-Osiris）崇拜。其中写道："本庄园（即哈德良的别馆及其苑囿）为罗马皇帝所属，安提诺乌斯即安葬于此。"[46]

• • •

安提诺乌斯去世后声名大振。对他的崇拜迅速流传，并广受欢迎。作为死而复生的神祇，他甚至一度与基督教分庭抗礼。据说，"他获得的荣耀，丝毫不亚于耶稣的待遇"[47]。

地中海地区居民对不同宗教之神祇均一视同仁，此乃当地宗教一大特点。安提诺乌斯的封神随即与奥西里斯联系起来，而他在世时应该已有所预料。他很可能殁于 10 月 24 日，即奥西里斯节。果真如此，那应该是他或哈德良精心挑选的，以使人作此联想。奥西里斯乃心怀恻隐的冥界判官，同时兼具死而复生的法力。他令尼罗河每年洪水泛滥，令蔬菜逢春重生。

安提诺乌斯不仅与奥西里斯相似，而且跟边境和旅客的守护神赫耳墨斯（Hermes，对应埃及的托特与罗马的墨丘利［Mercury］）相关。因此，潘克拉特斯才在溺亡事件发生不久所作的诗中，称其为"手刃阿耳戈斯那人之子"。阿耳戈斯是百眼巨人，为赫耳墨斯所弑。身为诸神使者，赫耳墨斯还在冥府为灵魂指引方向。在雅典，安提诺乌斯与酒神狄俄倪索斯合而为一。酒神节上，他的祭司可以坐到最佳座位，观赏戏剧。想当年，这位新神应该是普通观众之一。

现存的一枚钱币把安提诺乌斯刻画成参加厄琉息斯秘仪的小神伊阿科斯。[48]伊阿科斯是谦卑的信徒，在首次邂逅了得墨忒耳的幻象与奥秘后，便化作神明。

除了建造安提诺奥波利斯城和在曼提尼亚打造祭仪外，哈德良并没有要求民众敬拜他逝去的恋人。不过，一心邀宠的当地上层阶级很快意识到，兴建神庙和雕像可以获得皇帝青睐。当时的旅行作家保撒尼阿斯，到访曼提尼亚后，发现了献给安提诺乌斯的新神庙。"我与他素未谋面，"他感叹道，"但我见过他的雕像，知道他的模样。"[49]

这并非言过其实。不久，安提诺乌斯即随处可见。狄奥写道，哈德良"把安提诺乌斯的雕像或圣像，摆到了全国各地"[50]。皇帝肯定敕令某雕塑大师，制作塑像样品，然后再广泛复制。该像神情忧郁，头发浓密，胸膛宽厚，目光略微低垂。

　地中海沿岸，各种神庙、祭坛、祭职、神谕、铭文、运动会，纷纷以安提诺乌斯的名字命名，并配有其雕像。据估计，他的雕像多达两千尊，现存超过一百一十五尊，且不断有新像出土。最近，伯罗奔尼撒发现了一尊座像——安提诺乌斯绑着头带，俨然获胜的运动员。提布尔的别馆亦随处可见安提诺乌斯。目前，那里至少发现了十尊相关雕塑。在德尔斐，当地人按要求举行祭礼，为其雕像涂油，世世代代，莫不如此，如今仍依稀可见其雪花石膏的质地。值得注意的是，连遥远的伊比利亚——难以取悦的法拉斯墨涅斯之王国，亦不免俗。该国某贵族的墓茔里，出土了一只极其精致的银盘，上面即雕饰着安提诺乌斯的头像。这很可能是令接受者赞叹不已的官礼。

　哈德良朝结束后，对安提诺乌斯的崇拜依然延续了很久。他拥有自己的广大信众。他的形象不单见于高雅的艺术品，而且也见于日常的工艺品，如灯具、盘碟和碗盏。无论当初将他封神的用意如何，这个永恒的比提尼亚人，已成为帝国境内希腊居民的法宝，他们既可借此庆幸自己的身份得到保留，又可向罗马效忠。安提诺乌斯代表了地中海世界两大文化巨头的和解。他生动地呈现了泛希腊同盟的理想。

　时至今日，他的面孔仍然是古典世界中最易辨认和难以忘却的。仅有极少数古希腊人和罗马人，拥有相关活跃网站，安提诺乌斯便是其一。[51]

注 释

（主要资料来源：狄奥·卡西乌斯和《罗马君王传》；安提诺乌斯部分亦
见《罗马帝王传略》，维克托，以及兰伯特［Lambert］；巫术部分见贝
茨［Betz］。）

［1］BMC III p. 395.

［2］Thurc 1 139.

［3］Plut Per 17.

［4］关于哈德良的泛希腊同盟，见 A. J. Spawforth and Susan Walker, "The World of the Panhellenion: I. Athens and Eleusis," *The Journal of Roman Studies* 75 (1985)。

［5］Arafat, p. 30.

［6］关于其位置尚无定论。兹从 Camp, p. 203。

［7］IG II^2 5185.

［8］HA Hadr 13 10.

［9］Epit de Caes 14 10.

［10］HA Hadr 13 9, 17 11-12 及 21 13。

［11］Phil 3 2-3.

［12］Birley, p. 233.

［13］Epiph 14.

［14］庆祝哈德良到来的亚历山大港钱币，制于哈德良在位第十四年（公元 130 年 8 月 28 日结束）。见 Birley, p. 237。

［15］Plut Pomp 77 4.

［16］App Civil War 2 86.

［17］Jer Chron 197.

［18］Phil v. Soph 1 22 3.

［19］HA Hadr 20 2.

［20］HA Hadr 15 10-11.

［21］Dio 69 3 5.

［22］HA Hadr 16 2.

［23］Ibid., 15 13.

［24］Strabo 17 1 17.

［25］Ibid., 17 16.

［26］MS Gr Class d 113 (P), Bodleian Library, Oxford.

［27］Birley, p. 246.

［28］Lucian Philospeud 34f.

［29］Strabo 17 1 29.

［30］Betz, pp. 82ff.

［31］有关描述见 Lambert, p. 127。

［32］HA Hadr 14 5.

［33］Ibid.

［34］Laszlo Kokosy, "The Nile, Euthenia, and the Nymphs," *Journal of Egyptian Archaeology* 68 (1982), 295.

［35］Dio 69 11 2.

［36］Aur Vic 14 9-10.

［37］HA Hadr 14 6.

［38］Aur Vic 14 8.

［39］见本书第 259-260 页。

［40］Eur Alc 13-18.

［41］Arrian Peri 23 4.

［42］Hor Epo 5.

［43］BMC III p. 318, no. 603. 反面为图拉真与普洛蒂娜的头像，这是对

其收养合法性的又一种解释。

［44］Lambert, p. 198.

［45］有关提布尔的安提诺乌斯纪念堂，兹从马里（Mari）和斯加兰布罗（Sgalambro）。砖印日期显示，纪念堂于公元 130 年后不久即建造。纪念堂遗址从 1998 年开始挖掘。

［46］Ibid., p. 99.

［47］Origen 3 36.

［48］Opper p. 190.

［49］Paus 8 9 7.

［50］Dio 69 11 4.

［51］写作本书时，我参考了 http://antinous.wai-lung.com/, http://www.antinopolis.org/, 关于同性之爱见 http://www.sacredantinous.com/。

第二十三章
"愿其骨枯！"

皇帝的巡幸并未因安提诺乌斯离世而中断。尼罗河上游的观光照旧。皇帝一行到底比斯参观了会唱歌的门农（Memnon）雕像；它是某法老的两尊坐像之一，其上半部分于地震中损毁。自那以后，黎明时分，当阳光温暖了石头，里面就会传来歌声，"听起来极似里拉琴或竖琴的断弦"[1]。这个奇怪的现象无律可循，皇帝第一次来访时，雕像就未响。翌日，萨比娜与友人巴尔比拉重游故地。这次，雕像唱歌了，尔后，它也向哈德良献艺了。巴尔比拉在石头上刻了几首诗。其中之一写道：

> 哈德良皇帝亲自问候
>
> 门农，然后在石头上留给后代
>
> 这段铭文。它记述了皇帝的所见所闻。
>
> 显而易见，诸神对他厚爱有加。[2]

哈德良在亚历山大港逗留了数月，一来平复心绪，二来筹建安提诺奥波利斯城。潘克拉特斯创作了那首猎狮诗。诗中提议，把玫瑰莲重命名为安提诺俄斯（antinoeus），因为它开自哈德良戮杀的雄狮之血。皇帝听闻大悦，将其选入缪斯苑。

公元131年春，皇帝离开埃及，巡幸叙利亚与亚细亚。接着，以皇帝身份，第三次重返雅典，并在那里过冬。他肯定又参加了厄琉息斯秘仪，只不过此次为独自一人。他继续恩泽广施。在一条铭文中，他直言："须知，朕适机必泽惠于城邦并雅典民众。"[3]

那年春天，大概趁奥林波斯神庙题献之际，泛希腊同盟代表首次会面。迟至公元137年，第一届泛希腊运动会（Panhellenia）才举行。不过，举办泛雅典新运动会（新奥林匹克运动会）并设立哈德良节（只可能为他崩逝后设立）以后，雅典每年都会承办大型跨国庆典，游人也从地中海东部纷至沓来。雅典逐渐成为节庆之城，成为希腊语世界公认的中心。

此时，一场灾祸降临到哈德良身边，而这实在是他咎由自取。割礼禁令激怒了犹太人，而将耶路撒冷重建为毫无犹太特征的希腊城市埃利亚·卡皮托利纳，也深深冒犯了他们。在他们看来，罗马人打算把犹地亚的犹太人赶尽杀绝。另外，提图斯当政时诏令，所有犹太人为维护圣殿山上圣殿所缴纳的半谢克尔（half-shekel）税金，将改用于维护罗马卡皮托利诺山上至尊至伟者朱庇特的神庙。半个世纪以来，犹太人对此一直怀恨在心。

他们想起了安条克四世埃皮法涅斯——公元前2世纪称霸近东的塞琉古帝国国王。在很多方面，他可谓哈德良的前辈。他试图完成雅典的奥林波斯神庙(但最终失败)，推行宙斯崇拜。在都城安条克，他不拘小节，与百姓无异，堪称哈德良孜孜以求的平民君主。他洗劫了耶路撒冷，把自己当作崇拜对象，引入圣殿，还在其中竖立了自己的雕像。他跟哈德良一样，都竭力以希腊文化改造犹太人。

犹太领袖别无选择，只能配合。据史学家约瑟夫斯记载，两代人之前的犹太战争中，有许多犹太人向提图斯投诚，他们告诉国王，

> 他们愿意抛开本国律法，遵行国王的法令，放弃他们所理解的犹太式生活，开始希腊式生活……同样，他们将与本国习俗一刀两断，效仿其他民族的做法。[4]

最终，爆发了马卡比起义（以其领袖之一犹大·马卡比［Judah Maccabee］命名）。面对起义军的游击战，安条克四世的士兵束手无策。其间，这位塞琉古国王又不得不与帕提亚人作战，并意外崩逝。犹太人获得了独立。

近三百年后，历史似乎重演了。让哈德良手不释卷的塔西佗《历史》里，作者写道，安条克四世"致力破除犹太人的迷信，推行希腊文明。可帕提亚战争令他分身乏术，无暇改造这个最卑贱的民族"[5]。哈德良正有此意，但他确信，无论出现何种抵抗，至少不必担心帕提亚人作祟，毕竟他刚刚与罗马最危险的邻居重新签订了协议。事实上，在他看来，就算遇到什么麻烦，皇帝也没有理由担惊受怕。

然而，犹太激进分子有备而来。他们悄无声息地仔细备战。哈德良仍在埃及，他们不想打草惊蛇。[6]故巧施妙计，暗中武装自己。[7]该区域的罗马驻防部队订了一批武器，犹地亚的官管合法军械师阳奉阴违，以劣质产品交差。于是，激进分子趁返工之际，重制这些军械，以备不时之需。

叛军深知，与罗马人正面冲突，无异于以卵击石。为此，他们采取了马卡比式的游击战术。狄奥·卡西乌斯写道：（类似现代的越共地道战）

> 他们占据乡村的有利地势，挖井筑墙，若日后火力不支，

可暂时躲避，或秘密联络。他们在地道中还开凿若干孔洞，以采光通风。[8]

考古学家已经发现三百余条复合地道。这些地道通达储水池、油酒混榨机、仓库、墓穴等基础设施。里面设有通风井、水箱和物资库房，显然出于长居地下的考量。

提图斯镇压的那次大叛乱中，犹太人一盘散沙，并为此付出惨痛代价。这回，他们紧跟强大自信、有勇有谋的领袖，优势尽显。这位领袖叫希蒙·本·科西巴（Shim'on ben Kosiba）。他写信时署名以色列首领，交易时化名巴尔·科赫巴，取意"星辰之子"。该名出自先知巴拉姆（Balaam）的一段预言：

> 我窥探未来，
> 看见了以色列国。
> 有个王仿佛星辰，从那里升起。
> 他将像彗星一样，自以色列而来。[9]

换言之，巴尔·科赫巴自诩为弥赛亚或"受膏者"（anointed one），将带领犹太人重建以色列，驱逐恶人，最终审判全世界。有些拉比支持此说。据称，著名拉比，亦即雅法（Jaffa）拉比学派导师，阿奇瓦·本·约瑟（Aqiba ben Joseph）见到巴尔·科赫巴时说："这就是弥赛亚。"[10] 后者"星辰"的绰号可能就拜他所赐。另一位拉比则不以为然地反驳阿奇瓦："到你脸上长草的时候，他（即弥赛亚）也不会来。"

公元 132 年，起义爆发。耶路撒冷的工人兴建埃利亚·卡皮托利纳城时，毁坏了所罗门王的陵墓，起义可能因此而起。对于冲突过程，我们不得而知，但事情的大致脉络显而易见。初次交锋，罗马人几近大败。

犹地亚总督昆图斯·提涅乌斯·鲁弗斯（Quintus Tineius Rufus）调遣了两个军团和十二支辅助骑兵队。他低估了起义军的威胁。起初看似局部的危机，旋即扩展至整个地区。犹太流民纷纷响应（尽管不包括埃及、昔兰尼加、塞浦路斯，那些地方的犹太聚落自公元 116—117 年哈德良继位之初，便几乎消失了）。邻省叙利亚和阿拉伯可能也发生了骚乱或者冲突。狄奥描写了当时的场景。

> 一开始，罗马人（对叛军）不屑一顾。可没多久，整个犹地亚就陷入动荡。各地犹太人蠢蠢欲动，相互集结，或暗中或公开向罗马人发难。许多外族也加入其中，迫不及待地趁火打劫。不夸张地讲，这事搅得群情激奋。[11]

提涅乌斯·鲁弗斯顿时束手无策。叙利亚总督从北部派来援军。第二十二"狄奥塔利亚纳"军团（XXII Deiotariana）也火速从埃及赶往犹地亚，但似乎全军覆没。罗马人伤亡异常惨重。[12]

通常，将领致函元老院时，会如此开头："君等及子女起居佳胜，以欣为颂；我等官兵俱安。"[13] 然而，哈德良传报犹地亚军情时，省略了颂慰语。形势严峻，可见一斑。

皇帝可能在雅典或启程回罗马时，得知叛乱。他当机立断，速遣水手水兵加入第十"海峡"军团，此举可能意在弥补人员损失，同时在意大利招募新兵。这可是多年来头一遭，因此并不得人心。

据狄奥讲，哈德良"委派那些最得力的干将，对付（犹太人）"[14]。其中之一，便是有如左膀右臂的不列颠尼亚总督塞克斯图斯·尤利乌斯·塞维鲁斯。皇帝诏令这位可靠的危机猎手奔赴犹地亚，沿途集结援军。

塞维鲁斯不得不从最偏僻的行省，横跨整个帝国应战，显然此乃万不得已之举。路上他肯定要花数月时间。可在哈德良看来，相比于统帅的品质，距离与耽延不值一提。

狄奥的说法暗示，塞维鲁斯并非全权负责之人；[15] 相反，所有将领平起平坐。如此安排可不妙，因为群龙无首的军队难成大器。唯一的推测是，皇帝本人亲自坐镇，至少一段时间如此。一份犹太远征（expeditio Judaica）官兵名录可资佐证。"远征"一词表明皇帝披挂上阵。

皇帝正面临登基以来最严重的军事危机。他一直投入大量的功夫与精力操练士兵，而此时正是检验队伍的良机。对于这样一位事必躬亲的皇帝，此时断不可能退却。

巴尔·科赫巴一鼓作气，建立了纪律严明的邦国，犹地亚彻底摆脱了外来影响或控制。如今，我们仍能清晰了解他的统治之道。这既得益于钱币，也得益于死海西部沙漠旱谷山洞里的惊人发现——清晰可读的文献，以及因干旱而保存良好的工艺品。

该国当局颁布新历，并以钱币和文字形式昭告天下。公元132年成为"以色列救赎元年"[16]。宗教仪式得到恢复，高级祭司由新人担任。某高官向同僚致函，请求提供节庆所需的仪式用品；这些同僚听命于巴尔·科赫巴，（显然）担任死海海滨绿洲隐基底（En-gedi）的长官。

> 苏麦奥斯（Soumaios）谨候拜亚诺斯（Baianos）之子伊奥纳泰斯（Ionathes）及马萨巴拉（Masabala）。吾已派阿格里帕，速寄棕榈与香橼树干，以备圣木节（Festival of the Tabernacle）之用。仅此而已，毋作他事。此信以希腊文书写，盖因（人名不详）不通希伯来文。节庆临近，差卿（即阿格里帕）速回。毋作他事。苏麦奥斯拜。[17]

信中反复赘言"毋作他事"，可见在巨变时刻，作者激动急迫，满怀憧憬。

这位以色列首领的一则便笺便写得很不客气了。某地主富甲一方，却拒不合作。他果园里的收成及蓄养的家畜，本来可以补给起义军。

> 希蒙·巴尔·科西巴，致巴扬（Ba'ay an）之子约纳坦
> （Yehonatan）、希蒙之子马萨巴拉：安息日前，速差希塔（Hitta）
> 之子以利扎（Eleazar）前来。[18]

若以利扎被找到并差派过去，他肯定不会受到善待。大家希望他有所警觉，偷偷溜走。

还有一封信显示，约纳坦和马萨巴拉都不是可靠的官员。巴尔·科赫巴命两人派军增援。"尔等谨记，如若怠慢，必受严惩。"[19]

巴尔·科赫巴的宗教政策极端排外，对基督徒丝毫不留情面。对此，神父们针锋相对。时人查士丁写道："若犹太人没有否认耶稣是弥赛亚，没有对他不敬，那眼下的这场战争，我们只需要好好教训他们的头子巴尔科凯巴斯（Barchochebas，即巴尔·科赫巴）。"[20]

哲罗姆更进一步："基督徒不愿帮忙打罗马人，就为这个，犹太头子巴尔科凯巴（Barcocheba）对他们百般折磨，施以极刑。"[21]基督徒视巴尔·科赫巴为屠夫、强盗和骗子。哲罗姆指责他"口衔点燃的锯齿刃，不停呼气，让人以为他能喷出火焰"[22]，以此附和弥赛亚吐火的预言[23]。

根据现存纸莎草中的人名以及钱币的出土地，我们可推知，新的犹太邦国有边有界。其所辖区域，自耶路撒冷南部，沿死海，迄地中海内十八英里处。再往北部和死海东岸可能还有零星叛乱。不过，巴尔·科

赫巴没能拔出眼中钉埃利亚·卡皮托利纳。犹地亚的很多地方出土了起义军钱币，除了那里。

最终，重新整编、得到增援的罗马人再次投入战斗。如果歇斯底里的塔木德所言不虚，志在雪耻的提涅乌斯·鲁弗斯大开杀戒。优西比乌（Eusebius）记录道：

> （提涅乌斯·鲁弗斯）得到皇帝的军事援助，开始毫不留情地攻击狂热的犹太人。他杀害了数以千计的男子、妇女和儿童，并且依照战时法律，没收了这些犹太人的土地。[24]*

拉比阿奇瓦不幸落入罗马人手中，并被活剥。据说，他受刑时泰然自若，但弥赛亚并没有来搭救。

大马士革的阿波罗多鲁斯曾建造了横跨多瑙河的石桥，而罗马的许多图拉真时代建筑亦出自他手。虽然与之不睦，哈德良仍雇用了他。阿波罗多鲁斯长于攻城之术，著有《攻城论》（Poliorcetica）。在这部经典著作的书信体序言中，作者向咨询其意见的皇帝题献道："幸得陛下垂问，本人感激不尽。"[25] 他表示，虽然自己对相关问题不甚了解，但还是奉旨设计了抵御高地要塞的工事。

阿波罗多鲁斯列出部分攻打丘堡的装备。其中，他还介绍了如何防御重物袭击（如那些可以从山上推下重创进攻者的四轮马车和圆桶）；突击部队如何制造抵御投掷物的屏障；如何拆墙、攻门或使用突击梯。

献词中的皇帝极可能就是哈德良，因为阿波罗多鲁斯描述的任务，

---

* 译文引自〔古罗马〕优西比乌《教会史》，瞿旭彤译，北京：生活·读书·新知三联书店，2009 年，第 162 页。

恰恰是罗马人在犹地亚要解决的。尤利乌斯·塞维鲁斯最终抵达前线后，采用了唯一合理的计策，对付游击队四散的某村镇。他的做法与韦帕芗的如出一辙，即徐徐推进，占领并守卫每座山岗，每个据点，每到一处，摧毁一切。

罗马人集结了惊人的兵力。我们无法判断到底有多少士兵投入战斗，但保守估计，参战军团——不论全员参战，还是以数量可观的精锐（vexillationes）参战——达十二或十三支（尽管并不需要同时出现）。犹地亚不过弹丸之地，如此数量的兵力可谓相当巨大，但他们必须全力以赴。

如果《塔木德》记载属实，面对来势汹汹的罗马人，巴尔·科赫巴强力回击。据说他"单膝跪下，捡起石弹，放进缴获的弹弩，朝他们攻去。就这样，他杀死敌人无数"[26]。由此可推知，叛军缴获了罗马人的投石车，以其人之道，还治其人之身。

不过，后来发现的一些书信表明，以色列首领追随者的忠心开始动摇。从其中一封可知，怠惰的约纳坦与马萨巴拉依然令人失望。"尔等拿着以色列王室之财，舒舒服服地吃吃喝喝，"他气急败坏地写道，"却从不管兄弟们的死活。"[27]

决战终于来临。犹地亚乃至阿拉伯的犹太平民愈发绝望。每个人，无论赞同起义与否，都难逃眼前的灾难。富裕人家带着金银，躲到起义军的地道和山洞里[28]。瓦迪·穆拉巴（Wadi Murabba'）和纳里耳赫贝耳（Nahal Hever）的山洞，都曾发现炊具、信札和人的遗骸。显然，有人未能幸免于难。

巴尔·科赫巴的最后据点，是耶路撒冷西南六英里处的贝塔尔（Betar）要塞。虽然缺乏详细史料，但阿波罗多鲁斯的攻城策略肯定奏效了。有一封残信透露出作者大败后的绝望之情："……直到最后……他们不再抱任何希望……南侧的那些兄弟……都命丧刀下。"[29]

公元 135 年 11 或 12 月，贝塔尔陷落。据优西比乌记载，围攻持续了很久，但最终"叛军或饿死或渴死，煽动他们作乱的罪魁祸首也受到应有惩罚"[30]。巴尔·科赫巴的首级被呈至哈德良（抑或塞维鲁斯）。[31] 狄奥写道，罗马人攻占了最重要的五十个据点，扫荡了九百八十五个村子，屠杀了五十八万犹太人。拉比文献夸张地表示，一连七载，异教徒没用肥料而是用以色列人的鲜血，为他们的葡萄园施肥。

犹太邦国存在仅三年，便随自由之梦灭亡了。幸存者望着犹地亚的残垣断壁，心中余怒难消。他们给星辰之子希蒙·巴尔·科赫巴，重新起了个名，叫希蒙·巴尔·科泽巴（Kozeba），意为谎言之子。

皇帝决定将犹太教斩草除根。大量俘虏被押到希伯伦（Hebron）和加沙拍卖，其价格甚至不及一匹马。犹地亚的犹太人要么遇难，要么为奴，剩下极少数也不得靠近耶路撒冷。[32] 此举是为避免他们看到古老的都城，更不消说探访了。讲授摩西律法遭到禁止，经卷也不得私藏（那上面写有经文和拉比的注疏）。

埃利亚·卡皮托利纳城的兴建正夜以继日地进行。一尊哈德良骑马像，经百余年后，依然耸立于至圣所遗址。[33] 犹太人的祭祀之地不断建起异教神殿。在通往伯利恒（Bethlehem）的城门旁，罗马人立了一座大理石母猪[34]，恣意侮辱犹太人，暗示他们臣服于罗马强权。犹地亚不再是地域实体（territorial entity）。它并入了加利利（Galilee），扩大并净化后的行省称为叙利亚·巴勒斯坦（Syria Palaestina），这是史上首次出现"巴勒斯坦"一词。如此一来，上帝的选民似乎从未存在过。

哈德良即位后，首次获得"凯旋将军"称号。唯有获得重大胜利的皇帝才会获得该殊荣。他的三位大将军——塞维鲁斯、叙利亚总督及阿拉伯总督，均获准举行凯旋式，也就是梦寐以求的最高军事荣誉。皇帝以前甚少嘉奖，此次如此兴师动众地行赏，令举国震惊。镇压叛乱可十分不易。

对哈德良而言，这场胜利不啻为某种失败。他的政策是尽可能让罗马准则成为共识，吸引行省有识之士参政，将帝国重塑为不分贵贱、休戚与共的联盟。我们没有理由怀疑他的诚意，可叛乱撕下了其虚伪的面具。罗马治下的和平最终还是要依靠暴虐无道的军团。这反过来暗示了帝制的外强中干。若武力失败了，那罗马的统治要靠什么为继呢？

那些拉比著述时，每每提及哈德良，总要加上一句"愿其骨枯！"[35]不过显而易见，经过尼禄末年、图拉真末年此起彼伏的叛乱，犹太人再也不会给罗马惹是生非了。

注　释

（主要资料来源：犹地亚部分见狄奥·卡西乌斯和纸莎草，亦见基督教作家的作品和《塔木德》。）

［1］Paus 1 42 3.

［2］Bernand, *Les inscriptions grecques et latines du Colosse de Memnon*.

［3］Smallwood 445.

［4］Jos AJ 12 5 1.

［5］Tac His 5 8.

［6］Dio 69 12 2.

［7］Ibid.

［8］Ibid., 69 12 3.

［9］Numbers 24 17.

［10］Midrash Rabbah *Lamentations* 2 2-4.

［11］Dio 69 13 1−2.

［12］Fronto de bell Parth 2.

［13］Dio 69 14 3.

［14］Ibid., 13 2.

［15］对于罗马人的反应，兹从埃克（Eck）。

［16］例如 Sherk 151E。

［17］Ibid., 151C.

［18］Yadin Bar-K, p. 128.

［19］Ibid., p. 126.

［20］Justin First Apol 31 5−6.

［21］Jer Chron p. 283.

［22］Jer Contra Ruf.

［23］4 Ezra 13 9−11.

［24］Euseb Ch Hist 4 6 1.

［25］见 Birley, p. 273。

［26］Midrash Rabbah *Lamentations* 2 4.

［27］Yadin Bar-K, p. 133.

［28］Jer In Esaiam 2 12 17.

［29］Yadin Bar-K, p. 139.

［30］Euseb Ch Hist 4 6 3.

［31］根据 Midrash Rabbah *Lamentations* 2 2−4。

［32］Euseb Ch Hist 4 6 4.

［33］Jer In Esaiam 1 2 9.

［34］Jer Chron p. 283.

［35］例如 Midrash Rabbah *Genesis* 78 1。

第二十四章
戏言再无

公元 134 年春，哈德良自东方返回罗马，途中可能还重访了达契亚省。犹地亚的战争尚未结束，但他已经做好了必要安排。他对自己的将领信任有加。口是心非的藩属王法拉斯墨涅斯怂恿近邻——凶残的阿拉尼人入侵他们的帝国，以及罗马行省卡帕多恰，给帕提亚带来了很大的麻烦。帕提亚王向哈德良诉苦，好在总督阿里安离事发地不远。他部署了精兵强将，阻止了侵略的事态升级。身为墨客以及言出必行之人，他写了一本战记，其中详实记载了士兵如何死里逃生。[1]

尽管警报频传，庆祝皇帝驾临的钱币仍然透露出乐观情绪。[2] 其中一枚刻画了这样的形象。一艘战舰乘风破浪，船头密涅瓦女神一手舞着标枪，一手擎着长矛，下面则写道"皇帝之幸"（Felicitas Aug）。这一时期的其他钱币，有的称赞复仇者玛尔斯，有的刻着手持胜利塑像的罗马形象。

皇帝的内兄塞尔维阿努斯年近九十，却依旧精神矍铄。经过漫长而恼火的等待，他受命于当年开始第三个常任执政官任期（到了4月，他一如既往地将权力交给候补执政官）。这是很高的荣誉，尽管他与皇帝素来不睦，但多亏攀上了皇亲国戚，他才能得到如此殊荣。保琳娜——他的妻子，哈德良的女儿——离世多年。关于他的女儿跟女婿，我们所知甚少。塞尔维阿努斯的孙子佩达尼乌斯·弗斯库斯已经步入青年。凭借祖母的关系，弗斯库斯成了唯一同哈德良具有血缘关系的男性。一直以来，皇帝没有收养任何人。于是，他可以理所当然认为自己将来必定继位。他很可能待在皇帝身边，以便得到照顾。

如前所述，曾三任执政官的元老仅两位，另一位便是安尼乌斯·维鲁斯。想来，哈德良急不可耐地希望再次见到老友的孙子。他的"至真者"小马尔库斯如今年满十三。皇帝已外出六载，这么长时间，孩子肯定变化很大。看到他茁壮成长，将是何等乐事。

小马尔库斯遇事从不马虎，七岁开蒙时，便知刻苦用功。他的外曾祖父卡提利乌斯·塞维鲁斯是令尹，朝中要人。不过，外曾祖父依然会抽空辅导其学业。后来，他充满感激地回忆道，自己"获准不去上学，在家跟良师修习"[3]。两个家奴或释奴为他讲授基础希腊语与拉丁语。另有专人向其传授文学、音乐（以歌唱为主）、几何等七艺。

此外，一位导师负责打磨他的品德修养，而且似乎给这个男孩注入了有益却稍显无趣的价值观。他学得"竞赛中既不做绿方，也不做蓝方；不做持小盾者，也不做持大盾者；能忍受劳苦，满足于少量，己事必躬亲，不贪管闲事，不听信谗言"[4]*。

哈德良返回意大利的前一年左右，马尔库斯开始跟随各语法家继续深造。不过，对其影响最大的，莫过于七艺之师丢格那妥（Diognetus）。

---

* 译文引自《沉思录》，王焕生译，上海：上海三联书店，2010年，第3页。下同。

马尔库斯不仅随他学画，而且接受哲学启蒙。马尔库斯还仿写柏拉图开创的对话录，"睡陋床，盖粗毛皮，以及各种类似的希腊训育"[5]。据《罗马君王传》载，若非母亲反对，马尔库斯会席地而眠。

丢格那妥还有一警语，哈德良若听闻，必火冒三丈，即"不要相信巫师术士的咒语之道、驱魔之说和各种类似的把戏"[6]。

听起来，马尔库斯变得越来越一本正经，但皇帝看见他依旧心生喜爱。这或许是因为马尔库斯相貌堂堂，一如其年轻时某半身像所示。[7]不仅如此，哈德良相信，这个少年日后必将成为有头脑、有担当之人。

皇帝巡幸期间，罗马的营建工作有条不紊地展开。宏伟的维纳斯与罗玛神庙于公元 135 年题献。哈德良对此引以为豪。据狄奥·卡西乌斯讲，他邀请阿波罗多鲁斯点评。哈德良对阿波罗多鲁斯怀恨在心，因为多年以前，他在阿波罗多鲁斯与图拉真商讨某建筑的营建项目时，说了几句俏皮话，打断了他们的讨论，阿波罗多鲁斯怒气冲冲地回应制图新手哈德良："走开，回去练你的制图去。我们谈的你懂什么。"[8]

皇帝希望这次阿波罗多鲁斯能说点恭维话，但他的如意算盘落空了。那位建筑师表示，神庙

> 应该建到高处，下边的土应该挖掉，这样它才能醒目地矗立于圣道……再说（维纳斯与罗玛）的雕像。他觉得，考虑到天顶（即神庙内室）的高度，两者不该建那么高。"要是现在，"他说，"两位女神想起立走出来，根本就不可能。"[9]

狄奥写道，皇帝勃然大怒，将这位建筑师流放，后来又处以极刑。这个说法难以服众。数百年前，为了反对菲狄亚斯在奥林匹亚打造的著名的宙斯塑像，就已经有人讲过两位女神的笑话了。再者，相关证据显示，

哈德良仍在继续任用阿波罗多鲁斯。不过，两人的交谈倒符合皇帝的专横品性。一个外行，一个内行，两者交恶很有可能。就算他们发生争执，最坏的结果是，建筑师不久便命丧黄泉，居心叵测者拿这一巧合大放厥词。

罗马到处仍大兴土木。在台伯河右岸，筹划已久的皇帝巨型陵寝[10]正拔地而起。陵寝与战神原之间的连接桥梁也已竣工。陵寝本身与饱和的奥古斯都陵寝相仿。涅尔瓦的骨灰挤在那里，图拉真的遗骸则葬于其纪功柱脚下；王朝需要另寻长久的替代之地。陵寝设计成巨鼓状，地基呈正方形，有大理石贴面。其上部很可能饰以雕塑，顶端为带柱廊的高塔，塔尖上耸立着驷马战车。

皇帝明智地考虑自己最终的栖身之所，因为他自感身体每况愈下。鼻衄反反复复，且越来越多。他一直待在罗马或者附近，想来是久居提布尔别馆，正好监督安提诺乌斯神庙的营建。别馆内的方尖碑上有一段文字，记录了奥西兰提诺乌斯（Osirantinous）向拉-哈拉赫特（Ra-Harachte，太阳神拉与天空之王荷鲁斯[Horus]的结合体）祷告的祈祷文，文字祈愿皇帝"愿如拉之永寿圣而长兴，常青日新以恒盛！"[11]

哈德良相信，安提诺乌斯之死能治愈自己的慢性病。也许，这个自私的心理暗示一度使其有所好转，但真相还是残酷的。公元136年1月24日，哈德良为自己的六十寿辰庆生，而在此之前，法术显然早已失效。巫术终归是巫术，哈德良愈发虚弱了。根据当时克里特狄克提纳（Diktynna）地区创作的某肖像画[12]，哈德良看上去憔悴不堪，万念俱灰。他的挚爱之死没有换来任何东西。

皇帝的精神状态也越来越不稳定。有些人认为，压力激发了他残忍的天性。[13]他开始抛弃故友和盟友，原因至今不明，但肯定非理智之举。他罢黜了奥卢斯·普拉托里乌斯·涅波斯。此人曾陪同皇帝巡幸不列颠尼亚，而且以总督身份，组织营建了哈德良长墙。可现在，《罗马君王传》写道，皇帝对他"深恶痛绝"[14]。"某日，普拉托里乌斯探望抱恙的皇帝，却吃了闭门羹。"

最令人唏嘘的是昆图斯·马尔基乌斯·图尔波。哈德良首次出任军事保民官时，他身为第二辅助军团的百长。可如今，他也失宠了。曾几何时，他的履历何等辉煌——镇压了公元 117 年的犹太起义，且在达契亚战功赫赫。他一度为皇帝最亲密的幕僚和心腹，公元 125 年起便担任禁卫军长官。狄奥·卡西乌斯写道，

> 他整天在皇宫附近巡逻，甚至到了午夜，大家进入梦乡，
> 他仍然会前去。[15]

白天，图尔波从不待在家里，即便身体不适，亦不例外。哈德良曾提醒他不必如此警觉，舒适度日为上，但他仿照韦帕芗著名的遗言回答道："长官就该站着死。" *

图尔波也遭解职[16]，另有他人接替。他与皇帝过去牢不可破的关系就此破裂。

在提布尔别馆，哈德良刚刚因严重的内出血（可能是另一种难止的鼻衄）而险些殒命。他意识到自己时日无多，应该考虑继嗣的问题了。他的亲属中，塞尔维阿努斯已风烛残年。二十多年前，图拉真曾有意让他袭位，但图拉真的时代早就过去。无论如何，哈德良对他并无好感。

---

* 韦帕芗临终时说道，"皇帝就该站着死"（见《罗马十二帝王传》的《韦帕芗传》，及本书第 51 页）。后人引用这句话表示鞠躬尽瘁，死而后已。

那佩达尼乌斯·弗斯库斯如何？这个年轻人觉得自己前途不可限量，连皇帝都有意栽培自己。

然而，出于某种现已无法查明的原因，哈德良无视弗斯库斯的诉求。他挑选的人可谓国嗣的末流之选。政坛真是瞬息万变。公元136年下半年，他出人意料地宣布，将收养卢基乌斯·克奥尼乌斯·康茂德。康茂德改名为卢基乌斯·埃利乌斯·恺撒（从那以后，"恺撒"不再是普通的别名，而成为指定继位者的头衔）。

《罗马君王传》断言[17]："康茂德能入选，唯一的理由是人长得俊俏。"[18] 他的享乐方式"只是略不光彩，但并未让他声名狼藉"[19]——他私生活较混乱，枕边放着奥维德的醒龊诗《爱经》（Amores）。轻浮者，趣味必低俗。显然，马提亚尔是他心中的维吉尔。乍看之下，康茂德与佩达尼乌斯·弗斯库斯不分伯仲。换言之，克奥尼乌斯·康茂德年近不惑，仕途也一帆风顺。是年，他出任执政官。虽然，这项任命拜皇帝所赐，且出于个人而非政治因素，但他似乎绝非尤能之辈。

卢基乌斯或许是皇帝在安提诺乌斯之前的宠儿，尽管他与后者有着天壤之别。就算卢基乌斯是个相貌堂堂的少年，他也应该是拥有崇高地位和自由身份的罗马公民。传统希腊式恋情完全可能，但出格的亲昵之举必然受到节制。同样，大家也希望皇帝向其高贵的男伴传授公共生活之道。一旦卢基乌斯长大成人，他们的关系也将升华为深厚而忠诚的友谊。也许，他惊人的蹿升就源出于此。

同样值得注意的是，两三年后，年轻的马尔库斯·安尼乌斯·维鲁斯，与导师马尔库斯·科尔涅利乌斯·弗戎托互传鸿雁，彼此倾吐爱意。[20] 弗戎托矜持地表示："要我说，你不是被爱者（ἐρώμενος），该叫你俊郎（καλὸς，该词往往用来指获胜的运动员）才对。"马尔库斯不以为然道："我是你的佳人，你可别想把我甩掉。"其字里行间有造作之嫌，可即便马尔库斯与弗戎托仅仅打情骂俏，我们仍能强烈地意识到，希腊式爱情已成为朝廷尊重且认可的习俗。

还有一点，克奥尼乌斯·康茂德的继父，乃阿维狄乌斯·尼格利努斯，也就是哈德良即位之初遇害的四名前执政官之一。这桩罪孽元老院可从没忘却。时人难免好奇，临终的皇帝选他做养子，是不是想将功补过？

但面临的真正问题并不是有无私心，也不是能力是否胜任，而是与健康有关。这位继承人羸弱不堪，身体甚至不及其养父。他不时咳血，而且肯定罹患肺结核。他甚至无力前往元老院，当面感谢皇帝收养之恩。

不过，最终还是举行了盛大的庆祝仪式。康茂德的健康有所好转，足以让埃利乌斯·恺撒在马克西穆斯竞技场主持运动会，并且向民众（即住在罗马城内或附近的公民）和军团大行赏赐。公元 137 年，他受命再次出任执政官，而且获得作为皇权之本的保民官权力。由于继位者需具备军方背景，哈德良派他到多瑙河，担任两个潘诺尼亚行省的总督。

佩达尼乌斯·弗斯库斯愤愤不平。眼看继承哈德良皇位无望，于是他发动了政变。[21]公元 2 世纪的一幅皇帝的星象图显示，皇帝六十一岁零十个月时，即公元 137 年 11 月，几乎殒命。严格说来，"就算星象图的角度不佳，就算落在水瓶座的月亮与土星呈四分相，但这并非无药可救，因为金星亦再次与（土星）同向"[22]。这很可能指佩达尼乌斯的阴谋。后来，政变失败，殒命的不是皇帝，而是他的甥孙。

佩达尼乌斯的星象图显示，他出身"最为煊赫的名门之家——当指其父母，两人均声名远扬"[23]。星象图继而写道（省去星象分析）："父母寄予其厚望，认为他日后能问鼎皇位。为此，他受人怂恿，误入歧途，终于二十五岁左右失宠。有人告发他有不臣之心。此后，他跟本族的某个老人都遭处决，而后者还因他遭人诽谤。另外，所有家族成员也因他受辱并处死。"

这里的"某个老人"就是塞尔维阿努斯。无论他是否卷入阴谋之中，但一旦除掉佩达尼乌斯，就不能放他生路，那样可不安全。他或被处决，或（如《罗马君王传》所载）被赐死。[24] 他的罪名为染指皇位，但这很可能是代其孙受过。所谓的证据看起来有点小题大做。根据案情记录："他请御用奴隶吃饭，也可能因为他在靠近自己座榻的皇帝宝座上落座，还或许因为九旬之龄的他，仍精神振奋地前去同守卫宫殿的士兵们会面。"[25]

临终前，塞尔维阿努斯请求引火燃香。上贡时，他高喊："诸神明鉴，本人行事，从无谬失。本人唯祈求，哈德良求生不得，求死不能。"[26]

有两份文献表明，"另有多人"[27] 或"多名元老"[28] 遭到公开或秘密处决。不过，他们的名字并未提及，因而对皇帝的这项指控或许是无中生有。这可能是恶意中伤，或对官员清洗的夸大，抑或仅仅是讹误。若所言属实，那处决肯定与佩达尼乌斯事件有关。此事令很多人想起公元 117 年那次臭名昭著的处决。元老院对皇帝的愤恨卷土重来。

大约此时（也可能在第二年），又出了一桩大事——皇后薨逝。据后来的文献记载，"他的妻子，忍辱负重的萨比娜，被迫自我了断"[29]。自尽是有可能的，但不大会发生。尽管夫妻俩打心里厌恶彼此，但皇帝对萨比娜仍处处以礼相待。萨比娜经常陪伴丈夫巡幸，而且也得到皇后应有的各种礼遇。她薨逝后，哈德良很快便将其封神，让她与母亲玛提狄娅、普洛蒂娜同享奥林波斯山。她的神像印在一枚奥里斯上，钱币背面画着她坐于展翅飞翔的雄鹰上。[30]

不过，萨比娜离世，适逢政权更迭的动荡时期，这不免蹊跷。皇后才年近五十或五十出头，按理说，她还能再活十年、二十甚至三十年。若哈德良果真大开杀戒，那他可能怀疑，自己出巡期间，萨比娜勾结其他受害者，意图篡位。《罗马君王传》提到一则谣言，说皇帝毒杀了皇后，但缺乏相关证据。[31] 苏维托尼乌斯在皇帝巡幸不列颠尼亚时因亵渎君主而丢官。除了这次神秘的丑闻，萨比娜并无干政之说（跟图拉真的妻子普洛蒂娜一样）。她的离世正值杀戮不绝，这很可能纯属巧合。

公元 136 年 4 月，马尔库斯·安尼乌斯·维鲁斯十五岁，刚刚成年。
他脱下供儿童穿着的红色镶边托加袍，换上了标志成年的成人纯白托加
袍。一如哈德良年轻时那样，执政官任命他为荣誉极高的名誉令尹（与
负责市政管理的官职同名，但需与之区别开来）。每当罗马城包括执政
官在内的大小官员，前往城外数英里的阿尔班山庆祝拉丁节日时，这个
由贵族或皇族子弟出任的令尹，就成了名义上的全城之主。

马尔库斯仍是哈德良的掌上明珠。因为出任名誉令尹时的表现，他
受到盛赞，皇帝几次在宴会上予以褒奖。他热衷拳术、角抵、疾行、捕禽，
喜欢狩猎，尤好球类运动。不过，他依旧勤奋上进。据《罗马君王传》载：

> 对哲学的热情使他远离了所有的上述活动，还让他保持
> 了严肃与庄重。他虽然朴素而不矫饰、谦虚但不懦弱，庄重但
> 不悲伤，不过却并未损害他对别人……表露出的和蔼可亲。[32]

在皇帝的明确授意下，马尔库斯跟克奥尼乌斯·康茂德之女克奥尼娅·法
比娅（Ceionia Fabia）订了婚。这可能透露出哈德良决定收养康茂德的
真实目的。哈德良知道康茂德身体不好。他只想让康茂德替马尔库斯先
暖暖皇位，静待马尔库斯长大足以穿上紫袍之时（其实，克奥尼乌斯有
个儿子，但不过七岁，甚至可能才五岁，故可不予考虑）。奥古斯都为
立孙辈而从长计议，已开了先河，虽然事后看来并不尽如人意。奥古斯
都本打算让干将提比略摄政，待年幼的盖乌斯·恺撒羽翼丰满，再接过
权柄。然而，提比略不肯安于现状，而盖乌斯及其弟卢基乌斯也不幸夭亡。

命运再次让另一个皇帝绝望。哈德良起初并未意识到埃利乌斯·恺
撒病情之严重，但他后来感到事情不妙。他曾反复说道："我们一直倚

靠着一堵危墙。收养康茂德已经浪费了我们四亿塞斯特斯。那笔钱本来是给人民和士兵的。"

埃利乌斯·恺撒在多瑙河待了不到一年，即便算不上最优秀的将领，那也不至于声名扫地。[33] 临近公元 137 年底，他回到罗马。按计划，他将于翌年 1 月 1 日在元老院发表重要演说，可就在演说前夜突然昏倒。他超量服用了某种药物，身体状况急转直下。他严重出血，丧失意识，并最终于元旦逝世。皇帝禁止吊唁，以免影响每年为社稷安危而举行的宣誓仪式。收养受到"普遍反对"[34]，封神绝无可能。

这件事的打击近乎灾难。哈德良失败了；他看起来萎靡不振，而且饱受水肿之苦。新的继嗣计划迫在眉睫。1 月 24 日，也就是六十二岁寿辰当天，他把重要元老召至病榻前，推心置腹。

> 众爱卿，朕命中注定无嗣，然汝等可立法，遂朕之凤愿……既然上天不肯留卢基乌斯（·埃利乌斯·恺撒）于我，朕已另有选择。此君贵族出身，性情温和，平易近人，谨言慎行，秉节持重，不似年轻人鲁莽行事，亦不似老年人超然物外。[35]

这一次，哈德良的选择完全出乎意料。他后来坦言："康茂德尚在世，朕即打定主意。"备选继位者为提图斯·奥勒留·弗尔维乌斯·波伊奥尼乌斯·阿里乌斯·安敦尼（Titus Aurelius Fulvius Boionius Arrius Antoninus）。他是正值中年的元老，家境富裕，背景也无可挑剔。他幼成孤子，由祖父提图斯·阿里乌斯·安东尼努斯*抚养长大。安东尼努

---

*　即前文提到过的对涅尔瓦登基表示同情的安东尼努斯。

斯是小普林尼的好友，涅尔瓦的至交，擅长以拉丁文和希腊文作诗；同时，他是老派元老，任执政官时，令人依稀可见"昔日的尊严"[36]。

收养安东尼努斯之孙为皇嗣，可谓哈德良的一步妙棋。先前，统治阶级分为两派，一派愿意同皇帝合作，另一派则因循守旧（包括斯多葛派反对者的幸存者），仍念念不忘共和时代。这次收养象征着两派冰释前嫌。让双方和解，乃哈德良的一大功劳，而安敦尼会保证和解仍将继续。

安敦尼本性温厚，仪表不凡，堪称公共演说的好手。在哈德良看来，他最具化干戈为玉帛的能力。他没有任何从军经历，因此未来不会走上穷兵黩武和攻城略地的老路。

埃利乌斯·恺撒去世后，皇帝立即密会安敦尼，商讨继位事宜，但安敦尼希望给他时间考虑，然后再作答复。或许，他继承了祖父的理性，担心手握权柄其实没那么风光。再者，哈德良亦有言在先，安敦尼必须收养他疼爱的马尔库斯（现已十七岁），以及逝者康茂德年幼的儿子——这可能也证明，那个小孩同样沐浴皇恩。哈德良的做法不是没有风险的。没准他离世后，安敦尼无视收养关系；没准马尔库斯羽翼尚未丰满，安敦尼就撒手人寰。不过，若一切顺利，两位雄韬伟略又励精图治的统治者，又能让帝国独领风骚数十年。这样的愿景值得一赌。

经过深思熟虑，安敦尼接受了皇帝的提议。不过，他坚持保留自己的别名。于是，他的全名便成了提图斯·埃利乌斯·哈德良·安敦尼。而马尔库斯的全名则为马尔库斯·奥勒留·安敦尼·奥古斯都（Marcus Aurelius Antoninus Augustus）。如今，我们分别称他们为安敦尼·庇护（其中"庇护"[Pius]意为"忠诚的"或"尽责的"）和马尔库斯·奥勒留。

大限将临。皇帝频受梦魇[37]之苦。有一次，他梦见自己向五十岁去世的父亲求取安眠药。还有一次，他梦见自己败给了一头狮子——或许他想起最后一次跟安提诺乌斯在利比亚沙漠狩猎。他的身体状况已不

适合料理国事 [38]，可他仍心有不甘。事实上，正式获得资深执政官与保民官权力后，安敦尼很快发现，自己成了朝廷的一把手。

皇帝依旧对"符咒及巫术仪式"[39]笃信不疑。他的水肿偶尔有所缓解，可没多久，四肢再次浮肿起来。哈德良似乎罹患充血性心脏病（即心包积液），这种情况或许已持续多年。[40] 前面说过，他可能还身中慢性丹毒。

世远年陈，我们无法确定哈德良的病因，但很可能是冠状血管血流减缓。如果真如报道所说，哈德良与图拉真酗酒，且长期如此，那这会导致酒精性心肌病，即心肌衰弱或结构病变。心力衰竭意味着，心脏输送富氧血液的机能，无法满足身体需要。这会降低肾脏排泄盐分与水分的能力。于是，体内的液体越积越多，当患者直立或坐立时，便淤积至腿部，进而出现水肿症状。

哈德良会发现，卧床能暂时缓解不适，但此举或许导致体液淤积肺部，造成气短。有时，他会半夜醒来，大口喘气。他不得不习惯坐立入睡。过量的体液还引起尿频，尤其是在夜间；当体液淤积肝脏和肠道，又会导致恶心、胃痛、食欲不振。

皇帝每天都觉得自己奄奄一息，遂盼着一死了之。他索要毒药或利剑，可没人应命，即便他许以金钱，保证不追责。塞尔维阿努斯的诅咒应验了。

最终，哈德良传召了雅济吉斯部落俘虏马斯托尔。此人曾担任他的狩猎助手多年。据狄奥·卡西乌斯记载：

> 皇帝连威吓带允诺地强迫马斯托尔起誓，一定了结自己的性命。他在乳头下方由御医赫尔摩革尼斯（Hermogenes）所示意的斑点处画了一条彩线。打在那里能一击致命，死而无痛。[41]

有人将此事禀报安敦尼。安敦尼闻讯，带着侍卫和令尹探望哈德良。他恳求皇帝对笃疾坦然而视。安敦尼是养子，若他坐视养父死于他人之手，必将自责不已。哈德良怒不可遏，下令处决报信者（安敦尼确保行刑没有发生）。

皇帝开始拟定遗诏。[42] 他鬼使神差地弄到一把匕首，可武器随即被人收走了。他吩咐御医送毒药，但御医自尽，以免违抗君命。

倒是来了两个自称失目的奇怪访客。首先是一位女性。她表示，有人托梦，要她劝服皇帝断了轻生的念头，因为他注定痊愈。觐见皇帝后，她重获光明，至少他是这样确信的。然后，当哈德良高烧时，又来了一位老翁。他摸了摸皇帝，随即也复明了，而皇帝亦退烧。为皇帝立传的马利乌斯·马克西穆斯相信，这些是善意的诱哄。宫里深知皇帝的心思，知道他偏爱巫术。

病痛缓解期间，或至少沉静下来，哈德良难得有几分雅兴，因为生命的最后几个月，他打起精神，为自己作传（当然几乎以致马尔库斯·奥勒留函的形式）。埃及的法雍（Fayum）曾发现一份纸莎草，内容为该自传开头的残篇。文字读来仿佛是皇帝为试图轻生而委婉致歉（现在，他让身边人监督自己的轻生之举[43]）。他写道：

> 须知，朕时日无多，力不从心，此乃自然而然，意料之中，不必悲悯。朕深知，每需服侍、宽慰、劝睡之时，必伤及侍侧者汝也。[44]

哈德良想起了自己的生父。他猜测，父亲"身患笃疾，不惑之年即默默故去。朕命数已过其半，径至母同岁"。

他还写了一首短诗，献给自己即将离开躯体、前往未知世界的灵魂。该诗堪称上乘之作，文辞隽永，耐人寻味，颇似他喜爱的恩尼乌斯[45]，而非一气呵成的维吉尔。

animula vagula blandula

hospes comesque corporis

quae nunc abibis? In loca

pallidula rigida nudula

nec ut soles dabis iocos[46]

灵魂小儿，可人浪子，

吾身之客，吾身之伴，

汝欲何往？昏暗之地，

荒蛮而贫瘠，

往行彼处，戏言再无。*

皇帝拖着羸弱的身体，回到海滨胜地拜埃的皇家别馆。他不再遵行医嘱，反而恣意饮食。这更使病情加剧。最终，他高呼"医少治病，医多致命"[47]，接着便失去了知觉。

公元 138 年 7 月 10 日，哈德良驾崩。出生时，他名叫普布利乌斯·埃利乌斯·哈德良，而作古时，他为凯旋将军恺撒·封神的图拉真之子图拉真·哈德良·奥古斯都（Imperator Caesar Divi Traiani filius Traianus Hadrianus Augustus）。他的谥号应该是哈德良神（Divus Hadrianus）。不过，他差点未能如愿。

---

* 谢品巍译文：
小小的灵魂欢快着盘旋而出，
这副躯体的主人，这具躯骸的伙伴，
哦，你现在就要离去，
往那既恐怖又受苦的空虚之境，
而不会再如以往那般嬉戏了！

注　释

（主要资料来源：《罗马君王传》和狄奥·卡西乌斯。）

［1］Arr Alan.

［2］BMC III p. 325f, p. 329.

［3］Marc Aur 1 4.

［4］Ibid., 1 5.

［5］Ibid., 1 6.

［6］Ibid.

［7］MC279（罗马，卡皮托利诺博物馆）。

［8］Dio 69 4 2. 直译为："走开，回去画你的葫芦去。"葫芦有点像南瓜，类似当时在建的穹顶。

［9］Ibid., 4 4–5.

［10］更为全面的描写，见 Opper, pp. 208f。

［11］见 H. Meyer, *Der Obelisk des Antinoos: Eine kommentierte Edition*, Munich, 1994。

［12］该像藏于克里特岛的干尼亚考古博物馆。见本书插图。

［13］Dio 69 18 3.

［14］HA Hadr 23 4.

［15］Dio 18 1–2.

［16］应该是有人发现他参与了佩达尼乌斯·弗斯库斯的阴谋（见后文）。

［17］见 HA Ael 5 3 及 9。《罗马君王传》中的《埃利乌斯传》多为杜撰，但引用的这段文字中的细节还是可信的。

［18］HA Hadr 23 10.

［19］HA Ael 5 3.

［20］Fronto, *On Love*, 5; Marc Aur to Fronto 1, Epist Graecae 7.

［21］佩达尼乌斯很可能在收养公布前行动——那也是《罗马君王传》所述的时间顺序。

［22］CCAG No. L 76, 90-91.

［23］Sherk 159.

［24］IIA Hadr 23 8.

［25］Ibid., 8-9.

［26］Dio 69 17 2.

［27］HA Hadr 23.

［28］Epit de Caes 14 9.

［29］Ibid., 14 8.

［30］Smallwood 145 b.

［31］HA Hadr 23 9.

［32］HA Marc 4 9-10.

［33］HA Ael 3 6.

［34］HA Hadr 23 11.

［35］Dio 69 20 2.

［36］Pliny Ep 4 3 1.

［37］HA Hadr 26 10.

［38］Ibid., 24 11.

［39］Dio 69 22 1.

［40］有人认为，如哈德良的某些半身像所示，其耳垂上的斜纹褶皱正是心脏病的特征（如见 Opper pp. 57-59），但如今心脏病专家认为，这不足为据，如菲利普·海沃德（Philip Hayward，见谢辞）。

［41］Dio 69 22 2.

［42］HA Hadr 24 12-13.

［43］Ep de Caes 14 12.

［44］Smallwood 123.

［45］哈德良短诗中第 3—4 行，让人不禁想起恩尼乌斯对地府的称呼，"充斥着苍白的死亡、无尽的黑暗之地"（pallida leto, nubile tenebris loca）。

［46］HA Hadr 25 9.

［47］Dio 69 22 4.

第二十五章

承平复乱

以任何客观标准而论，哈德良都是成功的君王，可他从未获得元老院和统治阶级的认可。大家普遍相信，他生性残忍，看似和善，可真情实感从不外露。然而，也有人不以为然。持此论者为哈德良登基之初处决的某前任执政官之表亲。按理说，他实在不必嘴下留情。此君写道，皇帝"刚直不阿，亦宅心仁厚，决策时无不深思熟虑"[1]。

狄奥·卡西乌斯的评判比较公允：

> 大体而论，哈德良施政优异，却因在位之初末，身负血债，仍旧遭人民记恨，因为它们处理得不公不敬。然而，他远非暴戾恣睢之人。如若遇到顶撞者，他认为，致函其出生地，明言自己对其不悦便足矣。[2]

哈德良朝末期，皇帝的朋友——史学家兼朝中要员阿里安将军，曾写过一篇宽容的墓志铭。他引用希腊诗人特尔潘德（Terpander）称赞斯巴达人美德的诗句，写道：

> 依我看，比起古老的斯巴达，眼下这个哈德良担任元首
> 二十年的政府，更契合这句诗：[3]

> ένθ΄ ΄αιχμά τε νέων θάλλει καί μώσα λίγεια
> καί δίκα ΄ευρυά για καλών ΄επιτάρροθος ΄έργων.

> 当青年纷纷举起长矛，缪斯的美言洋洋盈耳，
> 神圣的公义大行其道，两者皆善举之捍卫者。[4]

军队（"长矛"）、艺术（"缪斯"）和神圣的公义，恰可视为哈德良生平
的三大写照。[5]

　　安敦尼将哈德良的遗体运抵罗马，并葬于"图密提娅园"[6]。该庄
园是已故皇帝的陵寝所在地。陵寝尚未竣工，要到翌年才得到题献。皇
帝的遗体或许不得不暂时在附近下葬。众所周知，哈德良最终葬于他为
自己及其继嗣修建的宏大陵寝，因为那里发现了安敦尼立的纪念碑。

　　与皇帝势同水火的元老院，依然耿耿于怀，不愿将其封神，可安敦
尼一再坚持（或许因此得名"庇护"）。封神仪式[7]仿照奥古斯都的葬礼。
代表哈德良的蜡制人像，穿着凯旋将领（triumphator）的服装，庄严地
躺在罗马广场上。现场象征性地重现了皇帝的弥留之际：一连数日，御
医检查这个"病人"，并发布告示。当大家最终接受噩耗后，安敦尼致
以悼词，接着文武百官在众元老带领下前往战神原。到了那里，众人把
人像放到高达数层楼且精心装点的火葬堆上。执政官将其点燃，然后有
人放出顶端笼子里的鹰隼，这表示哈德良的灵魂跃火而出，直插云霄，
跻身不朽神明之列。

· · ·

那么，我们该如何评价哈德良？时人断语过于苛刻。无论其在位之初与之末的杀戮真相如何，他治国毕竟以慈悲为要，行事不偏不倚。他兢兢业业，有勇有谋。他醉心于艺术，喜欢写诗，而且写得不错。

然而，他的性情难以捉摸。表面看来，他广结善缘，和蔼可亲，却翻脸无情，似无悔意。在建筑等专业领域，他这个半路出家（可能有些天赋）者，又常常与方家一较高下。基督教诗人特土良（Tertullian），说他"凡事喜欢刨根问底"（omnium curiositatum explorator）[8]。有挑针打眼者拿他的过错添油加醋地说事，但也不得不叹服道，哈德良是

> 与众不同的千面人……别看他喜欢卖弄，其实内心巧妙地隐藏了妒忌、忧郁、纵情和好大喜功。他伪装按行自抑，和蔼可亲，慈悲为怀。可事实恰恰相反，他掩盖了自己心中燃烧的求名之欲火。他极善于或真诚，或诙谐，或恶毒地拷问和作答。他能以诗应诗，以辞应辞，让你不禁觉得，他事事考虑在先。[9]

多年以后，马尔库斯·奥勒留在《沉思录》（*Meditations*）中回顾了那些让他心怀感激的人，令人惊讶的是，他并没有深情地提到他的养祖父。"不要动怒。"[10] 他以优秀斯多葛派的口吻，对自己写道，"不久你将怎么都不会存在，如同哈德良与奥古斯都那样。"*奥勒留的朋友兼导师弗戎托发现，要喜欢哈德良很难。在他看来，哈德良不及其继任者。

> 我希望尽己所能安抚他，劝解他，但不是爱他。为什么？

---

* 译文引自《沉思录》，王焕生译，上海：上海三联出版社，2010 年，第 109 页。

> 因为爱需要一点信心与亲密。而我呢，缺乏自信。我不敢爱我
> 特别尊敬的人。相反，安敦尼我倒爱，也珍重，我觉得他也爱
> 我。[11]

哈德良倍感落寞。在提布尔别馆中央，他的避风港弥漫着自得其乐的氛围，那里不容他人侵扰，但安敦尼或许除外。如果皇帝果真同意安提诺乌斯献祭于尼罗河，那么唯一可以肯定的是，在这儿，同样，自足——及其子集自利——比爱情重要。

奇怪的是，没有记载表明，哈德良弥留之际，哪个亲友陪伴其左右。他们要么离世，要么遭处决，要么断了交情。御用秘书卡尼尼乌斯·克勒尔（Caninius Celer）"送走了哈德良，尔后克勒尔也去世了"[12]。两个无名小辈卡布利亚斯（Chabrias）与狄奥提穆斯（Diotimus）[13]，在皇帝的灵柩守着。两人的希腊语名字表明，他们为皇室成员，就类似图拉真的费狄穆斯。国家利益带来了残忍的结局，连最受爱戴的君主也不能幸免。不过，在命不久矣的日子，哈德良受到奴隶与释奴的照料，受到近来才从同僚变身继嗣的那个人的照顾，这似乎也并无不妥。

哈德良的政治与军事成就，可谓出类拔萃。除了力排众议，推行不向邻国扩张的明智政策，他还强调操练，整顿军纪。他没有进行大刀阔斧的改革，但在那个很少血战的年代，他提高了军团的效率与士气。正如久经沙场的狄奥·卡西乌斯所言："时至今日，哈德良当时提出的方法，仍是战士打仗的金科玉律。"[14]

狄奥在其《罗马史》（Roman History）的前半部分，描绘了自己心中的理想皇帝。在一场虚构的论辩中，他借某论辩者之口，建议奥古斯都道："您足智多谋，又知足知止，应该致力和平，但与此同时，您依旧该厉兵秣马。"如前所见，直至施政末期，奥古斯都都仍然是穷兵黩武

的坚定的帝国主义者。狄奥的建议更符合哈德良，写下这段话时，他脑海中肯定以哈德良为例。

我们难以评判哈德良泛希腊化策略的影响，但他明智地维护并发扬了罗马的传统，邀请行省的统治阶层共同治理帝国。当时，越来越多的人从"古老的"希腊或希腊大陆过来，加入罗马元老院，甚至掌管拉丁西部（Latin West）。其后几百年里，希腊文化在那里蓬勃发展。希腊化的东方人不断涌入帝国，还视之为家乡。在古代晚期，他们甚至自诩为罗马人（Ρωμαίοι）。这多多少少要归功于哈德良。

然而，他强行把犹太人希腊化，从而引发了执政以来最严重的危机。巴尔·科赫巴的叛乱夺走了数千罗马人的生命，而犹太受害者的数量更达几倍之多。拔除作为民族家园的犹地亚，意味着犹太人再无法构成政治威胁——其实，他们在政治上早已不复存在。这直接提醒我们，罗马帝国最终还是靠暴力维系。

在司法审判中，地方辖区的原告可以引用罗马法。从这个角度看，罗马法堪称"国际法"，它使民众受到帝国体制的约束。哈德良对依法治国兴致甚浓，他的司法裁决力求公平公正。将副执政官每年的法令，以"永久"或固定的形式汇纂刊布，这大大推动了欧洲法的发展。

跟诸位先皇一样，哈德良也是能工巧匠，对建筑痴迷不已。罗马的万神殿、提布尔别馆是取之不竭的灵感宝库，吸引了文艺复兴以及后世的建筑师。

尽管性格存在缺陷，哈德良的初衷仍值得肯定。他非常幸运，在帝国如日中天时，君临天下，后来的两位继任者心肠也善。他没遇到过严重的外部军事威胁或经济危机。他的过人之处在于稳固江山。他没有挥霍继承来的优势，而是竭尽全力，保证帝国的安全。为此，他摒弃了军事冒险，想方设法让帝国民众接受帝国思想，并依法治国。

公元 2 世纪后期，希腊著名演说家埃利乌斯·阿里斯提得斯（Aelius

Aristides）在面对安敦尼皇帝发表演讲时，提到了拟人化的罗马。它将哈德良取得的巨大成就，归因于罗马精神。

> 浩瀚的大海无法阻挡我们的公民之路，宽阔的内陆阻挡不了，亚细亚与欧罗巴的任何差别也阻挡不了。一切都在我们每个人的掌握之中。我们不是应该管束或值得信任的陌生人。普天之下，我们都属于一个自由的联合体。这个联合体的创建者是一位卓绝的君主和领袖。大家见面，就像参加公民大会，稀松平常。每个人都能得到恰如其分的赏赐。[15]

在希腊原文中，演说者用以指"联合体"的词是"民主"。那时，该词是指公民民权受到保护的政体。

显然，不吝这些溢美之词的是希腊人。对于"帝国即民族平等之共同体"的思想，普通而保守的罗马人却没有那番热情。哈德良从未真正赢得民心，部分原因就在于此。不过，经过不懈努力，弘扬这个思想，他确保了罗马的繁荣昌盛与长治久安。

安敦尼基本延续了哈德良的政策，并且保存了"罗马治下的和平之不可估量的壮美"[16]（老普林尼语）。我们没听到什么惊天动地的大事。他的统治充分应验了那句真理——国无史则乐（Happy the country that has no history）。边境偶尔也不安宁。在不列颠，一场叛乱促使当局于哈德良长墙北部修建了新土垒，但二十年后便遭弃用。此后，罗马人一直以哈德良长墙为防线，直至他们结束占领不列颠尼亚。

如此小打小闹难以引人关注。埃利乌斯·阿里斯提得斯写道："战争一旦爆发，就不再显得真实。"[17] 皇帝认为，帝国之所以安定祥和，乃自己未雨绸缪有功，而非靠亲力亲为。"他只需静坐一旁，便可以传书治国。"[18]

哈德良的选嗣计划奏效了。安敦尼在位二十余年后崩逝，马尔库斯·奥勒留和卢基乌斯·康茂德（即后来的维鲁斯，但不久因中风去世）顺利继位*，无任何人反对。遗憾的是，对外政策再次转向扩张。与帕提亚一战告捷，罗马军团也带回瘟疫。疫情席卷全国，导致饿殍遍野。为了征战，当局从多瑙河行省调兵，致使北岸的部落大举侵入。

马尔库斯在位期间，战事始终时断时续。马尔库斯在文多博纳（Vindobona，今维也纳）的兵营中驾崩。死前，他仍不遗余力地保护帝国的北部边境。他打破祖制，将皇位传给自己的亲儿子——十八岁的康茂德。康茂德相貌堂堂，头发金黄，在阳光照耀下，仿佛洒了金粉一般。然而，他庸庸碌碌，一事无成，终日耽于声色。公元192年，一场精心策划的阴谋结束了他的生命。如此一来，五贤帝时代终以悲剧告终。有些老人仍对哈德良宣布收养的日子记忆犹新，并哀叹世袭制卷土重来。

迁徙部落频频向边境逼近，扰攘不断。从那以后，罗马转攻为守。漫长的残局由此拉开帷幕。

---

* 卢基乌斯·康茂德即克奥尼乌斯·康茂德的儿子，马尔库斯·奥勒留的妻弟。如前文所示，安敦尼同时收养了奥勒留和康茂德。安敦尼去世后，奥勒留与康茂德（后名维鲁斯）共同统治罗马帝国，这是罗马帝国首度出现二帝共治，不过在实际运作中还是以马尔库斯·奥勒留为最高领导者。维鲁斯于公元169年病逝。公元180年，马尔库斯·奥勒留去世，将皇位传给儿子康茂德。

注　释

［1］ Smallwood 454b 7–8.

［2］ Dio 69 23 2.

［3］ Arr Tact 44 3.

［4］ T. Bergk Terpander, *Poetae Lyrici Graeci*, 4th ed., Leipizig, iii 12 frag 6.

［5］ 这段精当的概括参考了 Alexander, p. 175。

［6］ HA Ant 5 1.《罗马君王传》的叙述前后不一。在 HA Hadr 27 3 中，作者表示，安敦尼"在普泰奥利附近为哈德良修建了一座神庙当作陵墓"。既然罗马的陵墓几近完工，为何他还要敕造新庙？或许，这里指向哈德良致敬的神庙。

［7］ 见 Opper, pp. 209–210；Suet Aug 100 记载了奥古斯都的封神；Dio 75 4–5 和 Herodian 4 2 则记载了后来两位皇帝佩蒂纳克斯（Pertinax）和塞普蒂米乌斯·塞维鲁斯（Septimius Severus）的封神。

［8］ Tert Apol 5.

［9］ Ep de Caes 14 6.

［10］ Marc Aur 8 5.

［11］ Fronto ad M Caes 2 1.

［12］ Marc Aur 8 25.

［13］ Ibid., 8 37.

［14］ Dio 69 9 4.

［15］ Ael Arist Rom 59–60.

［16］ Pliny NH 27 3.

［17］ Ael Arist Rom 70.

［18］ Ibid., 33.

谢　辞

非常感谢我的编辑威尔·墨菲（Will Murphy），以及兰登书屋（Random House）的考特尼·特科（Courtney Turco），感谢他们的大力支持与耐心乐观的帮助。同样感谢我的代理人克里斯托弗·辛克莱尔·史蒂文森（Christopher Sinclair Stevenson），他不断为我出谋划策，指引方向。

得克萨斯州奥斯丁学院（Austin College）的罗伯特·凯普教授（Robert Cape），欣然阅读了本书初稿，并提出可贵的意见与订正。彼得·查普曼（Peter Chapman）博士及心脏外科医生菲利普·海沃德，在缺少病人问诊的情况下，提供了使我受益匪浅的医学分析。不过，对于哈德良的疾病，有些属于我个人的推测性诊断，我为此负责。特别感谢亚历山德罗·拉·波尔塔（Alessandro La Porta，Responsabile d'Area per Pierreci Soc. Coop. a.r.l）她热情地带我参观了蒂沃利的哈德良别馆，并向我介绍了最新的考古成果。

当然，对于身居英国且需要大量书籍的作家而言，伦敦图书馆不可或缺。

感谢企鹅丛书（Penguin Books）允许我引用彼得·格林翻译的《尤文纳尔讽刺文十六篇》（*Juvenal: The Sixteen Satires*）。

缩写示例

Acts   Acts of the Apostles

Ael Arist Rom   Aelius Aristides, *Ad Romam (To Rome)*

Alexander   P. J. Alexander, "Letters and Speeches of the Emperor Hadrian"

Amm Marc   Ammianus Marcellinus, *Res Gestae (History of Rome)*

Anth Pal   *Palatine Anthology*

App Civ War   Appian, *Civil Wars*

App Iberica   Appian, *Wars in Spain*

App Pun   Appian, *Wars with Carthage*

Apul Apol   Apuleius, *Apologia*

Apul Met   Apuleius, *Metamorphoses*

Arafat   K. W. Arafat, *Pausanias's Greece*

Arr Alan   Arrian, *Order of Battle with Array*

Arrian Alex   Arrian, *Campaigns of Alexander*

Arrian Parth   Arrian, *Parthica*

Arrian Peri   Arrian, *Periplus Ponti Euxini*

Arrian Tact   Arrian, *Ars Tactica*

Aul Gell   Aulus Gellius, *Noctes Atticae*

Aur Vic   Aurelius Victor, *De Caesaribus*

Bennett   Julian Bennett, *Trajan: Optimus Princeps*

Birley   Anthony Birley, *Hadrian, the Restless Emperor*

Birley Vind   Anthony Birley, *Garrison Life at Vindolanda*

BMC III   H. Mattingly, *Coins of the Roman Empire in the British Museum,* vol. 3

Bowman   Alan K. Bowman, *Life and Letters on the Roman Frontier*

Brunt   P. A. Brunt, *Roman Imperial Themes*

Burkert   Walter Burkert, *Greek Religion*

CAH　*Cambridge Ancient History,* vol. XI
Camp　J. M. Camp, *The Archaeology of Athens*
CCAG　*Catalogus Codicum Astrologorum Graecorum*
Char　Charisius, *Ars Grammatica*
Cic Att　Cicero, *Epistulae ad Atticum* (*Letters to Atticus*)
Cic Fam　Cicero, *Epistulae ad familiares* (*Letters to His Friends*)
Cic Leg　Cicero, *Leges* (*Laws*)
Cic Tusc　Cicero, *Tusculanae Quaestiones* (*Tusculan Disputations*)
CIL　*Corpus Inscriptionum Latinarum*
Clem　Clement of Alexandria, *Proteptious*
Col　Keith Hopkins and Mary Beard, *The Colosseum (Wonders of the World)*
Colum　Columella, *De re rustica* (*On Farming*)
Digest　*Digesta* (Justinian I)
Dio　Dio Cassius, *Roman History*
Dio Chrys　Dio Chrysostom, *Oratio* (*Discourse*) 21
Diod　Diodorus Siculus *Bibliotheke* (*Library*)
Dio Laer Epicurus　Diogenes Laertius, *Lives and Opinions of Eminent Philosophers: Epicurus*
Eck　Werner Eck, "The Bar Kokhba Revolt: The Roman Point of View"
Ennius　Ennius, *Annales* (*Annals*)
Ep de Caes　*Epitome de Caesaribus* (*Summary of the Caesars*)
Epict　Epictetus, *Discourses*
Epiph　Epiphanius, *Weights and Measures*
Eur Alc　Euripides, *Alcestis*
Euseb Ch Hist　Eusebius, *Church History*
Eutropius　Eutropius, *Historiae romanae breviarium*
FIRA　*Fontes Iuris Romani Antejustiniani*
Florus Ep　Florus, *Epitome*
Fronto Ad L Ver　Fronto, *Ad Lucium Verum* (*to Lucius Verus*)
Fronto Ad M Caes　Fronto, *Ad Marcum Caesarem* (*To Marcus Caesar*)
Fronto de bell Parth　Fronto, *De bello Parthico* (*On War with Parthia*)
Fronto de fer Als　Fronto, *De feriis Alsiensibus*
Fronto Princ Hist　Fronto, *Principia Historiae*
Galimberti　Alessandro Galimberti, *Adriano e l'ideologia del principato*
Gibbon　Edward Gibbon, *History of the Decline and Fall of the Roman Empire*
Goldsworthy　Adrian Goldsworthy, *In the Name of Rome*

Gray	William D. Gray, "New Light from Egypt on the Early Reign of Hadrian"
Greek Horo	*Hephaestio of Thebes*
Green	Peter Green, *Juvenal: The Sixteen Satires*
Gyn	Soranus, *Gynaecologia*
HA Ant	*Historia Augusta, Antoninus Pius*
HA Ael	*Historia Augustus, Aelius Caesar*
HA Hadr	*Historia Augusta, Hadrian*
HA Marc	*Historia Augusta, Marcus Aurelius*
HA Ver	*Historia Augusta, Aelius Verus*
Herodian	Herodian, *History of the Empire After Marcus*
Homer Il	Homer, *Iliad*
Hor Ep	Horace, *Epistulae* (*Letters*)
Hor Epo	Horace, *Epodes*
Hor Ser	Horace, *Sermones* (*Satires*)
IG	*Inscriptiones Graecae*
ILS	*Inscriptiones Latinae Selectae*
Jer Chron	Jerome, *Chronicle*
Jer Contra Ruf	Jerome, *Contra Rufinum* (*Against Rufinus*)
Jer de vir ill	Jerome, *De viris illustribus* (*Of Famous Men*)
Jer In Esaiam	Jerome, *In Esaiam* (*Commentary on Isaiah*)
Johnson	Paul Johnson, *A History of the Jews*
Jones	Brian W. Jones, *The Emperor Domitian*
Jos AJ	Josephus, *Jewish Antiquities*
Jos BJ	Josephus, *Jewish War*
JRS	*Journal of Roman Studies*
Julian Caes	Julian, *The Caesars*
Justin Apol App	Justin, *Apologia Appendix*
Justin First Apol	Justin, *First Apologia*
Juv	Juvenal, *Saturae* (*Satires*)
Lambert	Royston Lambert, *Beloved and God*
Levine	Lee I. Levine, *Jerusalem: Portrait of the City in the Second Temple Period*
Livy	Livy, *Ab Urbe Condita* (*History of Rome*)
Lucian Philospeud	Lucian, *Lover of Lies*
Lucr de Rerum Nat	Lucretius, *De rerum natura* (*On the Nature of Things*)
MacDonald	William L. MacDonald and John A. Pinto, *Hadrian's Villa and Its Legacy*
Macr	Macrobius, *Saturnalia*

Malalas	John Malalas, *Chronographia*
Marc Aur	Marcus Aurelius, *To Himself (Meditations)*
Mart	Martial, *Epigrammata* (*Epigrams*)
Mart Lib de Spect	Martial, *Liber de Spectaculis* (*Show Book*)
MLP	*Minor Latin Poets,* Loeb Classical Library
Mommsen	Theodor Mommsen, *A History of Rome Under the Emperors*
Naor	Mordecai Naor, *City of Hope*
Oliver	J. H. Oliver, *Greek Constitutions of Early Roman Emperors from Inscriptions and Papyri*
Opper	Thorsten Opper, *Hadrian—Empire and Conflict*
Paus	Pausanias, *Description of Greece*
Petr	Petronius, *Satyricon*
Phil	Saint Paul, *Letter to the Philippians*
Philo Apoll	Philostratus, *Life of Apollonius of Tyana*
Philo Her	Philostratus, *Heroicus*
Philo v. Soph	Philostratus, *Lives of the Sophists*
Pindar Dith	Pindar, *Dithyrambs*
Plato Symp	Plato, *Symposium*
Plaut Curc	Plautus, *Curculio*
Pliny Ep	Pliny the Younger, *Epistulae* (*Correspondence*)
Pliny NH	Pliny the Elder, *Naturalis Historia* (*Natural History*)
Pliny Pan	Pliny the Younger, *Panegyricus*
Plut Crass	Plutarch, *Life of Crassus*
Plut Mor	Plutarch, *Moralia* (*Essays*)
Plut Per	Plutarch, *Life of Pericles*
Plut Pomp	Plutarch, *Life of Pompey the Great*
Pol Physio	Polemon, *De Physiognomia*
POxy	*Oxyrhyncus Papyri*
Quint	Quintilian, *Institutio Oratoria*
RIC	H. Mattingly and E. A. Sydenham, *The Roman Imperial Coinage*
Rossi	Lino Rossi, *Trajan's Column and the Dacian Wars*
Script Phys Vet	*Scriptores Physiognomoniae Veteres*
Sen Contr	Seneca, *Controversiae*
Sen Ep	Seneca, *Epistulae* (*Correspondence*)
Shakespeare, A & C	Shakespeare, *Antony and Cleopatra*
Sherk	Robert K. Sherk, ed., *The Roman Empire: Augustus to Hadrian*

Smallwood	E. Mary Smallwood, *Documents Illustrating the Principates of Nerva, Trajan and Hadrian*
Speidel	M. P. Speidel, *Riding for Caesar*
Stat Silv	Statius, *Silvae*
Strabo	Strabo, *Geographica*
Suet Aug	Suetonius, *Augustus*
Suet Cal	Suetonius, *Caligula*
Suet Dom	Suetonius, *Domitian*
Suet Nero	Suetonius, *Nero*
Suet Vesp	Suetonius, *Vespasian*
Syb	*Sybilline Oracles*
Syme Tac	Ronald Syme, *Tacitus*
Syncellus Chron	Syncellus, *Chronographia*
Tac Agric	Tacitus, *Agricola*
Tac Ann	Tacitus, *Annals*
Tac His	Tacitus, *Historiae (Histories)*
Tert Apol	Tertullian, *Apologeticum (Apology)*
Thuc	Thucydides, *History of the Peloponnesian War*
Veg	Vegetius, *De re militari (On Military Affairs)*
Virg Aen	Virgil, *Aeneid*
Xen Anab	Xenophon, *Anabasis (The Persian Expedition)*
Xen Hunt	Xenophon, *Hunting with Dogs*
Yadin Bar-K	Yigael Yadin, *Bar-Kokhba*
Yoma	*Babylonian Talmud Yoma*

资料来源

一、古代史料

为哈德良立传，最大的困难在于缺乏真实可信的史料。

现有资料中，最重要的当属《罗马君王传》。其全名为《多人纂皇帝与僭主传——从封神的哈德良到努梅里安》（*The Lives of Various Emperors and Tyrants from the Deified Hadrian to Numerianus, Composed by Various Hands*）。该书胪列了六位作者的名字。根据书中大量参考文献，它作于公元4世纪早期戴克里先（Diocletian）退位之后，君士坦提乌斯（Constantius）驾崩之前 *。不过，其他典故及年代错误，似乎又与这一时期不符。

谜团最终为19世纪某德国学者破解。他言之凿凿地指出，该书仅

---

* 原文如此。关于《罗马君王传》的成书年代和作者身份，学界存在不同观点，尚无定论。较有影响力的说法为该书成书于戴克里先（公元284—305年在位）至君士坦丁（公元307—337年在位）统治时期。也有学者认为该书成书于君士坦提乌斯二世（公元337—361年在位）统治期间。认为成书于戴克里先退位后和君士坦提乌斯驾崩前的说法并不常见。疑为作者笔误。

出自一人之手，且写作时间比预想的晚近一个世纪，即公元 4 世纪末。

《罗马君王传》的蹊跷之处不止作者身份。其文本本身也不甚可靠，史料中间杂着作者臆想与不实引文。幸运的是，尽管哈德良养子埃利乌斯·恺撒的传略成疑（其他传记亦然），但他的传记（该系列第一篇）基本属实。

我们永远不可能知道《罗马君王传》的真正作者及其写作时的想法。或许，此人本为欺世盗名之辈，与友人玩笑耳。

虽然其中哈德良传的臆想成分不多，但质量堪忧。作者仿效苏维托尼乌斯的《罗马十二帝王传》，无奈笔力不济，只能生拼硬凑，读来味如嚼蜡。有时，他难以厘清大事的顺序或时间，部分事件仅一笔带过。

当然，这些都情有可原。《罗马君王传》还是包含了许多有价值的内容，往往能印证其他史料，且经常与之吻合。

相反，狄奥·卡西乌斯的《罗马史》，乃严肃甚至平凡之作。狄奥是罗马帝国首屈一指的政治家，活跃于公元 3 世纪末 4 世纪初，曾一度出任执政官与行省总督。他的史书分八卷，起自特洛伊陷落后，王子埃涅阿斯定居拉丁姆，止于公元 229 年。该书的问题是，文中所述（包括哈德良时代的事件），大多残缺不全，而 11 世纪修士约翰·西菲利努斯（John Xiphilinus）的摘要也不完整。

有两份公元 4 世纪的文献，若仔细研究，其实很有帮助。一份出自奥勒留·维克托，一份出自无名氏。两份均为帝王传略。不少蛛丝马迹其实见于哲罗姆、优西比乌等基督教作家，尤其是关于基督教与犹太教的问题。

还有两部鲜为人知的已佚之作，可以佐证大部分现存材料。一部为哈德良自传，作于其临终前数月；另一部为《君王传》（Caesares），为苏维托尼乌斯作品之续作，作者为马利乌斯·马克西穆斯。跟塞维鲁斯王朝的重要元老狄奥一样，马利乌斯亦于公元 3 世纪初写作。其论史水平颇受争议，但地位确实重要，而且据信，影响了狄奥及《罗马君王传》。

与哈德良同时代的作家中，鲜有人直言不讳地谈论他。不过，他们的作品详实记录了哈德良的生平及时代背景。哈德良童年和青年时代，处于弗拉维王朝，苏维托尼乌斯为其中的韦帕芗、提图斯、图密善立过传。小普林尼是元老，对待斯多葛反对派态度中肯。他价值连城的书信揭示了，涅尔瓦与图拉真如何同罗马疏远的统治阶级握手言和。哈德良认可这种协议，但施加了巨大压力。

史学大家塔西佗的《历史》起自尼禄垮台和四帝之年，迄至图密善崩逝。现仅存前四卷和第五卷的一部分。不过，此亦可谓幸事，因为它们描述了公元前1世纪内战以来，罗马最危机四伏的时期。其后多年，《历史》影响了宫廷政治，统治阶级努力避免重蹈覆辙。塔西佗的《阿格里科拉传》有助于评价图密善；此外，它跟《日耳曼尼亚志》一起，可令我们深入了解欧洲北部的部落民族。涵盖奥古斯都崩逝后的尤利乌斯-克劳狄王朝的《编年史》，有时以隐晦的笔法论说后事。

还有各类专业作者为我们解开了当时的诸多谜团。他们包括伟大的传记作家兼散文家普鲁塔克；哈德良的朋友阿里安，他谈过狩猎、军事问题、爱比克泰德的哲学，这些话题深得皇帝欢心；诗人马提亚尔与斯塔提乌斯，两人都是肉麻的图密善吹捧者；针砭罗马时弊的尤文纳尔；工程师建筑师阿波罗多鲁斯，他写过攻城专著；奥卢斯·盖利乌斯，他记录了自己阅读或交谈中的有益或有趣的内容；菲洛斯特拉图斯的《智术师列传》(Lives of the Sophists)；同性恋韵文作家斯特拉通；三位演说家——"金嘴"狄翁、体弱多病的埃利乌斯·阿里斯提得斯和恶名昭彰的波勒蒙；第一部希腊导游手册的作者保撒尼阿斯；以及神秘现实论作家阿普列乌斯。小普林尼的书简体现了罗马上层阶层的价值观（哈德良及其幕僚便来自这个阶层）。马尔库斯·奥勒留的《沉思录》让我们更充分地了解了这位哈德良最终指定的皇嗣。从马尔库斯的导师弗戎托处，我们可以得知时人对哈德良的评价。斯特拉波的《地理学》

（*Geography*）虽然作于奥古斯都时代，但仍是我翻查地形的案头书。

相关主要史料固然匮乏，但我们大可利用其他材料，还原公元 1 世纪末 2 世纪初罗马世界的全景。经过学者和考古学家的不懈努力，不计其数的铭文、纸莎草、钱币重见天日，成为几乎取之不竭的宝库。它们直接向当今读者言说，令文献中常见的对哈德良的偏见不攻自破。罗马皇帝的重要信函、决策和演讲，都誊写至石制浮雕上，方便公众阅读，同时还一字不漏地记录了相关评论。作为重要的宣传媒介，钱币反映了皇帝与其臣民的交流情况（当然，往往报喜不报忧）。

最让人兴奋不已的发现，可能就是发现于犹地亚山洞的文献，其诸位作者参与了巴尔·科赫巴领导的反罗马起义。一份纸莎草记录了某埃及祭司的咒语，安提诺乌斯溺亡前不久，哈德良曾向其咨询。

尽管重要文献不难找到，但其中三部价值连城——马丁利（Harold Mattingly）的权威著作《大英博物馆藏罗马帝国钱币》（*Coins of the Roman Empire in the British Museum*）第三卷，奥利弗（J. H. Oliver）的《铭文与纸莎草载罗马早期诸帝的希腊政制》（*Greek Constitutions of Early Roman Emperors from Inscriptions and Papyri*），斯莫尔伍德（E. Mary Smallwood）的代表作《涅尔瓦、图拉真与哈德良之元首政制文献汇编》（*Documents Illustrating the Principates of Nerva, Trajan and Hadrian*）。

洛布古典丛书（Loeb Classical Library，Harvard University Press, Cambridge, Massachusetts）收录了绝大多数主流的古代作家作品（希英或拉英对照）。哈德良的拉丁诗歌见于该文本的《次要拉丁诗人》（*Minor Latin Poets*）第二卷。据我所知，他的希腊韵文尚未编纂。

企鹅经典丛书（Penguin Classics）收录了阿米阿努斯·马尔凯利努斯的《公元 354—378 年的晚期罗马帝国》（Ammianus Marcellinus, *The Later Roman Empire AD 354–378*, trans. Walter Hamilton），马尔库斯·奥勒留的《沉思录》（Marcus Aurelius, *Meditations*, trans. Martin

Hammond），西塞罗的《书信选》（Cicero, *Selected Letters*, trans. D. R. Shackleton Bailey）和《论治国》（*On Government*, trans. Michael Grant），《罗马君王传》前半部分（trans. Anthony Birley），贺拉斯的《贺拉斯与珀修斯讽刺文选》（Horace, *Satires of Horace and Persius*, trans. Niall Rudd）和《颂歌与抒情诗全集》（*Complete Odes and Epodes*, trans. W. G. Shepherd and Betty Radice），约瑟夫斯的《犹太战争》（Josephus, *The Jewish War*, trans. G. A. Williamson, rev. E. Mary Smallwood），尤文纳尔的《讽刺文十六篇》（Juvenal, *Sixteen Satires*, trans. Peter Green），马提亚尔的《警句集选》（Martial, *The Epigrams* [a selection], trans. James Michie），保撒尼阿斯的《希腊游记——希腊南部与中部》（两卷）（Pausanias, *Guide to Greece: Southern Greece and Central Greece* [two volumes], trans. Peter Levi），《品达颂歌》（*Odes of Pindar*, trans. Maurice Bowra），柏拉图的《会饮篇》（Plato, *The Symposium*, trans. Christopher Gill），老普林尼的《博物志》（Pliny the Elder, *Natural History*, trans. John F. Healey），小普林尼的《书简集》（Pliny the Younger, *Letters*, trans. Betty Radice），普鲁塔克的《散文选》（Plutarch, *Essays* [a selection], trans. Robin H. Waterfield）以及《希腊罗马对比列传》（*Parallel Lives*）中的部分内容，苏维托尼乌斯的《罗马十二帝王传》（Suetonius, *The Twelve Caesars*, trans. Robert Graves, rev. James Rives），塔西佗的《罗马帝国编年史》（Tacitus, *Annals of Imperial Rome*, trans. Michael Grant）以及《阿格里科拉传与日耳曼尼亚志》（*Agricola and Germania*, trans. H. Mattingly, rev. S. A. Handford）和《历史》（*The Histories*, trans. Kenneth Wellesley），色诺芬的《波斯远征记》（Xenophon, *The Persian Expedition*, trans. Rex Warner）。

一些罕见的文献可登录以下参考文献中的网址。洛布古典丛书未收录的书目，我也列了出来。

Aelius Aristides, P. *Complete Works,* trans. Charles A. Behr (Leiden: Brill, 1981–86)

Apollodorus. *Poliorcetica,* see *Siegecraft,* trans. Dennis F. Sullivan (Cambridge, Mass.: Harvard University Press, 2000)

Apuleius. *The Apologia and Florida of Apuleius of Madaura,* trans. H. E. Butler (Dodo Press, 2008)

Arrian. *Circumnavigation of the Black Sea,* trans. Aidan Liddle (Bristol Classical Press, 2003)

————. *Arrian's Anabasis of Alexander and Indica,* ed. E. J. Chinnock (London: George Bell and Son, 1893)

————. *The Greek Historians. The Complete and Unabridged Historical Works of Herodotus, Thucydides, Xenophon and Arrian* (New York: Random House, 1942)

————. *Indica.* See http://www.und.ac.za/und/classics/india /arrian.htm

————. *Ars Tactica,* trans. Ann Hyland, in *Training the Roman Cavalry from Arrian's Ars Tactica* (Alan Sutton: Dover, N.H., 1993)

————. *Order of Battle with Array.* See http://members.tripod.com /~S_van _Dorst/Ancient_Warfare/Rome/Sources/ektaxis.html

————. *Parthica* in *Arrianus, Flavius: Scripta: Vol. II. Scripta minora et fragmenta,* A. G. Roos and Gerhard Wirth (eds.), *Biblioteca scriptorum graecorum et romanorum teubneriana* (Leipzig: Teubner, 2002)

Arrian and Xenophon. *Xenophon and Arrian on Hunting,* trans. A. A. Phillips and M. M. Willcock (Warminster, UK: Aris and Phillips, 1999)

Aurelius Victor. *De Caesaribus,* trans. H. W. Bird (Liverpool: Liverpool University Press, 1994)

Charisius, *Ars Grammatica,* ed. K. Barwick. See http://kaali.linguist.jussieu.fr/ CGL/text.jsp

Epiphanius. *Weights and Measures.* See http://www.tertullian.org/fathers/ epiphanius_weights_03_text.htm

Epitome de Caesaribus, trans. Thomas M. Banchich. See http://www.roman-emperors.org/epitome.htm

Eusebius. *Church History.* See http://www.ccel.org/ccel/schaff/npnf201.iii.vi .html

Eutropius. *Historiae romanae breviarium.* See http://www.thelatinlibrary.com/ eutropius.html; Adamantius, *Physiognomica,* ed. J. G. Franzius (Altenburg: Scriptores Physiognomiae Veteres, 1780)

Galen. *The Diseases of the Mind,* 4; translation from T. Wiedemann, *Greek and Roman Slavery* (London: Croom Helm, 1981)

Hephaestio of Thebes. *Hephaestionis Thebani Apotelesmaticorum libri tres,* ed. D. Pingree (Leipzig: Teubner, 1973)

Jerome. *Chronicle.* See http://www.tertullian.org/fathers/jerome_chronicle_ 00_eintro.htm

————. *Contra Rufinum.* See http://www.ccel.org/ccel/schaff/npnf203.vi.xii .html

————. *De viris illustribus.* See http://www.fourthcentury.com/index.php/jerome-famous-men

Justin. See http://www.earlychristianwritings.com/justin.html

Justinian. *Corpus Iuris Civilis* (including the *Digest*). See http://web.upmf-grenoble.fr/Haiti/Cours/Ak/

Macrobius. *Saturnalia,* trans. Peter Vaughan Davies (New York: Columbia University Press, 1969)

The Chronicle of John Malalas: A Translation, by Elizabeth Jeffreys, Michael Jeffreys, Roger Scott, et al. *Byzantina Australiensia* 4 (Melbourne: Australian Association for Byzantine Studies, 1986)

Philostratus. *Heroicus.* See http://zeus.chsdc.org/chs/heroes_test#phil_her_front_b3

Polemon. *De Physiognomia,* trans. (from Arabic into Latin) G. Hoffmann (Leipzig: 1893)

Sententiae Hadriani. See N. Lewis, *Greek, Roman and Byzantine Studies* 32 (1991), 267–80

Sibylline Oracles/Books. See http://thedcl.org/heretics/misc/terrymil /thesibora/thesibora.html

Soranus' Gynaecology, trans. Owsei Temkin, et al. (Baltimore: Johns Hopkins University Press, 1956)

Strato. *Puerilities: Erotic Epigrams of the Greek Anthology* (Princeton: Yale University Press, 2001)

Syncellus, Georgius. *Chronographia.* Corpus Scriptorum Historiae Byzantinae, ed. B. G. Niebuhr et al., vol. 1 (Bonn, 1829)

Talmud. See text links at http://en.wikipedia.org/wiki/Talmud

Vegetius. *Epitoma rei militaris* (*Military Institutions of the Romans*), trans. John Clark (Whitefish, Mont.: Kessinger Publishing, 2007)

二、近现代注疏

近现代研究中，我最倚赖的是安东尼·伯利的《哈德良——躁动的皇帝》(*Hadrian, the Restless Emperor*)。在这部内容丰富的学术著作中，作者汇集了所有已知或推测的内容。尤为可贵的是，通过对细节的分析和巧妙的推断，此书清晰地勾勒出哈德良的行踪。

对古代世界感兴趣的读者可以阅读以下书目：巴尔斯顿（Balsdon）

的《古罗马的生活与休闲》(*Life and Leisure in Ancient Rome*)、鲍曼的《罗马边境的生活与书简——文德兰达及其民众》(*Life and Letters on the Roman Frontier—Vindolanda and Its People*)、康诺利（Connolly）的《古城——古代雅典与罗马的生活》(*The Ancient City: Life in Classical Athens and Rome*)、戈兹沃西（Goldsworthy）的《以罗马之名——他们赢得了罗马帝国》(*In the Name of Rome: The Men Who Won the Roman Empire*)、霍普金斯与比尔德（Hopkins and Beard）的《大斗兽场》(*The Colosseum*)、约翰逊（Paul Johnson）的《犹太史》(*A History of the Jews*)、兰伯特（Royston Lambert）的《被爱者与上帝》(*Beloved and God*)、奥珀（Thorsten Opper）的《哈德良——帝国与冲突》(*Hadrian—Empire and Conflict*)，当然还有尤瑟纳尔的《哈德良回忆录》。

更全面的参考书目可查阅《剑桥古代史》(*Cambridge Ancient History*)第二卷《帝国盛期》(*The High Empire*)。以下为我认为有价值的书目和文章。

Adembri, Benedetta. *Hadrian's Villa* (Rome: Ministero per I Beni e le Attività Culturali, Soprintendenza Archeologica per il Lazio, Electa 2000)

Alexander, P. J. "Letters and Speeches of the Emperor Hadrian," *Harvard Studies in Classical Philology* 49, 1938

Alon, G. *The Jews in Their Land in the Talmudic Age II* (Harvard University Press, 1984)

Antinous: The Face of the Antique, exhibition catalogue (Leeds, UK: Henry Moore Institute, 2006)

Arafat, K. W. *Pausanias's Greece, Ancient Artists and Roman Rulers* (Cambridge, UK: Cambridge University Press, 1996)

Balsdon, J.P.V.D. *Life and Leisure in Ancient Rome* (London: The Bodley Head, 1969)

Beard, Mary, John North, and Simon Price. *Religions of Rome,* vol. 1: *A History* (Cambridge, UK: Cambridge University Press, 1998)

Benario, H. W. *A Commentary on the Vita Hadriani in the* Historia Augusta (The Scholars Press, 1980)

Bennett, Julian. *Trajan: Optimus Princeps,* 2nd ed. (London: Routledge, 2001)

Bernand, A., and E. Bernand. *Les Inscriptions grecques et latines du Colosse de Mem-*

non (Archeolog Caire, 1960)

Betz, H. D. *The Greek Magical Papyri in Translation,* 2nd ed. (University of Chicago Press, 1992)

Birley, Anthony. *Garrison Life at Vindolanda—A Band of Brothers* (Stroud, UK: Tempus, 2002)

———. *Hadrian, the Restless Emperor* (London and New York: Routledge, 1997)

———. *Marcus Aurelius: A Biography* (London: Batsford, 1987)

Boatwright, Mary T. *Hadrian and the Cities of the Roman Empire* (Princeton, N.J.: Princeton University Press, 2000)

———. *Hadrian and the City of Rome* (Princeton, N.J.: Princeton University Press, 1987)

Bowerstock, G. W. *Greek Sophists in the Roman Empire* (Oxford: Oxford University Press, 1969)

Bowman, Alan K. *Life and Letters on the Roman Frontier—Vindolanda and Its People,* 3rd ed. (London: British Museum Press, 2003)

Brunt, P. A. *Roman Imperial Themes* (Oxford: Clarendon Press, 1990)

Burkert, Walter. *Greek Religion* (Cambridge, Mass.: Harvard University Press, 1985)

Cambridge Ancient History, vol. 11: *The High Empire* (Cambridge, UK: Cambridge University Press, 2005)

Camp, J. M. *The Archaeology of Athens* (New Haven: Yale University Press, 2004)

Cantarelli, L. *Gli scritti latini di Adriano imperatore, Studi e documenti di storia e diritto* 19 (1898), 113–70

Castle, E. B. *Ancient Education and Today* (Harmondsworth, UK: Penguin Books, 1961)

Catalogus Codicum Astrologorum Graecorum, 12 vols. (Bruxelles: Lamertin, 1898–1953)

Claridge, A. "Hadrian's Column of Trajan," *Journal of Roman Archaeology* 6, 1993

Clarke, John R. *Looking at Lovemaking: Constructions of Sexuality in Roman Art 100 BC–AD 250* (University of California Press, 2001)

Coarelli, Filippo. *Rome and Environs* (Berkeley, Los Angeles, and London: University of California Press, 2008)

Collingwood, R. G., and R. P. Wright. *Roman Inscriptions of Britain I: Inscriptions on Stone* (Oxford: Clarendon Press, 1965)

Connolly, Peter, and Hazel Dodge. *The Ancient City: Life in Classical Athens and Rome* (Oxford: Oxford University Press, 1998)

Connor, W. R. *The Acts of the Pagan Martyrs/Acta Alexandrinorum (Greek Texts and Commentaries)* (Ayer Co. Publications, New Hampshire)

Corpus Inscriptionum Latinarum (Berlin: Berlin-Brandenburg Academy of Sciences and Humanities, 1893–2003)

Corpus Papyrorum Judaicorum I–III. V. A. Techerikover and A. Fuks, eds. (London and Cambridge, Mass.: 1957–64)

Duncan-Jones, R. P. *Structure and Scale in the Roman Economy* (Cambridge, UK: Cambridge University Press: 1990)

Dupont, Florence. *Daily Life in Ancient Rome* (Oxford: Blackwell, 1992)

Eck, Werner. "The Bar Kokhba Revolt: The Roman Point of View." *Journal of Roman Studies* 89 (1999)

Encyclopedia Judaica. Cecil Roth, ed. (New York: Macmillan, 1972)

Epigrammata Graeca. Georg Kaibel, ed. (Berlin: 1888)

Fontes iuris romani antejustiniani in usum scholarum [FIRA]. S. Riccobono et al., eds. (Florence: S.A.G. Barbèra, 1941–64)

Fuks, Alexander. "Aspects of the Jewish Revolt in A.D. 115–117." *The Journal of Roman Studies* 51, parts 1 and 2 (1961), 98–104

Gibbon, Edward. *History of the Decline and Fall of the Roman Empire* (London: Folio Society, 1983)

Goldsworthy, Adrian. *In the Name of Rome: The Men Who Won the Roman Empire* (London: Orion, 2003)

Gray, William D. "New Light from Egypt on the Early Reign of Hadrian." *The American Journal of Semitic Languages and Literatures* 40:1 (Oct. 1923)

Green, Peter. *From Alexander to Actium* (London: Thames and Hudson, 1990)

Hoff, Michael C., and Susan I. Rotroff. *The Romanization of Athens: Proceedings of an International Conference held at Lincoln, Nebraska (April 1996)*. Oxbow Monograph 94 (Oxford: Oxbow Books, 1997)

Hopkins, Keith, and Mary Beard. *The Colosseum* (London: Profile Books, 2005)

Inscriptiones Graecae (Berlin-Brandenburgische Akademie der Wissenschaften, 1893ff)

Inscriptiones Graecae ad res Romanas pertinentes (Paris, 1906–27)

Inscriptiones Latinae Selectae. H. Dessau, ed. (Berlin, 1892–1916)

Johnson, Paul. *A History of the Jews* (London: Weidenfeld and Nicolson, 1987)

Jones, Brian W. *The Emperor Domitian* (London: Routledge, 1993)

Jones, C. P. *Plutarch and Rome* (Oxford: Oxford University Press, 1972)

―――. *The Roman World of Dio Chrysostom* (Cambridge, Mass.: Harvard University Press, 1978)

Jones, David. *The Bankers of Puteoli: Finance, Trade and Industry in the Roman World* (Stroud, UK: Tempus, 2006)

Keppie, Lawrence. *The Making of the Roman Army from Republic to Empire* (London: Routledge, 1984)

Lambert, Royston. *Beloved and God: The Story of Hadrian and Antinous* (New York: Viking Books, 1984)

Lamberton, Robert. *Plutarch* (New Haven: Yale University Press, 2001)

Lepper, F. A. *Trajan's Parthian War and Arrian's Parthica* (Chicago: Ares, 1985)

Levine, Lee I. *Jerusalem: Portrait of the City in the Second Temple Period* (Philadelphia: Jewish Publication Society of America, 2002)

Lewis, N. *The Documents from the Bar Kokhba Period in the Cave Letters, Greek Papyri* (Jerusalem: 1989)

MacDonald, William L., and John A. Pinto. *Hadrian's Villa and Its Legacy* (New Haven: Yale University Press, 1995)

Mantel, H. "The Causes of the Bar Kochba Revolt." *Jewish Quarterly Review* 58

(1967)

Mari, Zaccaria, and Sergio Sgalambro. "The Antinoeion of Hadrian's Villa: Interpretation and Architectural Reconstruction." *American Journal of Archaeology* 3:1 (Jan. 2007)

Mattingly, H. *Coins of the Roman Empire in the British Museum III: Nerva to Hadrian* (London: British Museum, 1936)

Mattingly, H., and E. A. Sydenham. *The Roman Imperial Coinage I–III London [1923–30]* (London: Spink and Son, 1968)

Mommsen, Theodor. *A History of Rome Under the Emperors*, German ed. trans. Demandt, Barbara and Alexxander, ed., Krojze, Clare (London: Routledge, 1976)

Naor, Mordecai. *City of Hope* (Chemed Books, 1996)

Oliver, J. H. *Greek Constitutions of Early Roman Emperors from Inscriptions and Papyri* (Philadelphia: American Philosophical Society, 1989)

Opper, Thorsten. *Hadrian—Empire and Conflict,* exhibition catalogue (London: British Museum, 2008)

Panegyrici Latini. R.A.B. Mynors, ed. (Oxford: Oxford University Press, 1964)

Petrakis, N. L. "Diagonal Earlobe Creases, Type A Behavior and the Death of Emperor Hadrian." *Western Journal of Medicine* 132.1 (January 1980), 87–91

Platner, Samuel Ball (as completed and revised by Thomas Ashby). *A Topographical Dictionary of Ancient Rome* (Oxford: Oxford University Press, 1929)

Rawson, Beryl. *Children and Childhood in Roman Italy* (Oxford: Oxford University Press, 2003)

Richardson, L., Jr. *A New Topographical Dictionary of Ancient Rome* (Baltimore: Johns Hopkins University Press, 1992)

Rossi, Lino. *Trajan's Column and the Dacian Wars* (Ithaca, N.Y.: Cornell University Press, 1971)

Schäfer, P. "Hadrian's Policy in Judaea and the Bar Kokhba Revolt: A Reassessment," in P. R. Davies and R. T. White (eds.), *A Tribute to G. Vermes, Journal for the Study of the Old Testament* Supp. Ser. 100 (1990), 281–303

Schürer, E. *History of the Jewish People in the Age of Jesus Christ (175BC–AD135),* vol. I, rev. ed., G. Vermes and F. Millar (Edinburgh: T and T Clark, 1973)

Sherk, Robert K., ed. *The Roman Empire: Augustus to Hadrian* (Cambridge, UK: Cambridge University Press, 1988)

Smallwood, E. Mary. *Documents Illustrating the Principates of Nerva, Trajan and Hadrian* (Cambridge: Cambridge University Press, 1966)

———. *Jews Under Roman Rule* (Leiden: Brill, 1976)

Spawforth, A. J., and Susan Walker. "The World of the Panhellenion: II. Three Dorian Cities." *The Journal of Roman Studies* 76 (1986), 88–105

Speidel, M. P. "Swimming the Danube Under Hadrian's eyes. A Feat of the Emperor's Batavi Horse Guard." *Ancient Society* 22 (1991), 277–82

———. *Riding for Caesar: The Roman Emperors' Horse Guard* (London: Routledge, 1994)

———. "Roman Army Pay Scales." *The Journal of Roman Studies* 82 (1992)

Stambaugh, John E. *The Ancient Roman City* (Baltimore and London: Johns Hopkins University Press, 1988)

Strack, P. L. *Untersuchungen zur römische Reichsprägung des zweiten Jahrhunderts II. Die Reichsprägung zur Zeit des Hadrian* (Stuttgart: 1933)

Swain, S. *Hellenism and Empire. Language, Classicism and Power in the Greek World AD* (Oxford: Clarendon Press, 1996)

Syme, Ronald. "The Career of Arrian." *Harvard Studies in Classical Philology* 86 (1982), 181–211

———. "Fictional History Old and New: Hadrian." *Roman Papers* VI (1991)

———. *Tacitus* (Oxford: Oxford University Press, 1958)

———. "The Wrong Marcius Turbo." *Journal of Roman Studies* 52, parts 1 and 2 (1962)

Toynbee, J. M. C. *The Hadrianic School: A Chapter in the History of Greek Art* (Cambridge: Cambridge University Press, 1934)

Williams, Craig A. *Roman Homosexuality: Ideologies of Masculinity in Classical Antiquity* (Oxford: Oxford University Press, 1999)

Winter, J. G. "In the Service of Rome: Letters from the Michigan Collection of Papyri." *Classical Philology* 22:3 (July 1927)

Yadin, Yigael. *Bar-Kokhba: The Re-discovery of the Legendary Hero of the Last Jewish Revolt Against Imperial Rome* (London: Weidenfeld and Nicolson, 1971)

Yourcenar, Marguerite. *Memoirs of Hadrian,* trans. Grace Frick (London: Secker and Warburg, 1955)

索　引

以下人名主要按照氏族或家族名首字母顺序排列，皇帝和罗马人按其英文转写名首字母顺序排列（关于罗马人的姓名，见本书第 VII 页）。

C

译后记

罗马史专名汉译之我见

　　《哈德良传：罗马的荣光》（以下简称《哈德良传》）的译者本为爱妻姜玉雪，但她不久工作变动，公务繁多，分身乏术，译事遂转至我手。其实，之前翻译《欧洲文学与拉丁中世纪》时，我已对罗马兴趣渐浓。此次"救急"，更让我近距离地欣赏这个"永恒帝国"的风采。当然，欣赏也非一帆风顺，而体味个中甘苦正是翻译的乐趣所在。我是罗马史翻译的门外汉，能最终走完《哈德良传》的译路，实得益于王以铸、李稼年、谢德风等老前辈的拓荒之功，而陆大鹏、王晨、谢品巍、顾枝鹰等译坛新锐亦让我受益匪浅。遗憾的是，收获之余，还有不少问题困扰着我。借此机会，我想一抒己见，求教于方家时贤。

　　翻译《哈德良传》，最令我头疼不已的就是专有名词的翻译。彭小瑜早已指出："罗马制度和官名的翻译在以前的一些专著、教科书和翻译作品中就有比较多的问题，是我们的法制史研究中的一个有趣现象。说它'有趣'是因为其中包含了中西两种不同文化在接触时的火花。其实这些翻译问题对阅读这些著作的大学生和研究生来说是很不有趣的、很困惑的。"* 面对各种拉丁语名词，读者经常无所适从。为此，有人甚至从重要的译著中，专门整理出译名对照表。比如，"lictor"，有"执法吏"（陆大鹏）、"侍从官"（薛军）、"扈从"（刘津瑜）等译名；"cursus honorum"，有"晋升体系"（陆大鹏）、"荣誉阶梯"（晏绍祥）、"官职序列"（薛军）、"仕途"（张强）、"官阶制度"（刘津瑜）、"凭借功业飞黄腾达"（吕厚量）、"荣誉体系"（向俊）等译名。

　　虽说词无定译，译无定法，更何况很多拉丁词语的内涵不断扩充，而译者应根据上下文，灵活处理。但综合看来，比较重要的专有名词应该有固定的译法（如"consul"），即便无法固定，也应该适时指出。这方面，徐国栋的观点值得借鉴。在《Praetor 的实与名》† 一文中，他从翻译角度详细分析了"praetor"的八种译名‡，并指出对该词的把握，应该根据其不同时期的不同职能而定，不可通译为"裁判官"。文章最后，他提出了三条翻译建议："首先，我不主张把 Praetor urbanus 翻译为裁判官，主张把它翻译为副执政官……其次，我主张把罗马行省制度早期执掌某个行省的 Praetor 循实责名地翻译为行省总督。第三，我主张把处在专业官吏化时期的 Praetor 翻译为作为职官名称后缀的'长'，例如，执掌某个专门刑事法庭的 Praetor 就译作'庭长'；管理国库的，就译为'国库长'。"

　　徐国栋的建议给了我两点启示。其一，专有名词的翻译应该以历史背景为据，循实责名。这提醒我在翻译时，不单单要了解史实，还需要

---

*　彭小瑜：《古代罗马宪法制度及其汉译问题——从〈罗马法史〉的翻译谈起》，载《北大法律评论》2000 年第 2 辑，第 314—325 页。

†　徐国栋：《Praetor 的实与名：从正名开始的罗马公法研究》，载《求是学刊》2009 年第 4 期，第 77—83 页。

‡　分别为"最高裁判官"、"大法官"、"法务官"、"裁判官"、"执法官"、"行政长官"、"执政官"和"副执政"。

关注法律、政制、官制等知识。其二，以"长"为后缀的译法，多多少少体现了中国的官职命名传统。面对"执政官"、"裁判官"、"营造官"、"财政官"等"官官不休"的译名，他的建议着实让我眼前一亮。

其实，对于罗马史中专有名词的翻译，豆瓣网上早有讨论。比如，李稼年译《罗马史》就由于出现"水师提督、太守、都统"和一些"古老生僻的词"，而引起部分读者不满。支持者则认为，译者是注重古罗马的"古"，所以用文言文对应原文本；如果书中外国官职职能和中国的一致，那么不妨直接移用。*我认为，这些古词让读者不满，是因为其产生了时空错置感，甚至消除了他们可能期待的"异国风趣"。†既然古词对译不甚理想，那么今词是否合适？再以"praefectus urbi"为例，则有"城市长官"（晏绍祥）、"城市行政长官"（薛军）、"罗马城督"（刘津瑜）、"罗马市长"（吕厚量）、"保安司令"（周枏）等译名。至少在我看来，除了"罗马城督"，其他的现代味道均较浓，亦有时间错置之感。但想来，此亦不得已而为之，毕竟罗马与中国情况殊异，罗马所有而中国所无者，当然无法强求以古文对译，而只得选择更为准确的现代译名。

显然，古词对译和今词对译都会产生错置感，权衡之下，我更倾向于在准确的前提下，选择古朴的译名，以体现"古"味。然而，新的问题又来了。李稼年译本选用的古词中，"提督"为清代始设，"太守"则为春秋时期初置，后渐为非正式官名，明清时期则专以尊称"知府"‡。为什么译者没有使用同一时期或朝代的官名，而且其中包括"提督"这

---

*　https://book.douban.com/review/2984607/.

†　这个问题不仅涉及翻译理论（如中西方的归异化讨论、等效翻译、功能对等），而且还涉及美学思想（如接受美学），但限于篇幅，就不赘述。

‡　见《中国历代官称辞典》"太守"条。我翻译时参考书目的作者和版本信息见文末"翻译参考书目"。

种比较晚近的官名？更进一步说，有没有必要或可能选用相对译名？如
果用，该选择哪个朝代？

这应该就是彭小瑜所说的"有趣现象"，而他也为我提供了解决这
些疑问的钥匙——"中西两种不同文化在接触时的火花"。为此，我尽量
全面地梳理相关名称汉译的流变，分析译者翻译时的考量及其原因。有
学者指出，"19 世纪，来华传教士为了改变中国人对西方的偏见，积极
引介有关古希腊—罗马的古典学知识"，*"对宋恕、康有为、梁启超等晚
清学者产生了重要影响"†。这其中对我的追溯至关重要的，当属艾约瑟
（Joseph Edkins, 1823—1905）编译的《罗马志略》（1886）。该书是中文
世界第一部罗马史专著，‡梁启超曾予以高度评价。§ 其参考意义可见一斑。
然而，《罗马志略》中的一些译名并非艾约瑟首创。这就需要进一步溯源，
参考其他传教士编译的书目，如麦都斯（Walter Henry Medhurst, 1796—
1857）编写的《东西史记和合》（1833），这是"目前发现最早的系统引
介西洋历史的文字"‖；谢卫楼（D. Z. Sheffield, 1841—1931）撰述的《万

---

* 见陈德正、胡其柱《19 世纪来华传教士对西方古典学的引介和传播》，载《史学理论研究》
  2015 年第 3 期，第 125—134 页。

† 赵少峰、陈德正：《晚清西方古典史学的译介与反响》，载《前沿》2012 年第 9 期，第
  188—191 页。

‡ 关于其价值，见《〈希腊志略〉〈罗马志略〉校注》序言《中国最早的古希腊罗马专著——
  〈希腊志略〉和〈罗马志略〉》。

§ 梁启超评《罗马志略》及艾约瑟另外两部译著《希腊志略》《欧洲史略》，为"古史之佳者"
  （见《西学书目表》）。

‖ 见《19 世纪来华传教士对西方古典学的引介和传播》，第 126 页。正如该文作者指出，"《东
  西史记和合》的最大特色，是将东西方历史作对照论述，以罗马帝国对应秦汉帝国。这种
  中西历史比较的方法，有助于打破晚清士大夫以自我为中心的天下观，增加他们对西方世
  界的感性认识，帮助他们形成一种万国并立的世界观……'确可被认作中文著作中比
  较叙述中西历史的首次尝试'。"这段话启发我可以中西历史比较的方法翻译《哈德良传》，
  值得一提的是，周繁文的《长安城与罗马城》独辟蹊径，从考古学角度，系统考察了东西
  方两大文明的建城模式，应该是以比较方法叙述中西历史的最新尝试。该书亦使我受益匪浅。

国通鉴》（1877）；林乐知（Young John Allen, 1836—1907）等译《四裔编年表》（1874）；丁韪良（William A. P. Martin, 1827—1916）编写的《西学考略》（1882）；以及《遐迩贯珍》（1853）、《六合丛谈》（1857）等期刊上的相关文章。另外，黄右昌的《罗马法与现代》（1915）、丘汉平的《罗马法》（1933）亦为我的思考提供了法律上的依据。

　　以"provincia"为例。该词现通译为"行省"或"省"。"Provincia"一词源于"vincere"（战胜），是征服者治理被征服地区的一种制度安排，其特征是将征服者与被征服者区别对待，前者拥有特权，后者处于从属地位。古今中外，概莫能外。* 中国的行省起源于元代的"行中书省"制，是中央政府驻被征服地区的临时机构。该制度又源于金代的行尚书省，即处于国都之外，非尚书省，但执行尚书省职责的机构。元代在征服北方过程中，袭用了该制度，并以行中书省作为管辖新征服地的行政机构。久而久之，该机构管辖的地域范围也被称为中书省，简称行省或省。徐国栋认为："首先把古罗马的'provincia'翻译为'行省'的中国学者，大概也是因为看出了两者间的共性而这样做的。"† 值得注意的是，这里特别强调了"中国学者"。那么，该词最初的汉译情况如何？早期译者是否注意到上述共性？

　　考察罗马史的汉译过程，首先将该词译为"行省"或"省"的极有可能是外国传教士，而译者不一定因看出两者间共性才选择对译。‡ 早在

---

* 这里关于行省的论述主要参考徐国栋的两篇论文：《行省制度的确立对罗马法的影响——以西西里行省的设立为中心》，载《华东政法大学学报》2012 年第 6 期，第 127—140 页；《行省→省（郡）→总督区→军区——罗马帝国行政区划的变迁及其意义》，载《苏州大学学报（法学版）》2014 年第 1 期，第 49—62 页。

† 《行省→省（郡）→总督区→军区——罗马帝国行政区划的变迁及其意义》，第 49 页。

‡ 之所以说"极有可能"、"不一定"，是因为我的判断主要基于现有研究成果，且我掌握的资料有限，最终的判断只能留待进一步、更全面的考察得出。

1837 年,作为"第一部中西比较的编年体史书"*,《东西史记和合》中的《东西洋考每月统记传》即写道,"……方以其邦为本国之省也。罗马总督主治调理野人……"(道光丁酉十一月号)。后"省"的说法亦见于其他传教士编译的书籍,如《四裔编年表》"赛非虏巡视犹太阿剌伯埃及诸省"(卷二第六页),《万国通鉴》"各省皆有兵驻防"(第八章第十六段)。在"中文世界第一部罗马史专著"中,艾约瑟译作"省"(如卷三第七节)或"外省"(如卷五第九节)。至于其他译法,1929 年张乃燕著《罗马史》作"行省":"分全国行省为两种:曰元老院行省……曰皇室行省……"†,此后又出现"省"、"外省"、"属省"等各种译法,如喜渥恩编译《罗马社会史》(1933)"将军包奴司将各地辟建行省";吉尔斯著《罗马文化》(1936)"在非洲北岸的西部各属省里面……"。‡

有趣的是,中国早期罗马法学者没有使用"省"或"行省"等名称。《罗马法与现代》(1915)是第一本由中国学者撰写的罗马法专著。§ 在这本书中,作者黄右昌对罗马行政区划的理解与众不同。他没有袭用以往的"省",而是以中国传统的行政分区代之,如"……罗马之东征马基顿也……一举而陷落克国全部,编为罗马州郡"‖,"划通国为三十七州,有曰皇帝领邑,元老领邑"¶;"继立者为君士但丁帝,分全国为四道,

---

* 见邢科《〈东西史记和合〉与晚清世界史观念》,载《清史研究》2018 年第 1 期,第 113 页。

† 张乃燕:《罗马史》,第 75 页。

‡ 吉尔斯:《罗马文化》,第 26 页。

§ 关于《罗马法与现代》一书的意义,见程波《近代中国罗马法教育的开创:从黄右昌的〈罗马法与现代〉说起》,载《法学教育研究》2013 年第 2 期,第 83—101 页。据考,中国第一本《罗马法》译著是樊树勋编译的《罗马法》(《法政丛编》第 19 种)。遗憾的是,我手头没有此书,无法确定罗马法最初汉译的情况。

‖ 黄右昌,《罗马法与现代》,第 29 页。

¶ 同上书,第 30 页。

百十六县"*。另外，丘汉平《罗马法》†（1933）"……将罗马之地域划分两
种省区：一曰院辖省区……一曰直辖省区"。黄右昌的用法可以说是最
归化的。他以与罗马几乎同时的秦汉朝郡县制，作为罗马的行政分区法，
体现了强烈的横向比较意识。只是，若不假思索地比附，势必会因强求
同而隐异。因此我以为，汉译时，最好结合历史背景，以横向比较为基
础，既能求同，又能见异。由此而论，日译"属州"大概是目前最佳的
译法了。当然，这只是我的浅见，更何况，因资料不全，我尚无法完整
呈现"provincia"的汉译链条。是故，在翻译本书时，我仍然沿用"行省"
或"省"的通行译法。但愿这个译本能引起更多读者的关注与讨论。

　　是为译后记。

2019 年 11 月 7 日

于南粤鹏城

附：翻译参考书目

　　〔美〕谢卫楼：《万国通鉴》，上海：益智书会，1877 年。

　　张乃燕编著《罗马史》，上海：商务印书馆，1929 年。

　　王纯一编译《西洋史要》，上海：南强书局，1929 年。

　　〔芬〕喜渥恩编译《罗马社会史》，上海：商务印书馆，1933 年。

---

* 同上书，第 31 页。

† 关于此书的意义，见程波《丘汉平和他的〈罗马法〉教科书》，载《苏州大学学报（法学版）》
　2015 年第 3 期，第 93—103 页。

田农：《西洋史表解》，北平：和记印书馆，1933 年。

〔英〕吉尔斯：《罗马文化》，王师复译，上海：商务印书馆，1936 年。

邢鹏举：《西洋史》，上海：师承书店，1941 年。

Adolf Berger, *Encyclopedic Dictionary of Roman Law*, Philadelphia: The American Philosophical Society, 1953.

冯作民：《西洋全史·罗马兴亡史》，台北：燕京文化事业股份有限公司，1979 年。

吴金瑞编《拉丁汉文辞典》，台中：光启出版社，1980 年。

王栻主编《严复集》，北京：中华书局，1986 年。

谢大任等编《拉丁语汉语词典》，北京：商务印书馆，1988 年。

沈起炜等编《中国历代职官词典》，上海：上海辞书出版社，1992 年。

魏源：《海国图志》，郑州：中州古籍出版社，1992 年。

〔意〕彭梵得：《罗马法教科书》，黄风译，北京：中国政法大学出版社，1992 年。

〔意〕朱塞佩·格罗索：《罗马法史》，黄风译，北京：中国政法大学出版社，1994 年。

爱汉者等编，黄时鉴整理《东西洋考每月统记传》，北京：中华书局，1997 年。

陈衡哲：《西洋史》，沈阳：辽宁教育出版社，1998 年。

赵德义、汪兴明主编《中国历代官称辞典》，北京：团结出版社，1999 年。

黄风编《罗马法词典》，北京：法律出版社，2002 年。

王韬等编《近代译书目》，北京：北京图书馆出版社，2003 年。

丘汉平：《罗马法》，北京：中国方正出版社，2004 年。

〔日〕松浦章等编《遐迩贯珍》，上海：上海辞书出版社，2005 年。

黄右昌：《罗马法与现代》，北京：中国方正出版社，2006 年。

沈国威编《六合丛谈》，上海：上海辞书出版社，2006 年。

杜存旺：《古希腊罗马历史文化在中国的传播（1912—1937）》，聊城大学硕士论文，2010 年。

徐连达编《中国官制大辞典》，上海：上海大学出版社，2010 年。

〔英〕法伊夫、〔英〕克赖顿著，〔英〕艾约瑟编译《〈希腊志略〉〈罗马志略〉校注》，北京：商务印书馆，2014 年。

周枏：《罗马法原论》，北京：商务印书馆，2014 年。

〔法〕孟德斯鸠：《法意》，严复译，北京：北京时代华文书局，2014 年。

〔英〕亚当·斯密：《原富》，严复译，北京：北京时代华文书局，2014 年。

〔美〕丁韪良：《西学考略》，长沙：岳麓书社，2016 年。

周繁文：《长安城与罗马城——东西方两大文明都城模式的比较研究》，北京：社会科学文献出版社，2017 年。

〔英〕弗里曼著，〔英〕艾约瑟编译 / 编《〈欧洲史略〉〈西学略述〉校注》，北京：商务印书馆，2018 年。

〔英〕玛丽·比尔德：《罗马元老院与人民》，王晨译，北京：民主与建设出版社，2018 年。

梁启超：《西学书目表》，北京：朝华出版社，2019 年。